Dios en el banquillo

ensayos sobre
teología y ética

Dios en el banquillo

C. S. Lewis

GRUPO NELSON
Desde 1798

© 2023 por Grupo Nelson
Publicado en Nashville, Tennessee, Estados Unidos de América.
Grupo Nelson es una marca registrada de Thomas Nelson.
www.gruponelson.com
Thomas Nelson es una marca registrada de HarperCollins Christian Publishing, Inc.

Este título también está disponible en formato electrónico.

Título en inglés: *God in the Dock*
Copyright © 1971, 1979 por C. S. Lewis Pte. Ltd.
© 2017 de su parte de la traducción por José Luis del Barco, por Ediciones Rialp, S. A.

A menos que se indique lo contrario, todas las citas bíblicas han sido tomadas de la Santa Biblia, Reina Valera Revisada (RVR). Anteriormente publicada como la Santa Biblia, Versión Reina-Valera 1977. Copyright © 2018 por HarperCollins Christian Publishing. Usada con permiso. Todos los derechos reservados.

Traducción: *Alejandro Pimentel, José Luis del Barco* y *Juan Carlos Martín Cobano* (ver Anexo en p. 344).
Adaptación del diseño: *Setelee*

ISBN: 978-0-84991-933-6
eBook: 978-0-84991-934-3

Número de control de la Biblioteca del Congreso: 2022939181

Impreso en Estados Unidos de América
23 24 25 26 27 LBC 5 4 3 2 1

CV 04 17 2023 0245

CONTENIDO

NOTA PRELIMINAR

PECARÍA DE PETULANCIA si a estas alturas, cuando el mismísimo cine ha difundido los pormenores de su vida portentosa, pretendiera descubrir la grandeza literaria, filosófica y personal de C. S. Lewis. El inmenso, profundo y espejeante océano de su obra fue surcado hace tiempo por navegantes ansiosos de verdad y belleza: la belleza de unas palabras bien dichas y la verdad de unos pensamientos bien meditados. ¿Podré añadir algo a tanto y tanto como se ha escrito sobre él o habré de seguir la estela sin rastro de los caminos del mar? Su conversión, un dorado día de septiembre tras amena conversación con Hugo Dyson y J. R. R. Tolkien bajo los árboles rumorosos del Addison's Walk, ha sido narrada con detalle por A. N. Wilson. Muy conocida es también su época de estudiante, su actividad académica, primero en Oxford, «ciudad de deleites y agujas de ensueño» (Matthew Arnold), y después en Cambridge, por cuyas estrechas callejuelas atestadas de historias uno cree ver todavía, absortos y meditabundos, a Newton, Harvey, Darwin o Milton. A sus lectores les resultan familiares todas las peripecias de su existencia fecunda: la infancia feliz en la verde Irlanda, los años de «Tutor» y «Fellow» en el Magdalen College, las clases de Literatura Medieval y Renacentista en Cambridge, el inmenso amor por su esposa, un amor arrebatado, profundo, duradero, sentido, bello; su muerte serena en su casa de Oxford. Su obra, traducida a numerosos idiomas, ha sido devorada con pasión en los últimos años. Son legión los lectores que engrosan día tras día las filas apretadas de la lewismanía. Sus libros ejercen una extraña atracción. Todo lo que tiene que ver con él se populariza de forma sorprendente.

Podría recrearme contando y cantando el prodigio de su amor inmenso, estrenado con cada nuevo amanecer, inmune al óxido de la rutina, capaz de vencer el «tiempo y la fosa» (Hölderlin). Lewis refutó con su vida que el amor sea pasajero y negó la necedad difundida a bombo y platillo por la literatura del corazón de que los sentimientos sean humo y el amor se acabe. Creía que el único adjetivo a la altura del amor, el único capaz de hacerle sombra, era «eterno». Puso todo su empeño en querer amar y estaba convencido de que la fuente del amor no agoniza cuando brota del venero inextinguible que «mana y corre». Sentía aversión por los amores a plazos, extendidos en letras que vencen a treinta, sesenta y noventa. Pensaba que todo «te quiero» es un clamor silencioso por un «para siempre». «Estar enamorado —dice Lewis— entraña la convicción casi irresistible de que se seguirá enamorado hasta la muerte, de que la posesión del amado no se limitará a proporcionar momentos de éxtasis, sino de felicidad estable, fructífera, hondamente enraizada y duradera». Así es. El amor no se aviene muy bien con el olvido y le saben a poco los instantes, que alarga y alarga buscando eternizarse. De ahí que los enamorados prometan siempre amor eterno, firme, inquebrantable. Pero no quiero aburrir al lector repitiendo un capítulo de la vida de Lewis divulgado por la magia del cine. Me ocuparé de algo nuevo para mí y, seguramente, para muchos de sus lectores.

Voy a acercarme al escenario de su vida y su obra. Lo hago embargado de emoción y sobrecogido por un profundo estremecimiento. Quisiera «pintárselo» al lector como preámbulo conmovido a *Dios en el banquillo*. El paisaje que inspiró tantas páginas de Lewis es un zoco de maravillas: los angostos callejones de Oxford, que serpentean de aquí para allá como silenciosas besanas de piedra; sus soberbios edificios espiritados, cuyos sillares centenarios repiten el eco sonoro de la belleza y la sabiduría nacidas al abrigo de sus paredes pardas; las iglesias puntiagudas, empinadas hacia lo alto como nubes en busca del cielo; las hermosas y surtidas bibliotecas, la Bodleyana, la Radcliffe Camera, la del Duque Humfrey, las mudas veredas flanqueadas por la floresta perfumada a orillas del Támesis; la frondosa campiña inglesa, verde y ondulada como un mar de tierra adentro, el plácido cielo enmarañado sobre el que luce un sol benigno que brinda al ponerse crepúsculos desgarrados; los vetustos *colleges* góticos y victorianos, el Merton, el Queen's, el All Soul, el Jesus, el Magdalen, el St John's, el Worcester, que rivalizan en belleza con los más vanguardistas y ultramodernos, como el St. Catherine's, una mole geométrica de hormigón y vidrio obra del arquitecto danés Arne Jacobsen. Y envolviéndolo todo, una atmósfera invisible, pero rotunda y plena, de acendrada vida intelectual, un aire cuajado de cavilaciones, notas y versos —aquí estudió el poeta romántico Percy Shelley—, de pensamientos audaces, de teorías científicas y filosóficas revolucionarias. En ese marco incomparable, que susurra al oído que «no hemos venido a esta tierra para vivir mejor o peor», sino para «ascender en globo betanceiro al firmamento de la espiritualidad» (F. Arrabal), vivió Lewis, en él estudió, leyó, escribió y enseñó, en él amó, en él recibió el don de la fe y en él murió.

La poesía, dice William Wordsworth, es un «desbordamiento espontáneo de emociones intensas» que manan de seres excepcionales dotados de un «espíritu divino» capaz de evocar ideas y pasiones sin necesidad de excitación exterior. Los poetas son unos exagerados. Les encanta la hipérbole y la adulación narcisista, se creen de otra pasta y se consideran la aristocracia espiritual de la humanidad. Muchos de ellos piensan estar poseídos por una pasión incontrolable que dirige sus plumas en busca de palabras bellas y precisas. Sin comer ni beber ni dormir, de una tacada, escribió Rilke, según propia confesión, las *Duinische Elegien*. No entro a discutir ahora la jactancia del esteticismo, que llenó el siglo XIX de gallitos engolados. Solo sé que yo, necesitado de «excitación exterior», he precisado ver de cerca el mundo de Lewis para entender mejor su obra, recorrer las calles por las que deambulaba las tardes apacibles, acercarme a la casa en que vivió y murió, visitar las ciudades en las que transcurrieron sus días de lecturas, escrituras y quehaceres domésticos, y revivir con la imaginación sus clases, que aún parecen retumbar en las aulas centenarias de la Universidad de Cambridge. ¡Cuánto me gustaría que el conocimiento directo del escenario de su obra, la familiaridad, el apego, la intimidad y la querencia logrados con la cercanía, aguzara mis sentidos y afinara mi inteligencia para percibir la riqueza de su pensamiento y percatarme de los detalles apuntados, las alusiones sugeridas, las insinuaciones a medias palabras, las indirectas y tantos y tantos pormenores dados como puntadas finas por su pluma penetrante!

Cuando traduje *El diablo propone un brindis* (Rialp: Madrid, 1993; Grupo Nelson: Nashville, 2023), me sorprendió ver cómo destacaban entre las demás ideas el bien, la verdad y la belleza, cuyo perfil majestuoso aparecía una y otra vez al hilo de la argumentación. Eso me hizo pensar que acaso fueran la verdadera trama de la obra. *El problema del dolor* fue una experiencia intelectual hermosa que me permitió saborear y entender el sentido del dolor, un fenómeno intrincado donde los haya sobre el que el hombre ha vuelto ininterrumpidamente con fortuna desigual. *Dios en el banquillo* se parece y se distingue de las dos. Como ambas, es picuda, sutil, afilada y fina. Expresa lo difícil con claridad de mediodía. La sencillez, que es la conquista más difícil, no atenúa el rigor del pensamiento, que Lewis mantiene a rajatabla coexistiendo en buena armonía con la precisión y la transparencia. Lewis habla siempre a las claras y sin disimulos. Sus palabras son claros de luna, cuya luz baña el paisaje del pensamiento. *Dios en el banquillo* es, como las anteriores, una obra arrojada y valiente que no se arruga ante los problemas. Ni lo escabroso ni lo peliagudo ni lo engorroso la arredran.

Dios en el banquillo es única en muchos aspectos. Nada la distingue más, seguramente, que su juiciosa doctrina moral. «Si hay un libro capaz de librarnos de los excesos de locura y maldad, es este». Estas palabras de Walter Hooper sobre *La abolición del hombre* valen también para *Dios en el banquillo*, cuya razonada defensa de la Ley Natural y la moralidad está llena de sano juicio y buen sentido.

Hoy abundan las éticas. Las hay para todos los gustos: formales, materiales, indoloras, deontológicas, utilitarias, ecológicas, ecuménicas, aldeanas, de consenso y de lucha, de la sociedad civil, para la paz nuclear y hasta para náufragos. Pero la mayoría monta sus máximas al aire. Son como hojas arrancadas de la rama, sin savia ni vitalidad ni vida, que el viento arrastra y el sol amarillea. Les falta apoyo, soporte y fundamento. No son más que moralina con una función emoliente parecida a la de las cataplasmas: se aplican cuando duele y después se tiran. La de Lewis no es así. Lewis sabe lo que se trae entre manos. Conoce muy bien que el hombre es un poeta inveterado, hermoseador del mundo, grande, espléndido, extraordinario, magnífico. «Los hombres miran con reverencia el cielo estrellado, los monos, no». Su imaginación crea lo sublime como por arte de magia, convirtiendo la cantidad en cualidad. Es imagen de Dios.

El hombre, vate empedernido, es ante todo poeta de sí mismo: esculpe su figura interior obrando. Con el fino escalpelo de la acción labra su personalidad y la moldea. Si gorronea se hace gorrón; si disimula, ladino; si da, desprendido; si ora, devoto, y si pinta y pinta aprende a ver. La ética no es importante como un adorno, sino porque, al obrar, el hombre se la juega. No es ni moralina ni una estrategia de acción ni un clavo ardiendo al que agarrarse en caso de apuro, sino el modo humano de estar en el tiempo. De ahí la estrecha conexión que mantiene con la vida. Su misión consiste en ayudarla a crecer y a que no se malogre. Abarca, en suma, todas las dimensiones del ser humano, que se vuelve ininteligible sin ella.

Pocas éticas dan la talla y casi ninguna está a la altura del afán por ascender. El utilitarismo es de las más lerdas. La «maximización de la felicidad» se halla a años luz de la aspiración humana al crecimiento. Quien busca la felicidad universal como sea termina encanallándose. Llenar de dicha la tierra a cualquier precio embota la sensibilidad moral. «El fin justifica los medios» frena en seco el estirón moral del hombre. Cuando vale todo —la mentira, la traición, la indecencia— el ser humano se encoge y acoquina por dentro. La existencia entera se queda sin el lujazo exuberante de la grandeza moral. Una cosa es buena, dice el utilitarista, si ayuda a alcanzar la felicidad. Mala es si impide conseguirla. Su único problema consiste en determinar cuánto gozo acarrean las acciones. Al cristiano, mucho más exigente, no le basta con eso. Las malas acciones le parecen reprobables aunque le ofrezcan ventajas. «No podemos hacer el mal aunque incremente la felicidad de la mayoría. Es injusto».

El cálculo utilitario, un vaho espeso sobre la planicie moral, empaña la pureza ética y desdibuja sus contornos. Hace falta brisa fresca para orear el ambiente. Eso es la moral cristiana: una bocanada de aire puro. Hasta los no cristianos lo reconocen. «Cuando disputo con personas que no admiten a Dios —dice Lewis—, descubro que insisten en decir que están completamente a favor de la enseñanza moral del cristianismo. Parece haber un acuerdo general acerca de que en la enseñanza de este Hombre y de sus inmediatos seguidores la moral se manifiesta en su forma mejor y más pura. No es idealismo sentimental, sino plenitud de sabiduría y de prudencia. Es realista en su conjunto, pura en su más alto grado, el producto de un hombre sensato. Es algo extraordinario».

Pero la ética no basta. Al hombre, llamado a participar de la vida divina, se le queda corta. El hombre, como entrevió el inspirado Rilke, está más allá del fin. Nada humano lo llena. Su alma es una flecha lanzada al infinito. Solo el agua de «aquella eterna fuente» calma la sed humana. Los anhelos de los hombres vuelan hacia el manantial sin origen —«su origen no lo sé pues no lo tiene/mas sé que todo origen de ella viene»— en pos de una fontana de corrientes caudalosas, cuya «claridad nunca es oscurecida y toda luz de ella es venida». La moral no da para tanto. «La mera *moralidad* —dice Lewis— no es el fin de la vida. Hemos sido hechos para algo distinto a eso. J. S. Mill y Confucio (Sócrates estaba más cerca de la realidad) desconocían, sencillamente, cuál es la trama de la vida. La gente que sigue preguntando si no puede llevar una "vida decente" sin Cristo no sabe de qué va la vida. Si lo supiera, sabría que una "vida decente" es mera tramoya comparada con aquello para lo que los hombres hemos sido realmente creados. La moralidad es indispensable. Pero la Vida Divina, que se entrega a nosotros y nos invita a ser dioses, quiere para nosotros algo en lo que la moralidad pueda ser devorada. Tenemos que ser hechos de nuevo [...]. La idea de lograr "una vida buena" sin Cristo descansa en un doble error. El primero es que no podemos. El segundo consiste en que, al fijar la "vida buena" como meta final, perdemos de vista lo verdaderamente importante de la existencia. La moralidad es una montaña que no podemos escalar con nuestro propio esfuerzo. Y si pudiéramos, pereceríamos en el hielo y en el aire irrespirable de la cumbre, pues nos faltarían las alas con las que completar el resto del viaje. Pues *a partir de* ahí comienza la verdadera ascensión».

José Luis del Barco
Oxford, agosto 1995.

PREFACIO

El doctor Johnson, al referirse a un teólogo del siglo XVIII, comentó que «tendía a desestabilizarlo todo y, sin embargo, no establecía ninguna conclusión».[1] Me pregunto qué opinaría el riguroso doctor de nuestra época, en la que uno ve en la mayoría de las librerías y periódicos dominicales las obras polémicas —y, a menudo, apóstatas— de clérigos que «desestabilizan» todos los artículos de aquella fe para cuya defensa fueron ordenados y reciben su salario. En parte se debe a eso que sea para mí un placer para mí ofrecer como antídoto este nuevo libro de C. S. Lewis.

Digo «nuevo» porque, aunque estos ensayos y cartas se escribieron durante un período de veinticuatro años, casi todos se publican aquí[2] por primera vez como libro. Teniendo en cuenta lo rápido que cambian las modas teológicas, cabe esperar que ya estén obsoletos. Sin embargo, supongo no soy el único a quien le preocupa más si un libro es *verdadero* que si se escribió la semana pasada. Creo que la negativa de Lewis a transigir, bajo ningún concepto, en cuanto al cielo o el infierno, no les resta ni por un momento relevancia para los problemas esenciales que aún nos asedian.

Debido a mi deseo de leer todo lo que Lewis escribió, emprendí la larga pero feliz tarea de «excavar» en sus contribuciones a publicaciones efímeras. Ahora, por fin, se han acabado mis años de búsqueda en bibliotecas y de lecturas de periódicos descoloridos. Pero, lo que es más importante, preveo que la mayoría de los lectores nunca habrá visto gran parte de estos ensayos, y espero que obtengan tanta satisfacción como yo al tenerlos en una publicación firme y encuadernada.

---

1. James Boswell, *The Life of Samuel Johnson,* ed. George Birkbeck Hill (Oxford, 1887), vol. II, p. 124.
2. Se refiere a la edición original en inglés de Walter Hooper, autor de este Prefacio. [N. del E.].

Dado que estas nuevas muestras de la obra lewisiana proceden de fuentes tan diversas, constituyen, como era de esperar, un conjunto muy heterogéneo. No me disculpo por ello porque gran parte de su interés reside en los muchos ángulos diferentes desde los que podemos abordar el cristianismo. Lewis no recibió ni un penique por la mayoría de estos escritos. Algunos de los ensayos los escribió simplemente porque consideraba que había que sacar a la luz el tema y defender una postura sana al respecto; otros fueron a petición de un diario o una publicación periódica; otras piezas, como las de *The Socratic Digest*, las escribió con el propósito de defender la fe contra los ataques de agnósticos y ateos.

Como Lewis sabía adaptar su material al público para el que escribía, los ensayos difieren tanto en extensión como en énfasis. No obstante, todos comparten una singular seriedad. No digo «melancolía», pues rebosan ingenio y sentido común; sino «seriedad» por lo mucho que había en juego en la condición del ser humano: ser un posible hijo de Dios o un posible candidato al infierno.

Durante sus años como agnóstico, Lewis quiso conocer las respuestas a preguntas como por qué Dios permite el dolor, por qué el cristianismo se considera la religión verdadera entre tantas, por qué hay milagros, y si ocurren realmente. Por ello, con toda naturalidad, conocía de antemano las preguntas que otros se hacen. Tras su conversión en 1931, Lewis, que rara vez rechazaba una invitación para hablar o escribir sobre la fe, se encontró moviéndose en círculos muy diferentes. Predicaba y argumentaba con sus compañeros, con obreros industriales, con miembros de la Real Fuerza Aérea y con estudiantes universitarios. Fue en parte gracias a esta variada experiencia por lo que llegó a ver por qué los teólogos profesionales no podían facilitar la comprensión del cristianismo a la mayoría. Por ello, se impuso la tarea de «traducir» el evangelio a un lenguaje que la gente utilizara y comprendiera. Creía que si le resultaba difícil responder a las preguntas de personas de distintos oficios era probablemente porque «uno jamás llegó a entender lo que por tanto tiempo sostuvo. Jamás reflexionó realmente sobre ello; no hasta el final, no hasta "las últimas consecuencias"».[23]

A principios de la década de 1940 había muchos cristianos en Oxford que, como Lewis, pensaban que había que discutir abiertamente tanto

---

3. pp. 255-56 de este libro.

los *pros* como los *contras* del cristianismo. Esto condujo a la fundación del Club Socrático en 1941. Era obvio que Lewis debía presidirlo, y lo hizo hasta que se fue a Cambridge en 1954. Las reuniones se celebraban (y se siguen celebrando) todos los lunes por la tarde en Term. Un lunes, un cristiano leía una ponencia, que era respondida por un no creyente; al lunes siguiente, un agnóstico o ateo leía una ponencia, que era a su vez respondida por un cristiano. A Lewis siempre le había gustado la «oposición racional», y el Club Socrático le sirvió de escenario perfecto para poner a prueba los puntos fuertes y débiles de su apologética. Un ejemplo del tipo de ponencia que leyó en el Socrático es «¿Religión sin dogma?», que escribió como respuesta a la ponencia del profesor H. H. Price sobre «Los fundamentos del agnosticismo moderno».

Hasta el más hábil de los incrédulos tenía problemas para enfrentarse a la formidable lógica y al inmenso saber de Lewis en el Club Socrático. Por otra parte, en sus artículos en *The Coventry Evening Telegraph* y en revistas populares, lo encontramos adaptando su lenguaje y su lógica a personas menos cultas. Piezas como «Religión y ciencia» y «El problema del señor "X"», con su lucidez y sus acertadas analogías, han desenmascarado muchas falacias populares sobre la supuesta oposición entre religión y ciencia, y han ayudado a muchos a entender en qué consiste el cristianismo.

Sea cual sea el nivel educativo de cada uno, es imposible decidir si el cristianismo es verdadero o falso si no se sabe *de qué* trata. Y, al igual que cuando Lewis empezó a escribir había muchos que no sabían nada del cristianismo, también hoy hay muchos que son totalmente ignorantes al respecto. Es absurdo fingir lo contrario. Supongo que la reciente avalancha de explicaciones autobiográficas de por qué tal o cual obispo o párroco no puede aceptar la fe cristiana ha sumido a mucha gente en una ignorancia más profunda y también (quizás) en la desesperada creencia de que, por mucho que se intente, no se puede entender.

Para Lewis, que creía que nacer implicaba o acabar entregándose a Dios o un divorcio eterno de Él, esto era un asunto serio. Un día él y yo especulábamos sobre qué pasaría si un grupo de marcianos amistosos e inquisitivos aparecieran de repente en medio de Oxford y preguntaran (a los que no hubieran huido) qué es el cristianismo. Nos preguntamos cuántas personas, aparte de expresar sus prejuicios sobre la iglesia, podrían darles información abundante y precisa. En general, no creímos que los marcianos se llevaran a su mundo demasiada información digna. Por otra parte, «no hay nada —argumentaba Lewis— en la naturaleza de la generación más joven que la incapacite para recibir el cristianismo». Pero, como continúa diciendo, «Ninguna generación puede legar a su sucesora lo que no tiene».[4]

Lo que no tiene. La pregunta de *por qué* no lo tiene es, obviamente, demasiado compleja para que yo pueda responderla. Sin embargo, tras haber sido capellán universitario por cinco años, puedo ver que Lewis atribuye, con razón, gran parte de la ignorancia actual a «los escritores liberales que continúan adaptando y desgastando la verdad del evangelio».[5] Y algo que Lewis desde luego *no* haría es «desgastar la verdad».

Él creía que, sean cuales sean las modas por las que pasan nuestras ideas sobre Dios y la moral, no hay nada que pueda hacer obsoleto el evangelio eterno. («Todo lo que no es eterno queda eternamente envejecido»).[6] Por otra parte, opinaba que nuestros métodos para hacer llegar la verdad deben variar con frecuencia. De hecho, sus propios métodos varían considerablemente: pero en ninguna parte intenta desprenderse de Dios al deshacerse de los métodos antiguos. Por ejemplo, la pluma de Lewis nos ha dejado obras apologéticas directas como *Mero cristianismo* y *El problema del dolor,* sátiras teológicas como *Cartas del diablo a su sobrino* y *El gran divorcio,* y (a falta de una palabra mejor) su cristianismo «camuflado» en las novelas interplanetarias y en las Crónicas de Narnia.

Aunque su métodos no son aceptables para los teólogos liberales (véase, por ejemplo, su «Réplica al doctor Pittenger»), probablemente sea Lewis quien ha comunicado más cristianismo ortodoxo en más cabezas, desde G. K. Chesterton. Su prosa ágil, su estilo de conversación fácil (casi todos sus libros están escritos en primera persona), sus metáforas impactantes y su amor por la claridad son resultado, sin duda, principalmente de sus muchas lecturas, su deleite en la escritura y una gran cuota de ingenio nato. Pero están más estrechamente relacionados con sus habilidades

---

4. p. 101 de este libro.
5. p. 258 de este libro.
6. C. S. Lewis, *Los cuatro amores* (Rayo: Nueva York, 2006), cap. vi, p. 151. [Existe también una edición más reciente integrada en *Clásicos selectos de C. S. Lewis*, Grupo Nelson, 2021 (N. del E.)]

como crítico literario de lo que podrían imaginar quienes solo han leído sus libros teológicos.

Comenzando por su crítica literaria y siguiendo por sus obras teológicas, probablemente se descubra que el proceso también es así a la inversa. Sin embargo, el tema en el que quiero hacer especial hincapié es el siguiente. Lewis creía que la labor de un crítico literario es escribir sobre los méritos y defectos de un libro, en lugar de especular sobre la génesis del libro o la vida privada del autor. Aunque tenía en alta estima la crítica textual (y en cierta época dio conferencias sobre el tema), nunca dejó lo obvio por centrarse en lo hipotético. Del mismo modo, en sus obras teológicas, Lewis (que nunca pretendió ser más que un laico que escribía para otros laicos) no ofrece conjeturas ingeniosas sobre si, por ejemplo, tal o cual pasaje de uno de los Evangelios es una contribución de la iglesia primitiva muy posterior a la redacción de ese Evangelio, sino que habla de lo que los Evangelios, tal y como los tenemos, dicen y significan.

Los ensayos de este libro que son más o menos teología «directa» se dividen en dos grupos. En el primero están los que tienen como tema principal los milagros. Lewis sostenía que si se despoja a la fe de sus elementos sobrenaturales no puede concebirse como cristianismo. Dado que en la actualidad lo milagroso se mitiga o silencia en exceso, considero que sus ensayos sobre lo milagroso llegan en un momento especialmente adecuado para su publicación. Aunque la mayor parte de lo que dice sobre los milagros y la autorrefutación de los naturalistas puede encontrarse en su libro completo *Los milagros* (Londres, 1947; revisado en 1960), creo que los ensayos breves que aquí se presentan podrían tener una ventaja sobre el libro. Podrían atraer a lectores que no tienen tiempo para leer tanto, o que podrían atascarse en obras más largas.

La segunda categoría se insinúa en el título de este libro. «El hombre antiguo —escribió Lewis— se acercaba a Dios (o a los dioses) como la persona acusada se aproxima al juez. Para el hombre moderno se han invertido los papeles. Él es el juez y Dios está en el banquillo».[7] Sería ridículo suponer que podemos volver a sentar fácilmente al *hombre* en el banquillo. Lewis expone sus propios métodos para intentarlo en su ensayo sobre «Apologética cristiana» (el único ensayo de este volumen que nunca antes

---

7. p. 241 de este libro.

se había publicado en ningún formato). «Según mi experiencia —dice en este ensayo—, si uno mismo comienza por el pecado que ha sido su propio y principal problema durante la semana anterior, uno se sorprende muy a menudo del modo en que este dardo da en el blanco».[8] Quienes hayan leído *Cartas del diablo* recordarán numerosos casos en los que señala esos pecados (aparentemente) pequeños que, si se dejan crecer sin control, acaban dominando al hombre. En cuanto a los ensayos siguientes, me sorprendería que alguien que lea «El problema del señor "X"» no tenga la sensación (que yo sí tengo) de verse reflejado como en un espejo.

Lewis me dio la fuerte impresión de ser el hombre más completamente *convertido* que he conocido. El cristianismo nunca fue para él un compartimento aparte en la vida; no era lo que hacía con su soledad; «ni siquiera», como dice en un ensayo, «lo que Dios hace con su soledad».[9] En toda su visión de la vida, lo natural y lo sobrenatural parecían inseparables. Por ello, he incluido en esta colección sus numerosos ensayos semiteológicos sobre temas como la propuesta de ordenación de mujeres y la vivisección. También hay una serie de ensayos, como «La teoría humanitaria con respecto al castigo», que mejor podrían calificarse como éticos. Por último, debido a mi preocupación por que no se pierda nada, he añadido al final de este libro todas las cartas de Lewis sobre teología y ética que han aparecido en periódicos y revistas.

Hoy en día, la ausencia de valores morales es tan aguda que me parecería una lástima no hacer público cualquier material que ayude a este mundo confuso y espiritualmente inane. Es posible que haya escritores contemporáneos que nos parezcan más humanos, tiernos, «originales» y actuales que Lewis. Pero, como en *Los tres cerditos*, necesitamos, no casas de paja, sino de ladrillo firme. Quienes estén preocupados por la religión barata y los valores espúreos tan típicos de nuestro tiempo serán conscientes de cuán urgentemente necesitamos el antídoto que Lewis nos da: su realismo, su rectitud moral, su capacidad para ver más allá de las perspectivas parciales que limitan a tantos existencialistas.

Se observará que, en las notas a pie de página, he dado las fuentes de muchas de las citas, incluidas las bíblicas. A algunos lectores esto puede parecerles pedante. Tal vez haya hecho mal, pero espero que haya quien esté

---

8. p. 80 de este libro.
9. p. 113 de este libro.

tan agradecido de tenerlas como yo de encontrarlas. También he incluido en las notas a pie de página traducciones de las frases latinas más difíciles. Este libro se preparó pensando tanto en los lectores estadounidenses como en los ingleses, y he incluido en mis notas a pie de página información relevante que no es, creo, tan generalmente conocida en Estados Unidos como en Inglaterra. Para que mis notas puedan distinguirse fácilmente de las del autor, he utilizado el asterisco junto al número de nota para las de Lewis y números arábigos para las mías.[10] Quienes comparen los textos de los ensayos aquí publicados con sus originales descubrirán, en unos pocos casos, algunos cambios menores. Esto se debe a que en algunos ensayos dispongo de las copias publicadas por el propio Lewis, y en los casos en que ha introducido cambios o correcciones los he seguido. También he sentido la responsabilidad de corregir errores flagrantes allí donde los he encontrado.

Aunque estos ensayos no encajan fácilmente en subdivisiones ordenadas, me ha parecido que sería útil para el lector establecer algunas divisiones. Por ello, he dividido los ensayos en tres partes, aun sabiendo que algunos de ellos encajarían casi tan bien en una parte como en otra. La Parte I contiene los ensayos que son claramente teológicos. La Parte II contiene los que yo denomino semiteológicos, y la Parte III contiene aquellos en los que el tema básico es la ética. La Parte IV se compone de las cartas de Lewis ordenadas cronológicamente.

Estoy muy agradecido a los editores que me han permitido reimprimir estos ensayos y cartas. Espero que no piensen que soy poco generoso y atento si, en lugar de mencionarlos por separado, agradezco su permiso citando las fuentes originales de los ensayos en la lista siguiente. Las fuentes de las cartas se encuentran en la Parte IV. Debe entenderse que todos los editores son ingleses, excepto cuando he indicado lo contrario.

PARTE I: (1) «El mal y Dios» está reimpreso de *The Spectator,* vol. CLXVI (7 de febrero de 1941), p. 141. (2) «Milagros» se predicó en la iglesia de St. Jude on the Hill, Londres, el 26 de noviembre de 1942 y apareció en *St Jude's Gazette,* núm. 73 (octubre 1942), pp. 4-7. Una versión más breve y ligeramente modificada de este sermón se publicó en *The Guardian* (2 octubre 1942), p. 316. *The Guardian* era un semanario

---

10. En esta edición, hemos puesto «N. del A.» al final de esas notas.

anglicano fundado en 1846 que dejó de publicarse en 1951. (3) «El dogma y el universo» se publicó en dos partes en *The Guardian* (19 marzo 1943), p. 96 y (26 marzo 1943), pp. 104, 107. La segunda parte llevaba originalmente el título «Dogma y ciencia». (4) «Respuestas a preguntas sobre el cristianismo» lo publicó por primera vez como folleto la Electrical and Musical Industries Christian Fellowship, Hayes, Middlesex [1944]. (5) «El mito se hizo realidad» apareció por primera vez en *World Dominion,* vol. XXII (septiembre-octubre 1944), pp. 267-70. (6) «Esas espantosas cosas rojas» se publicó originalmente en el *Church of England Newspaper,* vol. LI (6 octubre 1944), pp. 1-2. (7) «Religión y ciencia» está reimpreso de *The Coventry Evening Telegraph* (3 enero 1945), p. 4. (8) «Las leyes de la naturaleza» también procede de *The Coventry Evening Telegraph* (4 abril 1945), p. 4. (9) «El gran milagro» se predicó en la iglesia de St Jude on the Hill, Londres, y se publicó posteriormente en *The Guardian* (27 abril 1945), pp. 161, 165. (10) «Apologética cristiana», que se publica por primera vez, se leyó ante una asamblea de ministros y líderes juveniles anglicanos en la «Conferencia de Carmarthen para Líderes Juveniles y Clero Menor» en Carmarthen durante la Pascua de 1945. (11) «Trabajo y oración» apareció por primera vez en *The Coventry Evening Telegraph* (28 mayo 1945), p. 4. (12) «¿Hombre o conejo?» fue publicado por primera vez como folleto por el Student Christian Movement in Schools. El folleto no lleva fecha, pero creo que apareció en algún momento de 1946.

(13) «Sobre la transmisión del cristianismo» es el título que le he puesto al prefacio de Lewis a la obra de B. G. Sandhurst *How Heathen is Britain?* (Collins Publishers, 1946), pp. 9-15. (14) «Miserables pecadores» fue predicado en la iglesia de St. Matthew, Northampton, el 7 de abril de 1946 y publicado posteriormente por dicha iglesia en un folleto *Five Sermons by Laymen* (abril-mayo 1946), pp. 1-6. (15) «Fundación del Club Socrático de Oxford» es mi título para el prefacio de Lewis a *The Socratic Digest,* núm. 1 (1942-1943), pp. 3-5. Esta pieza peca obviamente de intrusismo en esta sección, y encajaría mejor en la Parte II. Sin embargo, he decidido darle el lugar que le corresponde por su relación con el ensayo que sigue. (16) «¿Religión sin dogma?» fue leído en el Club Socrático el 20 de mayo de 1946 y publicado como «A Christian Reply to Professor Price» en *The Phoenix Quarterly,* vol. I, núm. 1 (otoño 1946), pp. 31-44. Se reimprimió

como «¿Religión sin dogma?» en *The Socratic Digest,* núm. 4 [1948], pp. 82-94. La «Réplica» que he adjuntado a este ensayo es la respuesta de Lewis al artículo de la señorita G. E. M. Anscombe «A Reply to Mr C. S. Lewis' Argument that "Naturalism" is Self-refuting», ambas aparecidas en el número 4 de *The Socratic Digest,* pp. 15-16 y pp. 7-15 respectivamente. (17) «Reflexiones» se escribió una noche en The White Horse Inn en Drogheda, Irlanda, a petición de las Misioneras Médicas de María que fundaron el Hospital Nuestra Señora de Lourdes en Drogheda, y se publicó en *The First Decade: Ten Years of Work of the Medical Missionaries of Mary* (Dublín, *A the Sign of the Three Candles* [1948]), pp. 91–94. (18) «El problema del señor "X"» se publicó por primera vez en la *Bristol Diocesan Gazette,* vol. XXVII (agosto 1948), pp. 3-6. (19) «¿Qué debemos hacer con Jesucristo?» es una reimpresión de *Asking Them Questions,* tercera serie, ed., Oxford University Press, 1950, pp. 47-53. Ronald Selby Wright (Oxford University Press, 1950), pp. 47-53. (20) «El dolor de los animales. Un problema teológico» apareció por primera vez en *The Month,* vol. CLXXXIX (febrero 1950), pp. 95-104. Estoy en deuda con la señora M. F. Matthews por su permiso para incluir la parte de este ensayo del difunto doctor E. M. Joad. (21) «¿Es importante el teísmo?» es una reimpresión de *The Socratic Digest,* núm. 5 (1952), pp. 48-51. (22) «Réplica al doctor Pittenger» apareció por primera vez en las columnas de la publicación periódica estadounidense *The Christian Century,* vol. LXXV (26 noviembre 1958), pp. 1359-61. (23) «¿Debe desaparecer nuestra imagen de Dios?» está tomado de *The Observer* (24 marzo 1963), p. 14.

PARTE II: Los tres primeros ensayos de esta parte están reimpresos de las columnas de *The Guardian.* (1) «Los peligros de un arrepentimiento a nivel nacional» es del número del 15 de marzo de 1940, p. 127. (2) «Dos maneras de tratar con uno mismo» es del de 3 de mayo de 1940, p. 215, y (3) «Meditaciones sobre el tercer mandamiento» del de 10 de enero de 1941, p. 18. (4) «Sobre la lectura de libros antiguos» es el título que yo le he dado al Prefacio de Lewis a *La encarnación del Verbo de Dios* de san Atanasio, traducido por una religiosa de la C.S.M.V., publicado por primera vez por Geoffrey Bles Ltd. en 1944 y por A. R. Mowbray and Co. Ltd. en 1953. (5) «Dos conferencias» es el título que Lewis dio a un ensayo publicado originalmente como «¿Quién tenía razón: el conferenciante del sueño o el conferenciante real?» en *The Coventry Evening*

Telegraph (21 febrero 1945), p. 4. (6) «Meditaciones en un cobertizo» es una reimpresión de *The Coventry Evening Telegraph* (17 julio 1945), p. 4. (7) «Retazos» apareció originalmente en la *St James' Magazine* (diciembre 1945), pp. [4-5], que publicaba la iglesia de St. James, Birkdale, Southport. (8) «El declive de la religión» está tomado de una publicación periódica de Oxford, *The Cherwell*, vol. XXVI (29 noviembre 1946), pp. 8-10. (9) «Vivisección» fue publicado por primera vez como folleto por la Sociedad Antivivisección de Nueva Inglaterra [1947]. (10) «Traducciones modernas de la Biblia» es el título que he elegido para el prefacio de Lewis a las *Letters to Young Churches: A Translation of the New Testament Epistles* de J. B. Phillips (Geoffrey Bles Ltd., 1947), pp. vii-x.

(11) «¿Sacerdotisas en la Iglesia?» se publicó originalmente como «Notas en el camino» en *Time and Tide*, vol. XXIX (14 agosto 1948), pp. 830-31. (12) «Dios en el banquillo» es el título que yo le he puesto a «Dificultades para presentar la fe cristiana a los incrédulos modernos», *Lumen Vitae*, vol. III (septiembre 1948), pp. 421-26. (13) «Entre bastidores» apareció por primera vez en *Time and Tide*, vol. XXXVII (1 diciembre 1956), pp. 1450-51. (14) «¿Avivamiento o declive?» se reimprime de *Punch*, vol. CCXXXV (9 julio 1958), pp. 36-38. (15) «Antes de que podamos comunicarnos» se publicó en *Breakthrough*, núm. 8 (octubre de 1961), p. 2. (16) «Entrevista» es el título que he elegido para una entrevista que Sherwood E. Wirt, de la Asociación Billy Graham, mantuvo con Lewis en el Magdalene College de Cambridge el 7 de mayo de 1963. La entrevista se publicó originalmente en dos partes con títulos diferentes. La primera parte se titulaba «Me decidí», *Decision*, vol. II (septiembre 1963), p. 3, y la segunda «El cielo, la tierra y el espacio exterior», *Decision*, vol. II (octubre de 1963), p. 4.

PARTE III: (1) Una versión abreviada de «Bulverismo» apareció bajo el título «Notas en el camino» en *Time and Tide*, vol. XXII (29 de marzo de 1941), p. 261. Una versión más larga, que es la que se encuentra aquí, apareció en *The Socratic Digest*, núm. 2 (junio 1944), pp. 16-20. (2) «Lo primero y lo segundo» es el título de Lewis para «Notas en el camino» de *Time and Tide*, vol. XXIII (27 junio 1942), pp. 519-20. (3) «El sermón y el almuerzo» se reimprime del *Church of England Newspaper*, núm. 2692 (21 septiembre 1945), pp. 1-2. (4) «La teoría humanitaria respecto al castigo» apareció por primera vez en *20th Century: An Australian Quarterly Review,* vol. III, núm. 3 (1949), pp. 5-12. Esta misma revista publicó en el vol. VI, núm. 2 (1952), pp. 20-26 «Reply to C. S. Lewis» de los doctores Norval Morris y Donald Buckle. Ambas piezas se reimprimieron posteriormente en *Res Judicatae,* vol. VI (junio 1953), pp. 224-30 y pp. 231-37 respectivamente. A continuación siguió «Comment: The Humanitarian Theory of Punishment» del profesor J. J. C. Smart: en *Res Judicatae,* vol. VI (febrero 1954), pp. 368-71, y «On Punishment: A Reply» —es decir, una respuesta a los tres— en *Res Judicatae,* vol. VI (agosto 1954), pp. 519-23. (5) «Exmas y Crissmas: Un capítulo perdido de Heródoto» apareció por primera vez en *Time and Tide,* vol. XXXV (4 diciembre 1954), p. 1607. (6) «Lo que para mí significa la Navidad» es una reimpresión de *Twentieth Century,* vol. CLXII (diciembre 1957), pp. 517-18. (7) «Delincuentes en la nieve» apareció por primera vez en *Time and Tide,* vol. XXXVIII (7 diciembre 1957), pp. 1521-22. (8) «Esclavos voluntarios del Estado del Bienestar» es de *The Observer* (20 julio 1958), p. 6. (9) «No existe un "derecho a la felicidad"» es lo último que Lewis escribió para ser publicado. Apareció poco después de su muerte en *The Saturday Evening Post,* vol. CCXXXVI (21-28 diciembre 1963), pp. 10, 12.

Por último, como en muchas ocasiones anteriores, quisiera dar las gracias al mayor W. H. Lewis, a Owen Barfield, a Colin Hardie, a Roger Lancelyn Green, al profesor John Lawlor y a Nan Dunbar por la ayuda que me han prestado para poner a disposición de los demás estas «excavaciones» de Lewis.

Walter Hooper
Jesus College, Oxford

parte I

1

EL MAL Y DIOS

EL ENSAYO QUE el doctor Joad escribiera la semana pasada[1] sobre «El mal y Dios» nos propone una interesante conclusión: dado que el «mecanicismo» y la «evolución emergentista» carecen de sentido, a la larga debemos escoger entre alguna filosofía monoteísta, como la cristiana, y cierta clase de dualismo, como el zoroastrismo. Concuerdo con el doctor Joad en su rechazo del mecanicismo y la evolución emergentista. El mecanicismo, tal como todos los sistemas materialistas, colapsa frente al problema del conocimiento. Si el pensamiento es el producto accidental e intrascendente de la actividad cerebral, ¿qué razones tenemos para confiar en él? Y respecto a la evolución emergentista, obviamente no podemos detener a nadie que quiera insistir en usar el término *Dios* para dar a entender «aquello que el universo está por hacer». Pero, de hecho, nadie usaría dicho término de esta manera excepto si creyera, de una manera oculta, que lo que está por venir es una mejoría.

Esta perspectiva, aparte de ser arbitraria, le presenta al evolucionista emergentista retos peculiares. Si las cosas pueden mejorar, ello significa que debe haber alguna norma absoluta del bien que se posiciona sobre y fuera del proceso cósmico al que dicho proceso puede acercarse. No tiene sentido hablar de «mejorar» si la noción de mejorar significa sencillamente «lo que ya estamos siendo». Sería como felicitarte a ti mismo por haber llegado a tu destino y al mismo tiempo definir tu destino como «el lugar al que has llegado». La melontolatría,[2] o rendirle culto al futuro, es una religión muy *confusa*.

---

1. C. E. M. Joad, «Evil and God», *The Spectator*, vol. CLXVI (31 enero 1941), pp. 112–13.
2. La melontolatría es uno de tantos neologismos al que C. S. Lewis recurre en sus escritos. El término se deriva del griego *melon, melontos* + *latreia* (rendir culto a la noción del futuro) [N. del T.].

Entonces, nos queda la opción de elegir entre el monoteísmo y el dualismo, entre un único ser bueno y todopoderoso y dos poderes iguales, no creados y antagónicos, el uno bueno y el otro malo. El doctor Joad nos sugiere que la segunda opción lleva las de ganar debido al «nuevo asunto urgente» por el hecho tangible del mal. Pero ¿a *qué* nuevo asunto urgente se refiere? Quizá sea cierto que el mal nos parezca más urgente a nosotros que a los filósofos de la época victoriana, aquellos personajes privilegiados de la clase social más feliz de todas, en el país más feliz de todo el mundo, y en el período de la historia más feliz de todos. Sin embargo, no es más urgente para nosotros que para la gran mayoría de monoteístas a lo largo de la historia. Las explicaciones clásicas de la doctrina respecto a que las miserias del mundo son compatibles con su creación y rumbo de parte de un Ser enteramente bueno provienen de Boecio, mientras esperaba ser torturado y ejecutado en prisión, y de parte de san Agustín en sus meditaciones en torno al saqueo de Roma. La situación actual del mundo es algo normal, lo anormal fue el siglo xix.

Esto nos lleva a preguntarnos la razón por la que tantas generaciones hayan rechazado el dualismo. Por cierto, no es porque no hayan estado familiarizados con el sufrimiento; tampoco porque es obvio que a primera vista hayan rechazado su credibilidad. Lo más probable es que se hayan dado cuenta de sus dos problemas fatales: uno de ellos es metafísico y el otro es moral.

El problema metafísico consiste en que los dos Poderes, el bien y el mal, no se aclaran mutuamente. Ni Ormuz ni Ahriman son lo último. Superior a ellos es el hecho inexplicable de que coexisten. Ninguno de ellos eligió esta conversación íntima. Por tanto, cada uno de ellos ha sido *condicionado*; se hallan caprichosamente en esa situación. Y lo curioso es que esta situación o cierta fuerza desconocida que ha producido dicha situación es realmente el poder superior a todo. El dualismo aún no ha podido alcanzar el estado del ser. No se puede aceptar la existencia de dos seres sujetos a ciertas condiciones y mutuamente independientes como la base propia y el autoconocimiento de lo Absoluto. Si nos ponemos a pensar en términos de imágenes mentales, podemos ilustrar este problema por medio de nuestra incapacidad por evitar imaginarnos a Ormuz y Ahriman ubicados en un *espacio* común en el que coexisten y, por tanto, darnos cuenta de que aún no estamos tratando con el origen del universo, sino tan solo con dos miembros contenidos en este. El dualismo es en realidad una metafísica interrumpida.

El problema moral consiste en que el dualismo otorga al mal una naturaleza positiva, sustancial y autocoherente, así como al bien. Si esto fuese cierto, si Ahriman existiese por sus propios méritos tanto como Ormuz, ¿qué es lo que queremos decir cuando llamamos a Ormuz el bien si no es que tan solo hemos preferido elegirlo a *él*? ¿En qué sentido podemos afirmar que un lado está en lo correcto y el otro equivocado? Si el mal posee la misma clase de realidad que el bien, si goza de la misma autonomía que la plenitud, nuestra fidelidad a seguir el bien se convierte tan solo en una lealtad partidista. Una buena axiología (o teoría del valor) exige algo distinto. Exige que el bien sea originario o primigenio y que el mal sea una simple perversión; que el bien sea el árbol y el mal sea la hiedra; que el bien tenga la capacidad de ver completamente al mal (así como cuando los seres cuerdos comprenden a cabalidad lo que es la locura), mientras que el mal no pueda replicar de la misma manera; que el bien pueda existir por sí mismo mientras que el mal necesite el bien para sujetarse como un parásito y así continuar con su existencia.

Rechazar todo esto produce serias consecuencias. Significaría que los hombres malos prefieren la maldad por sí misma, de la misma manera que los hombres buenos prefieren la bondad. A primera vista, negar que tengamos algo en común con nuestros enemigos nos produce cierta satisfacción. Los acusamos de ser demonios y sentimos que no tenemos el deber de perdonarlos. Pero, en realidad, junto con la capacidad de perdonar, hemos perdido también la capacidad de condenar. Si saborear la crueldad y también saborear la bondad fuesen igualmente lo último y más básico, ¿con base en qué normas comunes los unos podrán reprochar a los otros? En realidad, la crueldad no proviene del deseo por el mal como tal, sino de una sexualidad pervertida, de un resentimiento exorbitante o una ambición y avaricia ilícitas. Precisamente por ello podemos juzgar y condenar la crueldad, desde el punto de vista de la sexualidad inocente, de la ira piadosa y de la adquisición que se lleva a cabo de una manera ordenada. El maestro tiene la capacidad de corregir las sumas del alumno porque son errores de aritmética, esa misma aritmética que el maestro conoce y domina. Si no fuesen operaciones de aritmética, si ni siquiera perteneciesen al mundo de la aritmética, no podrían ser errores de aritmética.

Por lo tanto, el bien y el mal no son iguales. Ni siquiera la maldad es mala *en el mismo sentido* en que la bondad es buena. Es imposible que Ormuz y Ahriman sean iguales. A la larga, Ormuz debe ser originario y Ahriman debe ser secundario. Si reflexionamos con atención, la primera idea difusa en torno al *diablo* debe analizarse bajo los conceptos más precisos de un ángel «caído» y «rebelde». Pero esto sucede solo a largo plazo. El cristianismo puede avanzar mucho más con el dualismo que lo que el ensayo del doctor Joad parece sugerirnos. Jamás se cuestionó trazar el origen de *todo* el mal en el hombre; de hecho, el Nuevo Testamento ofrece bastante información acerca de los malignos superpoderes humanos que los que hay acerca de la caída de Adán. En lo que a este mundo respecta, un cristiano podría concordar con gran parte de la visión del zoroastrismo; todos vivimos entre «las estocadas de dos enemigos mortales»,[3] entre Miguel y Satanás. La diferencia entre el cristiano y el dualista se halla en que el cristiano ha reflexionado un paso más adelante y se ha dado cuenta de que Miguel está en lo correcto y Satanás realmente está equivocado, lo cual significa que ambos se relacionan de una manera muy distinta a una tercera persona, a alguien que existe antes que ellos, a la fuente última de la propia realidad. Claro que en tiempos modernos los teólogos han logrado diluirlo todo porque temen a la «mitología», pero aquellos que están listos para readmitir a Ormuz y Ahriman no tienen ninguna aprehensión de ello.

El dualismo podría ser un credo muy valioso. Según su versión nórdica («En última instancia, los gigantes vencerán a los dioses, pero yo estoy del lado de los dioses») es más noble que la mayoría de filosofía en boga el día de hoy. Sin embargo, es tan solo un punto medio del camino. Siguiendo esta línea de pensamiento, uno podría evitar el monoteísmo y seguir siendo un dualista si tan solo truncase su recorrido hacia su conclusión final. Tratar de revivir el dualismo sería dar un paso atrás y un mal augurio (si bien no el peor de ellos) para la civilización.

---

3. Shakespeare, *Hamlet*, V, ii, 61. Traducción *ad hoc*.

2

MILAGROS

En toda mi vida solo he conocido una persona que dijera haber visto un espíritu. Era una mujer, y lo interesante es que antes de verlo ella no creía en la inmortalidad del alma, y sigue sin creer después de haberlo visto. Piensa que fue una alucinación. En otras palabras, ver no es creer. Esto es lo primero que hay que aclarar al hablar de los milagros. No consideraremos milagrosa ninguna experiencia que podamos tener, sea la que sea, si de antemano mantenemos una filosofía que excluye lo sobrenatural. Cualquier suceso que se considera milagro es, a la postre, una experiencia recibida por los sentidos, y los sentidos no son infalibles. Siempre podremos decir que hemos sido víctimas de una ilusión. Si no creemos en lo sobrenatural, eso es lo que diremos en todos los casos.

Acerca de si realmente los milagros se han acabado o no, parecería, ciertamente, que habrían terminado en Europa Occidental cuando el materialismo se convirtió en credo popular. Pero no nos equivoquemos. Aunque el fin del mundo se presentara con los adornos reales del Libro de la Revelación,[1] aunque el moderno materialista viera con sus propios ojos revolverse los cielos[2] y aparecer el gran trono blanco,[3] aunque tuviera la sensación de ser arrojado al lago de fuego,[4] continuaría por siempre, hasta en el mismo lago, considerando su experiencia como una ilusión y encontrando la explicación en el psicoanálisis o en la patología cerebral. La experiencia por sí misma no prueba nada. No hay experimento que pueda resolver la incertidumbre de una persona que duda si está soñando o despierto, pues el mismo experimento puede formar parte del sueño.

---

1. Apocalipsis.
2. Ibíd. 6:14.
3. Ibíd. 20:11.
4. Ibíd. 19:20; 20:10, 14-15; 21:8.

La experiencia prueba esto o aquello o nada. Depende de la concepción previa que tengamos.

El hecho de que la interpretación de la experiencia dependa de concepciones previas se usa a menudo como argumento contra los milagros. Se dice que nuestros antepasados, que daban por supuesto lo sobrenatural y estaban ansiosos de milagros, atribuían carácter milagroso a sucesos que no lo eran realmente. En cierto sentido estoy de acuerdo. Es decir, creo que así como nuestras concepciones previas podrían impedirnos percibir si realmente han ocurrido milagros, las de nuestros antepasados podrían haberlos conducido a ellos a imaginarse milagros incluso cuando no habían ocurrido. De igual forma, el hombre lelo creerá que su esposa es fiel cuando no lo es, y el suspicaz no creerá que es fiel aunque lo sea. El problema de la infidelidad de la esposa, si es que existe, se debe resolver sobre otros fundamentos.

Pero a menudo se dice algo sobre nuestros antepasados que *no* debemos decir. No debemos decir «Creían en los milagros porque no conocían las leyes de la naturaleza». Esto no tiene sentido. Cuando san José descubrió que su esposa estaba encinta, «resolvió dejarla secretamente».[5] Para eso sabía suficiente biología. De lo contrario, no habría considerado el embarazo como prueba de infidelidad. Cuando acogió la explicación cristiana, lo vio como un milagro precisamente porque sabía suficiente sobre las leyes de la naturaleza para entender que se trataba de la suspensión de esas leyes. Cuando los discípulos vieron a Jesús andar sobre el agua, se asustaron.[6] No se habrían asustado de no haber conocido las leyes de la naturaleza y de no saber que esto era una excepción. Si un hombre no tuviera la menor idea del orden regular de la naturaleza, no podría percibir, evidentemente, desviaciones de ese orden, como el zopenco que no entienda la métrica normal de un poema no se enterará tampoco de las variaciones que el poeta introduzca en él. Nada es admirable salvo lo que se sale de la norma, y nada se sale de la norma mientras no comprendemos la norma. La completa ignorancia de las leyes de la naturaleza impediría percibir lo milagroso, como lo impide el completo escepticismo sobre lo sobrenatural, e incluso más todavía, pues mientras que el materialista tendría al

5. Mt 1:19.
6. Mt 14:26. Mr 6:49. Jn 6:19.

menos que dar explicaciones para rechazar los milagros, el hombre completamente ignorante de la naturaleza ni siquiera los percibiría.

La experiencia de un milagro requiere dos condiciones. En primer lugar, hace falta creer en una estabilidad normal de la naturaleza, es decir, debemos admitir que los datos ofrecidos por los sentidos se repiten siguiendo pautas regulares. En segundo lugar, es preciso creer en la existencia de alguna realidad más allá de la naturaleza. Cuando se tienen esas dos creencias, no antes, podemos acercarnos con mente abierta a los varios informes que aseguran que esa realidad sobrenatural o extranatural ha invadido y alterado el contenido sensorial del espacio y el tiempo del mundo «natural». La creencia en la realidad sobrenatural no puede ser demostrada ni refutada por la experiencia. Los argumentos que prueban su existencia son metafísicos y, para mí, son conclusivos. Se apoyan en el hecho de que, incluso para pensar y actuar en el mundo natural, es preciso suponer algo situado más allá de él y dar por sentado que nosotros pertenecemos hasta cierto punto a ese algo. Para pensar, es preciso reclamar para el razonamiento una validez difícil de admitir si el pensamiento es meramente una función del cerebro y el cerebro un subproducto de procesos físicos irracionales. Para obrar por encima del nivel de los impulsos, debemos reclamar una validez semejante para nuestros juicios sobre el bien y el mal. En ambos casos obtenemos el mismo inquietante resultado. El concepto de naturaleza es alargado tácitamente cuando exigimos una especie de estado *sobre*natural para nosotros.

Si aceptamos sinceramente este punto de vista y nos volvemos después a los testimonios, descubriremos que los informes de lo sobrenatural nos salen al encuentro por todos lados. La historia está llena; aparecen a menudo incluso en los mismos documentos de los que hemos admitido en todas partes que no relatan milagros. Misioneros respetables nos informan de ellos con frecuencia. La Iglesia de Roma afirma que han ocurrido de continuo. La conversación íntima sonsaca a casi todas las personas conocidas al menos un episodio en su vida de esos que llamarían «extraños» o «misteriosos». La mayoría de las historias de milagros no son nada fidedignas. Pero así son, como puede comprobar cualquiera leyendo los periódicos, la mayoría de las historias de todos los sucesos. Las historias se han de estimar por sus méritos. Lo que no podemos hacer es excluir lo sobrenatural como única explicación posible. Podemos no creer en la historia de los ángeles de Mons[7] por no poder encontrar un número suficiente de personas sensatas que digan que los vieron. Pero si encontráramos un número suficiente, no sería razonable, creo yo, explicarlo como alucinación colectiva. Sabemos suficiente de psicología para saber que en la alucinación es muy improbable la unanimidad espontánea, pero no sabemos lo suficiente sobre lo sobrenatural para saber que una aparición de ángeles es igualmente improbable. La teoría sobrenatural es la menos improbable de las dos. Cuando el Antiguo Testamento dice que la invasión de Senaquerib fue detenida por ángeles,[8] y cuando Heródoto dice que fue detenida por un gran número de ratones que llegaron y devoraron las cuerdas de arco de su ejército,[9] una persona imparcial estará del lado de los ángeles. A menos que comencemos con una petición de principio, no hay nada intrínsecamente inverosímil en la existencia de ángeles ni en la acción que se les atribuye. Pero los ratones, precisamente, no hacen cosas así.

Sin embargo, buena parte del escepticismo sobre los milagros de nuestro Señor ahora en boga no procede de la incredulidad en la existencia de una realidad más allá de la naturaleza, sino de dos ideas respetables pero, a mi juicio, equivocadas. En primer lugar, el hombre moderno siente una aversión casi estética por los milagros. Aun admitiendo que Dios pudiera hacerlos, duda que quisiera. Que Dios viole las leyes que Él mismo ha impuesto a su creación le parece arbitrario y chapucero, un recurso teatral adecuado solo para impresionar a salvajes, un solecismo contra la gramática del universo. En segundo lugar, mucha gente confunde las leyes de la naturaleza con las leyes del pensamiento y cree que anularlas o suspenderlas sería una contradicción en los términos, como si la resurrección de entre los muertos fuera del mismo género que dos y dos son cuatro.

Recientemente he encontrado la respuesta a la primera objeción. Primero la descubrí en George MacDonald y más tarde en san Atanasio. Esto es lo que san Atanasio dice en su librito *Sobre la encarnación*: «Nuestro Señor adoptó un cuerpo como el nuestro y vivió como un hombre para

---

7. Lewis se refiere a la historia que afirma que los ángeles aparecieron para proteger a las tropas británicas en su retirada de Mons, Francia, el 26 de agosto de 1914. Un resumen del suceso, «Did Angels appear to British troops at Moons?», de Jill Kitson, se halla en *History Makers*, núm. 3 (1969), pp. 132-133.

8. 2 R, 19:35.

9. Heródoto, L. II, Sec. 141.

que los que se negaran a reconocerlo en su supervisión y capitanía del entero universo pudieran llegar a reconocer por las obras que hizo aquí abajo, en el cuerpo, que lo que moró en él fue el Verbo de Dios». Estas palabras concuerdan exactamente con la descripción que hace el propio Cristo de sus milagros: «En verdad, en verdad os digo que no puede el Hijo hacer nada por sí mismo, sino lo que ve hacer al Padre».[10] La doctrina, tal como yo la entiendo, es más o menos como sigue.

Hay una actividad de Dios desplegada por toda la creación, una actividad general, digámoslo así, que los hombres se niegan a reconocer. Los milagros hechos por Dios encarnado, mientras vivía como un hombre en Palestina, realizan las mismas cosas que esta actividad general, pero con una velocidad diferente y en escala más pequeña. Uno de sus principales propósitos es que los hombres, vistas las cosas hechas en pequeña escala por un poder personal, puedan reconocer, cuando vean las mismas cosas en gran escala, que el poder que hay detrás de ellas es también personal, que se trata, en realidad, de la misma persona que vivió entre nosotros hace dos mil años. Los milagros cuentan de nuevo, en letras pequeñas, la misma historia escrita, a través del mundo entero, con letras demasiado grandes para que algunos de nosotros podamos verlas. Parte de esta gran escritura es visible ya, parte está todavía sin descifrar. En otras palabras, algunos milagros hacen localmente lo que Dios ha hecho ya universalmente, otros hacen localmente lo que Dios no ha hecho todavía, pero hará. En este sentido, y desde nuestro punto de vista humano, unos son recordatorios y otros profecías.

Dios crea la vid y le enseña a aspirar agua por las raíces y a convertir, con ayuda del sol, el agua en jugo que fermentará y adquirirá ciertas cualidades. Todos los años, desde los tiempos de Noé hasta los nuestros, Dios convierte el agua en vino. Pero los hombres no logran verlo. Prefieren, como los paganos, imputar el proceso a algún espíritu finito, como Baco o Dionisos, o atribuir, como los modernos, la causalidad última a procesos químicos u otros fenómenos materiales, que es todo lo que nuestros sentidos pueden descubrir. Pero cuando Cristo, en Caná, convierte el agua en vino, se cae la máscara.[11] El milagro tiene solo un efecto a medias si nos convence únicamente de que Cristo es Dios. Tendrá el efecto completo

10. Jn 5:19.
11. Jn 2:1-11.

si, dondequiera que veamos un viñedo o bebamos un vaso de vino, recordamos que en ambos casos obra Aquel que estuvo sentado en la fiesta de bodas de Caná. Dios convierte todos los años un poco de trigo en mucho trigo. Se siembra la semilla y hay un aumento, y los hombres, según la moda de la época, dicen «es Ceres, es Adonis, es el Rey Trigo», o bien, «es la ley de la naturaleza». El primer plano, la traducción, de este milagro anual es la multiplicación de los panes.[12] El pan no sale de la nada. No sale de las piedras, como en vano sugirió en una ocasión el demonio a nuestro Señor.[13] Un poco de pan se convierte en mucho pan. El Hijo no quiere hacer nada salvo lo que ve hacer al Padre. Hay, por así decir, un *estilo* de familia. Los milagros de curación están incluidos en el mismo esquema. A veces, el hecho nos resulta oscuro por la opinión, mágica de algún modo, que solemos adoptar sobre la medicina normal. Los mismos médicos no la adoptan. Lo mágico no está en la medicina, sino en el cuerpo del paciente. Lo que hace el médico es estimular las funciones naturales del organismo o eliminar los obstáculos. En cierto sentido, aunque por comodidad hablamos de curar una herida, las heridas se curan solas. Ningún vendaje hará crecer la piel en la herida de un cadáver. La misma energía que llamamos «gravitatoria» cuando gobierna los planetas y «bioquímica» cuando cura un cuerpo, es la causa eficiente de todas las mejorías, y si Dios existe, esta energía, directa o indirectamente, es suya. Todos los que son curados son curados por Él, el sanador por dentro. Pero una vez que lo hizo de manera visible, era un Hombre el que se enfrentaba con otro hombre. Cuando Él no obra por dentro de esta manera, el organismo muere. De aquí que el único milagro de destrucción que hizo Cristo esté también en armonía con la actividad general de Dios. Su mano corporal, extendida como símbolo de cólera, destrozó una sencilla higuera.[14] Pero ni un solo árbol murió ese año en Palestina, ni ningún otro año, ni en ningún otro país, ni morirá nunca, a menos que Él le haga algo o, más probablemente, deje de hacérselo.

Cuando alimentó a miles de hombres, multiplicó panes y peces. Mira en todas las bahías y en casi todos los ríos. Esta fecundidad bullente, vibrante, muestra que Él está actuando. Los antiguos tenían un dios llamado

---

12. Mt 14:15-21; Mr 6:34-44; Lc 9:12-17; Jn 6:1-11.
13. Mt 4:3; Lc 4:3.
14. Mt 21:19; Mr 11:13-20.

Genio —el dios de la fertilidad animal y humana, el espíritu rector de la ginecología, la embriología o el lecho matrimonial— el «lecho genial",[15] como lo llamaban a la manera de su dios Genio.[16] De igual modo que los milagros del vino, el pan y la curación pusieron de manifiesto quién era realmente Baco, quién Ceres, quién Apolo, y que todos los milagros eran uno, esta milagrosa multiplicación de peces revela el verdadero Genio.

Y con ello estamos en el umbral del milagro que, por alguna razón, más molesta a los oídos modernos. Yo puedo entender al hombre que niega completamente lo milagroso. Pero ¿qué hacer con los que admiten algunos milagros y, sin embargo, rechazan el parto virginal de María? ¿Acaso su jarabe de pico para las leyes de la naturaleza reconoce solo una en la que cree de verdad? ¿O es que ven en este milagro un reparo a la relación sexual, que se está convirtiendo a toda velocidad en la única cosa venerada en un mundo sin veneración? Ningún milagro es, de hecho, más importante. ¿Qué ocurre en la generación normal? ¿Cuál es la función del padre en el acto de engendrar? Una microscópica partícula de materia de su cuerpo fertiliza a la hembra, y con esta partícula microscópica transmite, tal vez, el color de su pelo y el labio colgante de su abuelo y la forma humana, con su complejidad de huesos, hígado, nervios, corazón y miembros, y la forma prehumana que el embrión recapitulará en el seno materno. Detrás de cada espermatozoo está la historia entera del universo, encerrada en él hay una parte no pequeña del futuro del mundo. Ese es el modo normal que Dios tiene de hacer un hombre, un proceso que necesita centurias, comenzando con la creación de la materia, constriñendo a un segundo y a una célula el momento de la concepción. De nuevo el hombre confundirá con el acto mismo las impresiones sensibles que su acto creativo improvisa, o bien lo atribuirá a algún ser finito como Genio. Por consiguiente, Dios lo hace una vez directa e instantáneamente, sin espermatozoo, sin los milenios de historia orgánica detrás del espermatozoo. Existía, por supuesto, otra razón. En este momento Dios no estaba creando simplemente un hombre, sino el hombre que iba a ser Él mismo: el único verdadero

---

15. El adjetivo inglés «genial» significa aquí «nupcial» o «generativo». «Genial bed» significaría, pues, «lecho nupcial». He mantenido el arcaísmo para que se perciba la relación, muy marcada en el original, entre «genial» y «Genio». [N. del T.].

16. Para más información sobre este asunto, véase el capítulo «Genius and Genius» de la obra de C. S. Lewis *Studies in Medieval Renaissance Literature*, ed. Walter Hooper (Cambridge, 1966), pp. 169-174.

Hombre. El proceso que conduce al espermatozoo ha arrastrado durante siglos mucho sedimento indeseable. La vida que nos llega por esa ruta normal está manchada. Para evitar la mancha, para dar a la humanidad un comienzo nuevo, Dios evitó una vez el proceso. Hay un periódico vulgar anti-Dios que un donante anónimo me envía todas las semanas. En él vi recientemente la burla de que los cristianos creemos en un Dios que cometió adulterio con la esposa de un carpintero judío. La respuesta al dicterio es que si la acción de Dios al fecundar a María se describe como «adulterio», Dios habría cometido adulterio con todas las mujeres que hayan tenido un hijo, pues lo que hizo una vez sin un padre humano lo hace siempre, incluso cuando utiliza un padre humano como instrumento suyo. En la generación normal, el padre humano es solo un portador, a veces un portador renuente, y siempre el último de una larga fila de portadores, el último de la larga línea de la vida que viene de la vida suprema. La mugre que nuestro pobre, confundido, sincero y resentido enemigo arroja al Único Santo o no permanece o, si permanece, se convierte en gloria.

Esto es suficiente sobre los milagros que hacen, deprisa y por menudo, lo que hemos visto ya en las letras grandes de la actividad universal de Dios. Pero antes de pasar al segundo tipo —aquellos que anuncian partes de la actividad universal que no hemos visto todavía—, debo tomar precauciones contra un malentendido. No crean que quiero hacer los milagros menos milagrosos. No afirmo que sean más probables por ser menos diferentes de los acontecimientos naturales. Intento responder a los que los consideran interrupciones del orden universal arbitrarias, teatrales, insensatas e indignas de Dios. En mi opinión no dejan de ser completamente milagrosas. Hacer con trigo seco y cocido lo que ordinariamente se produce muy despacio con semillas vivas es tan milagro como hacer pan con piedras. Tan grande, pero de una *clase* diferente. Ahí está el detalle. Cuando abro un libro de Ovidio,[17] o de Grimm, descubro esa clase de milagros que serían realmente arbitrarios. Los árboles hablan, las casas se convierten en árboles, anillos mágicos levantan mesas ataviadas con ricos manjares en lugares solitarios, las naves se transforman en diosas y los hombres se convierten en serpientes o en pájaros o en osos. Es divertido leerlos. A la menor sospecha de que han ocurrido realmente, la diversión

---

17. La referencia es al texto de *Metamorfosis*, 43 a. C.-18 d. C.

se convertiría en pesadilla. En el Evangelio no encontraremos milagros de este tipo. Cosas como esas, si se pudieran producir, probarían que algún poder extraño estaba invadiendo la naturaleza. Pero no probarían ni por asomo que era el mismo poder que ha creado la naturaleza y la gobierna día tras día. Los verdaderos milagros no son simplemente la manifestación de un dios, sino de Dios, que no está fuera de la naturaleza como extraño, sino como soberano. No anuncian tan solo que un Rey ha visitado la ciudad, sino *el* Rey, *nuestro* Rey.

La segunda clase de milagros predice lo que Dios no ha hecho todavía, pero hará universalmente. Dios resucitó a un hombre de la muerte (el hombre que Él mismo era) porque un día resucitará de la muerte a todos los hombres. Quizás no solo a los hombres, pues hay indicios en el Nuevo Testamento de que la creación entera será librada, finalmente, de la ruina, recuperará su forma y promoverá el esplendor de la humanidad hecha de nuevo.[18] La transfiguración[19] y el andar sobre el agua[20] son vislumbres de la belleza y el poder sin esfuerzo sobre la materia entera que poseerá el hombre cuando sea resucitado por Dios. La resurrección entraña una «inversión» del proceso natural, en el sentido de que supone una serie de cambios que se mueven en dirección contraria a los que nosotros vemos. Con la muerte, la materia que ha sido orgánica regresa gradualmente a lo inorgánico hasta diseminarse y ser utilizada, tal vez, por otros organismos. La resurrección sería el proceso contrario. No significaría, por supuesto, la devolución a cada personalidad de los mismos átomos, numéricamente los mismos, que habían integrado su primer cuerpo o su cuerpo «natural». En primer lugar, no bastaría asociarlos entre sí. En segundo lugar, la unidad del cuerpo, ya en esta vida, era compatible con un cambio lento, pero intrincado, de sus componentes actuales. Pero sí significa, ciertamente, que materia de cierta clase afluye al organismo tal como lo vemos ahora. Significa, de hecho, ver por el final una película que ya hemos visto por el principio. En este sentido es una inversión de la naturaleza. Otra cosa muy distinta es si la inversión en este sentido es necesariamente una contradicción. ¿Sabemos que no se puede ver la película empezando por el final?

---

18. *Cf.* Romanos 8:22: «Porque sabemos que toda la creación gime a una, y a una está con dolores de parto hasta ahora».
19. Mt 17:1-9; Mr 9:2-10.
20. Mt 14:26; Mr 6:49; Jn 6:19.

La física moderna enseña, en cierto sentido, que la película nunca va hacia atrás. Como habrán oído alguna vez, el universo, según la física moderna, «se debilita». La desorganización y el cambio crecen de continuo. Llegará un día, no infinitamente lejano, en que el universo se debilitará o se desorganizará completamente, y la ciencia no conoce que sea posible regresar de ese estado. Tiene que haber habido un momento en el pasado, no infinitamente lejano, en que el universo se terminara, aunque la ciencia no conoce ningún proceso de conclusión. El asunto es que para nuestros antepasados el universo era un cuadro y para la moderna física es una historia. Si es un cuadro, estas cosas aparecen o no aparecen en él. Si no aparecen, podemos sospechar que son contrarias a la naturaleza de las cosas, puesto que el cuadro es infinito. Pero una historia es otra cosa, especialmente si es una historia incompleta. La historia contada por la física moderna se podría relatar con estas palabras: «Humpty Dumpty cayó».[21] Es decir, pregona una historia incompleta. Tuvo que haber un tiempo anterior a la caída en el que estaba sentado sobre la valla, tiene que haber un tiempo posterior al momento en que llegó al suelo. Indudablemente, la ciencia no conoce ni hombres ni caballos que puedan recomponerlo una vez que ha llegado al suelo y se ha roto. Pero tampoco sabe cómo pudo colocarse al principio sobre la valla. No deberíamos esperar que lo supiera. Todas las ciencias descansan sobre la observación. Todas las observaciones se han hecho *durante* la caída de Humpty Dumpty, puesto que hemos nacido después de que perdiera su asiento en la valla y habremos desaparecido antes de que llegue al suelo. Suponer, a partir de observaciones hechas mientras el reloj deja de funcionar, que la inimaginable conclusión que debe haber precedido al proceso no puede ocurrir cuando el proceso ha terminado, es puro dogmatismo. Por su misma índole, las leyes de degradación y desorganización que descubrimos hoy día en la materia no pueden ser la última y eterna naturaleza de las cosas. Si lo fueran, no habría habido nada que degradar y desorganizar. Humpty Dumpty no puede caer de una valla que no ha existido nunca.

No es imposible imaginar, evidentemente, un acontecimiento que se escape al desmoronamiento o proceso desintegrador que conocemos como naturaleza. Si algo resulta claro en los informes de las apariciones

---

21. Humpty Dumpty es el nombre de un hombrecillo rechoncho de un verso para niños, que personifica un huevo que cayó y se hizo añicos. [N. del T.].

de nuestro Señor después de su resurrección, es que el cuerpo resucitado era muy diferente del que había muerto, y que vivía en condiciones muy distintas de las de la vida natural. Frecuentemente no es reconocido por los que lo ven[22] y no se relaciona con el espacio del mismo modo que nuestros cuerpos. Las apariciones y desapariciones repentinas[23] evocan el espíritu de la tradición popular. Sin embargo, el Señor insiste enfáticamente en que no es un simple espíritu y toma medidas para demostrar que el cuerpo resucitado puede realizar aún funciones animales, como comer.[24] Lo que hace de todo ello algo desconcertante para nosotros es la conjetura de que ir más allá de lo que llamamos naturaleza —más allá de las tres dimensiones y de los cinco sentidos, limitados y altamente especializados— significa, inmediatamente, estar en un mundo de pura espiritualidad negativa, en un mundo en el que ninguna clase de espacio ni de sentido tienen función alguna. No conozco ninguna razón para creer algo así. Schrödinger quería siete dimensiones hasta para explicar un átomo, y si tuviéramos nuevos sentidos descubriríamos una naturaleza nueva. Tal vez haya naturalezas amontonadas sobre naturalezas, lo sobrenatural sobre lo sobrenatural, antes de llegar a la profundidad del puro espíritu. Estar en esa profundidad, a la derecha del Padre, no significa, seguramente, mantenerse aparte de ninguna de esas naturalezas. Puede significar una presencia más dinámica todavía en todos los niveles. He ahí por qué creo que es muy precipitado suponer que la historia de la Ascensión sea mera alegoría. Sé que suena como obra de gente que imaginaba un arriba y abajo absolutos y un cielo local en el firmamento. Pero decir esto es, después de todo, decir: «Suponiendo que la historia sea falsa, podríamos explicar cómo resucitó». Sin esa suposición nos descubrimos a nosotros mismos «moviéndonos en mundos ilusorios»,[25] sin ninguna probabilidad —con improbabilidad— de orientarnos. Pues si la historia es verdad, un cuerpo todavía corporal de algún modo, aunque no a nuestro modo, se retira por su propia voluntad de la naturaleza que nos presentan las tres dimensiones y los cinco sentidos, no necesariamente a un mundo no sensible y unidimensional,

---

22. Lc 24:13-31, 36-37; Jn 20:14-16.
23. Mr 16:14; Lc 24:31; Jn 20:19, 26.
24. Lc 24:42-43; Jn 21:13.
25. Se trata, probablemente, de una cita equivocada del texto de Wordsworth «Moving about in worlds not realized». *Intimations of Immortality*, IX, 149.

sino, tal vez, a un mundo o mundos de suprasentidos y supraespacio. Y Él podría elegir hacerlo gradualmente. ¿Quién diantres conoce lo que el espectador podría ver? Si dijeran que veían un movimiento ascendente a lo largo del plano vertical —después una masa confusa y, más tarde, nada—, ¿quién va a afirmar que es improbable?

Casi ha terminado mi tiempo, y debo ocuparme muy brevemente de la segunda clase de personas de las que prometí tratar: las que confunden las leyes de la naturaleza con las leyes del pensamiento y, como consecuencia, creen que cualquier desviación de ellas es una contradicción interna, como el círculo cuadrado o dos y dos suman cinco. Pensar algo así es imaginar que los procesos normales de la naturaleza son transparentes al intelecto, que podemos decir por qué se comporta como lo hace. Pues, lógicamente, si no podemos ver por qué una cosa es como es, no podremos descubrir las razones por las que no pudiera ser de otro modo. De hecho, el curso actual de la naturaleza es totalmente inexplicable. No quiero decir que la ciencia no lo haya explicado todavía pero que tal vez lo explique algún día. Quiero decir que la misma naturaleza de la explicación hace imposible que podamos explicar siquiera por qué la materia tiene las propiedades que tiene. La explicación, por su misma naturaleza, trata sobre un mundo de «supuesto que tal cosa, entonces tal otra». Toda explicación científica adopta la forma «dado que A, entonces B», o «si C, entonces D». Para explicar cualquier acontecimiento, es preciso suponer que el universo es una empresa en pleno funcionamiento, una máquina que trabaja de un modo particular. Como quiera que el modo particular de funcionar es la base de toda explicación, él mismo no se puede explicar nunca. No podemos hallar ninguna razón por la que no podría funcionar de otra forma.

Decir esto no es solo eliminar la sospecha de que el milagro es internamente contradictorio, sino, además, comprender qué razón tenía san Atanasio cuando descubría una semejanza esencial entre los milagros de nuestro Señor y el orden general de la naturaleza. Las dos cosas son el punto final de las explicaciones del intelecto. Si «natural» significa lo que se puede encajar dentro de una clase, lo que obedece a una norma, lo que se puede comparar y se puede explicar por referencia a otros acontecimientos, la misma naturaleza en su conjunto *no* es natural. Si un milagro significa algo que, sencillamente, se debe aceptar, la realidad irrebatible que no da razón de sí misma, sino que es realmente, el universo es un gran milagro. Encaminarnos hacia ese gran milagro es uno de los principales propósitos de los actos terrenales de Cristo, que son, como Él mismo dijo, señales.[26] Sirven para recordarnos que las explicaciones de sucesos particulares derivadas *del* carácter dado, inexplicado, casi intencionado del universo actual no son explicaciones de ese carácter. Las señales no nos separan de la realidad, nos hacen volver a ella, nos hacen volver de nuestro mundo de sueño de «supuesto que tal cosa, entonces tal otra» a la sorprendente actualidad de todo lo que es real. Son puntos focales en los que se hace visible más realidad de la que comúnmente vemos al mismo tiempo. He hablado de cómo hizo pan y vino milagrosos y de cómo, cuando concibió la virgen, mostró el verdadero Genio que la gente había adorado, sin saberlo, desde mucho antes. Pero todo ello tiene más alcance todavía. El pan y el vino iban a tener para los cristianos un significado más sagrado aún, y el acto de generación iba a ser el símbolo elegido entre los místicos para la unión del alma con Dios. Estas cosas no son accidentes. Con Él no hay accidentes. Cuando Dios creó el mundo vegetal, sabía ya qué sueños provocaría en las mentes paganas devotas la muerte y resurrección anual del trigo, sabía ya que Él mismo tendría que morir y vivir de nuevo y en qué sentido, incluyendo y trascendiendo ampliamente la vieja religión del Rey Trigo. Jesús diría «esto es mi cuerpo".[27] Pan *común*, pan milagroso, pan sacramental: los tres son distintos, pero no se deben separar. La realidad Divina es como una fuga. Sus actos son diferentes, pero todos riman o resuenan en los demás. Eso es lo que hace tan difícil hablar del cristianismo. Fijemos la atención en una cualquiera de sus historias y se convertirá enseguida en un imán al que, velozmente, acude la verdad y la gloria desde todos los niveles del ser. Nuestras tediosas unidades panteístas y resbaladizas distinciones racionalistas son vencidas de la misma manera por la estructura de la realidad, inconsútil y en permanente variación, por la animación, la evasividad y las armonías entrelazadas de la multidimensional fertilidad de Dios. Si esta es la dificultad, también es uno de los fundamentos firmes de nuestra fe. Pensar que es una fábula, un producto del cerebro, como el cerebro es un producto de la materia, sería creer que este vasto esplendor sinfónico sale de algo más pequeño y más vacío que él mismo. No es así. Estamos más cerca de la verdad en la visión de Juliana

---

26. Mt 12:39; 16:4; 24:24, 30; Mr 13:22; 16:17, 20; Lc 20:11, 25.
27. Mt 26:26; Mr 14:22; Lc 22:19; 1 Co 11:24.

de Norwich, a quien Cristo se le aparece llevando en su mano una cosa pequeña, como una avellana, y le dice: «Esto es todo lo creado».[28] A Juliana le pareció tan pequeño y débil que se maravilló de que no se descompusiera.

---

28. *Sixteen Revelations of Divine Love*, ed. Roger Hudleston (London, 1927), cap. 5, p. 9 [En español, *Libro de visiones y revelaciones* (Trotta: Madrid, 2002)].

3

EL DOGMA Y EL UNIVERSO

UN REPROCHE HABITUAL al cristianismo consiste en decir que sus dogmas son inmutables, mientras que el conocimiento humano está en continuo crecimiento. De ahí que a los no creyentes los cristianos les parezcamos personas empeñadas en la desesperada tarea de obligar al conocimiento nuevo a mantenerse dentro de unos moldes que se le han quedado pequeños. Yo creo que este parecer aleja más al extraño que las discrepancias particulares entre esta o aquella doctrina y entre esta o aquella teoría científica. Podemos «superar», como se suele decir, docenas de «dificultades» aisladas, pero eso no altera su opinión de que el empeño en su conjunto está destinado al fracaso y a la perversión: cuanto más ingenioso, más perverso. Al no creyente le parece que si nuestros antepasados hubieran sabido lo que nosotros sabemos sobre el universo, el cristianismo no hubiera existido nunca. Y, sin embargo, seguimos remendando y zurciendo. Ningún sistema que afirme ser inmutable puede, a la larga, conciliarse con nuestro conocimiento creciente.

Esta es la opinión a la que voy a tratar de responder. Pero antes de pasar a lo que considero la respuesta fundamental, me gustaría aclarar ciertos puntos sobre la actual relación entre la doctrina cristiana y el conocimiento científico que ya tenemos. Se trata de un asunto diferente del crecimiento continuo del conocimiento que imaginamos, con razón o sin ella, en el futuro, y que, al final, nos derrotará inevitablemente.

En cierto sentido, la ciencia contemporánea, como han notado muchos cristianos, se ha puesto de acuerdo con la doctrina cristiana y se ha separado de las formas clásicas de materialismo. Si algo emerge con claridad de la física moderna es que la naturaleza no es eterna. El universo tuvo un comienzo y tendrá un fin. Sin embargo, los grandes sistemas materialistas del pasado creían sin excepción en la eternidad y, consecuentemente, en

21

la existencia separada de la materia. Con palabras del profesor Whittaker, pronunciadas en las Riddell Lectures de 1942: «Nunca ha sido posible oponerse seriamente al dogma de la creación, salvo que se mantuviera que el mundo había existido desde la eternidad, sin apenas cambios, en su estado actual».[1] Este apoyo fundamental del materialismo ha sido retirado ahora. No deberíamos apoyarnos descansando todo nuestro peso sobre él, pues las teorías científicas cambian. Pero de momento parece que el peso de la prueba no recae sobre nosotros, sino sobre aquellos que niegan que la naturaleza tiene una causa exterior.

Sin embargo, en el pensamiento popular el origen del universo se tiene menos en cuenta, creo yo, que su carácter: su inmensa extensión y su aparente indiferencia, por no decir hostilidad, a la vida humana. Eso impresiona a menudo a la gente tanto más cuanto que se supone que es un descubrimiento moderno, un ejemplo excelente de las cosas que nuestros antepasados no conocían y que, de haberlas conocido, hubieran evitado el comienzo mismo del cristianismo. En ello hay, sencillamente, una falsedad histórica. Ptolomeo sabía tan bien como Eddington[2] que la tierra era infinitesimal en comparación con la extensión total del espacio.[3] No se trata de que el conocimiento haya crecido hasta hacer que el marco del pensamiento arcaico no pueda contenerlo. La verdadera cuestión es por qué la insignificancia espacial de la tierra, conocida durante siglos, se convierte súbitamente en la última centuria en un argumento contra el cristianismo. Yo no sé por qué ha ocurrido, pero estoy seguro de que no indica una mayor claridad de pensamiento, pues el argumento del tamaño es, en mi opinión, muy débil.

Cuando el médico, al hacer la autopsia, diagnostica veneno señalando el estado de los órganos del muerto, su argumento es racional porque tiene una idea clara del estado opuesto, en el que deberían estar los órganos de no haber veneno en ellos. De igual modo, si usamos la inmensidad del espacio y la pequeñez de la tierra para refutar la existencia de Dios, necesitamos tener una idea clara del tipo de universo que nos aguardaría

---

1. *Sir* Edmund Taylor Whittaker, *The Beginning and End of the World, Riddel Memorial Lectures*, Serie 14 (Oxford, 1942), p. 40.
2. *Sir* Arthur Stanley y Eddington (1882-1944).
3. Ptolomeo vivió en Alejandría en el siglo segundo después de Cristo. Lewis se refiere a la obra de Ptolomeo *Almagesto*, L. I, cap. 5.

si Dios no existiera. Pero ¿la tenemos? Sea el espacio lo que sea —y muchos modernos piensan, sin duda, que es finito—, nosotros lo percibimos ciertamente como tridimensional, y no podemos imaginarnos un espacio tridimensional con límites. Tal como son las formas de la percepción, debemos sentir como si viviéramos de algún modo en un espacio infinito. Si en el espacio infinito no descubriéramos otros objetos que aquellos que son útiles para el hombre —nuestro sol y nuestra luna—, este extenso vacío se podría utilizar, ciertamente, como un argumento fuerte contra la existencia de Dios. Si descubrimos otros cuerpos, tienen que ser habitables o no habitables. Y lo extraño es que las dos hipótesis se utilizan como argumento para rechazar el cristianismo. Si el universo hierve de vida, ese hecho, se nos dice, reduce al absurdo la afirmación cristiana —o lo que se piensa que afirma el cristianismo— de que el hombre es único, así como la doctrina cristiana de que Dios descendió a este único planeta y se encarnó por nosotros los hombres y por nuestra salvación. Pero, por otro lado, si la tierra es realmente única, el hecho prueba que la vida es solo un subproducto accidental en el universo, con lo que se refuta de nuevo nuestra religión. Realmente somos difíciles de contentar. Tratamos a Dios como el policía trata a un hombre cuando es arrestado: todo lo que haga se usará como evidencia en contra suya. No creo que esto se deba a nuestra maldad. Sospecho que hay algo en nuestra forma de pensar que hace que la existencia actual, *sea cual sea* su carácter, nos desconcierte de forma inevitable. Tal vez una criatura finita y contingente —una criatura que podría no haber existido— encontrará difícil siempre conformarse con el crudo hecho de que está ligada, aquí y ahora, a un orden actual de cosas.

En cualquier caso, no hay duda de que todo el argumento del tamaño descansa en el supuesto de que las diferencias de tamaño deben coincidir con diferencias de valor, pues, de otro modo, no hay ninguna razón por la que la tierra diminuta y las aún más pequeñas criaturas humanas sobre ella no pudieran ser las cosas más importantes en un universo que contiene las nebulosas espirales. ¿Es racional o emocional este supuesto? Yo veo, como cualquier otro, lo absurdo de suponer que la galaxia podría ser menos importante a los ojos de Dios que un átomo como el ser humano. Pero me doy cuenta de que no veo igualmente absurdo suponer que un hombre de metro y medio de alto pueda ser más importante que otro que mide uno sesenta y cinco, ni que un hombre pueda importar más que un árbol, o el cerebro más que las piernas. En otras palabras, el sentimiento de absurdo surge únicamente si las diferencias de tamaño son muy grandes. Pero cuando una relación es percibida por la razón, es válida universalmente. Si el tamaño y el valor tuvieran alguna conexión real, las pequeñas diferencias de tamaño irían acompañadas de diferencias de valor tan claramente como las diferencias grandes de tamaño acompañan a las diferencias grandes de valor. Pero ningún hombre sensato supondría que esto es así. Yo no creo que un hombre más alto sea un poco más valioso que otro más bajo. Yo no les reconozco a los árboles una ligera superioridad sobre los hombres, ni los descuido por ser demasiado pequeños para molestarse por ellos. Al tratar con pequeñas diferencias de tamaño, percibo que no tienen la menor conexión con ningún tipo de valor. Por eso, concluyo que la importancia atribuida a las grandes diferencias de tamaño no es un asunto de la razón, sino de la emoción, de esa emoción peculiar que la superioridad de tamaño produce cuando se ha alcanzado un punto seguro de tamaño absoluto.

Somos poetas inveterados. Cuando una cantidad es muy grande, dejamos de verla como mera cantidad. Nuestra fantasía despierta. En vez de cantidad, ahora tenemos una cualidad: lo sublime. A menos que esto sea así, la grandeza puramente aritmética de la galaxia no sería más impresionante que las ilustraciones en una guía de teléfonos. En cierto sentido, el que el universo material tenga un poder capaz de intimidarnos se debe, pues, a nosotros. Para una mente que no compartiera nuestras emociones y careciera de nuestras energías imaginativas, el argumento del tamaño sería completamente insensato. Los hombres miran con reverencia el cielo estrellado, los monos, no. El silencio del espacio eterno aterrorizaba a Pascal,[4] pero fue la grandeza de Pascal la que puso al espacio en situación de espantar a Pascal. Cuando nos asusta la grandeza del universo, estamos asustados, casi literalmente, por nuestras propias sombras, pues los años luz y los millones de siglos son mera aritmética hasta que cae sobre ellos la sombra del hombre, el poeta, el creador de mitos. Yo no digo que sea erróneo estremecerse ante su sombra, la sombra de una imagen de Dios. Pero si alguna vez la inmensidad de la materia amenaza sobrecoger nuestro espíritu, debemos recordar que es una materia espiritualizada la que lo

---

4. Blaise Pascal, *Pensamientos*, núm. 206.

hace. En cierto sentido, la gran nebulosa Andrómeda debe su grandeza a un hombre encanijado.

Esto me lleva a decir una vez más que somos difíciles de contentar. ¡Qué pobres criaturas seríamos si el mundo en el que nos encontramos no fuera tan vasto y extraño como para producir en nosotros el terror de Pascal! Siendo, como somos, racionales pero también vivientes, anfibios que parten del mundo de los sentidos y siguen a través del mito y la metáfora hasta el mundo del espíritu, no veo cómo podríamos haber llegado a conocer la grandeza de Dios sin la indicación proporcionada por la inmensidad del universo material. Una vez más, ¿qué clase de universo reclamamos? Si fuera lo bastante pequeño para ser acogedor, no sería lo bastante grande para ser sublime. Si es amplio para poder estirar en él nuestros miembros espirituales, debe serlo también para desconcertarnos. Apretados o espantados, en cualquier universo imaginable debemos estar de una manera o de la otra. Yo prefiero el espanto. Me asfixiaría en un universo del que pudiera ver el fin. ¿No han retrocedido nunca deliberadamente, cuando paseaban por el bosque, por temor a salir por el lado opuesto y convertirlo desde entonces en la imaginación en una mísera fila de árboles?

Espero que no crean que estoy sugiriendo que Dios hizo las nebulosas espirales solo o principalmente para proporcionarnos la experiencia de temor reverente y de perplejidad. No tengo la menor idea de por qué las hizo. Sería sorprendente que la tuviera. Tal como yo entiendo el asunto, el cristianismo no se aferra a un punto de vista antropológico del universo como un todo. Es indudable que los primeros capítulos de Génesis presentan la historia de la creación en forma de cuento popular —un hecho reconocido ya en tiempos de san Jerónimo— y cualquiera de nosotros recibiría la misma impresión si los tomara aisladamente. Pero es una impresión no confirmada por la Biblia en su conjunto. Pocos lugares hay en la literatura en que se nos amoneste más severamente contra la tentación de convertir al hombre en medida de todas las cosas que en el libro de Job: «¿Pescarás tú al cocodrilo con anzuelo [...] Hará pacto contigo para que lo tomes por siervo perpetuo? [...]. A su sola vista se desmayarán».[5] En san Pablo, el poder de los cielos parece por lo general ser hostil al hombre. La esencia del cristianismo es, por supuesto, que Dios ama al hombre y que se hizo

---

5. Job 41:1, 4, 9.

hombre y murió por él. Pero eso no prueba que el hombre sea el único fin de la naturaleza. En la parábola, el hombre es una oveja perdida en cuya búsqueda va el pastor,[6] no la única oveja del rebaño. Y no se nos dice que sea la más importante, salvo en la medida en que el más desesperadamente necesitado, mientras dura la necesidad, tiene un valor especial a los ojos del Amor. La doctrina de la encarnación solo estaría en conflicto con nuestro conocimiento de este vasto universo si supiéramos que hay en él otras especies racionales, caídas como nosotros, necesitadas de redención como nosotros, a las que no se les hubiera concedido la redención. Pero no conocemos ninguna de esas cosas. Tal vez haya numerosas formas de vida que no necesiten redención y otras muchas que hayan sido redimidas. Puede haber cosas completamente distintas de la vida que satisfagan la Sabiduría Divina de maneras difíciles de imaginar. No estamos en condiciones de levantar mapas de la psicología de Dios ni de poner límites a sus intereses. Eso no se lo haríamos ni siquiera a un hombre que supiéramos que era más grande que nosotros. La doctrina de que Dios es Amor y de que se deleita en los hombres es una doctrina positiva, no restrictiva. Dios no es menos que esto. No sabemos qué más puede ser. Solo sabemos que tiene que ser más de lo que podamos imaginar. Era de esperar que su creación fuera, en su mayor parte, ininteligible para nosotros.

Los mismos cristianos tienen mucha culpa de los malentendidos sobre estos asuntos. Los cristianos tienen la mala costumbre de hablar como si la revelación existiera para satisfacer la curiosidad iluminando la creación entera, como si se explicara a sí misma e hiciera que todas las preguntas quedaran respondidas. Pero a mí me parece que la revelación es puramente práctica y está dirigida a un animal singular —el Hombre Caído, para alivio de sus necesidades más urgentes—, no al espíritu de indagación del hombre para satisfacción de su enorme curiosidad. Sabemos que Dios ha vivido con su pueblo y lo ha redimido. Y esto nos dice tanto sobre el carácter general de la creación como la cantidad de alimento dada a un ave enferma en una granja nos dice sobre el carácter general de la agricultura en Inglaterra. Sabemos lo que debemos hacer y el camino que debemos seguir para llegar a la fuente de la vida, y nadie que haya seguido en serio la dirección se queja de haberse equivocado. Pero acerca de si hay otras

---

6. Mt 18:12; Lc 15:4.

criaturas como nosotros y cómo han de ser tratadas, acerca de si la materia inanimada existe únicamente para servir a las criaturas vivientes o por alguna otra razón, si la inmensidad del espacio es el medio para algún fin o una ilusión o simplemente la única manera que cabe esperar que cree la energía infinita... sobre todas estas cuestiones estamos dejados a nuestras propias especulaciones.

No. No es el cristianismo el que tiene que temer el universo gigantesco. Son los sistemas que ponen el sentido de la existencia entera en la evolución social o biológica sobre el planeta. Son el evolucionismo creador, la filosofía de Bergson o de Shavian, o el comunismo, los que debería estremecerse al levantar de noche los ojos al cielo. Están realmente recluidos en un barco a la deriva. Intentan realmente ignorar la naturaleza revelada de las cosas, como si centrar la atención en la tendencia tal vez ascendente de un planeta particular, pudiera hacerles olvidar la inevitable tendencia descendente del universo en su conjunto, la tendencia a bajas temperaturas y a desorganización irrevocable. La entropía es la verdadera ola cósmica y la evolución solo un momentáneo rizo telúrico dentro de ella.

Apoyándome en estas razones, me permito decir que los cristianos tenemos que temer el conocimiento actualmente adquirido tan poco como los demás. Pero, como dije al principio, esta no es la respuesta fundamental. Las incesantes oscilaciones de la teoría científica, que hoy parece más favorable para nosotros que el siglo pasado, puede volverse contra nosotros mañana. La respuesta básica se halla en otra parte.

Permítame el lector que le recuerde la pregunta que tratamos de responder. Es esta: ¿cómo puede un sistema inalterable sobrevivir al incremento incesante de conocimiento? La verdad es que en determinados casos lo sabemos muy bien. Un intelectual maduro, que lee un pasaje grandioso de Platón y abarca de un vistazo la metafísica, la belleza literaria y el lugar de ambas en la historia de Europa, se halla en una situación muy diferente a la de un muchacho que aprende el alfabeto griego. Sin embargo, a través del sistema inalterable del alfabeto griego está actuando la inmensa actividad mental y emocional. El sistema del alfabeto no es roto por el nuevo conocimiento. Ni es anticuado. Si cambiara, todo sería caos. Un gran estadista cristiano que considere la moralidad de una medida que afectará a millones de vidas y que entraña consideraciones económicas, geográficas y políticas de la mayor complejidad, está en una situación diferente que el muchacho que aprende por vez primera que no se debe estafar ni decir mentiras ni herir a personas inocentes. Pero solo si este primer conocimiento de los grandes lugares comunes de la moral sobrevive intacto en el estadista, podrá su deliberación ser moral. Si no ocurre así, no ha habido progreso, sino mero cambio, pues el cambio no es progreso a menos que el núcleo permanezca inalterado. Un roble pequeño llega a ser un roble grande. Si se convirtiera en una haya, no habría crecimiento, sino mero cambio. Finalmente, hay una gran diferencia entre contar manzanas y llegar a las fórmulas matemáticas de la física moderna. Pero en los dos casos se usa la tabla de multiplicar y no se vuelve anticuada.

En otras palabras, dondequiera que hay verdadero progreso del conocimiento, hay algún conocimiento que no es sustituido. En realidad, la misma posibilidad de progreso exige que haya un elemento inalterable. Nuevos odres para el vino nuevo, por supuesto, pero no nuevos paladares, ni nuevas gargantas, ni nuevos estómagos, o dejaría de ser para nosotros «vino» en absoluto. Supongo que convendremos en encontrar este tipo de elemento inalterable en las reglas elementales de la matemática. Y añadiría los principios fundamentales de la moral. Y también las doctrinas fundamentales del cristianismo. Yo afirmo, expresado en un lenguaje más técnico, que las afirmaciones históricas positivas hechas por el cristianismo tienen la virtud de recibir sin cambios intrínsecos la creciente complejidad de significado que el desarrollo del conocimiento introduce en ellas.

Por ejemplo, puede ser verdad, aunque yo no lo creo ni por un momento, que cuando el Credo de Nicea dice «bajó del cielo», el escritor tuviera presente un movimiento local desde un cielo local hasta la superficie de la tierra, como el descenso de un paracaídas. Desde entonces otros pueden haber rechazado por completo la idea de un cielo espacial. Pero ni la importancia ni la credibilidad de lo que se afirma parece ser afectada lo más mínimo por el cambio. En cualquiera de los dos casos, la cosa es milagrosa. En ambos son superfluas las imágenes mentales que acompañan el acto de creencia. Cuando un converso de África Central y un especialista de Harley Street afirman que Cristo resucitó de la muerte, hay, sin duda, una gran diferencia entre los pensamientos del uno y del otro. Para uno, es suficiente la sencilla imagen de un cuerpo muerto levantándose. El otro puede pensar en toda una serie de procesos bioquímicos y físicos que comienza a obrar en dirección contraria. El médico sabe por experiencia que esos procesos no han funcionado nunca en dirección contraria, y el africano sabe que los cuerpos muertos no se levantan ni andan. Los dos se enfrentan al milagro y los dos lo saben. Si ambos piensan que los milagros son imposibles, la única diferencia entre los dos será que el médico expondrá la imposibilidad con más lujo de detalles y hará una glosa elaborada de la sencilla afirmación de que los muertos no pasean. Si los dos creen en los milagros, todo lo que el médico diga se limitará a analizar y explicar las palabras «Cristo resucitó». Cuando el autor de Génesis dice que Dios hizo al hombre a su imagen, tal vez se haya imaginado un Dios vagamente corpóreo haciendo al hombre como un niño hace una figura de plastilina. Un filósofo cristiano de nuestros días puede pensar en un proceso que se extiende desde la primera creación de la materia hasta la aparición final sobre el planeta de un organismo capaz de recibir vida espiritual y vida biológica. Pero los dos quieren decir esencialmente lo mismo. Los dos niegan la misma cosa: la doctrina de que la materia, por algún ciego poder inherente en ella, haya producido el espíritu.

¿Significa esto que el cristianismo, en los diferentes niveles de educación general, esconde creencias radicalmente distintas bajo la misma forma verbal? En modo alguno. Aquello en lo que todos están de acuerdo es la substancia, y aquello en lo que discrepan es la sombra. Cuando uno se imagina a su Dios sentado en un cielo espacial sobre una tierra plana mientras otro ve a Dios y a la creación desde el punto de vista de la filosofía de Whitehead,[7] la diferencia entre ambos afecta a cuestiones sin importancia. Esto tal vez puede parecer una exageración. Pero ¿lo es? En lo que respecta a la realidad material, nos vemos obligados a concluir que no sabemos nada de ella salvo su matemática. La ribera tangible y los guijarros de nuestras primeras calculadoras, los átomos imaginables de Demócrito, la imagen del espacio del hombre llano, resultan ser la sombra. Los números son la substancia del conocimiento, el único enlace entre la mente y las cosas. Lo que la naturaleza es en sí misma se nos escapa. Lo que a la percepción ingenua le parece evidente resulta lo más fantasmal. Muy semejante es lo que ocurre con el conocimiento de la realidad espiritual. Lo que Dios es en sí mismo, cómo ha de ser concebido por los filósofos, se le escapa a nuestro conocimiento. Las elaboradas imágenes del mundo que acompañan a la

---

7. Alfred North Whitehead (1861-1947).

religión, y que parecen sólidas mientras duran, resultan ser solo sombras. La religión —oración y sacramentos y arrepentimiento y adoración— es, a la larga, nuestra única avenida a lo real. La religión, como las matemáticas, puede crecer desde dentro o deteriorarse. El judío sabe más que el pagano, el cristiano más que el judío, el hombre moderno vagamente religioso menos que cualquiera de los tres. Pero, como la matemática, sigue siendo sencillamente ella misma, capaz de encajar en cualquier teoría del universo material sin que nada la convierta en anticuada.

Cuando un hombre se pone en presencia de Dios, descubre, quiéralo o no, que las cosas que en su opinión lo hacían tan diferente de los hombres de otras épocas, o de sí mismo en tiempos anteriores, se han desprendido de él. Vuelve a estar donde había estado siempre, donde siempre está el hombre. *Eadem sunt omnia semper*.[8] No nos engañemos. Ninguna complejidad posible que podamos dar al universo puede escondernos de Dios: no hay soto, ni bosque, ni jungla suficientemente espesos para ocultarnos. En el Apocalipsis leemos de Aquel que está sentado en el trono: «de cuya presencia huyeron el cielo y la tierra».[9] A cualquiera de nosotros nos puede ocurrir en cualquier momento. En un abrir y cerrar de ojos, en un momento demasiado pequeño para ser medido y en cualquier lugar, todo lo que parece separarnos de Dios puede desaparecer, esfumarse, dejarnos desnudos ante Él, como el primer hombre, como el único hombre, como si no existiera nada salvo Él y yo. Y como el contacto no se puede evitar durante mucho tiempo, y como significa bienaventuranza u horror, la tarea de la vida es aprender a quererlo. Ese es el primer y el gran mandamiento.

---

8. Todas las cosas son siempre lo mismo.
9. Ap 20:11.

4

RESPUESTAS A PREGUNTAS
SOBRE EL CRISTIANISMO[1]

LEWIS: ME HAN pedido que comience con unas palabras sobre el cristianismo y la industria moderna. La industria moderna es un tema del que no sé nada en absoluto. Pero, precisamente por eso, puede ilustrar lo que, en mi opinión, el cristianismo hace y lo que *no* hace. El cristianismo no sustituye a la técnica. Cuando nos dice que demos de comer al hambriento, no nos da lecciones de cocina. Si queremos aprender *ese* arte, deberemos ir al cocinero. Si no somos economistas profesionales y no tenemos experiencia en la industria, ser cristiano no nos dará las respuestas a los problemas industriales.

Mi opinión particular es que la industria moderna es un sistema radicalmente desesperanzado. Se puede mejorar el salario, el horario, las condiciones, pero nada de eso cura el más profundo mal, a saber, que cierto número de personas sigan haciendo durante toda su vida un trabajo repetitivo que no les permite ejercer plenamente sus facultades. Cómo puede superarse esta situación, yo no lo sé.

Si solo un país abandonara el sistema, sería víctima de los demás países que no lo hubieran abandonado. No sé cuál es la solución. Este asunto no es del tipo de cosas que el cristianismo enseña a una persona como yo. Ahora sigamos con las preguntas.

---

1. Las respuestas a las preguntas que aparecen aquí las dio Lewis en la conferencia One Man Brains Trust, que pronunció el 18 de abril de 1944 en la Oficina central de Industrias Eléctricas y Musicales Ltd., Hayes, Middlesex. De esa conferencia se tomaron notas a mano y se le envió a Lewis un texto mecanografiado. Lewis lo modificó ligeramente y se publicó como opúsculo. El director del coloquio fue H.W. Bowen.

Pregunta 1: A los cristianos se les enseña a amar al prójimo. ¿Cómo pueden, entonces, justificar su actitud de apoyo a la guerra?

Lewis: Se nos ha dicho que amemos al prójimo como a nosotros mismos. ¿Cómo nos amamos a nosotros mismos? Cuando examino mi particular modo de entender el problema, descubro que no me amo a mí mismo pensando que soy un querido amigo o teniendo sentimientos afectuosos. No creo que me ame a mí mismo por ser particularmente bueno, sino por ser yo mismo, independientemente de mi carácter. Puedo detestar algo que he hecho; pero no por eso dejo de amarme a mí mismo. Con otras palabras: la distinción precisa que el cristianismo establece entre odiar el pecado y amar al pecador es la que hacemos nosotros, aplicado a nuestro caso particular, desde que nacimos. Nos disgusta lo que hemos hecho, pero no dejamos de amarnos. Podemos pensar incluso que deberíamos ir a la policía y confesar, y que mereceríamos que nos ahorcaran. El amor no es un sentimiento afectuoso, sino desear sin cesar el verdadero bien para la persona amada hasta donde se pueda alcanzar. Me parece, pues, que cuando sucede lo peor, si no se puede tener a raya a un hombre por ningún otro procedimiento que el de intentar matarlo, un cristiano debe hacerlo. Esta es mi respuesta, pero puedo estar equivocado. Desde luego, es muy difícil responder.

Pregunta 2: Si un trabajador de una fábrica le preguntara «¿Cómo puedo yo encontrar a Dios?», ¿qué le respondería?

Lewis: No veo que para un trabajador la cuestión sea distinta que para cualquier otra persona. Lo fundamental en cualquier hombre es que es un ser humano, y comparte las tentaciones humanas comunes y los valores. ¿Cuál es el problema especial en el caso de un trabajador? Pero tal vez merezca la pena decir lo siguiente:

El cristianismo hace dos cosas respecto a las circunstancias que se dan aquí y ahora, en este mundo: trata de mejorarlas todo lo posible, es decir, trata de reformarlas; pero también nos fortalece para afrontarlas mejor mientras sigan siendo malas.

Si la persona que ha hecho la pregunta estaba pensando en el problema del trabajo repetitivo, la dificultad del trabajador de una fábrica es como la de cualquier otro hombre que se enfrenta con un pesar o un problema. Descubrirá a Dios si le pide conscientemente a Él que le ayude a adoptar la actitud correcta frente a las cosas desagradables... pero no sé si era ese el objeto de la pregunta.

Pregunta 3: ¿Podría decirme cómo define usted a un cristiano practicante? ¿Hay otras clases?

Lewis: Hay ciertamente muchas clases más. Depende, como es natural, de lo que usted entienda por «cristiano practicante». Si se refiere con ello a alguien que ha practicado el cristianismo en todos los conceptos y en todos los momentos de su vida, entonces solo hay uno del que yo tenga constancia: el mismo Cristo. En este sentido no hay un solo cristiano practicante, sino únicamente cristianos que tratan de vivir el cristianismo en mayor o menor grado, que fracasan en mayor o menor medida y que, tras caer, comienzan de nuevo. La práctica perfecta del cristianismo consistiría, naturalmente, en la perfecta imitación de la vida de Cristo. Quiero decir, cada uno en sus circunstancias particulares, y no en un sentido necio. No significa, pues, que todos los cristianos lleven barba, sean solteros, o se hagan predicadores itinerantes. La perfecta imitación de la vida de Cristo significa que cada acto y cada sentimiento particular, cada experiencia, tanto agradable como desagradable, tienen que ser referidas a Dios. Significa verlo todo como algo que viene de Él, y mirarle a Él y tratar de cumplir su voluntad, y preguntarse: «¿Cómo quiere Dios que afronte este asunto?».

Un modelo (aunque muy remoto) de la relación entre el perfecto cristiano y Dios sería la relación del buen perro con su amo. Se trata de una ilustración muy imperfecta, debido a que el perro no razona como su dueño, mientras que nosotros participamos de la razón de Dios, aunque de un modo imperfecto e interrumpido («interrumpido» porque no pensamos racionalmente durante mucho tiempo, pues es demasiado cansado, y porque no tenemos información para entender completamente las cosas, y porque nuestra propia inteligencia tiene determinadas limitaciones). En ese sentido, nosotros nos parecemos más a Dios que el perro a nosotros, aunque, en otro sentido, el perro se parece más a nosotros que nosotros a Dios. Esto es solo una ilustración.

Pregunta 4: ¿Qué justificación, que se apoye en fundamentos éticos y de conveniencia social, se puede ofrecer de la actitud de la Iglesia hacia las enfermedades venéreas, la profilaxis y la publicidad relacionada con ella?

Lewis: Necesito más información sobre el problema. Cuando la tenga tal vez pueda responder. ¿Puede decir el interrogador en qué Iglesia está pensando?

Una voz: La Iglesia a la que se alude es la Iglesia de Inglaterra, y su posición, aunque no escrita, está implícita en el hecho de que ha prohibido toda publicidad relacionada con los métodos profilácticos de combatir las enfermedades venéreas. La opinión de algunos es que no se debería eludir el castigo moral.

Lewis: Personalmente no me he tropezado nunca con un pastor de la Iglesia de Inglaterra que mantuviera esa opinión, y yo tampoco la mantengo. Se le pueden hacer evidentes objeciones. Después de todo, no son las enfermedades venéreas lo único que se puede considerar como un castigo por la mala conducta. La indigestión en la vejez puede ser el resultado de haber comido en exceso en la juventud, pero nadie se opone a la publicidad de la píldora Beecham. De todos modos, yo disiento profundamente del punto de vista que ha mencionado.

Pregunta 5: Mucha gente se muestra resentida o infeliz porque piensa que es el blanco de un destino injusto. Estos sentimientos son estimulados por la desgracia, la enfermedad, difíciles situaciones domésticas, duras condiciones de trabajo, o la observación del sufrimiento de los demás. ¿Cuál es el punto de vista cristiano sobre este problema?

Lewis: El punto de vista cristiano es que los hombres han sido creados para estar en determinada relación con Dios (si mantenemos esa relación con Él, se derivará inevitablemente la relación correcta de unos hombres con otros). Cristo dijo que era difícil que «el rico» entrara en el reino de los cielos,[2] refiriéndose, sin duda, a la «riqueza» en el sentido más común. Pero yo creo que incluye la riqueza en todos los sentidos: la buena fortuna, la salud, la popularidad, y todo lo demás que uno desea alcanzar. Esas cosas contribuyen, como el dinero, a que nos sintamos independientes de Dios, puesto que, si las tenemos, nos sentimos felices y contentos ya en esta vida, no queremos prestar atención a nada más, e intentamos apoyarnos en una felicidad dudosa como si durara para siempre.

---

2. Mt 19:23; Mr 10:23; Lc 18:24.

Pero Dios quiere para nosotros la felicidad verdadera y eterna. Por eso, tal vez tenga que apartar estas «riquezas» de nosotros. Si no lo hiciera, seguiríamos sin confiar en Él. Parece cruel, ¿verdad?, pero yo empiezo a descubrir que lo que la gente llama doctrinas crueles, a la larga, son realmente las más benévolas. Yo solía pensar que una doctrina «cruel» era sostener que el infortunio y la desgracia eran «castigos». Pero en la práctica descubro que, cuando nos vemos en apuros, tan pronto como los consideramos como un «castigo», se vuelven más fáciles de soportar. Si consideramos este mundo como un lugar destinado sencillamente para nuestra felicidad, lo hallaremos totalmente inaguantable. Pensemos en él como lugar de preparación y corrección y no nos parecerá tan malo.

Imaginemos un grupo de personas que vive en el mismo edificio. La mitad de ellas cree que es un hotel, la otra mitad cree que es una prisión. Los que creen que es un hotel podrían considerarlo totalmente insoportable, y los que creen que es una prisión podrían juzgar que es sorprendentemente cómodo. Así pues, la que parece una doctrina terrible es la que a fin de cuentas nos consuela y fortalece. La gente que intenta tener una opinión optimista de este mundo se volverá pesimista, la que tiene de él un punto de vista bastante severo se volverá optimista.

Pregunta 6: El materialismo y algunos astrónomos indican que el sistema solar y la vida tal como la conocemos se originó por una colisión astral fortuita. ¿Cuál es la opinión del cristianismo sobre esta teoría?

Lewis: Si el sistema solar se hubiera originado por una colisión fortuita, la aparición de la vida orgánica en este planeta sería un accidente, y la evolución entera del hombre sería también un accidente. De ser así, nuestros actuales pensamientos son meros accidentes, el subproducto fortuito del movimiento de los átomos. Y esto vale igual para los pensamientos de los materialistas y los astrónomos que para los de los demás. Pero si *sus* pensamientos (los de los materialistas y los astrónomos) son subproductos accidentales, ¿por qué tendríamos que creer que son verdaderos?

No veo ninguna razón para creer que un accidente podría darme una estimación correcta de los demás accidentes. Es como suponer que la figura accidental que se forma al derramar un jarro de leche nos proporciona un juicio correcto acerca de cómo se hizo el jugo y por qué se derramó.

Pregunta 7: ¿Es verdad que el cristianismo (especialmente las formas protestantes) tiende a presentar un estado tenebroso y triste de la sociedad, que es como un chinche molesto para la mayor parte de la gente?

Lewis: Acerca de la distinción entre el protestantismo y otras formas de cristianismo, es muy difícil responder. Leyendo obras que tratan sobre el siglo XVI, veo que personas como *sir* Tomás Moro, por el que yo siento un gran respeto, no han considerado siempre la doctrina de Lutero como un pensamiento tenebroso, sino como un pensamiento anhelante. Yo dudo que se pueda hacer, sobre este asunto, una diferencia entre el protestantismo y otras formas de cristianismo. Me resulta muy difícil responder la pregunta acerca de si el protestantismo es tenebroso y produce pesimismo, ya que no he vivido nunca en una sociedad completamente no cristiana ni en una sociedad totalmente cristiana, y yo no existía en el siglo XVI, época de la que he adquirido conocimientos únicamente leyendo libros. Creo que en todas las épocas hay aproximadamente la misma cantidad de alegría y tristeza. Así lo muestran la poesía, la novela, las cartas, etc., de cada época. Pero, repito, desconozco realmente la respuesta. No estaba allí.

Pregunta 8: ¿Es verdad que los cristianos tienen que estar dispuestos a vivir una vida de incomodidad y abnegación para reunir los requisitos y alcanzar «el pastel del Cielo»?

Lewis: Todos los hombres, cristianos o no cristianos, tienen que estar preparados para una vida de incomodidad. Es imposible aceptar el cristianismo por comodidad, pero el cristiano trata de abrirse a la voluntad de Dios, hacer lo que Dios quiere que haga. De antemano no sabemos si Dios nos va a asignar algo difícil y doloroso, o algo que nos gustará mucho; y hay gente de carácter heroico que se siente decepcionada cuando la tarea que le ha tocado en el reparto resulta realmente amable. Pero hemos de estar preparados para las cosas desagradables y las incomodidades, y no me refiero solo a ayunar y cosas así. Es algo distinto. Cuando instruimos a los soldados en unas maniobras, practicamos con munición de fogueo, porque nos gusta que tengan práctica antes de enfrentarse con el enemigo de verdad. De igual modo, debemos tener práctica en privarnos de placeres que en sí mismos no son malos. Si no nos privamos del placer, no estaremos preparados cuando llegue la ocasión. Es sencillamente cuestión de práctica.

Voz: ¿No se han tomado determinadas prácticas, como el ayuno y la abnegación, de religiones anteriores o más primitivas?

Lewis: No puedo decir con seguridad cuánto entró en el cristianismo procedente de religiones anteriores.

Desde luego, una gran cantidad. A mí me resultaría difícil creer en el cristianismo si no fuera así. Yo no podría creer que novecientas noventa y nueve religiones fueran completamente falsas y que solo la restante fuera verdadera. La verdad es que el cristianismo es originalmente el cumplimiento de la religión judía, pero también la realización de lo mejor que estaba insinuado en las demás religiones. El cristianismo enfoca lo que todas vieron vagamente, de la misma forma que el mismo Dios entra en el foco de la historia haciéndose hombre.

Supongo que las observaciones del interrogador acerca de las religiones anteriores se basan en evidencias obtenidas de los salvajes de nuestros días. Yo no creo que esa sea una buena evidencia. Los salvajes de nuestros días representan por lo general cierto declive de la cultura. Si lo observamos, descubriremos que hacen cosas que parecen indicar que en el pasado tuvieron una base indudablemente civilizada, que han olvidado. Es falso suponer que el hombre primitivo era igual que el salvaje de nuestros días.

Voz: ¿Podría ampliar su respuesta acerca de cómo descubrir si una tarea es impuesta por Dios o llega a nosotros de otro modo? Si no podemos distinguir entre cosas agradables y desagradables, la cuestión resulta complicada.

Lewis: Los hombres nos guiamos por las reglas normales de la conducta moral, que, creo, son más o menos comunes al género humano, totalmente razonables y exigidas por las circunstancias. No me estoy refiriendo a cosas como sentarse y esperar una visión sobrenatural.

Voz: No es por la práctica por lo que nos capacitamos para el cielo, sino que la salvación se logra en la cruz. Nosotros no hacemos nada para alcanzarla, salvo seguir a Cristo.

Lewis: La controversia acerca de la fe y las obras ha durado mucho tiempo, y es un asunto extraordinariamente técnico. Personalmente confío en este texto paradójico: «procurad vuestra salvación [...] porque Dios es el que en vosotros opera».[3] En un sentido parece que no hacemos nada, y en otro que hacemos una enormidad. «Procurad vuestra salvación con

---

3. Filipenses 2:12-13.

temor y temblor»,4 pero debéis tenerla en vosotros antes de trabajar por ella. No deseo insistir más en ello, ya que no interesaría a nadie salvo a los cristianos presentes, ¿me equivoco?

Pregunta 9: ¿Podría la aplicación de normas cristianas acabar con, o reducir considerablemente, el progreso material y científico? Dicho de otro modo, ¿es malo para un cristiano ser ambicioso y esforzarse por lograr el éxito personal?

Lewis: Es más fácil considerar un ejemplo sencillo. ¿Cómo influiría la aplicación del cristianismo en alguien que se hallara en una isla desierta? ¿Sería menos probable que construyera una cabaña cómoda? La respuesta es «no». Podría llegar un momento, sin duda, en que el cristianismo le dijera que se preocupara menos de la cabaña, o sea, si corriera el peligro de llegar a pensar que la cabaña era lo más importante del universo. Pero no hay la menor evidencia de que el cristianismo le impidiera construirla.

¡Ambición! Hemos de tener cuidado con lo que queremos decir con esa palabra. Si significa adelantarse a los demás —que es lo que yo creo que significa—, es mala. Si significa exclusivamente deseo de hacer bien las cosas, entonces es buena. No es malo que un actor quiera representar su papel tan bien como sea posible, pero el deseo de que su nombre aparezca en letras mayores que el de los demás actores sí lo es.

Voz: Está muy bien ser un general, pero si alguien ambiciona ser general, ¿no debería tratar de serlo?

Lewis: El simple hecho de ser general no es ni malo ni bueno en sí mismo. Lo que importa moralmente es nuestra actitud hacia él. Un hombre puede pensar en ganar una guerra, y puede querer ser general porque crea sinceramente que tiene un buen plan, y se alegra de la oportunidad para llevarlo a cabo. Todo esto es correcto. Pero si piensa: «¿Qué puedo sacar de mi posición?» o «¿cómo puedo aparecer en la primera plana de *Illustrated News*», entonces está mal. Lo que llamamos «ambición» significa generalmente el deseo de ser más conspicuos o tener más éxito que los demás. Lo malo ahí es el elemento competitivo. Es totalmente razonable querer bailar bien o tener aspecto agradable. Pero cuando el deseo dominante es bailar mejor que los otros o tener mejor aspecto que ellos —cuando comenzamos a sentir que si los demás bailaran tan bien como

4. Filipenses 2:12-13.

nosotros o tuvieran un aspecto tan bueno como el nuestro, se acabaría la alegría que nos produce bailar bien y tener un buen aspecto—, nos equivocamos.

Voz: Me gustaría saber hasta qué punto podemos imputar a la labor del diablo esos deseos totalmente legítimos a los que nos entregamos. Hay gente que tiene una concepción muy sensible de la presencia del diablo. Otra gente no. ¿Es tan real el demonio como pensamos que es? A algunas personas este hecho no les inquieta, pues no desean ser buenos, pero otros están continuamente acosados por el Jefe.

Lewis: En ningún credo cristiano figura una alusión al diablo o a los diablos, y es perfectamente posible ser cristiano sin creer en ellos. Yo sí creo que existen seres semejantes, pero eso es asunto mío. Suponiendo que existan semejantes seres, el grado en que los hombres son conscientes de su presencia probablemente varía mucho. Quiero decir que cuanto más esté un hombre en poder del diablo, tanto menos consciente será de ello, por la misma razón que un hombre percibe que se está emborrachando cuando todavía está medianamente sobrio. La persona que está más despierta e intenta con ahínco ser buena será la que más conciencia tenga de la existencia del diablo.

Cuando comenzamos a armarnos contra Hitler es cuando nos damos cuenta de que nuestro país está lleno de agentes nazis, aunque, naturalmente, ellos no quieren que lo sepamos. De igual modo, el diablo tampoco quiere que creamos en el diablo. Si existen diablos, su primer objetivo es darnos un anestésico: hacer que bajemos la guardia.

Voz: ¿Retrasa el cristianismo el progreso científico, o aprueba a quienes ayudan espiritualmente a los que están en el camino de la perdición, eliminando científicamente las causas externas del problema?

Lewis: Sí. En abstracto es ciertamente así. En un momento determinado, si la mayor parte de los seres humanos se concentra exclusivamente en la mejora material de las condiciones exteriores, puede ser deber del cristiano advertir (y con bastante fuerza) que eso no es lo único que importa. Pero, como regla general, el conocimiento y lo que pueda ayudar al género humano, del modo que sea, nos favorece a todos.

Pregunta 10: La Biblia fue escrita hace miles de años para gente en un estado de desarrollo intelectual inferior al nuestro. Muchas partes parecen absurdas a la luz del conocimiento moderno. De acuerdo con esto, ¿no debería la Biblia ser escrita de nuevo con objeto de desechar lo ficticio y reinterpretar el resto?

Lewis: Ante todo me ocuparé de la idea de que la gente se hallaba en un estado inferior de desarrollo intelectual. No estoy seguro de lo que se oculta detrás de esa afirmación. Si quiere decir que la gente de hace miles de años no conocía buena parte de las cosas que nosotros conocemos, estoy, efectivamente, de acuerdo. Pero si quiere decir que en nuestro tiempo ha habido un progreso en *inteligencia*, creo que no hay ninguna evidencia de algo semejante.

La Biblia se puede dividir en dos partes: el Antiguo y el Nuevo Testamento. El Antiguo Testamento contiene elementos imaginarios. El Nuevo Testamento es principalmente enseñanza, no narración, y, cuando *es* narración, se trata, a mi juicio, de una narración histórica. Por lo que respecta al elemento imaginario del Antiguo Testamento, dudo mucho que sepamos lo suficiente para descubrirlo. Lo que comprendemos es algo que queda *enfocado gradualmente*. En primer lugar captamos, diseminado por las religiones paganas del mundo, pero aún de forma vaga y mítica, la idea de un dios que es muerto y quebrantado, y luego vuelve a cobrar vida. Ninguna sabe dónde se supone que vivió y murió. No es histórico.

Después leemos el Antiguo Testamento. Las ideas religiosas están algo más enfocadas. Ahora todo está conectado con una nación particular, y, conforme avanza, las cosas están más enfocadas todavía. Jonás y la ballena,[5] Noé y su arca[6] son legendarios, pero la historia de la corte del rey David[7] es probablemente tan digna de confianza como la de Luis XIV.

Luego, en el Nuevo Testamento, *todo ocurre realmente*. El Dios agonizante aparece como Persona histórica, viviendo en un tiempo y un lugar determinados. Si *pudiéramos* seleccionar los elementos imaginarios y separarlos de los históricos, creo que perderíamos una parte esencial del proceso completo. Esa es mi opinión.

---

5. Libro de Jonás.
6. Gn 6:8.
7. 2 S 2; 1 R 2.

Pregunta 11: ¿Cuál de las religiones del mundo da a sus seguidores la mayor felicidad?

Lewis: ¿Que cuál de las religiones del mundo da a sus seguidores la mayor felicidad? Mientras dura, la religión de adorarse a uno mismo es la mejor.

Conozco a una persona mayor de edad, de unos ochenta años, que ha vivido una vida de egoísmo y vanidad ininterrumpidos desde los primeros años, y es más o menos —siento decirlo— uno de los hombres más felices que conozco. ¡Desde el punto de vista moral es muy difícil! No estoy abordando la cuestión desde este ángulo. Como ustedes tal vez sepan, yo no he sido siempre cristiano; pero no acudí a la religión para que me hiciera sentirme feliz. Siempre había sabido que eso podría hacerlo una botella de Oporto.

Si ustedes quieren una religión que les haga sentirse realmente cómodos, yo no les recomiendo ciertamente el cristianismo. Estoy seguro de que en el mercado debe haber un artículo de patente americana que les satisfará mucho más, pero yo no puedo dar ningún consejo al respecto.

Pregunta 12: ¿Hay algún signo exterior inconfundible en la persona entregada a Dios? ¿Podría ser arisca? ¿Podría fumar?

Lewis: Me acuerdo de los anuncios de «Sonrisas blancas», una pasta de dientes, que dicen que es la mejor del mercado. Si fueran verdad, resultaría lo siguiente:

1. Quien comienza a usarla tendrá mejor los dientes.
2. Quien la usa tiene mejores dientes que si no la usara.

Podemos probarla en el caso de alguien que tenga unos dientes malos y la usa, y comparamos con los de un africano sano que jamás ha usado pasta de dientes.

Pongamos el caso de una solterona malhumorada, que es cristiana, pero avinagrada. Por otro lado, un individuo agradable y popular, pero que no ha ido nunca a la iglesia. ¿Quién sabe cuánto más avinagrada sería la solterona si *no* fuera cristiana y cuanto más simpático el amable individuo si *fuera* cristiano? No se puede juzgar el cristianismo comparando simplemente el *resultado* en estas dos personas. Haría falta saber sobre qué clase de materia prima está actuando Cristo en ambos casos. Como ilustración, pongamos otro ejemplo de la industria. Supongamos que hay dos fábricas:

41

la fábrica A con un equipo pobre e inadecuado, y la fábrica B con un equipo moderno de primera clase.

No podemos juzgar por rasgos exteriores. Es preciso considerar el equipo y los métodos con los que están organizadas. Y así, al considerar el equipo de la fábrica A, es sorprendente el simple hecho de que funcione, y, al considerar la nueva maquinaria de la fábrica B, puede ser sorprendente que no funcione mejor.

Pregunta 13: ¿Cuál es su opinión acerca de las rifas dentro de la fábrica, dejando al margen lo buena que pueda ser la causa, causa a la que se le suele dar menos importancia que a la atractiva lista de premios?

Lewis: El juego no debe ser nunca una parte importante de la vida de un hombre; es una forma de transferir grandes sumas de dinero de una persona a otra sin hacer nada provechoso (crear empleo, plusvalía, etc.). Es, pues, una mala cosa. Si se hace en pequeña escala, no estoy seguro de que sea malo. Pero no sé mucho de este asunto, pues se trata del único vicio por el que jamás me he sentido tentado, y creo que es arriesgado hablar de cosas que no forman parte del propio modo de ser, pues no se entienden. Si alguien viniera a mí a pedirme que jugara dinero al *bridge*, le diría «¿cuánto espera ganar? Tómelo y márchese».

Pregunta 14: Mucha gente es completamente incapaz de entender las diferencias teológicas que han causado las divisiones entre los cristianos. ¿Considera que estas diferencias son esenciales? ¿No ha llegado el momento de la reunión?

Lewis: Para la re-unión el momento ha llegado siempre. Las divisiones entre los cristianos son un pecado y un escándalo, y los cristianos de todas las épocas deben contribuir a la re-unión, al menos con sus oraciones. Yo soy solo un seglar y un cristiano reciente, y no sé mucho sobre esta cuestión, pero en todo lo que he escrito y sobre lo que he pensado, me he aferrado siempre a las posiciones dogmáticas tradicionales. Como resultado, recibo cartas de conformidad de cristianos que se consideran habitualmente muy distintos. Por ejemplo, de jesuitas, de monjes, de monjas, y también de cuáqueros, de disidentes galeses, etc.

Me parece que los elementos «extremos» de cada Iglesia están más cerca el uno del otro, y que los liberales y «tolerantes» de cada comunidad no se podrán unir de ningún modo. El mundo del cristianismo dogmático es un lugar en que miles de personas de muy diversos tipos siguen diciendo lo mismo; y el mundo de la «tolerancia» y la religión «aguada» es un mundo en el que un pequeño número de personas (todas de la misma clase) dicen cosas totalmente distintas, y cambian de opinión cada pocos minutos. Nunca vendrá de ellos la re-unión.

Pregunta 15: La Iglesia ha utilizado en el pasado diferentes formas de coacción al tratar de obligar a aceptar un tipo particular de cristianismo en la comunidad. ¿No existe el peligro, si se da el poder necesario, de que ocurra de nuevo algo parecido?

Lewis: Sí. La persecución es un peligro al que están expuestos todos los hombres. Y tengo una postal firmada con las siglas «M. D.», en la que se dice que alguien que exprese y publique su creencia en el parto virginal de María debería ser desnudado y azotado. Esto muestra lo fácil que es que pueda volver la persecución de los cristianos por parte de los no cristianos. Ellos no lo llamarían naturalmente persecución. Lo llamarían «reeducación obligatoria de los ideológicamente no aptos», o algo parecido.

Pero tengo que admitir, por supuesto, que los propios cristianos han sido perseguidores en el pasado. El que ellos lo hicieran fue peor, pues *ellos* deberían haber conocido mejor las cosas; ellos fueron peores en cierto modo. Detesto cualquier clase de coacción religiosa, y hace apenas unos días escribía una enfadada carta a *The Spectator* acerca de los desfiles de la Iglesia en el Cuerpo de Guardia.

Pregunta 16: ¿Es necesario para la forma cristiana de vida asistir a un lugar de culto o ser miembro de una comunidad?

Lewis: Esa es una pregunta que no puedo responder. Mi propia experiencia es que, cuando me convertí al cristianismo, hace unos catorce años, pensaba que podría hacerlo por mi propia cuenta, retirándome a mi habitación y estudiando Teología, y que no iría a la iglesia ni a las sesiones evangelizadoras. Más tarde descubrí que ir era el único modo de tener izada la bandera, y descubrí naturalmente que esto significaba ser un blanco. Es extraordinario lo molesto que se le hace a nuestra familia que nos levantemos temprano para ir a la iglesia. No importa que nos levantemos temprano para cualquier otra cosa, pero si lo hacemos para ir a la iglesia, es algo egoísta por nuestra parte, y perturbamos el hogar.

Si hay algo en la enseñanza del Nuevo Testamento que se parece a una orden es que estamos obligados a recibir la Comunión,[1] y no podemos hacerlo sin ir a la iglesia. A mí, al principio, me disgustaban mucho sus himnos, que consideraba poemas de quinta categoría adaptados a una música de sexta categoría. Pero, a medida que seguí yendo, comprendí el gran valor que tenían: me acercaba a gente distinta con otros puntos de vista y una educación diferente; y así, poco a poco, mi presunción comenzó a desprenderse. Me di cuenta de que los himnos (que eran música de sexta categoría) eran cantados con devoción y provecho por un anciano santo con botas elásticas, sentado en el banco de enfrente, y eso me hizo comprender que yo no era digno de limpiarle las botas. Cosas así nos libran de nuestra presunción de solitarios. No dice mucho de mí el hecho de que guarde las leyes, ya que soy solamente un seglar, y no sé demasiado.

Pregunta 17: ¿Es verdad que para encontrar a Dios solo hace falta amarlo con suficiente fuerza? ¿Cómo puedo amarle lo bastante para ser capaz de encontrarlo?

Lewis: Si no ama a Dios, ¿por qué desea tan vivamente querer amarlo? Yo creo verdaderamente que la necesidad es real, y me atrevería a decir que la persona que la siente ya ha encontrado a Dios, aunque todavía no lo haya reconocido completamente. No siempre nos damos cuenta de las cosas en el momento en que ocurren. En cualquier caso, lo importante es que Dios ha encontrado a esta persona, eso es lo esencial.

---

1. Jn 6:53-54: «De cierto, de cierto os digo: Si no coméis la carne del Hijo del Hombre, y bebéis su sangre, no tenéis vida en vosotros. El que come mi carne y bebe mi sangre, tiene vida eterna; y yo le resucitaré en el último día».

5

EL MITO SE HIZO REALIDAD

Mi amigo Corineus ha formulado la acusación de que ninguno de nosotros somos cristianos en absoluto. Según él, el cristianismo histórico es algo tan bárbaro que ningún hombre moderno puede creer de verdad en él. Los modernos que afirman creer en él creen, en realidad, en un sistema de pensamiento que conserva el vocabulario del cristianismo y se aprovecha de las emociones heredadas de él mientras abandona por completo sus doctrinas esenciales. Corineus compara el cristianismo moderno con la monarquía inglesa moderna: las formas de la monarquía se han conservado, pero se ha abandonado la realidad.

Yo creo que todo esto es falso, excepto si se afirma de unos pocos teólogos «modernistas», que, gracias a Dios, son menos cada día. Pero, por el momento, supongamos que Corineus tiene razón. Finjamos, por razones argumentativas, que *todos* los que se llaman a sí mismos cristianos han abandonado las doctrinas históricas. Supongamos que el «cristianismo» moderno divulga un sistema de nombres, rituales, fórmulas y metáforas, que persiste a pesar de haber cambiado el pensamiento que había detrás de ellos. Corineus debe ser capaz de *explicar* la persistencia.

¿Por qué insisten todos estos pseudocristianos educados e ilustrados en expresar sus pensamientos más profundos con los términos de una mitología arcaica que debe estorbarles y desconcertarlos a cada paso? ¿Por qué rehúsan cortar el cordón umbilical que une al niño vigoroso y lleno de vida con la madre moribunda? Pues, si Corineus tuviera razón, sería un gran alivio para ellos hacerlo. Pero lo curioso es que, incluso quienes parecen más turbados por el sedimento de «bárbaro» cristianismo en su pensamiento se vuelven súbitamente obstinados cuando se les pide que se deshagan completamente de él. Estirarán el cordón hasta el punto de ruptura, pero se negarán a cortarlo. A veces dan pasos en esa dirección, pero nunca dan el último.

Si todos los que profesan el cristianismo fueran clérigos, sería fácil responder, aunque poco caritativo, que su subsistencia depende de *no* dar ese paso. Pero incluso si fuera esta la verdadera causa de su comportamiento, incluso si todos los clérigos fueran corruptos intelectuales que predican por un salario —por lo general, un salario de hambre— lo que en secreto creen que es falso, ¿no exigiría una explicación un oscurecimiento de conciencia compartido por miles de hombres que, por otra parte, se sabe que no son criminales? Pero profesar el cristianismo no es, por supuesto, algo limitado a los clérigos. El cristianismo es profesado por millones de hombres y mujeres seglares que se granjean con su fe el desprecio, la impopularidad, la desconfianza y a veces la hostilidad de sus familias. ¿Cómo puede ocurrir algo así?

Las tenacidades de este género son interesantes. «¿Por qué no cortar el cordón?», pregunta Corineus. «Todo sería mucho más fácil si liberáramos nuestro pensamiento de esta rudimentaria mitología». Sin la menor duda, mucho más fácil. La vida sería mucho más fácil para la madre de un niño inválido si lo internara en una institución y adoptara a cambio un niño sano de alguna otra persona. A un hombre que abandonara a la mujer de la que realmente está enamorado y se casara con otra por ser más conveniente, la vida le sería más fácil que a los demás mortales. El único defecto del niño sano y de la mujer conveniente es que omiten la única razón del paciente para tomarse molestias por un hijo o una esposa. «¿No sería la conversación mucho más racional que el baile?», dijo la señorita Bingley de Jane Austen. «Mucho más racional, respondió el señor Bingley, pero no se parecería ni por asomo a un baile».[1]

De igual modo sería mucho más racional abolir la monarquía inglesa. Pero ¿cómo, si al hacerlo excluiríamos el elemento de nuestro Estado que más importancia tiene? ¿Cómo hacerlo si la monarquía es el canal a través del que los elementos *vitales* de la ciudadanía —la lealtad, la consagración de la vida secular, el principio jerárquico, el esplendor, la ceremonia, la continuidad— siguen goteando para irrigar la estepa de la moderna política económica?

---

1. *Orgullo y prejuicio*, cap. 11.

La verdadera respuesta a Corineus del cristianismo más «modernista» es la misma. Aun suponiendo que las doctrinas del cristianismo histórico fueran puramente míticas, algo que yo niego de continuo, habría que decir que el mito es el elemento vital y nutritivo de todo el asunto. Corineus quiere que nos movamos con los tiempos. Pero nosotros sabemos adónde se mueven los tiempos. Los tiempos se alejan. Sin embargo, en la religión encontramos algo que no se aleja. Lo que se queda es lo que Corineus llama «mito» y lo que se aleja es lo que llama pensamiento moderno y eficaz. No solo el de los teólogos, sino el de los antiteólogos. ¿Dónde están los predecesores de Corineus? ¿Dónde está el epicureísmo de Lucrecio,[2] la reposición pagana de Juliano el Apóstata? ¿Dónde están los gnósticos, dónde está el monismo de Averroes,[3] el deísmo de Voltaire, el materialismo dogmático de los grandes victorianos? Se han movido con los tiempos. En cambio, permanece lo que atacaban todos ellos. Corineus lo descubre todavía ahí para atacarlo. El mito, por utilizar su lenguaje, ha sobrevivido a los pensamientos de todos sus defensores y de todos sus adversarios. Es el mito el que da vida. Los elementos que Corineus considera vestigios del pasado, y que están presentes incluso en el cristianismo modernista, son la substancia. Lo que toma por «fe verdaderamente moderna» es la sombra.

Para explicar todo esto, hace falta considerar con más detenimiento el mito en general y este mito en particular. El intelecto humano es irremediablemente abstracto. La matemática pura es el modelo de pensamiento exitoso. Sin embargo, nosotros solo experimentamos realidades concretas: este dolor, este placer, este perro, este hombre. Cuando amamos a un hombre, soportamos el dolor o gozamos del placer, no aprehendemos intelectualmente el Placer, el Dolor o la Personalidad. Cuando comenzamos a hacerlo, las realidades concretas descienden al nivel de meros casos o ejemplos. Dejamos de tratar con ellos para tratar con lo que ejemplifican. El dilema es percibir y no conocer o conocer y no palpar, o, de manera aún más estricta, carecer de un tipo de conocimiento por tener experiencia o carecer de otro tipo por no tenerla. Cuando pensamos, estamos incomunicados de aquello sobre lo que pensamos. Cuando percibimos, tocamos,

---

2. Tito Lucrecio Caro (99-55 a. C. aproximadamente) fue un poeta romano.
3. Averroes de Córdoba (1126-1198) creía que existía un solo intelecto para todo el género humano y del que participan los individuos, con la consiguiente exclusión de la inmortalidad personal.

deseamos, amamos u odiamos, no entendemos de manera clara. Cuanto más lúcidamente pensemos, tanto más incomunicados estaremos. No se puede *estudiar* el Placer en el momento del abrazo nupcial, ni el arrepentimiento en el momento de arrepentirnos, ni analizar la naturaleza del humor cuando nos estamos riendo a carcajadas. Pero ¿en qué otro momento podemos conocer esas cosas? «Solo si se me pasara el dolor de muelas, podría escribir otro capítulo sobre el Dolor». Pero ¿qué sé yo del dolor una vez que ha pasado?

El mito es una solución parcial de este trágico dilema. Cuando gozamos de un gran mito, experimentamos de forma concreta, o nos aproximamos mucho a ello, cosas que, de otro modo, entenderíamos tan solo como abstracciones. En este momento, por ejemplo, estoy tratando de entender algo realmente abstracto: cómo se desvanece, cómo se esfuma la realidad percibida cuando intentamos comprenderla con la razón discursiva. Tal vez me haya metido en terreno pantanoso. Pero le recuerdo al lector el caso de Orfeo y Eurídice, cuánto sufrió para llevarla de la mano, pero cuando se dio la vuelta para mirarla, ella desapareció; lo que era meramente un principio, se convirtió en algo imaginable. Se puede responder que nunca hasta este momento se le había atribuido un «significado» así a ese mito. Por supuesto que no. No se busca, en absoluto, un «significado» abstracto. Si fuera eso lo que hiciéramos, el mito no sería para nosotros un verdadero mito, sino una alegoría. No estábamos conociendo, sino percibiendo. Pero lo que percibíamos resulta ser un principio universal. En el momento en que *afirmamos* este principio, regresamos, sin duda, al mundo de la abstracción. Solo cuando recibimos el mito como una historia, experimentamos el principio de forma concreta.

Cuando traducimos, hacemos abstracción o, mejor, docenas de abstracciones. Lo que del mito desemboca en nosotros no es verdad, sino realidad (la verdad es siempre verdad *de* algo, pero la realidad es aquello *de lo que* la verdad es verdad). Por consiguiente, todo mito es padre de innumerables verdades en el nivel abstracto. El mito es la montaña de donde provienen los diferentes ríos que se convierten en verdades abajo en el valle. *In hac valle abstractionis.*[4] O, si prefieren, el mito es el istmo que une el mundo peninsular del pensamiento con el vasto continente al que pertenecemos

---

4. En este valle de separación.

realmente. No es abstracto como la verdad. Pero tampoco está, como la experiencia, unido a lo particular.

Como el mito supera al pensamiento, así supera la encarnación al mito. El corazón del cristianismo es un mito que también es realidad. El viejo mito del dios agonizante, *sin dejar de ser mito*, desciende desde el cielo de la leyenda y la imaginación a la tierra de la historia. El hecho *ocurre* un día concreto, en un lugar particular, y está seguido de consecuencias históricas definibles. Pasamos de un Balder o un Osiris, que nadie sabe cuándo o dónde murieron, a una Persona histórica crucificada *bajo Poncio Pilato* (todo está en orden) que no deja de ser mito por hacerse realidad: ese es el milagro. Tengo la sospecha de que los hombres han recibido en ocasiones más sustento espiritual de mitos en los que no creían que de la religión que profesaban. Para ser verdaderamente cristianos debemos asentir al hecho histórico y aceptar el mito (un mito que se ve hecho realidad), con la misma aceptación imaginativa que concedemos a todos los mitos. Difícilmente es lo uno más necesario que lo otro.

Un hombre que no creyera que la historia cristiana es un hecho, pero se alimentara continuamente de ella como mito, estaría tal vez más vivo espiritualmente que alguien que asintiera a la historia sin pensar mucho en ella. No es preciso llamar tonto o hipócrita al modernista, al modernista extremo, infiel con todo menos con el nombre, por obstinarse en conservar, en medio incluso de su ateísmo intelectual, el lenguaje, los ritos, los sacramentos y la historia de los cristianos. El pobre hombre está agarrándose tal vez, con una sabiduría que él mismo no entiende en absoluto, a lo que es su vida. Habría sido mejor que Loisy[5] hubiera seguido siendo cristiano. Pero no habría sido mejor necesariamente que hubiera limpiado su pensamiento de cristianismo vestigial.

Quienes no saben que este gran mito se hizo realidad cuando la virgen concibió merecen verdaderamente lástima. Pero a los cristianos es preciso recordarles también —debemos agradecerle a Corineus que nos lo haya recordado— que lo que se hizo realidad fue un mito que conserva todas las propiedades del mito en el mundo de los hechos. Dios es más que un dios, no menos. Cristo es más que Balder, no menos. No debemos avergonzarnos del resplandor mítico que gravita sobre nuestra teología. Ni debe

---

5. Alfred Loisy (1857-1940), teólogo francés fundador del movimiento modernista.

ponernos nerviosos la existencia de «paralelismos» y de «Cristos paganos». Los unos y los otros *deben* existir, sería un tropiezo que no existieran. No debemos negarles, con una espiritualidad falsa, nuestra acogida imaginativa. Si Dios elige ser mitopoiético —¿no es el mismo cielo un mito?—, ¿vamos a negarnos nosotros a ser *mitopáticos*? Este es el matrimonio de cielo y tierra: Perfecto Mito y Perfecta Realidad, que reclama nuestro amor y nuestra obediencia, pero también nuestra admiración y nuestro deleite, dirigido al salvaje, al niño y al poeta que hay en cada uno de nosotros no menos que al moralista, el intelectual y el filósofo.

6

ESAS ESPANTOSAS COSAS ROJAS

MUCHOS TEÓLOGOS Y algunos científicos están en la actualidad prestos para proclamar que el conflicto del siglo XIX entre la ciencia y la religión ha concluido de una vez por todas. Pero incluso si esto fuese cierto, se trata de una verdad que la conocen solamente los verdaderos teólogos y científicos, esto es, solo un selecto grupo con muy altos estudios. Para la persona común, el conflicto sigue siendo real y en su mente adopta una forma que el erudito jamás se imaginó.

El hombre común y corriente no piensa en dogmas en particular y en descubrimientos científicos específicos. Lo que le preocupa es la omnipresente diferencia de ambiente entre lo que él cree que es el cristianismo y esa imagen general del universo que ha aprendido por vivir en la era científica. Lee en el credo que Dios tiene un «Hijo» (como si Dios fuese un dios como Odín o Júpiter): que este Hijo «descendió» (como un paracaidista) del «cielo», primero hacia la tierra y luego hacia cierto lugar de los muertos que se ubica debajo de la superficie de la tierra; y que, más tarde, ascendió al cielo y se sentó en una silla decorada situada al lado derecho del trono de su Padre. Todo este asunto da a entender que hay un cielo físico y local —un palacio en la estratósfera—, una tierra plana y toda esa serie de ideas arcaicas y equivocadas.

El hombre común está muy consciente de que debemos rechazar todas las creencias que nos atribuye e interpreta nuestro credo en un sentido distinto. Pero esto en lo absoluto le satisface. Piensa que «sin duda alguna, una vez que tengamos a mano estos artículos de fe, podremos alegorizarlos o darles una explicación espiritual al grado que nos plazca». Pero ¿acaso no se ve fácilmente que esos artículos de fe jamás habrían existido si la primera generación de cristianos hubiese tenido alguna noción real de lo que es el verdadero universo? El historiador que haya basado su investigación en una interpretación equivocada de algún documento mostrará luego, cuando su error haya sido puesto al descubierto, una gran ingenuidad al tratar de convencernos de que su relato de cierta batalla puede aún conciliarse con los datos fehacientes acerca de ella. La cuestión es que no habría dado ninguna de estas ingeniosas explicaciones si hubiera empezado por leer sus fuentes de una manera correcta. Así, en realidad constituyen una pérdida de tiempo; sería más valiente y honesto de su parte reconocer sus errores y comenzar de cero.

Creo que hay dos cosas que los cristianos deben hacer si desean convencer al hombre «común» de hoy. En primer lugar, deben dejar bien en claro que lo que quedará del credo luego de haber presentado todas sus explicaciones y reinterpretaciones será algo inequívocamente sobrenatural, milagroso e impactante. Quizá no creamos que la tierra es plana y que existen castillos en las alturas, pero debemos insistir desde el principio en que creemos, tan firmemente como cualquier hombre primitivo o teósofo, en el mundo espiritual, y que este irrumpe en el universo natural. Porque el hombre común sospecha que, cuando empecemos a explicar, lo que haremos será ofrecer excusas: que tenemos a mano mitología para nuestros ignorantes oyentes y que, en cuanto los educados oyentes nos acorralen contra una esquina, nos dispondremos a simplificar nuestras explicaciones en clichés morales inocuos que a nadie se le ocurriría negar. Y hay teólogos que alimentan estas sospechas. Debemos apartarnos de ellos de manera tajante. Si no nos queda nada excepto lo que se pueda afirmar de una manera exacta y eficaz pero sin fórmulas cristianas, entonces lo honesto sería reconocer que el cristianismo es falso y volver a empezar de cero sin él.

En segundo lugar, debemos esforzarnos por enseñar algo respecto a la diferencia entre pensar e imaginar. Por supuesto, es un error histórico dar por sentado que todos o casi todos los primeros cristianos creían en castillos en el aire en el mismo sentido en el que nosotros creemos en el sistema solar. El antropomorfismo fue condenado por la Iglesia tan pronto como se le presentó el problema. Sin embargo, algunos cristianos de los primeros siglos quizá sí recurrieron al antropomorfismo; y es probable que miles de ellos hayan recurrido a su fe con la ayuda de imágenes antropomórficas. Por esta razón debemos aclarar la diferencia entre las creencias fundamentales y las imágenes auxiliares.

Cuando se me viene a la mente la ciudad de Londres, siempre me imagino la estación de Euston. Sin embargo, estoy convencido de que Londres no *es* la estación de Euston. Es un asunto fácil de resolver porque en este caso el pensador *sabe* que la imagen es falsa. Ahora, analicemos un caso más complejo. Una vez escuché a una mujer que le decía a su hija que si tomaba demasiadas aspirinas se moriría. «¿Pero por qué? —preguntó la niña—. Si las partes, no encontrarás ninguna de esas espantosas cosas rojas». Obviamente, cuando esta niña se imaginaba cosas venenosas, no solo recurría a la imagen de «espantosas cosas rojas», sino que también creía de manera real que el veneno era de color rojo. Y esto es un error. ¿Pero hasta qué grado anula su creencia acerca del veneno? La niña aprendió que una sobredosis de aspirina la mataría; esta creencia es correcta. La niña sabía, con ciertas limitaciones, cuáles sustancias en la casa de su madre eran tóxicas. Si yo hubiese ido de visita a aquella casa y hubiese tomado un vaso que contenía algo que parecía agua y la niña me hubiese dicho: «No tomes eso, porque mi madre me ha dicho que es venenoso», habría sido un necio si ignorara su advertencia con la excusa de que «esta niña tiene la idea arcaica y mítica de que el veneno es una espantosa cosa roja».

Por tanto, hay una diferencia no solo entre el pensamiento y la imaginación en general, sino incluso entre el pensamiento y aquellas imágenes que el pensador (falsamente) cree que son ciertas. Cuando la niña, más adelante, llegue a descubrir que el veneno no siempre es de color rojo, no llegará a sentir que ninguna de sus convicciones respecto al veneno ha cambiado. Ella seguirá creyendo, como siempre lo hizo, que veneno es eso que te mata si lo ingieres. Ahí está la esencia del veneno. La noción equivocada respecto al color queda descartada sin afectar la convicción.

De la misma manera, algún campesino cristiano de los primeros siglos creyó que Cristo estaba sentado a la diestra del Padre y se imaginó dos asientos imperiales ubicados en algún lugar de un castillo en el aire. Pero si aquel mismo campesino luego hubiera recibido formación en filosofía y hubiese descubierto que Dios es incorpóreo, que no tiene extremidades y es impasible y que por tanto no tiene ni mano derecha ni un castillo en el aire, no habría sentido que sus creencias fundamentales cambiasen en nada. Lo que le habría importado, incluso cuando tenía una mente más simple, no serían los detalles sobre el mobiliario celestial. Más bien, sería la seguridad de saber que su Maestro crucificado es ahora el supremo Agente de ese poder inimaginable que sostiene el universo. Y habría reconocido que respecto a esto jamás estuvo engañado.

Los críticos quizá aún nos pregunten la razón de esas imágenes —las cuales reconocemos que no son verdaderas— y por qué aún las usamos. Pero ellos no se han percatado de que cualquier lenguaje que tratemos de usar para sustituir esas imágenes involucrará imágenes que estarán expuestas a la misma clase de objeciones. Para decir que Dios «irrumpe» en el orden natural necesitamos igualmente imágenes espaciales que indiquen que Dios «desciende»; lo único que uno ha logrado es sustituir una imagen de movimiento horizontal (o indefinida) por una vertical. Decir que Cristo «se ha vuelto a unir» con lo noúmeno es mejor que decir que «ascendió» al cielo, pero solamente si la imagen de algo que se disuelve en un líquido tibio o de algo que se engulle por la garganta es menos errónea y confusa que la imagen de un ave o un globo que asciende. Todo lenguaje, excepto los objetos que percibimos con nuestros sentidos, es metafórico de pies a cabeza. Decir que Dios es una «Fuerza» (esto es, que es como el viento o como un dínamo) es tan metafórico como llamarle Padre o Rey. Respecto a este asunto, podemos hacer que nuestro lenguaje sea más polisilábico y aburrido, pero no lo podemos hacer más literal. Este reto no lo tienen solamente los teólogos. Los científicos, los poetas, los psicoanalistas y filósofos metafísicos entran en el mismo saco: la razón del hombre está en la más absoluta bancarrota con respecto a sus sentidos.[1]

Entonces, ¿podemos trazar la frontera entre explicar y «justificar»? No creo que sea muy difícil. Todo ello tiene que ver con las actividades «no encarnadas» de Dios —las de esa dimensión del ser en la que los sentidos no tienen cabida— que deben considerarse junto con las imágenes que sabemos que, en su sentido literal, no son ciertas. Sin embargo, no se puede justificar que apliquemos el mismo tratamiento a los milagros del Dios encarnado, porque se trata de eventos que sucedieron en esta tierra y que afectaron los sentidos humanos. Son de esa clase de cosas que podemos describir literalmente. Si Cristo convirtió el agua en vino, y si hubiésemos estado presentes, habríamos podido ver el evento, oler el mosto y probar el vino. La historia respecto a este milagro no pertenece al mismo nivel que la que dice que «está sentado a la diestra del Padre». Se trata de un hecho fehaciente, de una leyenda o de una mentira. O lo crees o no lo crees.

---

1. Robert Bridges, *The Testament of Beauty*, Libro I, verso 57.

7

RELIGIÓN Y CIENCIA

—Milagros, dijo mi amigo. Déjate de historias. La ciencia ha dejado fuera de combate el fundamento de todos ellos. Ahora sabemos que la Naturaleza está gobernada por leyes fijas.

—¿No sabía eso ya la gente? —dije yo.

—Válgame Dios, no, respondió. Por ejemplo, tomemos una historia como el parto virginal. Ahora sabemos que una cosa así no puede ocurrir. Ahora sabemos que *tiene que* haber un espermatozoo masculino.

—Pero escucha, le dije, san José...

—¿Quién es san José? —preguntó mi amigo.

—San José es el esposo de la virgen María. Si lees su historia en las Sagradas Escrituras, descubrirás que cuando vio que su esposa iba a tener un hijo decidió romper el matrimonio. ¿Por qué lo hizo?

—¿No harían lo mismo la mayoría de los hombres?

—Todos los hombres lo harían —dije yo—, siempre que conocieran las leyes de la naturaleza, o, con otros términos, siempre que supieran que una joven no suele tener un hijo a menos que se acueste con un hombre. Pero según tu teoría, la gente desconocía en esos remotos tiempos que la naturaleza estuviera gobernada por leyes fijas. Trato de indicar que la historia pone de manifiesto que san José conocía *esa* ley tan bien como tú.

—Sin embargo, más tarde creyó en el parto virginal, ¿no es cierto?

—Así es. Pero no lo hizo porque sufriera algún engaño acerca de cómo vienen los niños en el curso ordinario de la naturaleza. San José creía en el parto virginal como algo *sobre*natural. Sabía que la naturaleza obra de un modo regular y fijo. Pero creía también que existía algo *más allá* de la naturaleza que podría interferir en sus obras desde fuera, por así decir.

—Pero la ciencia moderna ha mostrado que no existe una cosa semejante.

—¿De verdad? —dije yo— ¿Qué ciencia?

—Bueno, bien, eso es un asunto de detalle —dijo mi amigo—. Te puedo recitar de memoria capítulos y versos enteros.

—Pero ¿no comprendes, le contesté, que la ciencia no podría mostrar nada así?

—¿Por qué diantres no?

—Porque la ciencia estudia la naturaleza. Y la cuestión es si existe algo *además* de la naturaleza, algo «exterior» a ella. ¿Cómo se podría averiguar algo semejante estudiando simplemente la naturaleza?

—Pero ¿no averiguamos que la naturaleza *tiene que* obrar de un modo absolutamente fijo? Quiero decir que las leyes de la naturaleza no nos dicen meramente cómo ocurren las cosas, sino cómo *tienen que* ocurrir. Ningún poder podría, eventualmente, alterarlas.

—¿Qué quieres decir?

—Mira —respondió—. ¿Podría este «algo exterior» del que hablas hacer que dos y dos fueran cinco.

—Claro que no —dije yo.

—Conforme —contestó—. Pues yo creo que las leyes de la naturaleza son como «dos y dos igual a cuatro». La idea de que puedan ser alteradas es tan absurda como el propósito de alterar las leyes de la aritmética.

—Un momento —le dije—. Supón que introduces hoy una moneda de seis peniques en un cajón y mañana otra en el mismo cajón. ¿Te aseguran las leyes de la aritmética que al día siguiente encontrarás en el lugar el valor de un chelín?

—Por supuesto —contestó—, siempre que nadie meta la mano en el cajón.

—¡Ah!, pero ese es precisamente el asunto —le respondí—. Las leyes de la aritmética te pueden decir con absoluta seguridad lo que encontrarás *en el caso de que* no haya ninguna interferencia. Si un ladrón metiera la mano en el cajón, el resultado sería, como el lógico, muy distinto. Sin embargo, el ladrón no violará las leyes de la aritmética, sino las de Inglaterra. ¿No corren el mismo peligro las leyes de la naturaleza? ¿No te dicen todas ellas lo que ocurrirá *en el caso de que* no haya ninguna interferencia?

—¿Qué quieres decir?

—Las leyes de la naturaleza te dirán cómo se moverá una bola de billar sobre una superficie suave si la golpeas de una forma determinada, pero solo en el caso de que nada se interfiera. Si después de estar en movimiento alguien agarra un taco y le da un golpe en un lado, no se producirá lo que el científico predijo. ¿Por qué?

—No se producirá, por supuesto que no. El científico no puede tener en cuenta travesuras así.

—Perfectamente. De la misma manera, si hubiera algo exterior a la naturaleza e interfiriera en ella, no se producirían los acontecimientos que el científico espera. Eso sería lo que llamamos un milagro. En cierto sentido, el milagro no violaría las leyes de la naturaleza. Las leyes de la naturaleza dicen lo que ocurrirá si nada interfiere. Pero no pueden decir si algo *va* a interferir. Quiero decir que no es el experto en aritmética el que puede decirnos si es probable que alguien toque los peniques en mi cajón. Para ello sería más útil un detective. No es el físico el que puede decirnos si es probable que yo agarre un taco y malogre su experimento con la bola de billar. Sería mejor preguntar a un psicólogo. Y no es el científico el que puede decirnos si es probable que la naturaleza vaya a ser interferida desde fuera. En este caso debemos dirigirnos al metafísico.

—Eso son nimiedades —dijo mi amigo—. Mira, la verdadera objeción tiene más alcance. El cuadro entero del universo que nos ha dado la ciencia considera una tontería creer que un Poder superior podría interesarse por nosotros, criaturas diminutas que se arrastran sobre la superficie de un planeta insignificante. Eso, como es obvio, fue inventado por gente que creía en una tierra plana y en estrellas alejadas una o dos millas.

—¿Cuándo ha creído la gente cosas así?

—¡Toma!, pues todos esos viejos tipos cristianos de los que estás hablando siempre. Me refiero a Boecio y san Agustín y santo Tomás y Dante.

—Perdón —le dije—, pero ese es uno de los pocos asuntos de los que sé algo.

Alargué la mano a la estantería.

—Mira este libro —le dije—, es el *Almagesto* de Ptolomeo. ¿Lo conoces?

—Sí —respondió—. Es el manual de astronomía usado habitualmente durante toda la Edad Media.

—Muy bien, pues léelo —le dije, señalando el Libro I, capítulo 5.

—La tierra... —comenzó mi amigo vacilando por tener que traducir del latín—, la tierra, comparada con la distancia de las estrellas fijas, no tiene una magnitud apreciable y debe ser tratada como un punto matemático.

Entonces se produjo un corto silencio.

—¿Realmente sabían ya eso *entonces*? —dijo mi amigo—. Pero... pero ninguna de las historias de la ciencia, ninguna de las enciclopedias modernas lo menciona.

—Exacto —asentí—. Dejaré que descubras la razón. Parece como si alguien estuviera deseoso de echar tierra sobre ello, ¿no es verdad? Me pregunto por qué.

Otro breve silencio.

—De todos modos —dije—, ahora podemos plantear el problema con precisión. La gente suele pensar que el problema es cómo reconciliar lo que ahora sabemos sobre la magnitud del universo con nuestras tradicionales ideas religiosas. Ese no es el problema en absoluto. El verdadero problema es este. La enorme extensión del universo y la insignificancia de la tierra eran conocidas hace siglos y nadie soñaba que tuvieran la menor relación con cuestiones religiosas. Después, hace menos de cien años, fueron sacadas súbitamente a relucir como argumentos contra el cristianismo. Pero los que lo hacen echan tierra cuidadosamente sobre el hecho de que se conocían hace ya tiempo. ¿No crees que ustedes, los ateos, son extraordinariamente poco perspicaces?

8

LAS LEYES DE LA NATURALEZA

«POBRE MUJER —dijo mi amigo—. Uno apenas sabe qué decir cuando hablan como lo hace esta. Esta mujer cree que su hijo sobrevivió a la batalla de Arnhem porque ella oró por él. Sería cruel explicarle que, en realidad, sobrevivió porque se hallaba un poco a la izquierda o un poco a la derecha de las balas, que seguían una trayectoria prescrita por las leyes de la naturaleza. Era imposible que le dieran. Lo que ocurrió es que se apartó de la trayectoria... y así todos los días, con todas las balas y con todas las esquirlas de los proyectiles. Su supervivencia se debió, simplemente, a las leyes de la naturaleza».

En este momento entró mi primer discípulo y se interrumpió la conversación. Pero ese mismo día, más tarde, tenía que caminar por el parque para ir a una reunión del comité, y eso me dio tiempo para meditar sobre el asunto. Es absolutamente claro que, una vez que ha sido disparada desde el punto A en dirección al punto B, y teniendo en cuenta que el viento es C y todo lo demás, la bala seguirá una trayectoria determinada. Pero, ¿no podría haber estado nuestro joven amigo en otro lugar? ¿No podrían los alemanes haber disparado en otro momento o en otra dirección? Si los hombres tienen una voluntad libre, parece que podrían haberlo hecho. Desde este punto de vista, obtenemos un cuadro más complicado de la batalla de Arnhem. El curso completo de los acontecimientos podría ser una especie de amalgama derivada de dos fuentes. Por un lado, de las acciones de la libre voluntad (que posiblemente podrían haber sido otras) y, por otro, de las leyes de la naturaleza física. Las dos cosas parecen proporcionar todo lo necesario para la creencia de la madre en que sus oraciones tenían un lugar entre las causas de la conservación de su hijo. Dios podría influir continuamente en las voluntades de todos los combatientes para repartir la muerte, las heridas y la supervivencia del modo que Él considerara más adecuado, dejando que la trayectoria de los proyectiles siguiera su curso normal.

Sin embargo, todavía no tenía del todo claro el lado físico del cuadro. Había pensado, de forma bastante vaga, que el vuelo de la bala estaba *causado* por las leyes de la naturaleza. Pero ¿es así realmente? Admitido que la bala se haya puesto en marcha, admitidos el viento, la gravitación de la tierra y todos los demás factores relevantes, es una «ley» de la naturaleza que la bala tomara la trayectoria que tomó. Pero ni apretar el gatillo, ni el viento de costado, ni siquiera la tierra, son exactamente *leyes*. Son hechos o acontecimientos. No son leyes, sino cosas que obedecen leyes. Considerar la acción de apretar el gatillo nos llevaría de nuevo al lado de la libre voluntad del cuadro. Debemos elegir, pues, un ejemplo más simple.

Las leyes de la física establecen, entiendo yo, que cuando una bola de billar (A) pone en movimiento otra bola de billar (B), la velocidad perdida por A equivale exactamente a la velocidad ganada por B. Esto es una *ley*. Es decir, esta es la norma a la que debe conformarse el movimiento de las dos bolas. Todo ello suponiendo, como es lógico, que algo ponga en movimiento la bola A. Y aquí viene el pero. La *ley* no lo hará. Por lo general es un hombre con un taco el que lo hace. Pero un hombre con un taco nos remite a la libre voluntad. Admitamos, pues, que la bola estaba sobre una mesa en un barco y que lo que la puso en movimiento fue una sacudida de la nave. En ese caso no fue la ley la que causó el movimiento. Fue una ola. Y la ola, que se movía, ciertamente, *siguiendo* las leyes de la física, tampoco era movida por ellas. Era empujada por otras olas y por los vientos, y así sucesivamente. Por mucho que nos remontemos al origen de la historia, nunca encontraremos *leyes* de la naturaleza causando nada.

Entonces surgió en mi mente la obvia conclusión deslumbrante: *las leyes de la naturaleza no han producido un solo acontecimiento en toda la historia del universo.* Las leyes son la norma a la que los acontecimientos deben ajustarse, siempre que puedan ser movidos a ocurrir. Pero ¿cómo conseguimos que lo sean? ¿Cómo conseguimos que el movimiento no se detenga? Las leyes de la naturaleza no nos pueden ayudar a responder estas preguntas. Los acontecimientos las obedecen, como las operaciones con dinero obedecen las leyes de la aritmética. Añádanse seis peniques a otros seis y el resultado será, exactamente, un chelín. Pero la aritmética por sí misma no pondrá un solo cuarto de penique en nuestros bolsillos. Hasta ahora tenía la vaga idea de que las leyes de la naturaleza podrían hacer que las cosas ocurrieran. Ahora veo que eso sería como pensar que podríamos incrementar nuestros ingresos haciendo sumas con ellos. Las *leyes* son la norma a la que se ajustan los acontecimientos. Pero su origen se debe buscar en otro sitio.

Tal vez se pueda expresar esta idea diciendo que las leyes de la naturaleza explican todas las cosas excepto el origen de los acontecimientos. Pero esta es una excepción formidable. En cierto sentido, las leyes de la naturaleza abarcan el conjunto de la realidad excepto... excepto esa ininterrumpida catarata de acontecimientos que forman el universo real. Lo explican todo excepto lo que solemos llamar «todo». Lo único que omiten es... todo el universo. Suponiendo que podamos asumir la dirección del universo actual como un negocio que marcha, ese conocimiento es útil e indispensable para manipularlo, de igual modo que, si tenemos algún dinero, la aritmética es indispensable para administrarlo. Pero los acontecimientos mismos, el dinero mismo... eso es harina de otro costal.

¿De dónde vienen, entonces, los acontecimientos reales? Cada acontecimiento procede de un acontecimiento previo. Pero, ¿qué ocurre si seguimos la pista del proceso hacia atrás? Preguntar esto —cómo llegó a existir el espacio y el tiempo y la materia— no es lo mismo que preguntar de dónde vienen los *acontecimientos*. Nuestro actual problema no son las cosas, sino los acontecimientos. No nos ocupamos, por ejemplo, de partículas de materia, sino de una partícula que choca con otra. La mente tal vez pueda asentir a la idea de que las «propiedades» del drama universal ocurren, existen por alguna razón. Pero ¿de dónde la representación y la obra?

La corriente de acontecimientos tiene un principio o no lo tiene. Si lo tiene, nos encaramos con algo semejante a la creación. Si no lo tiene (una hipótesis que, de paso, algunos físicos encuentran improbable), nos enfrentamos con un impulso eterno opaco por su misma naturaleza al pensamiento científico. La ciencia, cuando alcance el estado de perfección, habrá explicado la conexión entre cada eslabón de la cadena y el eslabón anterior a ella. Pero la existencia real de la cadena seguirá siendo completamente inexplicable. Aprendemos más y más sobre el patrón. No aprendemos nada sobre lo que «nutre» los acontecimientos reales dentro del patrón. Si no es Dios, debemos llamarlo al menos Destino, la presión inmaterial, última, de una dirección, que mantiene el universo en movimiento.

Si aceptamos el hecho de que ocurre, en vez de centrar la atención en el patrón al que debe ajustarse si es que ocurre, el acontecimiento más insignificante nos remite a un misterio que se halla fuera del alcance de la ciencia natural. Es lícito, ciertamente, suponer que tras ese misterio está obrando una Voluntad y una Vida poderosas. De ser así, el contraste entre sus actos y las leyes de la naturaleza es totalmente imposible. Es su acción, solo ella, la que proporciona a las leyes acontecimientos a los que aplicarse. Las leyes son una estructura vacía, pero es Él el que la llena, no ahora o en ocasiones especialmente «providenciales», sino en todo momento. Y Él, desde su lugar estratégico por encima del Tiempo, puede, si quiere, considerar todas las oraciones al ordenar este vasto y complejo acontecimiento que es la historia del universo, pues lo que llamamos oraciones «futuras» están desde siempre presentes para Él.

En *Hamlet* se rompe una rama y Ofelia perece. ¿Ocurre el suceso porque se rompe la rama o porque Shakespeare quiere que Ofelia muera en este momento de la obra? Elijan lo que más les guste, o los dos. La alternativa sugerida por la pregunta no es, en absoluto, una alternativa real una vez que comprendemos que es Shakespeare el autor de la obra entera.

9

EL GRAN MILAGRO

EN ESTOS DÍAS se me pregunta con mucha frecuencia si no podríamos tener un cristianismo descortezado o, como dice la gente que pregunta, «liberado» de sus elementos milagrosos, un cristianismo del que se suprimieran esos elementos. Ahora bien, a mí me parece que la única religión del mundo, o al menos la única que yo conozco, con la que no se podría hacer algo semejante es, precisamente, el cristianismo. Si en una religión como el budismo quitamos los milagros atribuidos a Gautama Buda en algunas fuentes muy tardías, no se produciría pérdida alguna. En realidad, se las arreglaría mucho mejor sin ellos, porque en este caso los milagros contradicen en gran extremo la enseñanza. Incluso en el caso de una religión como el mahometismo, no alteraríamos nada esencial si suprimiéramos los milagros. Tendríamos un gran profeta predicando sus dogmas sin hacer ningún milagro, que son algo así como digresiones o como capiteles iluminados. Pero quizás no podamos hacer lo mismo con el cristianismo, pues la historia cristiana es, precisamente, la historia de un gran milagro.

El cristianismo afirma que algo que está más allá del espacio y el tiempo, que es increado y eterno, entró en la naturaleza, en la naturaleza humana, descendió a su propio universo y ascendió de nuevo elevando la naturaleza con Él. Eso es un gran milagro. Si lo eliminamos, no dejamos nada específicamente cristiano. Habría, tal vez, muchas cosas humanas admirables que el cristianismo compartiría con otros sistemas del mundo, pero no habría nada específicamente cristiano. A la inversa, una vez que hemos aceptado ese gran milagro, vemos que todos los demás milagros cristianos bien comprobados (hay milagros cristianos mal comprobados, hay leyendas cristianas como las hay paganas o como hay modernas leyendas periodísticas) forman parte de él, que son una preparación suya o manifiestan o resultan de la encarnación. De igual forma que los acontecimientos naturales manifiestan el carácter entero del universo natural en un punto particular y en un momento determinado, cada milagro manifiesta el carácter de la encarnación.

Si alguien pregunta si el gran milagro del cristianismo es probable o improbable, no podremos aplicar, por supuesto, el tipo de probabilidad de Hume.[1] No podemos proponer una probabilidad basada en la estadística, según la cual cuantas más veces haya ocurrido una cosa, más probable es que vaya a ocurrir de nuevo (cuantas más veces suframos una indigestión por haber comido determinado alimento, tanto más probable es que suframos otra si lo comemos de nuevo). La encarnación, ciertamente, no puede ser probable en este sentido. Por su propia naturaleza es algo que ha ocurrido solo una vez. Pero también forma parte de la naturaleza de la historia de este mundo haber ocurrido solo una vez, y la encarnación, si ocurrió, es su principal capítulo. La encarnación es improbable en el sentido en que lo es el conjunto de la naturaleza, porque existe una sola vez y ocurrirá en una única ocasión. Así pues, es preciso aplicarle un criterio diferente.

A mi juicio, esta es, de algún modo, la situación. Supongamos que tuviéramos ante nosotros el manuscrito de una gran obra, una sinfonía o una novela. Inmediatamente se acerca a nosotros una persona y nos dice: «He encontrado un nuevo fragmento del manuscrito, es el trozo central de la sinfonía o el capítulo principal de la novela. Sin él el texto está incompleto. Tengo la parte que falta, que es realmente el centro de toda la obra». Lo único que podríamos hacer sería poner esta nueva parte del manuscrito en el centro y ver qué efecto produce sobre el resto de la obra. Si hace que aparezcan continuamente nuevos significados y nos permite percibir cosas que no habíamos notado antes, deberíamos decidir, creo yo, que es auténtico. Si, por el contrario, no produce ninguno de estos resultados, deberíamos rechazarlo por atractivo que fuera en sí mismo.

¿Cuál es el capítulo que falta en este caso, el capítulo que nos ofrece el cristianismo? La historia de la encarnación es la historia de un descenso y una resurrección. Cuando digo «resurrección» en este contexto, no me refiero a las primeras horas o a las primeras semanas de la resurrección, sino

---

1. David Hume (1711-1776), filósofo e historiador escocés. Véase especialmente su «Essay upon Miracles», en *Philosophical Essays Concerning Human Understanding* (1748).

al modelo entero, inmenso, de descenso, abajo, abajo y, después, arriba de nuevo. Lo que ordinariamente llamamos resurrección es precisamente el punto, digámoslo así, en que comienza la ascensión. Pensemos cómo es el descenso del que estamos hablando. Bajar a la humanidad, sin ahorrarse esos nueve meses que preceden al nacimiento humano, en los que según se nos dice todos nosotros recapitulamos extraños seres prehumanos,[2] formas subhumanas de vida, bajar aún más hasta convertirse en un cadáver, algo que habría desaparecido de lo orgánico y regresado a lo inorgánico, como todos los cadáveres, si el movimiento ascendente no hubiera comenzado. Tomemos la imagen de alguien que desciende a las profundidades y rastrea el fondo del mar. Tomemos la imagen de un hombre fuerte que intenta elevar un peso muy grande y enredado. Se inclina y se sitúa debajo del peso hasta desaparecer él mismo, luego endereza la espalda y se aleja con la carga balanceándose en sus hombros. O bien tomemos la imagen de un buzo que se despoja de una prenda tras otra hasta desnudarse, surca por un instante el aire hasta sumergirse, después de atravesar aguas verdes, cálidas e iluminadas por el sol, en las aguas frías, heladas, negras como boca de lobo, en el lodo y en el cieno, y después arriba de nuevo, cuando los pulmones están a punto de estallar, de regreso a las aguas verdes, cálidas e iluminadas por el sol, llevando en la mano el objeto, aún goteando, que bajó a buscar. Este objeto es la naturaleza y asociada va toda la naturaleza y el nuevo universo. Este es un asunto —la conexión entre la naturaleza humana y la naturaleza en general— en el que no puedo adentrarme esta noche, pues para hacerlo necesitaría una charla entera. Suena sorprendente, pero creo que se puede justificar completamente.

Tan pronto como pensamos estas cosas, en el modelo de inmensa zambullida hasta el fondo, hasta las profundidades del universo, y de posterior

---

2. La creencia en que el hombre recapitula en el seno materno «extraños seres prehumanos», ante la que Lewis se muestra un tanto escéptico, era hasta hace poco un axioma de la Biología. La Ley Biogenética Fundamental, así se conocía al principio, fue formulada en 1866 por el alemán Ernst Haeckel. Afirma que durante el desarrollo individual, durante la ontogénesis, el hombre repite de forma resumida la historia de la especie, es decir, la filogénesis. «La ontogénesis recapitula la filogénesis». Así se formulaba de manera concisa. Hoy se sabe que no hay tal cosa. La embriología humana ha demostrado de forma palmaria que en el desarrollo individual no hay cortes ni cesuras. El hombre es específicamente humano desde el principio. No hay ninguna fase del desarrollo humano en que se recapitulen seres no humanos. El desarrollo y la diferenciación entrañan un cambio de fenotipo, no de ser. [N. del T.].

ascenso hasta la luz, vemos cómo lo imitan y repiten los principios del mundo natural. El descenso de la semilla hasta hundirse en el suelo y su renacimiento posterior en la planta. En nuestra vida espiritual hay también muchas cosas que deben ser destruidas y rotas para poder ser radiantes y fuertes y espléndidas. La analogía es obvia. En este sentido la doctrina encaja muy bien, tan bien que inmediatamente aparecen las sospechas. ¿No se ajusta demasiado bien? Con otras palabras, ¿no expone la historia cristiana este modelo de descenso y ascenso porque forma parte de todas las religiones naturales del mundo? De ello hemos leído en *La rama dorada*.[3] Todos hemos oído hablar de Adonis y conocemos las historias del resto de esos pueblos bastante tediosos ¿No es esto un ejemplo más de lo mismo, del «dios agonizante»? Pues sí, lo es. Y eso hace más sutil la cuestión. Lo que la crítica antropológica del cristianismo repite una y otra vez es absolutamente cierto. Cristo es una figura de ese tipo. El hecho pone de manifiesto una cosa muy curiosa. Cuando leí por primera vez los Evangelios, después de la infancia, estaba saturado de asuntos como el dios agonizante, *La rama dorada* y otros. Entonces me resultaba una idea muy poética y misteriosa y vivificante. Por eso, no olvidaré la gran decepción y la repulsión que sentí, cuando acudí a los Evangelios, por no encontrar apenas en ellos algo sobre el particular. A este respecto, la metáfora de la semilla que cae en el suelo ocurre, creo, dos veces en el Nuevo Testamento,[4] y de lo demás apenas hay alguna observación. El hecho me parecía extraordinario. Tenemos un dios agonizante, que fue siempre representador del trigo. Lo vemos sosteniendo trigo —es decir, alimento— en sus manos y le oímos decir: «Esto es mi cuerpo».[5] Desde este punto de vista, tal como yo era entonces, Él no parecía entender lo que estaba diciendo. Seguramente, la conexión entre la historia cristiana y el trigo debe haberse revelado en ella si se ha revelado en algún sitio. El contexto entero lo está pidiendo a gritos. Pero todo sucede como si el actor principal, y más aún los que están a su alrededor, ignoraran completamente lo que estaban haciendo. Es como si tuviéramos buenas evidencias sobre las serpientes marinas, pero los hombres que las obtuvieron parecieran no haber oído hablar nunca de serpientes marinas. O, expresándolo de otro modo, ¿por

---

3. De *sir* James George Frazer.
4. Jn 12:24; 1 Co 15:36.
5. Mt 26:26; Mr 14:22; Lc 22:19; 1 Co 11:24.

qué era este el único caso de «dios agonizante» que podría plausiblemente haber ocurrido en la historia en un pueblo (en uno solo en todo el mundo mediterráneo) que no tenía ningún vestigio de esta religión natural y no parecía saber nada de ella? ¿Por qué parece manifestarse súbitamente entre *ellos*? El actor principal, hablando en términos humanos, no parecía saber apenas la repercusión que sus palabras (y sufrimientos) tendrían en cualquier mente pagana. Todo esto es apenas explicable, salvo si adoptamos una hipótesis. ¿Cómo explicarlo si el «rey del trigo» no es mencionado en ese Libro por ser de Él del que, en sus páginas, el «rey del trigo» es imagen? ¿Cómo explicarlo si la representación está ausente porque, en el Libro, la realidad representada está, al fin, presente? ¿Cómo hacerlo si las sombras están ausentes porque está aquí aquello de lo que son sombras? El mismo trigo es, de un modo lejano, una imitación de la realidad sobrenatural. La realidad que agoniza y vuelve de nuevo a la vida, que desciende y asciende más allá de toda naturaleza. El principio está allí, en la naturaleza, porque primero estuvo en Dios mismo. Así llegamos detrás de las religiones de la naturaleza y detrás de la naturaleza, hasta Alguien que no es explicado por las religiones de la naturaleza, sino que explica las religiones de la naturaleza y el comportamiento característico de la naturaleza sobre el que están basadas. Este fue un modo en que me sorprendió. Parecía ajustarse de un modo muy peculiar y revelarme algo sobre la naturaleza más adecuadamente de lo que hasta entonces había visto, a pesar de mantenerse fuera y por encima de las religiones de la naturaleza.

Pasemos ahora a otro asunto. A todos nosotros, con nuestros modernos presupuestos democráticos y aritméticos, nos habría gustado —y todos hubiéramos esperado— que los demás hombres comenzaran de igual modo su búsqueda de Dios. Tenemos la imagen de grandes caminos aferentes que vienen de todas direcciones, con gente bien intencionada, que quieren lo mismo y se unen más y más. ¡Qué conmovedoramente contrario a esto es la historia cristiana! Un pueblo escogido de entre toda la tierra, un pueblo purificado y probado una y otra vez. Algunos se pierden en el desierto antes de alcanzar Palestina, otros se detienen en Babilonia, otros se quedan indiferentes. La cosa entera se estrecha y estrecha hasta llegar a un punto pequeño, pequeño como la punta de una lanza: a una muchacha judía que ora. A eso se limitó la naturaleza humana entera antes de que la encarnación tuviera lugar. Muy distinto de lo que esperábamos, pero ni un ápice diferente de lo que parecía ser, en general, el modo de proceder de Dios tal como se mostraba en la naturaleza. El universo es un lugar no democrático, sorprendentemente selectivo, en el espacio aparentemente infinito, una porción relativamente pequeña ocupada por materia de todas clases. Solo un astro tiene, al parecer, planetas, y solo un planeta es apto para sostener vida orgánica. De todos los animales, solo una especie es racional. La selección, tal como se percibe en la naturaleza, y el pasmoso baldío que la envuelve, parece una cosa espantosa e injusta para los patrones humanos.

La selección en la historia cristiana no es, en modo alguno, así. La gente elegida es, de algún modo, injustamente elegida para un honor supremo. Un honor que es, asimismo, una responsabilidad suprema. El pueblo de Israel llega a entender que son sus pesares los que salvan al mundo. Incluso en la sociedad humana se ve cómo esta desigualdad proporciona una oportunidad a todo género de tiranía y servidumbre. Pero, por otro lado, también se ve que proporciona una oportunidad a las mejores cosas en las que podamos pensar: la humildad, la bondad y el inmenso placer de la admiración. (No puedo imaginar cómo se podría vencer el aburrimiento de un mundo en el que no encontráramos a nadie más inteligente o más hermoso o más fuerte que uno mismo. Las multitudes que persiguen a las celebridades del fútbol y a las estrellas cinematográficas saben que no es lo mejor desear ese tipo de igualdad). Lo que la historia de la encarnación parece hacer es arrojar luz nueva sobre los principios de la naturaleza y mostrar por vez primera que este principio de desigualdad dentro de la naturaleza no es malo ni bueno. Es un tema común que atraviesa la bondad y la maldad del mundo natural, y yo empiezo a ver cómo puede sobrevivir en un universo redimido.

Y con esto he pasado, sin darme cuenta, al tercer punto. He dicho que la selección no era justa en el sentido en que nos imaginamos en primer lugar, pues los elegidos para el gran honor son elegidos también para el gran sufrimiento, y su sufrimiento sana a los demás. En la encarnación obtenemos, por supuesto, la idea de condición vicaria de una persona que saca provecho de las ganancias de otra. Esto es, en su forma más alta, el mismo centro del cristianismo. Descubrimos también que la misma condición vicaria es característica de la naturaleza o, como diría un músico, un *leit-motif* suyo. Es una ley del universo natural que ningún ser puede existir con sus propios recursos. Todos los hombres, y todas las cosas, están irremediablemente endeudados unos con otros. Este es el origen de muchos de los grandes horrores del universo tal como lo vemos ahora: los horrores de los carnívoros y el espanto aún peor de los parásitos, esos horrendos animales que viven bajo la piel de otros animales, y así sucesivamente. Y sin embargo, de pronto, cuando se ve a la luz de la historia cristiana, entendemos que la condición vicaria no es mala en sí misma, que estos animales e insectos y estos horrores son, simplemente, el principio vicario retorcido en un sentido, pues cuando lo consideramos con cuidado, vemos que casi todas las cosas buenas de la naturaleza proceden de él. A fin de cuentas, el niño, antes y después de nacer, vive gracias a su madre, como el parásito vive de su huésped, de los que uno es un horror y el otro la fuente de casi toda la bondad natural del mundo. Todo depende de lo que hagamos con este principio. En un tercer sentido encuentro que lo que implica la encarnación está en completa armonía con lo que he observado en la naturaleza y que cada vez, esto es lo importante, se modifica. Si acepto el capítulo que se supone perdido, la encarnación, descubro que empieza a iluminar el resto del manuscrito. La encarnación ilumina el modelo de muerte y renacimiento dentro de la naturaleza, en segundo lugar, su carácter selectivo, y, en tercero, su condición vicaria.

Ahora percibo un punto muy singular. Hasta donde yo sé, las demás religiones del mundo son religiones naturales o antinaturales. Las religiones naturales son las antiguas y viejas religiones paganas de las que tenemos conocimiento. Nos emborrachamos, de verdad, en el templo de Baco. Fornicamos en el templo de Afrodita. La forma más moderna de religión natural sería la puesta en marcha, en un sentido, por Bergson[6] (Bergson se arrepintió y murió como cristiano) y llevada adelante en una forma más popular por Bernard Shaw. Las religiones antinaturales, como el hinduismo y el estoicismo, son aquellas en las que los hombres dicen: «Mataré de hambre a mi carne. No me importa vivir o morir». Las cosas naturales se dan de lado: el fin es el Nirvana, la apatía, la espiritualidad negativa. Las religiones naturales afirman, sencillamente, los deseos. Las religiones antinaturales se limitan a oponerse a ellos. Las religiones naturales sancionan de nuevo lo que hemos pensado siempre sobre el universo

6. Henri Bergson (1859-1941). Su «religión natural» es especialmente evidente en su obra *Materia y memoria* (1896) y en *La evolución creadora* (1907).

en los momentos de salud ruda y de brutalidad jovial. Las religiones antinaturales repiten, simplemente, lo que hemos pensado sobre el universo en estados de ánimo de cansancio o fragilidad o compasión.

Pero aquí hay algo completamente distinto que me dice —bueno, ¿qué?—, que me dice que yo no debo afirmar nunca, como hacen los estoicos, que la muerte no importa. Nada es menos cristiano que eso. La muerte, que hizo a la Misma Vida derramar lágrimas en la tumba de Lázaro[7] y verter lágrimas de sangre en Getsemaní.[8] Este es un horror que causa consternación, una indignidad desagradable. (Recuérdese la espléndida observación de Thomas Brownes: «No temo tanto la muerte como me avergüenzo de ella»).[9] Y sin embargo, de un modo o de otro, es algo infinitamente bueno. El cristianismo no se limita a afirmar o a negar el horror de la muerte: dice algo completamente nuevo sobre ella. No se limita a confirmar, como Nietzsche, mi deseo de ser más fuerte o más listo que los demás. Por otro lado, no me permite decir: «Oh, Señor, ¿no habrá un día en que cada hombre será tan bueno como cualquier otro?». Algo parecido se pueden decir sobre la condición vicaria. El cristianismo no permitirá, de ninguna manera, que yo sea un explotador, o actúe como un parásito sobre los demás. No me permitirá que sueñe que vivo por mí mismo. Me enseñará a aceptar con alegre humildad el enorme sacrificio que otros hacen por mí y a sacrificarme por los demás.

He ahí por qué creo que este Gran Milagro es el capítulo perdido de la novela, el capítulo sobre el que gira todo el argumento. He ahí por qué creo que Dios se ha zambullido de verdad en el fondo de la creación y ha ascendido llevando en sus espaldas la naturaleza redimida entera. Los milagros ya ocurridos, como las Escrituras dicen a menudo, son los primeros frutos de este verano cósmico que sale a escena ahora.[10] Cristo ha resucitado, y nosotros resucitaremos también. San Pedro caminó algunos segundos sobre las aguas,[11] y vendrá el día en que habrá un universo hecho de nuevo, obediente a la voluntad del hombre obediente y glorificado, en que podremos hacer todas las cosas, en que seremos esos dioses que

---

7. Jn 11:35.
8. Lc 22:44.
9. *Religio Medici*, Parte 1, Sec. 40.
10. *Cf.* Ro 8:23; 11, 16; 16:5; 1 Co 15:20; Stg 1:18; Ap. 14:4.
11. Mt 14:29.

se describe en las Escrituras que seremos. Todavía se nota, sin duda, el viento helado. Pero al comienzo de la primavera se siente a menudo algo así. Dos mil años son uno o dos días en esa escala. El hombre debe decir «la resurrección ocurrió hace dos mil años» con el mismo espíritu con el que dice «ayer vi un azafrán», pues sabemos lo que viene después del azafrán. La primavera baja lentamente por el camino. Pero lo más grande es que el trigo ha cuajado. Existe, como es natural, la diferencia de que en la primavera natural el azafrán no puede elegir si responderá o no. Nosotros sí podemos. Nosotros tenemos el poder de oponernos a la primavera y hundirnos de nuevo en el invierno cósmico, o de continuar en la «suprema magnificencia de pleno verano» en que nuestro Señor, el Hijo del Hombre, mora ya y al que nos llama. De nosotros depende seguirle o no, morir en este invierno o continuar en esa primavera y ese verano.

10

APOLOGÉTICA CRISTIANA

ALGUNOS DE USTEDES son ministros y otros son líderes de organizaciones juveniles.[1] Tengo poco derecho a dirigirme a unos y a otros. Son los ministros los que han de enseñarme a mí, no yo a ellos. Y, por otro lado, nunca he contribuido a organizar a la juventud, y en los años en que yo mismo fui joven, conseguí que no me organizaran. Si me dirijo a ustedes, es para responder a una petición tan apremiante que he llegado a considerar un asunto de obediencia atenderla.

Voy a hablarles de apologética. Apologética significa, claro está, defensa. La primera cuestión es esta: ¿Qué quieren defender? El cristianismo, por supuesto; el cristianismo tal como lo entiende la Iglesia de Gales. Aquí, en el mismo comienzo, tengo que abordar un asunto desagradable. Los laicos piensan que en la Iglesia de Inglaterra oímos a menudo de nuestros sacerdotes una doctrina que no es la del cristianismo anglicano. Tal vez se aparte de él de una de estas dos formas:

1) Es posible que sea tan «tolerante» o «liberal» o «moderna» que excluya de hecho cualquier realidad sobrenatural y, en consecuencia, deje de ser cristianismo.

2) Es posible, por otro lado, que sea católica.

Por supuesto, no me corresponde a mí definirles a ustedes qué es el cristianismo anglicano. Yo soy su discípulo, no su maestro. Pero insisto en que, dondequiera que sitúen los límites, debe haber unas líneas limítrofes, más allá de las cuales la doctrina deja de ser anglicana o deja de ser cristiana. Yo propongo además que los límites comiencen mucho antes de lo que bastantes ministros modernos piensan. Considero que es su deber

---

1. Esta comunicación fue leída en la asamblea de pastores anglicanos y líderes juveniles de la Iglesia de Gales, en Carmarthen, durante la Pascua de resurrección.

fijar claramente los límites en sus mentes y, si desean ir más allá, deberán cambiar de profesión.

Es su deber no solo como cristianos o como ministros, sino como hombres honrados. Porque existe el riesgo de que el clero desarrolle una especial conciencia profesional, que oscurezca el auténtico y sencillo problema moral. Los hombres que han traspasado los límites, en cualquiera de las dos direcciones antes indicadas, son propensos a declarar que han llegado de forma sincera y honrada a sus opiniones heterodoxas. Para defenderlas están dispuestos a sufrir difamación y a perder oportunidades de ascenso profesional; así llegan a sentirse como mártires. Pero esto es no querer ver lo esencial, que tan seriamente escandaliza al laico. Nunca hemos dudado de que las opiniones heterodoxas se mantengan honradamente. De lo que nos quejamos es de que quienes las defienden continúen ejerciendo su ministerio después de haberlas asumido.

Siempre hemos sabido que un hombre que se gana la vida como representante remunerado del Partido Conservador puede honradamente cambiar de opinión y hacerse sinceramente comunista. Lo que negamos es que pueda seguir siendo honradamente representante conservador, y recibir dinero de un partido mientras apoya la política de otro.

Incluso después de haber excluido la doctrina que está en completa contradicción con nuestra profesión, es necesario todavía definir nuestra tarea de forma más precisa. Vamos a defender el cristianismo como tal, la fe predicada por los apóstoles, atestiguada por los mártires, incorporada al Credo, expuesta por los Padres, que debe distinguirse con claridad de lo que cualquiera de nosotros pueda pensar sobre Dios y el hombre. Cada uno de nosotros pone un énfasis especial en algo, cada uno añade a la fe muchas opiniones que le parecen coherentes con ella y verdaderas e importantes; y quizá los sean. Pero nuestra tarea como apologistas no es exponerlas. Defendemos el cristianismo, no «mi religión». Cuando mencionemos nuestras opiniones personales, debemos dejar bien clara la diferencia entre estas y la fe como tal. San Pablo nos ha dado la pauta en 1 Corintios 7:25, donde dice que sobre una cuestión determinada «no tengo precepto del Señor», y que da «su juicio». A nadie le quedan dudas acerca de la sobreentendida diferencia de *rango*.

Esta distinción, que es exigida por la honradez, da además al apologista una gran ventaja táctica. La mayor dificultad está en lograr que las personas a las que nos dirigimos comprendan que predicamos el cristianismo única y exclusivamente porque creemos que es *verdadero*; pues siempre suponen que lo hacemos porque nos gusta, porque pensamos que es bueno para la sociedad o por algo parecido. Una distinción clara entre lo que la fe verdaderamente dice y lo que a uno le gustaría que dijera —o lo que uno entiende o considera útil o cree probable—, obliga a los oyentes a reconocer que estamos vinculados a los datos como el científico a los resultados del experimento, y a admitir que no estamos diciendo simplemente lo que nos gusta. Esto les ayuda inmediatamente a entender que lo que se expone es un hecho objetivo, no un parloteo sobre ideales y puntos de vista. En segundo lugar, el cuidado escrupuloso en conservar el mensaje cristiano como algo distinto de las propias ideas tiene un efecto muy bueno sobre el propio apologista. Le obliga constantemente a afrontar aquellos elementos del cristianismo original que le parecen oscuros o repulsivos; y así se ve libre de la tentación de omitir, ocultar o ignorar lo que encuentra desagradable. El hombre que ceda a esa tentación no progresará jamás en el conocimiento cristiano, pues, obviamente, las doctrinas que encontramos fáciles son aquellas que dan sanción cristiana a verdades ya conocidas. La nueva verdad que no se conoce y que se necesita debe estar oculta —de acuerdo con la auténtica naturaleza de las cosas— precisamente en las doctrinas que menos gustan y que menos se entienden.

Esto es así tanto aquí como en la ciencia. El fenómeno que resulta dificultoso, que no concuerda con las teorías científicas de actualidad, es el que obliga a una nueva consideración y, de ese modo, conduce a un conocimiento nuevo. La ciencia progresa porque los científicos, lejos de rehuir los fenómenos molestos o de echar tierra sobre ellos, los sacan a la luz y los investigan. De igual modo, en el conocimiento cristiano solo habrá progreso si aceptamos el desafío de la dificultad o de las doctrinas que nos repelen. Un cristianismo «liberal», que se considera a sí mismo libre para modificar la fe siempre que le parezca confusa o repelente, se quedará totalmente estancado. El progreso tiene lugar solo en aquella materia que ofrece *resistencia*.

De todo lo anterior deriva una consecuencia acerca de la interpretación privada por parte del apologista. Hay dos preguntas que habrá de plantearse:

1) ¿He conseguido «no ceder», aun manteniéndome al corriente de los recientes movimientos en Teología?

2) ¿Me he mantenido firme (*supera monstratas vias*)[2] en medio de los «vientos de doctrina»?[3]

Quiero decir enérgicamente que la segunda pregunta es, con diferencia, la más importante. La educación y la atmósfera del mundo en que vivimos aseguran que nuestra principal tentación será la de ceder a los vientos de doctrina, no la de ignorarlos. No es probable en absoluto que vayamos a aferrarnos a la tradición. Lo más probable es que seamos esclavos de la moda. Si hay que elegir entre leer los libros nuevos o los viejos, hemos de elegir los viejos, y no porque necesariamente sean mejores, sino porque contienen las verdades que nuestro tiempo descuida. El modelo de cristianismo permanente debe mantenerse claro en nuestra mente, y a la luz de él hemos de examinar el pensamiento contemporáneo. Tenemos que *evitar* a todo trance movernos con los tiempos. Servimos a Aquel que dijo: «El cielo y la tierra pasarán, pero mis palabras no pasarán».[4]

Hasta ahora he hablado de la interpretación teológica. La interpretación científica es otro asunto. Si conocen alguna ciencia, sería muy deseable que siguieran profundizando en ella. Tenemos que responder a la actual actitud científica hacia el cristianismo, no a la que adoptaron los científicos hace cien años. La ciencia está en continuo cambio, y debemos mantenernos al día. Pero, por la misma razón, también hemos de ser muy cautelosos al abrazar una teoría científica que, de momento, parece estar a nuestro favor. Podemos *mencionarla*, pero siempre moderadamente y sin afirmar que sea algo más que «interesante», y deberíamos evitar frases que comiencen por «la ciencia ha demostrado». Si intentamos basar nuestra apologética en ciertos desarrollos nuevos de la ciencia, descubriremos con frecuencia que, justamente al dar el retoque final a nuestro argumento, la ciencia ha cambiado sus planteamientos y abandonado completamente la

---

2. Creo que la fuente de esta cita es Jeremías 6:16: «State super vias et videte, et interrógate de semitis antiquis quae sit via bona, et ambulate in ea», cuya traducción es: «Paraos en los caminos, y mirad, y preguntad por las sendas antiguas, cuál sea el buen camino, y andad por él».

3. Ef 4:14.

4. Mt 24:35; Mr 13:31; Lc 21:33.

teoría que usábamos como piedra angular. *Timeo Danaos et dona ferentes*[5] es un principio prudente.

Permítanme que haga una digresión por un momento, ahora que estamos con el tema de la ciencia. Creo que si un cristiano está capacitado para escribir un buen libro, accesible a la mayoría, sobre una ciencia cualquiera, puede hacer un mayor bien de ese modo que mediante una obra directamente apologética. Porque otra dificultad con la que tenemos que enfrentarnos es esta: normalmente, podemos lograr que las personas presten atención al punto de vista cristiano durante una media hora más o menos; pero cuando se marchan de la conferencia, o guardan nuestro artículo, se sumergen de nuevo en un mundo en el que prevalece el punto de vista contrario. Los periódicos, películas, novelas y libros de texto socavan nuestra obra. Mientras persista esta situación, es sencillamente imposible lograr un éxito extendido. Debemos atacar la línea de comunicación enemiga; por eso no son más libros sobre el cristianismo lo que necesitamos, sino más libros sobre otros temas escritos por cristianos, en los que el cristianismo de su autor se encuentre *latente*.

Se puede comprender mejor la cuestión si se mira a la inversa. No es probable que un libro sobre hinduismo socave nuestra fe. Pero si cada vez que leemos un libro divulgativo de Geología, Botánica, Política o Astronomía, descubrimos que sus implicaciones son hindúes, sí podríamos sentirnos sacudidos. No son los libros escritos en defensa del materialismo los que hacen materialista al hombre moderno, sino los supuestos materialistas contenidos en los demás libros. De igual modo, tampoco serán los libros sobre el cristianismo los que realmente inquieten al hombre moderno; en cambio, se inquietaría si, siempre que necesitara una introducción popular y barata a una ciencia cualquiera, la mejor del mercado fuera la escrita por un cristiano.

El primer paso para la reconversión religiosa de este país es una colección, dirigida por cristianos, que pueda superar en su propio terreno a colecciones como *Penguin* o *Thinkers Library*. Su cristianismo tendría que estar latente, no explícito, y su ciencia, *por supuesto*, ser absolutamente genuina. Una ciencia *retorcida* en interés de la apologética sería un

---

5. «Temo a los griegos aun cuando llevan obsequios». Virgilio, *Eneida*, II, 49.

pecado y una locura. Pero ahora tengo que volver al asunto que me ocupa directamente.

Nuestra tarea consiste en exponer lo eterno (lo mismo ayer, hoy y mañana),[6] en el lenguaje de nuestra época. El mal predicador hace exactamente lo contrario: toma las ideas de nuestra época y las atavía con el lenguaje tradicional del cristianismo. Puede, por ejemplo, pensar en el Informe Beveridge[7] y *hablar* sobre la llegada del Reino. El núcleo de su pensamiento es simplemente contemporáneo; solo la superficie es tradicional. En cambio, la doctrina que ustedes prediquen tiene que ser intemporal en el fondo, y llevar ropa moderna.

Esto plantea el problema de la relación entre teología y política. Lo más que puedo hacer para conciliar el problema fronterizo entre ambas es lo siguiente: proponer que la teología nos enseñe qué fines son deseables y qué medios son legítimos, y que la política nos instruya sobre qué medios son efectivos. La teología nos dice que todos los hombres deben tener un salario justo. La política nos dice con qué medios es más probable lograrlo. La teología nos dice cuáles de esos medios son coherentes con la justicia y la caridad.

El asesoramiento sobre un problema político no procede de la Revelación, sino de la prudencia natural, del conocimiento de la complejidad de los hechos y de una experiencia madura. Si tenemos estos requisitos, podemos, como es lógico, exponer nuestras opiniones políticas. Pero después hemos de dejar completamente claro que estamos dando juicios personales, y que no tenemos precepto del Señor. Estos requisitos no los tienen en cuenta muchos pastores, y la mayoría de los sermones con contenido político no enseñan a los fieles nada distinto de lo que se puede leer en los periódicos recibidos en la casa del párroco.

El mayor riesgo de este momento es determinar si la Iglesia debería seguir practicando una técnica meramente misionera en una situación que se ha convertido en misionera. Hace un siglo nuestra tarea era formar en la virtud a quienes habían sido educados en la fe. En este momento nuestra tarea consiste principalmente en convertir e instruir a los que no creen.

---

6. Heb 8:8.

7. *Sir* William H. Beveridge, *Social Insurance and Allied Services*, Comunicación de Gobierno 6404, Sesión parlamentaria 1942-43 (Londres: H. M. Stationery Office, 1942). El Informe Beveridge es el proyecto del sistema de Seguridad Social británico.

Gran Bretaña es tan tierra de misión como China. Si ustedes fueran enviados con los bantús, deberían aprender su lengua y sus tradiciones. Pues también necesitan una enseñanza parecida sobre la lengua y hábitos intelectuales de sus compatriotas incultos y no creyentes. Muchos sacerdotes ignoran por completo esta cuestión.

Lo que yo sé sobre el particular lo he aprendido hablando en los campamentos de la RAF, habitados mayoritariamente por ingleses y, en consecuencia, parte de lo que voy a decir tal vez sea irrelevante para la situación de Gales. Ustedes deberán cribar lo que no sea pertinente.

1.   Observo que el inglés inculto es casi completamente escéptico respecto a la historia. Yo había supuesto que no creía en el Evangelio porque incluye milagros. Pero realmente no cree en él porque trata de cosas que ocurrieron hace 2.000 años. Tampoco creería en la batalla de Acuita si oyera hablar de ella. A quienes hemos recibido una educación como la nuestra, nos resulta muy difícil entender su modo de pensar. Para nosotros, el presente aparece como parte de un vasto proceso continuo. En su modo de pensar, el presente ocupa casi por completo el campo de visión. Más allá del presente, aislado de él y como algo completamente irrelevante, hay algo llamado «los tiempos antiguos», una jungla insignificante y divertida por la que deambulan caminantes, la reina Isabel, caballeros con armadura, etc. Más allá de los tiempos antiguos (y esto es lo más extraño de todo) viene un cuadro del «hombre primitivo», cuadro que es «ciencia», no «historia» y, por consiguiente, se percibe como mucho más real que los tiempos antiguos. Con otras palabras: se cree mucho más en lo prehistórico que en lo histórico.

2.   También desconfía de los textos antiguos, lo cual es lógico si se toman en cuenta sus conocimientos. En cierta ocasión me dijo un hombre lo siguiente: «Estos documentos se escribieron antes de la imprenta, ¿no es cierto?, y usted no tiene el trozo original de papel, ¿verdad? Eso significa que alguien escribió algo, otra persona lo copió y otra copió la *copia*, y así sucesivamente. Bueno, con el tiempo llega a nosotros, y no se parecerá lo más mínimo al original».

Esta es una objeción difícil de atacar, pues no se puede empezar en ese mismo instante a enseñar la ciencia entera de la crítica textual. Sin embargo, en este punto viene en mi ayuda su verdadera religión, o sea, la fe en la «ciencia». La confianza en que hay una «ciencia» llamada «Crítica de Textos» y en que sus resultados (no solo en lo que respecta al Nuevo Testamento, sino a los textos antiguos en general) son generalmente aceptados, será normalmente recibida sin objeción. (Bueno, hace falta advertir que no se debe emplear la palabra «texto», ya que para ese público significa solamente «cita bíblica»).

3.   El sentido del pecado falta casi completamente. En este aspecto, nuestra situación es muy diferente de la de los apóstoles. Los paganos (y especialmente los *metuentes*)[8] a los que predicaban se sentían perseguidos por un sentido de culpa, y, por tanto, el evangelio era para ellos «la buena nueva». Nosotros nos dirigimos a personas a las que se les ha enseñado a creer que todo lo que va mal en el mundo es por culpa de otros: los capitalistas, el gobierno, los nazis, los generales. Incluso al mismo Dios se dirigen también como *jueces*. Quieren saber, no si pueden ser absueltos de sus pecados, sino si Él puede ser absuelto de haber creado un mundo así.

Para enfrentarse con esta funesta insensibilidad es inútil orientar la atención a los pecados —que las personas a las que ustedes se dirigen no cometen—, o a las cosas que hacen y que no consideran pecado. Por lo general no se consideran bebedores. Por lo general son fornicarios, pero no creen que la fornicación esté mal. Es inútil, pues, hacer hincapié en cualquiera de esos temas. (Ahora que los anticonceptivos han eliminado el elemento *no caritativo* de la fornicación, no creo que se pueda esperar que la gente reconozca que es un pecado, a menos que acepten íntegramente el cristianismo).

No puedo ofrecerles una técnica infalible para despertar el sentido del pecado. Solo puedo decir que, según mi experiencia, si uno mismo comienza por el pecado que ha sido su propio y principal problema durante la semana anterior, uno se sorprende muy a menudo del modo en que este dardo da en el blanco. Pero sea cual sea el método que usemos, nuestro continuo esfuerzo debe consistir en hacer que aparten su mente de los asuntos y «crímenes» públicos y que vayan al grano, a la amplia red de rencor, avaricia, envidia, injusticia y presunción en que están atrapadas tanto las vidas de «la gente normal respetable» como las suyas (y las nuestras).

---

8. Los metuentes o «los temerosos de Dios» eran una clase de gentiles que adoraban a Dios sin someterse a la circuncisión y a otras obligaciones ceremoniales de la ley judía. Cp. Sal 118:4 y Hch 10:2.

4.   Tenemos que aprender y dominar el lenguaje de nuestra audiencia. Y permítanme decirles desde el comienzo que no sirve en absoluto establecer *a priori* qué es lo que entiende o no entiende el «hombre sencillo». Tienen que averiguarlo por experiencia. La mayoría de nosotros habría supuesto que cambiar la frase «el ministro de justicia puede verdadera e indiferentemente» por esta otra «puede verdadera e imparcialmente»[9] haría más fácil el pasaje para las personas incultas. Pero un sacerdote amigo mío descubrió que su sacristán no veía ninguna dificultad en *indiferentemente* («significa no establecer diferencias entre un hombre y otro», dijo), pero no tenía la menor idea de lo que significaba *imparcialmente*.

Lo mejor que puedo hacer para solventar el problema del lenguaje es ofrecer una lista de palabras que la gente usa en un sentido diferente al nuestro.

Expiación: no existe realmente en el inglés hablado moderno, aunque se reconocería como una «palabra religiosa». En el supuesto de que transmita algún significado a una persona inculta, yo creo que significa *compensación*. Ninguna palabra les manifestará lo que los cristianos quieren decir con *expiación*, de ahí que ustedes deban parafrasear.

Ser (nombre): en el habla popular no significa nunca simplemente entidad. A menudo significa lo que nosotros llamaríamos «un ser personal» (por ejemplo, un hombre me dijo lo siguiente: «creo en el Espíritu Santo, pero no creo que sea un ser»).

Católico: significa seguidor del papa.

Caridad: significa a) limosna, b) «organización benéfica», c) aunque mucho más raramente, indulgencia (por ejemplo, por actitud «caritativa» hacia un hombre se entiende la actitud que niega o tolera sus pecados, no la que ama al pecador a pesar de sus faltas).

Cristiano: ha llegado a no incluir casi ninguna idea relacionada con *creencia*. Habitualmente es un término vago de aprobación. La pregunta «¿A qué llama usted cristiano?» se me ha hecho repetidas veces. La respuesta que *desean* escuchar es la siguiente: «un cristiano es un buen tipo, desinteresado, etc.».

---

9. La primera cita es de la oración por «La situación global de la Iglesia de Cristo» durante el servicio religioso de la Sagrada Comunión, Libro de la Oración Común (1662). La segunda es la forma revisada de la misma frase, tal como se halla en el Libro de la Oración Común de 1928.

Iglesia: significa a) edificio sagrado, b) el clero. No les sugiere la idea de «asamblea de todos los creyentes».[10] Por lo general se usa en sentido negativo. La defensa directa de la iglesia es parte de nuestro deber. Sin embargo, el empleo de la palabra *iglesia*, cuando no hay tiempo para defenderla, nos quita simpatías, y se debería evitar si fuera posible.

Creador: ahora significa «talentoso», «original». La idea de creación en sentido teológico está ausente de sus mentes.

Criatura: significa «bestia», «animal irracional». Expresiones como «somos solamente criaturas» serían mal entendidas casi con total seguridad.

Crucifixión, cruz, etc.: siglos de himnos y cantos religiosos han debilitado estas palabras hasta el extremo de que ahora transmiten vagamente, si lo transmiten, la idea de ejecución mediante tortura. Es mejor parafrasear. Por la misma razón, es mejor emplear la expresión *flagelado* para explicar la palabra *azotado*[11] del Nuevo Testamento.

Dogma: la gente suele usarla solo en sentido negativo con el significado de «afirmación no probada y pronunciada de manera arrogante».

Inmaculada Concepción: en boca de hablantes incultos significa *siempre* parto virginal.

Moralidad: significa *castidad*.

Personal: llevaba al menos diez minutos disputando con un hombre sobre la existencia de un «diablo personal» sin darme cuenta de que, para él, *personal* significaba *corpóreo*. Sospecho que esto está muy extendido. Cuando dicen que no creen en un Dios «personal», a menudo pueden querer decir solamente que no comparten el antropomorfismo.

Potencial: en caso de que alguna vez se emplee, se usa en el sentido de la ingeniería. *Nunca* significa «posible».

Primitivo: significa tosco, torpe, incompleto, incompetente. La expresión «cristianismo primitivo» no significaría para ellos en absoluto lo que significa para ustedes.

Sacrificio: la acepción que conocen no tiene ninguna relación con el templo y el altar. Están familiarizados solamente con el sentido periodístico de esta palabra («La nación tiene que estar preparada para duros sacrificios»).

---

10. La frase aparece en la oración de «Acción de gracias», que tiene lugar al final del servicio religioso de la Sagrada Comunión, en el Libro de la Oración Común (1662). 11. Mt 27:26; Mr 15:15; Jn 19:1.

Espiritual: significa primariamente *inmaterial, incorpóreo*, pero con graves confusiones acerca del uso cristiano de *pneuma*.[12] De ahí procede la idea de que todo lo que es «espiritual», en el sentido de «no sensorial», es *mejor* de algún modo que cualquier cosa sensorial. Por ejemplo, no creen realmente que la envidia pueda ser tan mala como la embriaguez.

Vulgaridad: por lo general significa obscenidad o «grosería». Se dan, y no solo en personas incultas, lamentables confusiones entre:

a) Lo obsceno o lascivo: lo calculado para provocar lujuria.

b) Lo indecoroso: lo que ofende al buen gusto o al decoro.

c) Lo decoroso vulgar: lo que es socialmente «bajo».

La «buena» gente propende a pensar que (b) es tan pecaminoso como (a), de donde resulta que a otros les parece que (a) es tan inocente como (b).

Como conclusión debo decir que tienen ustedes que traducir cada trozo de su teología a la lengua vulgar. Esto es muy difícil, e implica que pueden decir muy poco en media hora, pero es esencial. Sirve asimismo de gran ayuda para su propio pensamiento. He llegado a la convicción de que, si ustedes no pueden traducir sus ideas al lenguaje inculto, es que son confusas. La capacidad de traducirlas es la prueba de que han entendido realmente el significado que uno mismo les da. Traducir un pasaje de alguna obra teológica al lenguaje vulgar debería ser un ejercicio obligatorio en el examen para ordenarse.

Retomo ahora la cuestión del verdadero ataque. Este puede ser o emocional o intelectual. Si hablo solo del intelectual, no se debe a que desprecie el otro, sino a que, al no poseer las aptitudes necesarias para llevarlo a cabo, no puedo dar consejos sobre él. Pero deseo decir de la manera más enérgica posible que si un orador tiene esas aptitudes, el llamamiento evangélico directo, del tipo «ven a Jesús», puede ser hoy tan irresistible como hace cientos de años. Yo he visto hacerlo precedido por una película religiosa y acompañado por cantos de himnos, y con un efecto muy notable. Yo no soy capaz, pero aquellos que puedan deben intentarlo con todas sus fuerzas.

No estoy seguro de que el grupo misionero ideal no deba consistir en alguien que argumente y alguien que predique (en el pleno sentido de la palabra). En primer lugar, traten de que quienes debaten con ustedes se

---

12. Que significa «espíritu», como en 1 Corintios 14:24.

desprendan de sus prejuicios intelectuales; luego dejen que el predicador del evangelio inicie su llamamiento. En todo esto yo me ocupo solamente de la argumentación intelectual. *Non omnia possumus omnes.*[13]

Y, ante todo, unas palabras de aliento. La gente inculta no es gente irracional. He comprobado que aguantan, y que pueden seguir un buen número de argumentos ininterrumpidos, si se los exponen lentamente; y a menudo la novedad de una argumentación (raras veces se han enfrentado antes a algo semejante) los deleita.

No intenten suavizar el cristianismo. No lo difundan omitiendo lo sobrenatural. Que yo sepa, el cristianismo es precisamente la única religión de la que los milagros no se pueden excluir. Deben argumentar en favor de lo sobrenatural desde el principio.

Las dos «dificultades» más comunes con las que probablemente tendrán que enfrentarse son las siguientes:

1.   «Ahora que conocemos cuán inmenso es el universo y qué pequeña es la tierra, es ridículo creer que el Dios universal pueda tener un especial interés por nuestros asuntos».

En primer lugar, para responder a esto, deben ustedes corregir los errores acerca de los *hechos*. La insignificancia de la tierra en relación con el universo no es un descubrimiento moderno. Hace casi 2.000 años, Ptolomeo (*Almagesto*, libro I, cap. v) ya dijo que, en relación con la distancia de las estrellas fijas, la tierra debe ser considerada como un punto matemático sin magnitud.

En segundo lugar, deben indicar que el cristianismo explica lo que Dios ha hecho por el hombre, pero que no dice (porque no lo sabe) lo que ha hecho o dejado de hacer en otras partes del universo. En tercer lugar, deben recordar la parábola de la oveja descarriada.[14] Si Dios cuida especialmente de la tierra (algo que nosotros no creemos), eso no puede implicar que sea lo más importante del universo, sino tan solo que se ha *extraviado*. Finalmente, recusen la tendencia a identificar tamaño e importancia. ¿Es un elefante más importante que un hombre, o la pierna del hombre más que su cerebro?

2.   «La gente creía en los milagros en los tiempos antiguos porque no sabía que fueran contrarios a las leyes de la naturaleza».

---

13. «No todos podemos hacerlo todo». Virgilio, *Églogas*, VIII, 63.
14. Mt 18,11-14; Lc 15:4-7.

Pues sí lo sabía. Si san José no sabía que un parto virginal es contrario a la naturaleza (es decir, si no hubiera sabido cuál es el origen normal de los bebés), ¿por qué «resolvió dejarla secretamente» cuando descubrió el embarazo de su esposa? Como es obvio, ningún acontecimiento puede ser considerado como milagro *a menos que* los que lo registren conozcan el orden natural y vean que ese hecho es una excepción. Si la gente no supiera que el sol sale por el este, no podría sorprenderse jamás si una vez lo viera salir por el oeste; no lo registraría como *miraculum* (sencillamente no lo registraría). La misma idea de «milagro» presupone el conocimiento de las leyes de la naturaleza. No es posible tener la idea de excepción sin tener la idea de regla.

Es muy difícil presentar argumentos populares sobre la existencia de Dios. Además, buena parte de los argumentos populares a mí no me parecen válidos. Algunos pueden ser presentados en la discusión por miembros favorables de la audiencia; esto plantea el problema del «seguidor molesto». Es cruel (y peligroso) rechazarlo, y no es honesto mostrarse de acuerdo con lo que dice. Por lo general, yo trato de no decir nada sobre la validez de su argumento *en sí mismo*, y respondo: «Sí. Eso tal vez sea así para usted y para mí. Pero me temo que si adoptamos esa actitud, este amigo nuestro situado aquí, a mi izquierda, podría decir..., etc., etc.».

Afortunadamente, y aunque parezca raro, he observado que, por lo general, esa gente accede a que se trate de la divinidad de nuestro Señor *antes* de entrar a considerar la existencia de Dios. En mis comienzos, cuando daba dos conferencias, solía dedicar la primera al simple teísmo. Pero enseguida abandoné este método, pues me parecía que despertaba poco interés. El número de ateos convencidos no es aparentemente demasiado grande.

Cuando llegábamos a la encarnación, con frecuencia descubría que se podía usar alguna forma del *aut Deus aut malus homo*.[15] La mayoría de ellos comenzaba con la idea del «gran maestro humano», que fue divinizado por sus supersticiosos seguidores. Hay que señalar cuán poco probable es esto entre los judíos, y qué diferente a cualquier cosa que ocurriera con Platón, Confucio, Buda, Mahoma. Las mismas palabras y afirmaciones del Señor (que muchos ignoran completamente) tienen que ser apuradas hasta el

---

15. O es malo Dios, o es malo el hombre.

fondo. (Todo esto está muy bien recogido en la obra de Cherteston *El hombre eterno*).

Generalmente, también hay que decir algo sobre la historicidad de los Evangelios. Ustedes, que son teólogos preparados, podrán hacerlo de un modo que a mí me resultaba imposible. Mi argumento consistía en decir que yo era un crítico literario profesional, y que creía conocer la diferencia entre leyenda y escritura histórica; que los Evangelios no eran leyendas (en cierto sentido no eran *suficientemente* buenos), y que, si no son historia, son ficciones realistas en prosa de un tipo que realmente no había existido nunca antes del siglo XVIII. Episodios pequeños, como aquel en que aparece Jesús escribiendo en la tierra cuando le trajeron a la mujer sorprendida en adulterio[16] (gesto que no tiene ninguna significación *doctrinal* en absoluto), son un claro ejemplo.

Otra de las mayores dificultades es mantener ante la opinión de los oyentes la cuestión de la verdad. Siempre creen que ustedes recomiendan el cristianismo, no porque sea *verdad*, sino porque es *bueno*. En el curso de la discusión tratarán en todo momento de eludir la cuestión de la «verdad o la falsedad», y de convertirla en un problema acerca de la buena sociedad, la moral, los ingresos de los obispos, la Inquisición española, Francia, Polonia, u otra cosa cualquiera.

Deberán ustedes mantenerse firmes en volver, una y otra vez, al verdadero asunto. Solo así podrán socavar su creencia en que «una cierta cantidad de religión» es deseable, pero que no se debe llevar demasiado lejos. Es preciso no dejar de señalar que el cristianismo es una afirmación que, si es falsa, no tiene *ninguna* importancia. Lo único que no puede ser es moderadamente importante. Podrán socavar también su firme creencia en el artículo XVIII.[17] Habría que señalar, claro está, que aunque la salvación es a través de Jesús, eso no obliga a concluir que Él no pueda salvar a aquellos hombres que no lo han aceptado explícitamente en esta vida.

---

16. Juan 8:3-8.
17. El artículo XVIII del Libro de Oración Común, que trata sobre alcanzar la salvación eterna solo por el nombre de Cristo, dice: «Deben ser maldecidos los que osan decir que todo hombre se salvará por la Ley o la Secta que profesa, de manera que ha de ser diligente en amoldar su vida conforme a esa ley y la luz de la Naturaleza. La Sagrada Escritura nos manifiesta que solo por el Nombre de Cristo puede un hombre salvarse».

Asimismo habría que dejar claro (yo al menos lo creo así) que nosotros no declaramos que las otras religiones sean totalmente falsas, sino que decimos, más bien, que todo lo verdadero de las demás religiones es consumado y perfeccionado en Cristo. Sin embargo, por otro lado, creo que debemos combatir, siempre que nos enfrentemos con ella, la idea absurda de que dos proposiciones sobre Dios que se excluyen mutuamente pueden ser ambas verdaderas.

Personalmente, a veces he dicho a mi audiencia que las dos únicas religiones que verdaderamente merecen considerarse son el cristianismo y el hinduismo. (El islam es solo la más grande herejía cristiana, y el budismo, únicamente la mayor herejía hindú. El verdadero paganismo está muerto. Lo mejor del judaísmo y el platonismo pervive en el cristianismo). Una mente madura no precisa considerar toda la infinita variedad de religiones. Podemos, *salva reverentia*,[18] dividir las religiones, como las sopas, en «espesas» y «claras». Por «espesas» entiendo aquellas que tienen orgías y éxtasis y misterios y ataduras locales. África está llena de religiones espesas. Por «claras» entiendo aquellas que son filosóficas, éticas y universales. El estoicismo, el budismo, y la Iglesia Ética son religiones claras.

Ahora bien, si hay una religión verdadera, debe ser a la vez espesa y clara, pues el verdadero Dios debe haber hecho al niño y al hombre, al salvaje y al ciudadano, la cabeza y el vientre. Y las únicas dos religiones que cumplen esta condición son el hinduismo y el cristianismo. Pero el hinduismo la cumple imperfectamente. La religión clara del ermitaño brahmán en la jungla y la religión espesa del templo vecino siguen *caminos paralelos*. El ermitaño brahmán no presta atención a la prostitución del templo, ni los devotos del templo a la metafísica del ermitaño. El cristianismo derriba el muro de la separación. Toma a un convertido de África central y le dice que obedezca una ética universal ilustrada. Toma a un pedante académico del siglo XX, como yo, y le dice que vaya rápidamente al misterio, a beber la sangre del Señor. El salvaje tiene que estar claro, yo tengo que estar espeso. Así es como sabemos que hemos llegado a la religión verdadera.

Una última observación. He comprobado que nada es más peligroso para la propia fe que la labor de un apologista. Ninguna doctrina sobre la fe me parece tan fantasmal e irreal como la que he defendido con éxito en

---

18. Sin ultrajar la reverencia.

un debate público. Por un momento, parecía descansar sobre mí mismo y, como consecuencia, cuando me alejaba del debate, no parecía más fuerte que la débil columna que la sustentaba. He ahí por qué los apologistas tenemos nuestras vidas en nuestras manos, y solo podemos ser salvados volviendo continuamente desde el telar de nuestros propios argumentos —como si fueran nuestros adversarios intelectuales— a la realidad; del cristianismo apologético al cristianismo como tal. He ahí también por qué necesitamos constantemente la ayuda de los demás. *Oremus pro invicem.*[19]

---

19. Oremos los unos por los otros.

11

TRABAJO Y ORACIÓN

«INCLUSO SI DOY por bueno su punto de vista y admito que las respuestas a la oración son teóricamente posibles, seguiré pensando que son infinitamente improbables. No creo en absoluto que Dios requiera el consejo mal informado (y contradictorio) que nosotros, los seres humanos, podamos darle para dirigir el mundo. Si Él es omnisciente, como usted dice, ¿acaso no sabe ya lo que es mejor? Y si es todopoderoso, ¿no lo hará tanto si oramos como si no?».

Este es el juicio contra la oración que, en los últimos cien años, ha retraído a miles de personas. La respuesta habitual es que solo se aplica al tipo más bajo de oración, el que consiste en pedir que las cosas sucedan. El tipo superior, se nos dice, no ofrece ningún consejo a Dios; consiste solo en la «comunión» o relación con Él; y los que siguen esta línea parecen sugerir que el tipo inferior de oración es realmente un absurdo y que solo los niños o los salvajes lo utilizarían.

Nunca me ha satisfecho este punto de vista. La distinción entre los dos tipos de oración es sólida; y creo que, en general (no estoy muy seguro), el tipo que no pide nada es el más elevado o avanzado. Encontrarse en el estado en el que se está tan en armonía con la voluntad de Dios que, aun pudiendo, no se querría alterar el curso de los acontecimientos es desde luego una condición muy elevada o avanzada.

Pero si uno simplemente descarta el tipo más bajo, se presentan dos dificultades. En primer lugar, hay que decir que toda la tradición histórica de la oración cristiana (incluido el Padrenuestro) ha estado equivocada, pues siempre ha admitido oraciones por el pan nuestro de cada día, por la curación de los enfermos, por la protección de los enemigos, por la conversión de los de afuera y cosas similares. En segundo lugar, aunque la otra clase de oración puede ser «más elevada» si te limitas a ella porque has superado el deseo de usar cualquier otra, no hay nada especialmente «elevado» o «espiritual» en abstenerse de las oraciones que hacen peticiones simplemente porque piensas que no son buenas. Podría ser una cosa muy bella (pero, de nuevo, no estoy absolutamente seguro) si un niñito nunca pidiera pastel porque fuera tan elevado y espiritual que no quisiera ningún pastel. Pero no hay nada especialmente apreciable en un niño que no pregunta porque ha aprendido que no sirve de nada preguntar. Creo que hay que reconsiderar todo el asunto.

La acusación contra la oración (me refiero a la «baja» o anticuada) es la siguiente. Lo que pides o es bueno —para ti y para el mundo en general— o no lo es. Si lo es, entonces un Dios bueno y sabio lo hará de todos modos. Si no lo es, entonces no lo hará. En ninguno de los dos casos tu oración puede marcar ninguna diferencia. Pero si este argumento es sólido, seguramente no solo iría en contra de orar, sino en contra de hacer cualquier cosa.

En cada acción, al igual que en cada oración, intentas conseguir un determinado resultado; y este resultado debe ser bueno o malo. ¿Por qué, entonces, no argumentamos como lo hacen los detractores de la oración y decimos que, si el resultado que se pretende es bueno, Dios lo llevará a cabo sin tu interferencia, y que, si es malo, evitará que ocurra hagas lo que hagas?

¿Por qué lavarse las manos? Si Dios quiere que estén limpias, lo estarán sin que te las laves. Si no lo quiere, seguirán sucias (como comprobó *lady* Macbeth)[1] por mucho jabón que utilices. ¿Por qué pedir la sal? ¿Por qué calzarse las botas? ¿Por qué hacer lo que sea?

Sabemos que podemos actuar y que nuestras acciones tienen resultados. Por lo tanto, todo el que cree en Dios debe admitir (al margen del tema de la oración) que Dios no ha elegido escribir toda la historia con su mano. La mayor parte de las cosas que suceden en el universo están efectivamente fuera de nuestro control, pero no todas. Es como una obra de teatro en la que el autor ha fijado el escenario y el esquema general de la historia, pero ciertos detalles menores se dejan a la improvisación de los actores. Puede ser un misterio por qué Él nos ha permitido causar sucesos reales; pero no es más extraño que nos permita causarlos orando que causarlos

1. *Macbeth*, V, i, 34-57.

por cualquier otro medio. Pascal dice que Dios «instituyó la oración para permitir a sus criaturas la dignidad de la causalidad». Tal vez sería más acertado decir que Él inventó tanto la oración como la acción física para ese propósito. Nos dio a las insignificantes criaturas la dignidad de poder contribuir al curso de los acontecimientos de dos maneras diferentes. Creó la materia del universo de tal manera que podemos (dentro de esos límites) hacer cosas con ella; por eso podemos lavarnos las manos y alimentar o asesinar a nuestros semejantes. Del mismo modo, Él creó su propio plan o trama de la historia de tal manera que admite una cierta cantidad de actuación libre y puede ser modificado en respuesta a nuestras oraciones. Si es un absurdo y una desfachatez pedir la victoria en una guerra (con el argumento de que se puede esperar que Dios lo sepa mejor que nosotros), sería igualmente un absurdo y una desfachatez ponerse un impermeable: ¿no sabe Dios mejor que nadie si hay que estar mojado o seco?

Los dos métodos por los que se nos permite producir sucesos pueden llamarse trabajo y oración. Ambos se parecen en este aspecto: en los dos intentamos producir un estado de cosas que Dios no ha tenido a bien (o, en todo caso, todavía no ha tenido a bien) traer «Él solo». Desde este punto de vista, la vieja máxima *laborare est orare* (trabajar es orar) adquiere un nuevo significado. Lo que hacemos cuando escardamos un campo no es muy diferente de lo que hacemos cuando oramos por una buena cosecha. Pero, de todos modos, hay una diferencia importante.

Hagas lo que hagas en un campo, no se puede asegurar una buena cosecha. Pero puedes estar seguro de que si arrancas una hierba, esa hierba ya no estará allí. Puedes estar seguro de que si bebes más de cierta cantidad de alcohol arruinarás tu salud o de que si seguimos unos cuantos siglos más malgastando los recursos del planeta en guerras y lujos reduciremos la vida de toda la raza humana. El tipo de causalidad que ejercemos mediante nuestra obra está, por así decirlo, divinamente garantizado, y por tanto es implacable. Con lo que hacemos somos libres de causarnos todo el daño que queramos. Pero el tipo de trabajo que realizamos mediante la oración no es así; Dios ha dejado aparte de sí un poder discrecional. Si no lo hubiera hecho, la oración sería una actividad demasiado peligrosa para el hombre y tendríamos el horrible estado de cosas que previó Juvenal: «Enormes oraciones que el Cielo en su ira concede».[2]

---

2. *Sátiras*, L. IV, Sátira x, verso 111.

Las oraciones no siempre son —en el sentido burdo y fáctico de la palabra— «concedidas». Esto no es porque la oración sea un tipo de causalidad más débil, sino porque es un tipo más fuerte. Cuando «funciona», lo hace sin límites de espacio y tiempo. Por eso, Dios se ha reservado la facultad discrecional de concederla o rechazarla; si no fuera por esa condición, la oración nos destruiría. No es descabellado que un director de escuela diga: «Pueden hacer tal o cual cosa de acuerdo con las reglas fijas de esta escuela. Pero tales y cuales otras cosas son demasiado peligrosas para dejarlas en manos de reglas generales. Si quieren hacerlas deben venir a solicitarlas y hablar sobre el asunto conmigo en mi estudio. Y luego... ya veremos».

12

¿HOMBRE O CONEJO?

«¿Podemos llevar una vida buena sin creer en el cristianismo?». Esta es la pregunta sobre la que se me ha pedido que escriba y, en seguida, antes de intentar responderla, tengo un comentario que hacer. La pregunta suena como si la hubiera hecho una persona que se dijera a sí misma: «No me importa si el cristianismo es o no es verdad. No estoy interesado en averiguar si el universo real es como dicen los cristianos o como dicen los materialistas. Lo único que me interesa es llevar una vida buena. No elijo las creencias porque crea que son verdaderas, sino porque las encuentro útiles». Sinceramente, me parece difícil simpatizar con esta forma de pensar. Una de las cosas que distingue al hombre de los demás animales es que el hombre quiere saber, desea averiguar cómo es la realidad por el simple hecho de conocer. Cuando este deseo se apaga por completo, el hombre se convierte, a mi entender, en un ser infrahumano. Yo no creo, en efecto, que ninguno de nosotros haya perdido realmente ese deseo. Lo más probable es que necios predicadores, insistiendo sin parar en cuánto nos puede ayudar el cristianismo y cuánto bien reporta a la sociedad, nos hayan conducido en la actualidad a olvidar que el cristianismo no es un hecho específico. El cristianismo sostiene que da cuenta de los *hechos* y dice cómo es el universo real. Su descripción del universo puede ser cierta o puede no serlo, pero una vez que nos enfrentamos realmente con la cuestión, nuestra natural curiosidad debe llevarnos a averiguar cómo responderla. Si el cristianismo es falso, ningún hombre honesto querrá creer en él, aunque pueda ser muy útil. Si es verdadero, todos los hombres honestos querrán creer en él aun cuando no les proporcione la menor ayuda.

Tan pronto como entendemos todo esto, entendemos algo más. Si el cristianismo fuera cierto, sería completamente imposible que los que conocen esta verdad y los que no la conocen estuvieran igualmente bien equipados para llevar una vida buena. El conocimiento de los hechos no es indiferente para la acción. Supongamos que encontráramos a un hombre a punto de morir de hambre y quisiéramos hacer lo correcto en esa situación. Si no tuviéramos conocimientos de medicina, probablemente le daríamos comida sólida abundante, como consecuencia de lo cual nuestro hombre moriría. Eso es lo que trae obrar en la oscuridad. De igual modo, un cristiano y un no cristiano pueden desear hacer el bien a sus semejantes. El uno cree que los hombres vivirán eternamente, que fueron creados por Dios y hechos de tal manera que solo pudieran encontrar felicidad duradera y auténtica estando unidos con Él, que se han extraviado peligrosamente y que el único camino de retorno es la fe sumisa en Cristo. El otro cree que los hombres son el resultado accidental del trabajo ciego de la materia, que empezaron siendo simples animales y han mejorado más o menos ininterrumpidamente, que vivirán unos setenta años, que su felicidad se puede alcanzar por completo con buenos servicios sociales y buenas organizaciones políticas y que todo lo demás (vivisección, control de natalidad, sistema judicial, educación) se deberá considerar «bueno» o «malo» según que ayude o impida alcanzar ese tipo de «felicidad».

Hay una enorme cantidad de cosas que estos dos hombres convendrían en hacer por sus conciudadanos. Ambos aprobarían alcantarillados, hospitales eficientes y una dieta saludable. Pero antes o después, la disparidad de creencias entre ellos daría lugar a diferencias en las propuestas prácticas. Los dos podrían ser, por ejemplo, muy celosos en cuestiones de educación, pero el tipo de educación que querrían para la gente sería, como es obvio, muy distinto. Mientras el materialista, ante una acción recomendada, preguntaría simplemente si «incrementará la felicidad de la mayoría», el cristiano tendría que decir: «No podemos hacerlo aunque aumente la felicidad de la mayoría. Es injusto». Una gran diferencia separaría siempre toda su política. Para el materialista, cosas como naciones, clases y civilizaciones deben ser más importantes que los individuos, porque los individuos viven solo setenta años o algo más cada uno y los grupos pueden durar siglos. Para el cristiano, en cambio, los individuos son más importantes, pues viven eternamente y las razas, las civilizaciones y cosas por el estilo, comparadas con ellos, son criaturas de un día.

El cristiano y el materialista tienen diferentes creencias sobre el universo. Los dos no pueden tener razón. El que esté equivocado obrará de un modo que no cuadrará, sencillamente, con el universo real. Como consecuencia, aun con la mejor voluntad del mundo, ayudará a sus semejantes a que se destruyan.

Con la mejor voluntad del mundo... entonces no será culpa suya. Dios (si hay un Dios) no castigará, seguramente, a un hombre por los errores cometidos honradamente. Pero, ¿es *eso* lo que estamos pensando? ¿Estamos dispuestos a movernos en la oscuridad toda nuestra vida y a hacer daño infinito con tal de que alguien nos asegure que nuestro pellejo saldrá ileso, que nadie nos castigará o nos culpará? No quiero creer que el lector esté de acuerdo con esto. Pero si lo estuviera, habría que decirle unas cuantas cosas.

La cuestión que se nos plantea no es: «¿Puede *alguien* llevar una vida buena sin el cristianismo?». La cuestión es «¿Puedo *yo*?». Todos sabemos que ha habido hombres buenos que no fueron cristianos, hombres como Sócrates y Confucio, que no habían oído hablar jamás del cristianismo, o como J. S. Mill, que creía honradamente que no podría creer en él. Suponiendo que el cristianismo sea verdadero, estos hombres estaban en un estado de sincera ignorancia, de sincero error. Si sus intenciones fueron tan buenas como yo supongo que fueron (no puedo leer, por supuesto, sus secretos corazones), espero y creo que el entendimiento y la gracia de Dios remediará los males que su ignorancia, dejada a sí misma, les causó a ellos y a aquellos sobre los que influyeron. Pero el hombre que me pregunta: «¿No puedo llevar una vida buena sin creer en el cristianismo?» no está, obviamente, en idéntica situación. Si no hubiera oído hablar jamás del cristianismo, no haría esa pregunta. Tampoco la haría si, después de oír hablar de él y considerarlo seriamente, hubiera resuelto que es falso. El hombre que hace esta pregunta ha oído hablar del cristianismo y no está seguro, en modo alguno, de que no sea verdadero. Lo que realmente pregunta es: «¿Tengo que molestarme por él?, ¿no puedo esquivar el asunto, dejar las cosas tranquilas y seguir siendo "bueno"?, ¿no bastan las buenas intenciones para mantenerme seguro e intachable sin llamar a la puerta terrible y cerciorarme si hay o no hay alguien dentro?».

A un hombre así, bastaría responderle que está pidiendo, realmente, que se le permita continuar siendo «bueno» antes de haber hecho todo lo posible para descubrir qué significa *bueno*. Pero esto es solo parte de la historia. No tenemos que preguntar si Dios lo castigará por su cobardía y su pereza. Ellas se encargarán de hacerlo. El hombre está evadiéndose. Está intentando deliberadamente no averiguar si el cristianismo es verdadero o falso, pues prevé interminables incomodidades si resultara cierto. Se parece a alguien que «olvidara» a propósito mirar el tablón de anuncios porque, de hacerlo, podría ver su nombre para alguna tarea desagradable. Es como uno que no quisiera mirar su cuenta bancaria por temor a lo que pudiera encontrar en ella. Es como quien no quiere ir al médico cuando siente un dolor misterioso por temor a lo que el doctor pueda decirle.

El hombre que siga siendo no creyente por razones de esa índole no está en situación de error sincero. Está en situación de error deshonesto, y su falta de honradez se extenderá a todos sus pensamientos y acciones. El resultado será una cierta astucia, una vaga inquietud en el trasfondo, un embotamiento de su agudeza mental. Habrá perdido su virginidad intelectual. El rechazo sincero de Cristo, aunque equivocado, será perdonado y sanado. «A quien dijere una palabra contra el Hijo del hombre, le será perdonado».[1] Pero *rehuir* al Hijo del Hombre, mirar a otro lado, fingir que no nos hemos fijado en Él, quedar súbitamente absortos por algo situado al otro lado de la calle, no descolgar el auricular del teléfono porque pudiera ser Él quien llama, dejar sin abrir ciertas cartas escritas con una caligrafía extraña porque pudieran ser suyas... Eso es otro asunto. Podemos no estar seguros todavía de si debemos ser cristianos, pero sabemos que debemos ser hombres, no avestruces que esconden la cabeza en la arena.

Pero como el honor intelectual ha caído muy bajo en nuestros días, todavía oigo lloriquear a alguien con la pregunta: «¿Me ayudará?», «¿me hará feliz?, ¿creen, de verdad, que sería mejor si me hiciera cristiano?». Bien, si quieren conocerla, mi respuesta es «Sí». Pero no me gusta dar ninguna respuesta todavía. Ahí hay una puerta tras la cual, según algunas personas, nos espera el secreto del universo. Eso es o no es verdad. Si no lo es, lo que encierra la puerta es simplemente el mayor fraude, la estafa más colosal de que haya constancia. ¿No es tarea de todo hombre (que sea hombre y no un conejo) averiguarlo y dedicar toda su energía a servir a este tremendo secreto o a desenmascarar y destruir esta gigantesca farsa? Frente a un problema así, ¿podemos seguir, de verdad, absortos en nuestro bendito «desarrollo moral»?

---

1. Lc 12:10.

Conforme, el cristianismo nos hará bien, mucho más de lo que jamás quisiéramos o esperáramos. El primer pedacito de bien que nos hará será martillear en nuestras cabezas (¡*eso* no nos gustará!) que lo que hasta ahora hemos llamado «bien» —todo lo referente a «llevar una vida decente» y «ser bueno»— no es, verdaderamente, el asunto espléndido y de suma importancia que habíamos supuesto. Ese primer bien nos enseñará que, de hecho, no podemos ser «buenos» durante veinticuatro horas con nuestro solo esfuerzo moral. Después, que, aunque lo fuéramos, no habríamos conseguido todavía el fin para el que fuimos creados. La mera *moralidad* no es el fin de la vida. Hemos sido hechos para algo distinto a eso. J. S. Mill y Confucio (Sócrates estaba más cerca de la realidad) desconocían, sencillamente, cuál es la trama de la vida. La gente que sigue preguntando si no puede llevar una «vida decente» sin Cristo no sabe de qué va la vida. Si lo supiera, sabría que una «vida decente» es mera tramoya comparada con aquello para lo que los hombres hemos sido realmente creados. La moralidad es indispensable. Pero la Vida Divina, que se entrega a nosotros y nos invita a ser dioses, quiere para nosotros algo en lo que la moralidad pueda ser devorada. Tenemos que ser hechos de nuevo. El conejo en nosotros tiene que desaparecer, el conejo inquieto, concienzudo y ético tanto como el sensual y cobarde. Sangraremos y chillaremos cuando nos arranquen trozos de piel, pero después, sorprendentemente, hallaremos debajo algo que jamás habíamos imaginado: un hombre real, un dios siempre joven, un hijo de Dios, fuerte, radiante, sabio, bello y bañado de gozo.

«Mas cuando venga lo perfecto, entonces lo que es en parte quedará fuera de uso».[2] La idea de lograr «una vida buena» sin Cristo descansa en un doble error. El primero es que no podemos. El segundo consiste en que, al fijar la «vida buena» como meta final, perdemos de vista lo verdaderamente importante de la existencia. La moralidad es una montaña que no podemos escalar con nuestro propio esfuerzo. Y si pudiéramos, pereceríamos en el hielo y en el aire irrespirable de la cumbre, pues nos faltarían las alas con las que completar el resto del viaje. Pues *a partir de* ahí comienza la verdadera ascensión. Las cuerdas y las hachas son «suprimidas» y ahora hay que volar.

---

2. 1 Co 13:10.

13

SOBRE LA TRANSMISIÓN DEL CRISTIANISMO[1]

DURANTE LA GUERRA pasamos con gran interés de los relatos periodísticos de los combates a los reportes de cualquier soldado que acabara de regresar de ellos. El manuscrito de este libro, cuando llegó a mis manos, me produjo una emoción similar. Los debates sobre la educación y sobre la educación religiosa son admirables, pero aquí tenemos algo diferente: un registro de primera mano de los resultados que el sistema existente está de hecho produciendo mientras nosotros discutimos. Su valor se ve reforzado por el hecho de que el autor no es un ministro de educación, ni un director de escuela, ni un clérigo, ni siquiera un docente profesional. Los hechos que registra son hechos con los que se topó inesperadamente, casi (se podría decir) accidentalmente, mientras realizaba un trabajo particular en tiempos de guerra.

Hay, por supuesto, más cosas en el libro. Pero enfatizo su valor puramente documental porque me parece que es lo más importante, lo que debería atraer la atención del público. Los resúmenes de las conferencias del autor —o más bien las aperturas de los debates— rebosan de interés, y muchos querrán comentarlos. Son la parte del libro de la que más fácil resulta hablar. Pero insisto en que concentrarse en esa parte sería una evasión.

Una vez tomada en cuenta la posibilidad (deliciosamente insospechada por él mismo) de que el autor posea un talento inusual como docente, hay dos hechos que destacan en su exposición. En primer lugar, que el

---

1. Este artículo se publicó originalmente como prefacio del libro de B. G. Sandhurst *How Heathen is Britain?* (Londres, 1946), en el que el señor Sandhurst describe su trabajo con un grupo de jóvenes en un intento de descubrir cuáles eran sus puntos de vista sobre el ser humano y la divinidad de Cristo.

contenido y los argumentos a favor del cristianismo no se presentan ante la mayoría de los escolares bajo el sistema actual; y en segundo lugar, que cuando se presentan, la mayoría los encuentra aceptables. La importancia de estos dos hechos radica en que, entre ellos, disipan toda la niebla de «razones para el declive de la religión» que se esgrimen y se creen a menudo. Si hubiéramos observado que a los jóvenes de hoy les resultaba cada vez más difícil obtener el resultado correcto de una suma, lo habríamos explicado adecuadamente en cuanto descubriéramos que las escuelas habían dejado de enseñar aritmética por algunos años. Luego de ese descubrimiento, haríamos oídos sordos a la gente que ofreciera explicaciones de un tipo más vago y amplio: los que dijeran que la influencia de Einstein había minado la creencia ancestral en las relaciones numéricas fijas, o que las películas de gánsteres habían socavado el deseo de obtener respuestas correctas, o que la evolución de la conciencia estaba entrando ahora en su fase postaritmética. Cuando una explicación clara y sencilla da buena cuenta de los hechos, no se acude a ninguna otra. Si a las nuevas generaciones no se les ha contado nunca lo que dicen los cristianos y no han escuchado ningún argumento en su defensa, se entiende perfectamente su agnosticismo o indiferencia. No hace falta buscar más: no hace falta hablar del clima intelectual general de la época, ni de la influencia de la civilización mecanicista en el carácter de la vida urbana. Y, al haber descubierto que la causa de su ignorancia es la falta de instrucción, hemos descubierto también el remedio. No hay nada en la naturaleza de la generación más joven que la incapacite para recibir el cristianismo. Si alguien está dispuesto a contárselo, yo diría que ellos están dispuestos a escucharlo.

Admito, por supuesto, que la explicación que nuestro autor ha descubierto sitúa el problema una generación más atrás. Los jóvenes de hoy no son cristianos porque sus profesores no han querido o no han podido transmitirles el cristianismo. Para explicar la impotencia o incredulidad de sus maestros hay que buscar razones más amplias y, sin duda, más imprecisas. Pero eso, conste, es un problema histórico. Los maestros de escuela de hoy son, en su mayoría, los estudiantes de hace veinte años, los productos de la «posguerra». El clima mental que domina ahora el aula de formación es el de la década de 1920. En otras palabras, las fuentes de la incredulidad entre los jóvenes de hoy no están en ellos. La perspectiva que tienen —hasta que se les enseñe mejor— es una estela que queda de una época anterior. Lo que los aleja de la fe no es nada intrínseco a ellos mismos.

Este hecho tan obvio —que a cada generación la enseña una generación anterior— hay que tenerlo muy presente. Las creencias que los muchachos recién salidos de la escuela tienen ahora son en gran medida las creencias de los años veinte. Las que tendrán los chicos de la escuela en la década de 1960 serán, en gran medida, las de los estudiantes universitarios de hoy. En cuanto se nos olvida esto, empezamos a decir tonterías sobre la educación. Hablamos de las opiniones de la adolescencia contemporánea como si tuviera alguna peculiaridad que hubiera producido por sí misma esas perspectivas. En realidad, suelen ser un resultado con retraso —pues el mundo mental también tiene sus bombas de relojería— de una adolescencia ya pasada, ahora en la mediana edad y que ostenta el dominio sobre las aulas. De ahí la inutilidad de muchos planes de educación. Nadie puede dar a otro lo que él mismo no posee. Ninguna generación puede legar a su sucesora lo que no tiene. Puede estructurar el programa de estudios como quiera. Pero aun después de elaborar planes e informes *ad nauseam,* si somos escépticos solo enseñaremos escepticismo a nuestros alumnos; si somos necios, solo necedad; si vulgares, solo vulgaridad; si santos, santidad; si héroes, heroísmo. La educación es solo el más consciente de los canales por los que cada generación influye en la siguiente. No es un sistema cerrado. Nada que no esté en los profesores puede pasar de ellos a los alumnos. Todos admitiremos que un hombre que no sabe griego no puede enseñar ese idioma a sus alumnos; y es igualmente cierto que un hombre cuya mente se formó en un período de cinismo y desilusión no puede enseñar esperanza o entereza.

Una sociedad de mayoría cristiana propagará el cristianismo en sus escuelas: una que no lo sea, no lo hará. Ni todos los ministerios de educación del mundo pueden modificar esta ley. A la larga, tenemos poco que esperar o temer del gobierno.

El Estado puede poner la educación cada vez más firmemente a su cargo. No dudo que con ello pueda fomentar el conformismo, quizás incluso el servilismo, hasta cierto punto, pues el poder del Estado para hacer que una profesión deje de ser liberal es sin duda muy grande. Pero la enseñanza deben seguir impartiéndola individuos humanos concretos. El Estado tiene que utilizar personas que existen. No, mientras sigamos siendo una democracia, son los hombres los que dan al Estado sus poderes. Y sobre estos hombres, hasta que se extinga toda libertad, soplan los vientos libres de la opinión. Sus mentes se han formado con influencias que el gobierno no puede controlar. Y a medida que vayan surgiendo, irán enseñando. Que el esquema abstracto de la educación sea el que tenga que ser, pero su funcionamiento real será el que los hombres hagan que sea. Sin duda, en cada generación de profesores habrá un porcentaje, quizá incluso una mayoría, de títeres del gobierno. Pero no creo que sean ellos los que determinan el carácter real de la educación. El niño —y quizás especialmente el niño inglés— tiene un buen instinto. La enseñanza de un solo hombre verdadero llegará más lejos e incidirá más profundamente que la de una docena de advenedizos. Un ministro de educación (cuyo precedente se remonta, si no me equivoco, hasta Juliano el Apóstata)[2] puede desterrar al clero cristiano de las escuelas. Pero si el viento de la opinión sopla en la dirección cristiana, no conseguirá nada. Puede que incluso nos haga bien; y el ministro habrá sido, sin saberlo, «el mayordomo de la diosa».[3]

A menudo se nos dice que la educación es un puesto clave. Eso es muy equivocado en un sentido y muy cierto en otro. Si significa que se puede hacer algo importante interfiriendo en las escuelas existentes, alterando los planes de estudio y demás, está muy equivocado. Los maestros enseñarán en función de cómo son ellos mismos. Su «reforma» puede incomodarles y hacerles trabajar demasiado, pero no alterará radicalmente el efecto total de su enseñanza. La planificación no tiene ninguna magia que permita sacar higos de los cardos o peras del olmo. El árbol rico, lleno de savia y cargado de frutos dará dulzura y fuerza y salud espiritual; el árbol seco, espinoso y marchito enseñará el odio, los celos, la desconfianza y el complejo de inferioridad, no importa lo que le *digas* que enseñe. Lo harán inconscientemente y todo el tiempo. Pero si queremos decir que para formar cristianos adultos ahora e, incluso más allá de ese círculo, para difundir las percepciones y virtudes inmediatamente subcristianas, la rica *penumbra* platónica o virgiliana de la fe, y así alterar el tipo de maestros que habrá en el futuro; si queremos decir que llevar a cabo esto es realizar el mayor de los servicios para nuestros descendientes, entonces es muy cierto.

---

2. Emperador romano, 361-63 d. C.
3. Chaucer, *The Hous of Fame*, L. II, v. 592.

Así al menos me parece a mí; no sé hasta qué punto el autor estaría de acuerdo conmigo. Ha expuesto el funcionamiento real de la educación moderna. Culpar de este a los maestros de los últimos diez años sería ridículo. La mayoría de ellos no transmitieron el cristianismo porque no lo tenían: ¿acusaremos a un eunuco porque no tiene hijos o a una piedra porque no sangra? La minoría, aislada en un entorno hostil, probablemente ha hecho todo lo que ha podido, quizás ha hecho maravillas, pero había poco que estuviera en su mano. Nuestro autor también ha demostrado que la ignorancia y la incredulidad de los alumnos se pueden muy a menudo eliminar: sus raíces son mucho más superficiales de lo que habíamos temido. No extraigo de esta conclusión que ahora nos corresponda «hincarles el diente a las escuelas». Por un lado, no creo que se nos permita hacerlo. Es poco probable que en los próximos cuarenta años Inglaterra tenga un gobierno que fomente o ni siquiera tolere cualquier elemento radicalmente cristiano en su sistema estatal de educación. Allí donde la marea fluye hacia un creciente control del Estado, el cristianismo, con sus reivindicaciones por un lado personales y por otro ecuménicas, y en ambos sentidos antitéticas del gobierno plenipotenciario, debe ser tratado siempre de hecho (aunque todavía no de palabra) como un enemigo. Como el aprendizaje, como la familia, como cualquier profesión antigua y liberal, como el derecho común, el cristianismo le da al individuo un terreno firme donde plantarle cara al Estado. De ahí que Rousseau, el padre de los totalitarios, dijera sabiamente (desde su punto de vista) sobre el cristianismo: *Je ne connais rien de plus contraire à l'esprit social.*[4] En segundo lugar, aunque se nos permitiera imponer un plan de estudios cristiano en las escuelas existentes con los maestros existentes, solo estaríamos convirtiendo a los maestros en hipócritas y así endureceríamos los corazones de los alumnos.

Me refiero, por supuesto, a las grandes escuelas en las que ya se ha imprimido un carácter laico. Que alguien, en algún pequeño rincón fuera del alcance del Estado plenipotenciario, puede crear o conservar una escuela realmente cristiana, eso es otra cuestión. Su deber es claro.

Por lo tanto, no creo que nuestra esperanza de rebautizar Inglaterra resida en intentar «llegar» a las escuelas. La educación no es *en ese sentido*

---

4. «No conozco nada más opuesto al espíritu social».

un puesto clave. Lo efectivo es convertir al vecino adulto y al adolescente recién salido del colegio. El cadete, el estudiante, el joven trabajador de la C. W. U. son objetivos obvios: pero cualquiera de ellos y todos ellos son objetivos. Si haces que los adultos de hoy sean cristianos, los niños de mañana recibirán una educación cristiana. Ten la seguridad de que lo que una sociedad tiene es, eso y nada más, lo que transmitirá a sus jóvenes. La obra es urgente, pues la gente perece a nuestro alrededor. Pero no hay que estar inquietos acerca del final. Mientras los cristianos tengan hijos y los no cristianos no, no hay que preocuparse por el próximo siglo. Los que adoran la Fuerza Vital no hacen mucho por transmitirla: aquellos cuyas esperanzas se basan totalmente en el futuro del planeta no le confían mucho. Si estos procesos continúan, difícilmente puede ponerse en duda la cuestión final.

14

MISERABLES PECADORES

Una interpretación del lenguaje del libro de oración

UNA DE LAS ventajas de tener escrito e impreso el servicio de culto es que te permite ver cuándo han cambiado los sentimientos y pensamientos de la gente. Cuando al pueblo comienza a resultarle difícil sumarse a las palabras de nuestro servicio, eso indica, por supuesto, que no sentimos esas cosas exactamente igual que nuestros antepasados. Muchos tienen, como reacción inmediata a esa situación, un remedio muy sencillo: «Bueno, cambiemos las palabras», lo que sería muy sensato si supiéramos que nosotros estamos en lo correcto y nuestros antepasados estaban equivocados. Siempre merece la pena averiguar quién está equivocado.

El tiempo de Cuaresma se dedica especialmente a lo que los teólogos llaman contrición, por lo que todos los días de esa estación se dice una oración en la que pedimos a Dios que nos dé «corazones contritos».[1] Contrito, como sabrán, es una palabra del latín que significa triturado o pulverizado. Ahora la gente moderna se queja de que hay demasiadas notas de ese tipo en nuestro Libro de Oración. No desean que su corazón sea pulverizado y no sienten que puedan decir con sinceridad que son «miserables pecadores».[2] Una vez conocí a un feligrés habitual que nunca repetía las palabras «su peso [el de los pecados] es intolerable».[3] porque no sentía que lo fuera. Pero no entendía las palabras. Creo que el Libro de Oración rara vez habla principalmente de nuestros sentimientos; ese es, en mi opinión, el primer error que solemos cometer cuando decimos que somos

---

1. Ver Apéndice 1.
2. Ver Apéndice 2.
3. Ver apéndice 3.

unos «miserables pecadores». Que nos sintamos desgraciados o no no es lo que importa. Creo que está utilizando la palabra *miserables* en su sentido antiguo, es decir, como objeto de misericordia o compasión. Que alguien pueda ser objeto de misericordia cuando no se siente miserable, puede uno entenderlo fácilmente si se imagina contemplando desde lo alto dos trenes abarrotados que se dirigen el uno hacia el otro por la misma vía a cien por hora. Uno ve que en cuarenta segundos habrá una colisión frontal. Creo que sería muy natural hablar de los pasajeros de estos trenes como objetos de compasión. Esto no significaría que ellos se sintieran miserables; pero sin duda serían adecuados como objetos de compasión. Creo que así es como hay que entender la palabra «miserable». El Libro de Oración no quiere decir que debamos sentirnos desdichados, sino que si pudiéramos ver las cosas desde una altura suficiente, todos nos daríamos cuenta de que en realidad somos adecuados objetos de compasión.

En cuanto a la otra expresión, que el peso de nuestros pecados es intolerable, tal vez sería más claro si dijéramos «insoportable», porque eso sigue teniendo dos significados: uno dice «no puedo soportarlo» cuando quiere decir que le produce un gran dolor, pero también se dice «ese puente no soportará ese camión», y no se implica ningún dolor en el puente, sino que «si ese camión pasa por él, se romperá y ya no será un puente, sino un amasijo de escombros». No sé si será eso lo que quiere decir el Libro de Oración: que, nos sintamos o no miserables, y nos sintamos como nos sintamos, sobre cada uno de nosotros pesa una carga que, si no se hace nada al respecto, nos romperá, nos enviará desde este mundo a lo que ocurra después, no como almas, sino como almas rotas.

Pero ¿en serio hemos de creer que sobre cada uno de nosotros hay algo que, si no se nos quita de encima, nos romperá? Es muy difícil. Nadie conoce por naturaleza su estado interior, y creo que al principio seguramente nos resultará mucho más fácil entender y creer si lo aplicamos a otras personas, antes que a nosotros mismos. Me pregunto si estaría en lo cierto al suponer que una de cada dos personas sufre un problema terrible, condicionado por alguna otra persona; que puede ser su jefe, o un empleado, un amigo o pariente, o alguien de su propia casa, que le está haciendo, y le ha hecho durante años, la vida mucho más difícil de lo necesario. Me refiero a alguien que tiene ese fatal defecto de carácter, contra el que tus esfuerzos han naufragado una y otra vez, alguien con una pereza, unos celos o un temperamento intolerables, o un mentiroso compulsivo, o un murmurador y chismoso impenitente, o con cualquier otro defecto fatal, que, tanto si lo rompe a él como si no, sin duda a ti sí te romperá.

Creo que en el planteamiento de este problema hay dos etapas. Una comienza pensando que si tan solo ocurriera algo; si tan solo pudiera conseguir un trabajo mejor después de la guerra, si por lo menos pudiera tener una casa nueva o si tan solo tu suegra o tu nuera ya no vivieran contigo; si algo así ocurriera, entonces las cosas irían realmente mejor. Pero a partir de cierta edad ya no piensas eso, porque tienes la plena certeza de que, aunque todo eso ocurriera, tu marido seguiría siendo un malhumorado y egocéntrico, tu esposa aún sería celosa o derrochadora, o tu jefe un abusón, o ese empleado al que no puedes despedir, un tramposo. Debes saber que, aunque la guerra terminara y tuvieras un trabajo mejor y una casa nueva, y tu suegra o tu nuera ya no vivieran contigo, seguiría existiendo ese último defecto en el carácter de tal o cual otra persona.

Tal vez, en tu desgracia, le cuentas a un amigo íntimo un poco del verdadero problema, y él te dice: «¿Por qué no hablas con él o ella? ¿Por qué no sacas el asunto a la luz? No pueden ser tan malos como crees». Pero tú te dices: «¡Ah! No sabe lo que dice», porque, por supuesto, ya has intentado una y otra vez tratar el asunto, y por amarga experiencia sabes que no servirá de nada. Lo has intentado muchas veces, y sabes que cualquier intento de abordarlo no hará más que provocar una escena o desentendimiento total; o, quizá lo peor de todo, la otra persona será amable y ecuánime, y estará totalmente de acuerdo contigo, y te prometerá cambiar. ¡Y veinticuatro horas después todo será exactamente igual que siempre!

Supongamos que no estás equivocado, ni engañado por tu enojo o algo por el estilo. Supongamos que estás bastante cerca de la verdad. Entonces, en cierto sentido estás vislumbrando lo que Dios debe de ver todo el tiempo, porque él tiene que lidiar con estas personas. Dios tiene delante los problemas de ellas, como tú. Él también ha hecho planes excelentes; Dios también ha hecho todo lo que cabía por su parte, enviando al mundo profetas y sabios y viniendo finalmente a Él mismo, encarnado en el Hijo. Una y otra vez, sus planes también han naufragado por ese defecto fatal en el carácter de las personas. Y, sin duda, Él ve con mucha más claridad que nosotros; pero hasta nosotros vemos que en el caso de esas otras personas, a menos que se haga algo con su peso, este las quebrará. Podemos ver que bajo la influencia de los celos obsesivos, o del egoísmo posesivo, día a día su carácter deja de ser humano.

Ahora demos un paso más. Cuando Dios mira en tu oficina, tu parroquia, tu escuela, tu hospital, tu fábrica o tu casa. Ves a todas esas personas así y, por supuesto, ves a una más, a la que tú no ves. Porque podemos estar bastante seguros de que, al igual que en otras personas hay algo contra lo que una y otra vez no han servido nuestros mejores esfuerzos, en nosotros hay algo igualmente fatal, en lo que sus esfuerzos han sufrido lo mismo. Si somos nuevos en la vida cristiana no tenemos nada que nos ayude a ver ese defecto fatal propio. ¿La persona con halitosis sabe que le huele el aliento? ¿El pelmazo del club sabe que lo es? ¿Hay algún hombre o mujer que reconozca su carácter pesado o celoso? Sin embargo, el mundo está bastante bien surtido de personas con esos defectos. Si los tenemos, lo sabrán todos antes que nosotros. Uno se pregunta por qué sus amigos no se lo han contado. Pero ¿y si en realidad sí lo han hecho? Puede que lo intentaran una y otra vez; pero cuando lo hacían pensábamos que estaban raros, de mal humor o simplemente equivocados. Lo han intentado una y otra vez, y probablemente ya han desistido.

¿Qué hay que hacer al respecto? ¿De qué sirvió que yo hablara de ese defecto fatal si no se conoce? Creo que el primer paso es tocar los defectos que uno conoce. Estoy hablando a los cristianos. Muchos de ustedes, sin duda, me llevan mucha ventaja en el camino cristiano. No me corresponde a mí decidir si debes confesar tus pecados a un sacerdote o no (nuestro Libro de Oración deja libertad al respecto y no se lo exige a nadie),[4] pero si no lo haces, deberías al menos escribir una lista en un papel, y hacer un acto serio de contrición con respecto a cada uno de ellos. Hay algo en las simples palabras, ya sabes, siempre que evites dos peligros, o bien la exageración sensacionalista —tratando de hacer que las cosas se conviertan en pecados melodramáticos a partir de cuestiones menores— o bien el peligro opuesto de suavizar las cosas. Es esencial usar el lenguaje sencillo y anticuado que usarías para cualquier otra persona. Me refiero a palabras como robo, o fornicación, u odio, en lugar de «no quise ser deshonesto», o «no era más que un muchacho entonces», o «perdí los estribos». Creo que este enfrentarse firmemente a lo que uno sabe y

---

4. Ver la Exhortación en el servicio de la Sagrada Comunión.

llevarlo ante Dios, sin excusas, y pedir seriamente el perdón y la gracia, y decidir en la medida de lo posible hacerlo mejor, es la única manera de empezar a conocer esa cosa fatal que siempre está ahí, y que nos impide ser perfectamente justos con nuestra esposa o esposo, o ser un mejor jefe o empleado. Si se pasa por este proceso, no dudo que la mayoría de nosotros llegará a comprender y a compartir estas viejas palabras como «contrito», «miserable» e «intolerable».

¿Les parece muy deprimente? ¿El cristianismo fomenta la introspección morbosa? La alternativa sí que es morbosa. Los que no piensan en sus propios pecados lo compensan pensando continuamente en los pecados de los demás. Es más sano pensar en los propios. Es lo opuesto al morbo. Ni siquiera es, a la larga, muy deprimente. Un intento serio de arrepentirse y conocer realmente los propios pecados es, a la larga, un proceso que alivia y libera. Por supuesto, al principio habrá consternación y a menudo terror, y más tarde un gran dolor, pero a la larga eso es mucho menos que la angustia de un cúmulo de pecados sin arrepentimiento y sin examen, acechando en el fondo de nuestra mente. Es la diferencia entre el dolor de muelas por el que hay que ir al dentista y el simple dolor directo que sabes que se reduce cuando te sacan la muela.

APÉNDICES

1. Colecta del Miércoles de Ceniza (el primer día de Cuaresma), que se lee todos los días de Cuaresma después de la Colecta designada para el Día:

Dios todopoderoso y eterno, tú no aborreces nada de lo que has creado, y perdonas los pecados de todos los penitentes: Crea y forma en nosotros, corazones nuevos y contritos, para que, lamentando debidamente nuestros pecados y reconociendo nuestra miseria, obtengamos de ti, Dios de toda misericordia, perfecta remisión y perdón; mediante Jesucristo nuestro Señor. Amén.

2. La Confesión General, que se dice tanto en la oración matutina como en la vespertina:

Padre Omnipotente y Misericordioso: Nosotros nos hemos desviado de tus senderos, y como ovejas perdidas hemos andado descarriados fuera de tus caminos. Hemos desordenadamente seguido los designios y deseos de nuestro propio corazón. Hemos quebrantado tus santos mandamientos. No hemos hecho lo que debíamos; antes bien hemos puesto por obra lo que no debíamos hacer; y en nosotros no hay salud. Mas tú, Señor, apiádate de nosotros, miserables pecadores. Perdona, oh Dios, a los que confiesan sus culpas. Restablece a los que se arrepienten; según tus promesas declaradas al género humano en Jesucristo, nuestro Señor. Y por amor suyo concédenos, oh Padre Misericordioso, que de aquí en adelante vivamos sobria, justa y religiosamente, para gloria de tu Santo Nombre. Amén.

3.   La Confesión General, que se hace en la Sagrada Comunión:

Omnipotente Dios, Padre de Nuestro Señor Jesucristo, Hacedor de todas las cosas, Juez de todos los hombres: Nosotros reconocemos y lamentamos los muchos pecados y maldades, que en varias ocasiones hemos cometido gravemente, por pensamiento, palabra y obra, contra tu Divina Majestad, provocando muy justamente tu ira e indignación contra nosotros. Sinceramente nos arrepentimos, y de todo corazón nos dolemos de todas estas nuestras culpas; su memoria nos aflige, su peso es intolerable. Ten misericordia de nosotros, Ten misericordia de nosotros, Padre misericordiosísimo; por amor de tu Hijo nuestro Señor Jesucristo, perdónanos todo lo pasado, y concede que podamos, en adelante, servirte y agradarte con una vida nueva, para honra y gloria de tu Nombre; mediante Jesucristo Nuestro Señor. Amén. Amén.

15

FUNDACIÓN DEL CLUB
SOCRÁTICO DE OXFORD[1]

Como una sosegada y eficiente enfermera, que llega a una casa turbada por la enfermedad, o como nuevo general que llega al sitio de Ismail, del *Don Juan* de Byron, nuestra presidenta[2] irrumpió (si me disculpa la palabra) el otoño de 1941 en ese tumulto de discusión que, incluso en tiempo de guerra, reunía cinco octavos de la vida nocturna de los estudiantes de Oxford. Etapa tras etapa, que deben haber transcurrido muy rápido (pues no puedo recordarlas), descubrimos que se había formado una nueva sociedad que intentaba el difícil programa de reunirse una vez por semana;[3] que en la actualidad lo está llevando a cabo; cuyos números aumentaban, y en la que ni el mal tiempo ni los locales atestados (quienes encontraban sitio en el suelo se sentían felices) reduciría el número de reuniones. Era el Club Socrático. Sócrates había exhortado a los hombres a «seguir un argumento hasta donde los llevara», y el club nació para aplicar este principio a un tema particular: los *pros* y *contras* de la religión cristiana.

Resulta un hecho notable que, al menos hasta donde yo sé, no se haya formado hasta ahora ninguna sociedad con un propósito así. Ha habido multitud de organizaciones explícitamente cristianas —la S. C. M.,[4] Arca,[5]

---

1. Este es el Prefacio de Lewis al primer número del *Socratic Digest*, vol. I (Oxford, 1942-1943). Aquí no se menciona el hecho, muy importante, de que Lewis fue presidente de la Sociedad desde su primera reunión hasta que se fue a Cambridge en 1954.
2. Miss Stella Aldwinckle.
3. La primera reunión fue en el Somerville College, Oxford, el 26 de enero de 1942.
4. Movimiento de Estudiantes Cristianos.
5. Sociedad Cristiana de Oxford.

la O. U. C. U,[6] O. I. C. C. U[7]—, y ha habido otras muchas, científicas o políticas, que, si no de forma explícita, al menos en su actitud eran profundamente anticristianas. La cuestión del cristianismo surgía con bastante frecuencia en conversaciones privadas, y proyectaba su sombra sobre los debates estéticos y filosóficos de muchas sociedades; pero un foro dedicado especialmente al conflicto entre cristianos y no creyentes era una novedad.

Su valor, desde el punto de vista meramente cultural, es muy grande. En una comunidad medianamente numerosa y fecunda como la Universidad, siempre existe el peligro de que los que piensan del mismo modo se reúnan en *camarillas*, en las que la única oposición que encontrarán tendrá la forma debilitada del rumor que los afiliados murmurarán sobre esto o aquello. Los ausentes son refutados fácilmente, florece el dogmatismo satisfecho, y las diferencias de opinión son envenenadas por hostilidades de grupo. Cada grupo oye no lo mejor, sino lo peor de lo que puedan decir los demás grupos.

En el Club Socrático todo esto cambió. En él uno podía defender el punto de vista del cristianismo sin la parafernalia del pietismo, y podía atacarlo sin el irrelevante *sansculottisme* de nuestras revistas semanales *anti*-Dios. Al menos ayudábamos a civilizarnos los unos a los otros. A veces nos aventurábamos a pensar que si nuestro patrón ateniense hubiera podido estar presente —sin ser visto— en nuestras reuniones, no habría encontrado la atmósfera demasiado extraña.

En las abigarradas —y habitualmente sofocantes— reuniones, en las que los muchachos ingleses recién salidos de las escuelas públicas se codeaban con *Gelehrten* europeos mayores de edad en el exilio, aprendimos asimismo que a casi cualquier opinión se le podía dar la vuelta. Todos descubríamos lo poco que sabíamos sobre los demás. Nosotros, el grupo cristiano, descubríamos que el peso del ataque escéptico no venía siempre de donde esperábamos, y los adversarios tenían que corregir lo que a nosotros nos parecía una ignorancia sin fondo de la fe que creían estar rechazando.

Una dificultad (en teoría) de la Constitución británica es el hecho de que el presidente de la Cámara de los Comunes tenga que ser miembro de uno de los partidos. Una dificultad semejante existe en el Club Socrático.

---

6. Iglesia Unida de la Universidad de Oxford.
7. Unión Cristiana Intercolegial de Oxford, llamada en la actualidad La Unión Cristiana.

Los que lo fundaron no pretendieron ni por un momento ser neutrales. Fueron cristianos los que crearon el foro y lanzaron el reto. Así pues, para el tipo más común (el menos ateniense) de no creyente será posible siempre considerarlo todo como una forma de propaganda astutamente disfrazada —o ni siquiera demasiado astutamente—. El ateniense, si tenía que hacer esta objeción, podía escribir una comunicación y leerla en el propio Club Socrático. Y sería bienvenido que así lo hiciera —aunque dudo que tuviera ganas si conociera con qué trabajo y afán la junta había explorado *Quién es Quién* para descubrir ateos inteligentes que tuvieran tiempo y entusiasmo para venir y propagar su credo—. Pero cuando se ha dicho y hecho todo, la respuesta a sospechas así está situada en un lugar más profundo. No es aquí donde se manifiesta la honradez del Club Socrático; nunca afirmamos que fuéramos imparciales. Pero es un argumento. Tiene vida por sí mismo. Nadie puede decir dónde irá. Nosotros nos exponíamos, hasta el más débil, a su fuego no menos que ustedes al nuestro. Y algo peor todavía, nos exponíamos al rebufo de nuestros propios disparos, pues, según lo que me enseña la experiencia, ninguna doctrina es más débil, por el momento, para los ojos de la fe que la que se acaba de defender con éxito. El foro es común para ambas partes, y no se puede hacer trampas. Ustedes no arriesgan nada si lo hacen; nosotros, todo.

Otros pueden hacer una objeción diferente a nuestros procedimientos. Pueden declarar enérgicamente que las discusiones intelectuales no van a fortalecer ni destruir el cristianismo. Creen que la religión es algo muy sagrado para pasarla como una pelota de un lado a otro en el debate público; demasiado sagrada para hablar de ella —demasiado sagrada, tal vez, para que se haga con ella cualquier cosa—. Los miembros cristianos del Club Socrático piensan claramente de forma distinta. Saben que el asentimiento intelectual no es fe, pero no creen que la religión sea solamente «lo que el hombre hace con su soledad», y, si es eso, entonces no les gusta la religión, sino el cristianismo. El cristianismo no es meramente lo que el hombre hace con su soledad. No es ni siquiera lo que Dios hace con su soledad. El cristianismo habla de Dios descendiendo a la estridente publicidad de la historia y sancionando en ella aquello de lo cual se puede —y se debe— hablar.

16

¿RELIGIÓN SIN DOGMA?[1]

En su artículo «Los fundamentos del agnosticismo moderno», el profesor Price sostiene las siguientes opiniones:

1) que la esencia de la religión es la fe en Dios y en la inmortalidad;

2) que en la mayoría de las religiones actuales se observa que su esencia está unida con «accesos de dogma y mitología»[2] que el progreso de la ciencia ha vuelto increíbles;

3) que, de ser posible, sería deseable conservar la esencia de la religión depurada de accesos;

4) que la ciencia ha hecho que la esencia sea tan difícil de creer como los accesos. La doctrina de la inmortalidad implicaría una visión dualista, según la cual el hombre es una criatura compuesta, un alma en un estado de simbiosis con un organismo físico. Pero, en la medida en que la ciencia puede estudiar monísticamente al hombre con éxito, como organismo simple cuyas propiedades psicológicas surgen de las físicas, el alma se convierte en una hipótesis insostenible.

En conclusión, el profesor Price encuentra que nuestra única esperanza se halla en ciertas evidencias empíricas a favor del alma, evidencias que le

---

1. Esta conferencia fue leída por primera vez en el Club Socrático de Oxford el 20 de mayo de 1946, como respuesta a otra del profesor H. H. Price titulada «Los fundamentos del agnosticismo moderno», de 20 de octubre de 1944. Las dos se publicaron posteriormente en el *Phoenix Quarterly* (otoño 1946). Aunque la conferencia de Lewis fue reimpresa después en *The Socratic Digest* (1948), resulta evidente que la versión del *Quarterly* representa la revisión final de Lewis, pues muchos de los errores de la versión que apareció en *The Socratic Digest* se corrigieron antes de ser publicada en el *Quarterly*.

He incorporado al texto que aquí se ofrece todas las adiciones y enmiendas al margen que Lewis hizo en su copia del *Phoenix Quarterly*.

2. H. H. Price, «The Grounds of Modern Agnosticism», *Phoenix Quarterly* vol. I, núm. 1 (otoño 1946), p. 25.

parecen satisfactorias. Nuestra única esperanza se halla en los descubrimientos de la investigación psíquica.

Me temo que mi discrepancia con el profesor Price comienza en el punto inicial. Yo no defino la esencia de la religión como fe en Dios y en la inmortalidad. El judaísmo, en sus primeras fases, no tenía fe en la inmortalidad, y durante mucho tiempo no tuvo fe alguna que fuera religiosamente relevante. La indefinida existencia del espíritu en el infierno fue una creencia que Yahvé no tomó en cuenta y que tampoco tuvo en cuenta a Yahvé. En el infierno todas las cosas se olvidan. La religión se centraba en las exigencias rituales y éticas de Yahvé para la vida presente y, como es natural, también en los beneficios que se esperaban de Él. Estos beneficios son a menudo meramente mundanos (nietos y paz en Israel), pero se suprime toda señal más específicamente religiosa. El judío está sediento del Dios vivo,[3] se deleita en sus leyes como en la miel o en el oro afinado;[4] en presencia de Yahvé toma conciencia de sí mismo como ser de labios y corazón inmundos.[5] La gloria y el esplendor del dios es adorada por sí misma.

En el budismo, por otro lado, vemos que la doctrina de la inmortalidad es central, pero no hay nada específicamente religioso. La verdadera esencia de su mensaje es la salvación por la inmortalidad y la liberación por la reencarnación. No se desaprueba la existencia de dioses, pero no tiene ninguna relevancia religiosa.

En el estoicismo, el carácter religioso y la creencia en la inmortalidad son, de nuevo, variables, pero no varían en proporción directa. Incluso en el cristianismo encontramos una sorprendente manifestación, con influencias del estoicismo, acerca de la posición subordinada de la inmortalidad. Henry More termina un poema sobre la vida espiritual diciendo que si, después de todo, resultara ser mortal, estaría...

satisfecho
un solitario Dios mortal habría muerto.[6]

---

3. Sal 42:2.

4. Sal 19:10.

5. Is 6:5.

6. «Resolution», *The Complete Poems of Dr. Henry More*, ed. Alexander B. Grosart (Edinburgh, 1878), línea 117, p. 176.

Desde mi punto de vista, los ejemplos del judaísmo y el budismo tienen una extraordinaria importancia. El sistema que no tiene sentido sin una doctrina de la inmortalidad considera la inmortalidad como una pesadilla, no como un premio. De todas las religiones antiguas, la más específicamente religiosa, o sea, la más ética y espiritual, apenas tiene interés en esta cuestión. Si se cree, como creo yo, que Yahvé es un ser real, en verdad el *ens realissimum*, nunca se admirará suficientemente el tacto divino en instruir durante centurias a la estirpe elegida en una religión antes de insinuarle siquiera el secreto radiante de la vida eterna. Se comporta como el rico amante de novela que corteja a la doncella por sus méritos, disfrazado de pobre, y solo cuando la ha conquistado le revela que tiene que ofrecerle un trono y un palacio. Yo no puedo por menos de pensar que cualquier religión que comienza por la sed de la inmortalidad está condenada, como religión, desde el principio. Hasta haber alcanzado un determinado nivel espiritual, la promesa de inmortalidad funcionará siempre como un soborno que vicia la religión entera e inflama infinitamente el interés por sí mismo, que la religión debe derribar y arrancar.

La esencia de la religión, a mi juicio, es la sed de un fin más alto que los fines naturales, el deseo que tiene el yo finito de un objeto enteramente bueno y enteramente bueno para él, la conformidad con él, y la negación de sí mismo en favor de él. El que la negación de sí mismo resulte ser también el hallazgo de sí, el que el pan echado a las aguas sea encontrado tras muchos días, el que morir sea vivir: todo eso son paradojas sagradas de las que no se puede hablar al género humano demasiado pronto.

Al discrepar del profesor Price acerca de la esencia de la religión, lógicamente no puedo discutir si la esencia, tal como él la define, coexiste con accesos de dogma y mitología. Pero acepto abiertamente que, tal como yo la defino, la esencia de la religión coexiste con otras cosas, y que a algunas de estas cosas se pueden considerar mitología. Pero mi relación de cosas mitológicas no coincidiría con la suya, y nuestras opiniones sobre la mitología probablemente serán distintas.

Sobre la mitología se han mantenido numerosos puntos de vista. Los mitos han sido considerados como literalmente verdaderos, como alegóricamente verdaderos (por los estoicos), como historia confusa (por Euhemerus),[7] como mentiras clericales (por los filósofos de la Ilustración), como imitativos rituales agrícolas confundidos con proposiciones (en los días de Frazer).[8] Si se parte de una filosofía naturalista, es probable que resulte una opinión parecida a la de Euhemerus o a la de Frazer. Pero yo no soy naturalista. Yo creo que en la enorme cantidad de mitología que ha llegado a nosotros se mezclan un gran número de fuentes distintas: historia verdadera, alegoría, ritual, el gozo humano en contar historias, etc. Pero, entre esas fuentes, yo incluyo lo sobrenatural, tanto lo diabólico como lo divino. Aquí solo hace falta que nos ocupemos de lo último. Si mi religión es errónea, aquellos casos de tema similar que aparecen en las historias paganas son, naturalmente, ejemplos del mismo o parecido error. Pero si mi religión es verdadera, todas esas historias pueden ser muy bien una *preparatio evangelica*, una alusión divina en forma poética y ritual a la misma verdad fundamental, enfocada y, digamos, representada como hecho histórico en la encarnación. A mí, que me acerqué por primera vez al cristianismo a causa de un interés gozoso y reverencial por la soberbia imaginación pagana, que amé a Balder antes que a Cristo, y a Platón antes que a san Agustín, el argumento antropológico contra el cristianismo no me ha impresionado nunca. Al contrario, yo no podría creer en el cristianismo si me viera obligado a decir que, de las mil religiones del mundo, 999 son un puro sinsentido y la número mil (afortunadamente) es la verdadera. Mi conversión se debió, en gran manera, a que reconocí que el cristianismo era el cumplimiento, la actualización, la entelequia de algo que nunca había estado completamente ausente de la mente humana. Y sigo pensando que el argumento gnóstico, que se apoya en las semejanzas entre cristianismo y paganismo, solo funciona si se conoce la respuesta. Si comenzamos afirmando que sabemos por otras fuentes que el cristianismo es falso, las historias paganas no pueden ser más que el clavo en su ataúd, lo mismo que, si comenzamos sabiendo ya que no ha habido cocodrilos, las diferentes historias sobre los dragones pueden ayudarnos a confirmar nuestra incredulidad. Pero

---

7. Escritor siciliano (c. 315 a. C.) que desarrolló la teoría de que las creencias antiguas acerca de los dioses se originaron a partir de la elaboración de tradiciones de personajes históricos reales.

8. James George Frazer, *The Golden Bough* (Londres, 1922).

si la verdad o falsedad del cristianismo es la auténtica cuestión de que se trata, el argumento que se apoya en la antropología es, sin duda, pura *petitio*.

Hay, naturalmente, muchas cosas del cristianismo que yo acepto como hechos, y que el profesor Price consideraría como mitología. Dicho brevemente: existen los milagros. El argumento que se presenta en contra es que la ciencia ha demostrado que los milagros no pueden ocurrir. Según el profesor Price, «una Deidad que interviniera milagrosamente y suspendiera la ley natural no podría ser aceptada nunca por la ciencia».[9] De aquí pasa a considerar si no es posible creer en el teísmo sin milagros. Siento no haber entendido por qué los milagros no podrían ser aceptados por alguien que acepte la ciencia.

El profesor Price apoya su opinión en la naturaleza del método científico. Dice que el método científico se basa en dos supuestos. El primero es que todos los acontecimientos están sujetos a leyes, y añade: «Para nuestro propósito no importa que las leyes sean "deterministas" o "estadísticas"».[10] Sin embargo, yo me permito decir que para la opinión que el científico tiene de lo milagroso, sí importa. La noción de que la ley natural puede ser meramente estadística resulta de la moderna creencia en que la unidad individual de materia *no* obedece ninguna ley. La estadística fue introducida para explicar por qué, a pesar de la ilegalidad de la unidad individual, el funcionamiento de los grandes cuerpos era regular. La explicación fue que, por un principio bien conocido por los actuarios, la ley de promedios nivelaba las excentricidades individuales de las innumerables unidades contenidas hasta en el más pequeño de los grandes cuerpos. Pero con esta concepción de unidades sin ley, ha sido abandonada, a mi parecer, la total inexpugnabilidad del naturalismo del siglo XIX. De qué sirve decir que todos los acontecimientos están sujetos a leyes si decimos al mismo tiempo que, en todo suceso que acontece, la unidad individual de materia no está sujeta a leyes.

Si definimos la naturaleza como un sistema de acontecimientos en el espacio y el tiempo, y gobernado por leyes entrelazadas, entonces hay que decir que la nueva física admite la existencia de algo distinto de

---

9. Price, *op. cit.*, p. 20.
10. Ibíd.

la naturaleza. Si naturaleza significa el sistema entrelazado, entonces el funcionamiento de las unidades individuales queda fuera de la naturaleza. Hemos aceptado lo que se podría llamar lo subnatural. Después de admitirlo, ¿qué seguridad queda de que no pueda existir también lo sobrenatural? Podría ser que la dificultad que representa la ilegalidad de los acontecimientos pequeños, fomentada en la naturaleza por lo subnatural, fuera allanada por la ley de promedios. De ahí no se sigue que los grandes acontecimientos no pudieran ser fomentados en ella por lo sobrenatural, ni que se les dejara a ellos que allanaran la dificultad.

El segundo supuesto que el profesor Price atribuye al método científico es que «las leyes solo pueden descubrirse por el estudio de regularidades públicamente observables».[11] Pueden ser descubiertas así, naturalmente. A mí esto, más que un supuesto, me parece una proposición autoevidente, y ¿de qué sirve para nuestro propósito? Si ocurren milagros, son por definición una interrupción de la regularidad. Descubrir una regularidad no es, por definición, descubrir sus interrupciones, aunque ocurran. No se puede descubrir un accidente de ferrocarril estudiando Bradshaw, sino estando en el lugar cuando ocurre o escuchando de alguien, que estaba allí, lo que ha ocurrido. No se puede descubrir los medios días de fiesta extra estudiando el calendario escolar. Es preciso esperar hasta que se anuncien. Pero esto no significa, ciertamente, que un estudiante de Bradshaw esté obligado a negar la posibilidad de accidentes de ferrocarril. Este rasgo del método científico muestra exclusivamente (algo que, hasta donde yo sé, nadie ha negado jamás) que, si los milagros ocurrieran, la ciencia como tal ni demostraría ni refutaría que ocurren. Aquello de lo que no hay confianza que pueda repetirse no es materia de la ciencia. Por eso la historia no es una ciencia. No podemos averiguar lo que ocurrió en la batalla de Austerlitz pidiendo a Napoleón que venga y luche de nuevo en el laboratorio con los mismos combatientes, en el mismo *terreno*, con el mismo tiempo y en la misma época. Para esos temas tenemos que ir a los documentos. No hemos demostrado efectivamente que la ciencia excluya los milagros. Solo hemos demostrado que el problema de los milagros, como otros muchos, excluye un tratamiento de laboratorio.

---

11. Price, *op. cit.*, p. 20.

¹²[El profesor Price pensará que, traspasando los milagros de la ciencia a la historia (no a los historiadores, que, al partir de unos supuestos materialistas, dan por sentado lo que tienen que probar), no me irá mucho mejor. En este terreno debo hablar con cautela, pues no pretendo ser un historiador o un crítico de textos. Les remito sobre el particular al libro de *sir* Arnold Lunn *The Third Day*.¹³ Si *sir* Arnold tiene razón, la crítica bíblica, que comenzó en el siglo XIX, ya ha disparado su flecha, y la mayoría de sus conclusiones han sido impugnadas con éxito, aunque durante mucho tiempo continuará, como el materialismo decimonónico, dominando el pensamiento popular. Lo que yo puedo decir con más certeza es que este *tipo* de crítica —el tipo de crítica que descubre que todos los libros antiguos han sido escritos por seis autores anónimos, bien provistos de tijeras y engrudo, y que toda anécdota de escaso interés es antihistórica— ha comenzado a desaparecer de los estudios que mejor conozco. El período de arbitrario escepticismo acerca del canon y el texto de Shakespeare ha terminado, y es razonable esperar que este método se usará pronto tan solo en los documentos cristianos y sobrevivirá exclusivamente en la *Thinkers Library* y en los colegios teológicos].

Me veo obligado, pues, a discrepar del segundo punto del profesor Price. Yo no creo que la ciencia haya mostrado (ni que, dada su naturaleza, pueda mostrar jamás) que el elemento milagroso de la religión sea erróneo. No hablo, como es lógico, de los efectos psicológicos de la ciencia sobre los que la practican o leen sus resultados. Bien pudiera ocurrir que la aplicación continuada de métodos científicos creara una disposición de ánimo desfavorable a lo milagroso, pero aun así parece que existen diferencias entre las ciencias. Si pensamos, no particularmente en lo milagroso, sino en la religión en general, se da efectivamente esa diferencia. Los matemáticos, astrónomos y físicos son a menudo religiosos, e incluso místicos. Los biólogos, mucho menos frecuentemente, y los economistas y psicólogos, rara vez. Parece como si, cuanto más se acerca el tema de la ciencia al hombre mismo, más se fortaleciera el prejuicio antirreligioso.

---

12. Para evitar que el lector se perdiera algún detalle, he incluido entre corchetes los fragmentos de la versión aparecida en el *Socratic*, que Lewis omitió al revisarla para el *Phoenix Quarterly*.
13. Londres, 1945.

Esto me lleva al cuarto punto del profesor Price —pues preferiría posponer las consideraciones del tercero—. El cuarto punto, recuérdese, era que la ciencia había socavado, no solo lo que el profesor Price considera como accesos mitológicos de la religión, sino lo que él considera su esencia. Para el profesor Price la esencia de la religión es el teísmo y la inmortalidad. En la medida en que puede dar una explicación favorable del hombre como entidad puramente biológica, la ciencia excluye el alma y, por tanto, la inmortalidad. Esa es, sin duda, la razón por la que los científicos que se ocupan más, o más estrechamente, del hombre son en su mayoría antirreligiosos.

Si el naturalismo es cierto, entonces es en este punto, en el estudio del hombre mismo, en el que consigue la victoria final y en el que echa abajo todas nuestras esperanzas; no solo nuestras esperanzas de inmortalidad, sino la esperanza de encontrar sentido a la vida aquí y ahora. Pero, si el naturalismo se equivoca, será también aquí donde revelará su funesto defecto filosófico, y yo creo que esto es lo que ocurre.

Según el punto de vista estrictamente naturalista, todos los acontecimientos están determinados por leyes. Nuestra conducta lógica (o, con otras palabras, nuestros pensamientos) así como nuestra conducta ética, incluyendo los ideales y los actos de la voluntad, están gobernados por leyes bioquímicas, que a su vez están gobernadas por leyes físicas, que son declaraciones de actuario acerca de los movimientos anárquicos de la materia. Estas unidades no han pretendido nunca producir el universo regular que nosotros vemos. La ley del promedio (sucesora del *exiguum clinamen*[14] de Lucrecio) lo ha producido a partir de la colisión de estas variaciones fortuitas en movimiento. El universo físico no se ha propuesto jamás producir los organismos. Las sustancias químicas relevantes en la tierra y el calor del sol, yuxtapuestos de un cierto modo, dieron lugar a esta inquietante enfermedad de la materia: la organización. La selección natural, operando sobre las diferencias pequeñísimas entre un organismo y otro, cometió un error y produjo esa fosforescencia o espejismo que llamamos consciencia, y que en ciertas cortezas cerebrales situadas debajo de determinados cráneos adopta en ciertos momentos —sin dejar de obedecer a las leyes físicas, pero a leyes físicas infiltradas de leyes de un tipo más

---

14. Pequeña inclinación. *De Rerum Natura*, II, 292.

complicado— la forma que llamamos pensamiento. Ese es, por ejemplo, el origen de este artículo. Ese fue el origen del artículo del profesor Price. Lo que podríamos llamar sus «pensamientos» era meramente el último eslabón de una cadena cuyos anteriores eslabones eran todos irracionales. El profesor Price hablaba como lo hacía porque la materia de su cerebro se comportaba de una forma determinada, y la historia entera del universo hasta este momento lo ha obligado a comportarse de ese modo. Lo que llamábamos su pensamiento era esencialmente un fenómeno del mismo tipo, como el resto de sus secreciones: la forma que el inmenso proceso irracional de la naturaleza estaba obligado a adoptar en un punto particular del espacio y el tiempo.

Ni él ni nosotros sentíamos que fuera así mientras pasaba. El creía estar estudiando la naturaleza de las cosas, y creía tener conciencia de algún modo de las realidades, incluidas las realidades suprasensibles, fuera de su cabeza. Pero si el naturalismo estricto es verdadero, estaba engañado: tan solo estaba disfrutando de la reflexión consciente de acontecimientos determinados irracionalmente en su cabeza. Creía que sus pensamientos (como los llamaba) podrían tener con las realidades exteriores una relación completamente inmaterial que llamamos verdad o falsedad, aunque, de hecho, no siendo sino la sombra de sucesos cerebrales, no es fácil entender que puedan tener una relación con el mundo exterior que no sea la relación causal. Y cuando el profesor Price defendía a los científicos, refiriéndose a su devoción por la verdad y a su constante seguir la pista de la luz mejor que conocen, creía estar adoptando una actitud de obediencia a un ideal. No se daba cuenta de que estaba sufriendo tan solo una reacción determinada por principios en última instancia irracionales y amorales, y sin más capacidad de honradez o injusticia que un hipo o un estornudo.

Al profesor Price le hubiera sido imposible haber escrito, y a nosotros haberlo leído, su artículo con un mínimo de interés si él y nosotros hubiéramos aceptado conscientemente en todo la posición del estricto naturalismo. Y aún podemos ir más lejos. Sería imposible aceptar el mismo naturalismo si creyéramos real y firmemente en él, pues el naturalismo es un sistema de pensamiento, y para él todos los pensamientos son meros acontecimientos, cuyas causas son irracionales. A mí me resulta del todo imposible considerar los pensamientos que urde el naturalismo de ese modo y, al mismo tiempo, considerarlos como intelección genuina de la realidad externa. Bradley distinguió entre *idea-acontecimiento* e *idea-elaboración*,[15] pero el naturalismo, en mi opinión, parece obligado a considerar las ideas simplemente como acontecimientos, pues el significado es una relación de un tipo enteramente nuevo, tan remoto, tan misterioso, tan opaco al estudio empírico como el alma.

Quizá se pueda presentar todo esto de un modo más sencillo. Cualquier pensamiento particular (tanto si es un juicio de hechos como un juicio de valor) es desestimado siempre y por todos los hombres en el momento en que creen que se puede explicar, sin residuos, como el resultado de causas irracionales. Siempre que sabemos que lo que dice otro hombre se debe enteramente a sus complejos, o a un trozo de hueso que presiona sobre su cerebro, dejamos de concederle importancia. Pero si el naturalismo fuera cierto, todos los pensamientos serían resultado de causas irracionales, y, en consecuencia, todos los pensamientos serían igualmente despreciables. Por lo tanto, el naturalismo carece de valor. Si es verdad, no podemos conocer ninguna verdad. El naturalismo se corta su propio cuello. [Recuerdo una ocasión en que mostraba un cierto tipo de nudo, un nudo tal que, si se añadía una complicación para hacerlo doblemente seguro, uno descubría súbitamente que el nudo entero se desataba en las manos, y uno se quedaba exclusivamente con un trozo de cuerda. Así le pasa al naturalismo. No deja de reclamar territorio tras territorio: primero el inorgánico, luego los organismos inferiores, luego el cuerpo del hombre, luego sus emociones. Pero cuando da el último paso y se intenta una explicación naturalista del pensamiento mismo, el naturalismo entero se desenmascara súbitamente. El último paso, un paso funesto, ha invalidado todos los precedentes, pues todos eran razonamientos, y la razón ha quedado desacreditada.

No nos queda sino renunciar completamente al pensar o comenzar de nuevo desde abajo].

En este punto no hay razón para recurrir ni al cristianismo ni al espiritualismo. No los necesitamos para refutar el naturalismo. Se refuta solo. Sea cual sea la creencia que lleguemos a tener acerca del universo, no podemos creer en el naturalismo. La validez del pensamiento racional, aceptado en un sentido totalmente no naturalista, sino sobrenatural (trascendental si se quiere), es un supuesto necesario de todo teorizar. Carece

---

15. «Spoken and Written English», *The Collected Papers of Henry Bradley*, ed. Roben Bridges, Oxford, 1928, pp. 168-193.

sencillamente de sentido comenzar con una opinión sobre el universo e intentar, en una fase posterior, adaptar las exigencias del pensamiento. Al pensar, afirmamos que nuestros pensamientos son más que meros acontecimientos naturales. Las demás proposiciones deben ser encajadas del mejor modo posible en esta afirmación fundamental.

Aunque mantengo que la ciencia no ha refutado el elemento milagroso de la religión, y que el naturalismo, considerado rigurosamente, es más incapaz todavía de refutar nada, salvo a sí mismo, no comparto, desde luego, la angustia del profesor Price por encontrar una religión que pueda prescindir de lo que él llama mitología. Lo que sugiere es simple teísmo, un teísmo al que una creencia en la inmortalidad garantizada por la investigación psíquica haga verosímil. El profesor Price no sostiene, desde luego, que la inmortalidad demuestre por sí misma el teísmo, cuya fuente positiva encuentra en la experiencia religiosa.

En este punto es muy importante determinar sobre cuál de estas dos cuestiones estamos preguntando. Podemos preguntar (1) si la religión mínima depurada que sugiere el profesor Price es capaz, en tanto que entidad histórica, social y psicológica, de dar un corazón nuevo a la sociedad, de fortalecer la voluntad moral y de producir todos los demás beneficios que, según se afirma, han producido a veces las viejas religiones. Por otro lado, podemos preguntar (2) si la religión mínima es la verdadera, es decir, si contiene las proposiciones verdaderas que podemos enunciar acerca de las cuestiones últimas. La primera cuestión no es religiosa, sino sociológica. A la mentalidad religiosa como tal, lo mismo que a la vieja mentalidad científica como tal, le importan un bledo las proposiciones socialmente útiles. Ambas están sedientas de realidad, de lo absolutamente objetivo, del ser de lo que es. La «mentalidad abierta» del científico y la mente vacía y en silencio del místico son esfuerzos por eliminar lo propio para que lo otro pueda hablar. Y si, apartándonos de la actitud religiosa, hablamos por un momento como meros sociólogos, tenemos que admitir que la historia no nos alienta a esperar un poder vigoroso en una religión mínima. Los intentos de religión mínima no son nuevos, desde Akhenatón[16] y Juliano

---

16. Akhenatón (Amehotep IV), rey de Egipto, que llegó al trono en torno al 1375 a. C., e introdujo una nueva religión, en la que el dios Ra (designado como Atón) sustituyó a Amón.

el Apóstata[17] hasta *lord* Herbert de Cherbury[18] y el reciente de H. G. Wells. Pero, ¿dónde están los santos, el consuelo, el éxtasis? El mayor intento de este tipo fue la simplificación de las tradiciones judía y cristiana que llamamos islamismo, el cual conserva muchos elementos que el profesor Price consideraría míticos y bárbaros, y no estimaría su cultura de ninguna manera como una de las más ricas y progresistas.

Tampoco veo cómo una religión así, si llegara a ser una fuerza vital, podría ser preservada largo tiempo en su libertad de los dogmas. ¿Habría que concebir a su Dios de forma panteísta, o al modo platónico, o al cristiano? Si hemos de conservar la religión mínima en toda su pureza, creo que la respuesta correcta debería ser esta: «No sabemos, y debemos estar satisfechos de no saber». Pero esto es el fin de la religión mínima como asunto práctico, pues la cuestión es de urgente importancia práctica. Si el Dios de la religión del profesor Price es una espiritualidad impersonal diluida por todo el universo, que está presente por igual y del mismo modo en todos los puntos del espacio y el tiempo, entonces Él (o Ello) tendrá que ser concebido ciertamente como lo que está más allá del bien y del mal, y se manifestará por igual en el burdel, en la cámara de tortura, en una fábrica modelo o en la sala de descanso de la universidad.

Pero si, en cambio, es un ser personal que se distingue de su creación, que manda esto y prohíbe aquello, las consecuencias son enteramente distintas. La elección entre estos dos puntos de vista afecta a la elección del curso que ha de seguir la acción, en la vida pública y en la privada, en cada momento. Tampoco es esta la única cuestión que se plantea. ¿Sabe la religión mínima si su dios mantiene la misma relación con todos los hombres, o si se relaciona con algunos y no se relaciona con otros? Si es fiel a su carácter no dogmático, deberá decir de nuevo: «eso no se pregunta». Pero si esta es la respuesta, la religión mínima no puede excluir el punto de vista cristiano de que Él estaba presente de un modo especial en Jesús,

---

17. Emperador romano del 361 al 363, que fue criado obligatoriamente como cristiano, pero al llegar al trono se proclamó pagano. Hizo un gran esfuerzo por restaurar la adoración a los antiguos dioses.

18. Edward Herbert (1583-1648). Es conocido como «el padre del deísmo», pues mantenía que entre las nociones comunes aprehendidas por el instinto se encontraban la existencia de Dios, el deber de adoración y de arrepentimiento, y la recompensa y el castigo futuros. Esta «religión natural», afirmaba, ha sido viciada por la superstición y el dogma.

ni el punto de vista nazi de que Él estaba presente de un modo especial en la raza alemana, ni el punto de vista hindú de que Él estaba presente en el brahmán, ni el punto de vista de África central de que Él está especialmente presente en el fémur de un soldado inglés muerto.

Todas estas dificultades se nos ocultan mientras la religión mínima existe solo en el papel. Pero supongamos que estuviera establecida de algún modo por todo lo que queda del imperio británico, y supongamos que el profesor Price (muy a regañadientes y exclusivamente por sentido del deber) se convirtiera en su cabeza suprema en la tierra. Pronostico que ocurriría una de estas dos cosas: (1) En el primer mes de su reinado se verá a sí mismo pronunciando la primera definición dogmática; se verá a sí mismo diciendo, por ejemplo: «No, Dios no es una fuerza amoral difuminada por todo el universo, para el que inmolarse en la pira y la prostitución del templo no sean ni más ni menos aceptables que construir hospitales y enseñar a los niños; Dios es un creador justo, separado de su creación, que exige de nosotros justicia y gracia»; o (2) el profesor Price no responderá. En el segundo caso no queda claro lo que ocurrirá. Los que han llegado a su religión mínima desde el cristianismo concebirán a Dios al modo judío, platónico, cristiano. Los que han llegado desde el hinduismo lo concebirán de forma panteísta; y los hombres sencillos que han llegado desde ningún sitio, en los momentos de indignación, lo concebirán como un Creador justo, y, en los momentos de indulgencia consigo, como un Dios panteísta. Y los exmarxistas pensarán que está presente sobre todo en el proletariado, y los exnazis pensarán que está presente de un modo especial en el pueblo alemán. Y todos ellos darán numerosas conferencias en las que hablarán la misma lengua y llegarán a los más edificantes acuerdos. Pero todos ellos querrán decir cosas enteramente distintas. De hecho, sobre la religión mínima, mientras siga siendo mínima, no se puede influir. Tan pronto como se *hace* algo, se asume uno de los dogmas. En la práctica no será una religión en absoluto. Será meramente un colorido nuevo que se da a las cosas que ya hacía la gente.

[Me permito decir, con gran respeto, al profesor Price que, cuando hablaba de mero teísmo, asumía de forma inconsciente una concepción particular de Dios, es decir, asumía un dogma sobre Dios, y no creo que lo dedujera exclusiva, o principalmente, de su propia experiencia religiosa, ni siquiera del estudio de la experiencia religiosa en general, pues la experiencia religiosa se puede tener para admitir casi cualquier clase de Dios. Creo que el profesor Price suponía un cierto tipo de Dios, porque ha sido educado de una manera determinada: porque llevaba «en la sangre», como solemos decir, al obispo Butler y a Hooker y a Tomás de Aquino y a Aristóteles y a Platón. No empezaba de la nada. Si hubiera empezado de la nada, si Dios hubiera significado en su mente un ser sobre el que no se afirma ningún dogma, dudo que hubiera buscado ni siquiera la salvación social en un concepto vacío como ese. Toda la fuerza de la religión mínima, para él y para todos los demás que la aceptan, no deriva de ella, sino de la tradición que introduce en ella].

A mi juicio, la religión mínima nos dejará a todos haciendo lo que hacíamos antes. Pero en sí misma no será una objeción al punto de vista del profesor Price, pues él no trabajaba por la unidad, sino por cierto dinamismo espiritual que nos ayudará en la negra noche de la civilización. Si la investigación psíquica puede capacitar a la gente para continuar, o para volver, a las diferentes religiones que el naturalismo ha amenazado, y si de ese modo pueden conseguir poder y esperanza y disciplina, creo que el doctor Price nos dejará —como hombres occidentales, mecanizados, democráticos y secularizados— exactamente donde estábamos. ¿Cómo podrá una creencia en la inmortalidad —garantizada por la investigación psíquica— y en un Dios desconocido devolvernos la virtud y energía de nuestros antepasados? Me parece que ambas creencias, a menos que sean reforzadas por otra cosa, serán para el hombre moderno muy vagas e inoperantes.

Si verdaderamente supiéramos que Dios es justo, que tiene designios para nosotros, que es el caudillo de una batalla cósmica, y que cierto resultado real depende de nuestra conducta en el campo de batalla, entonces la religión mínima sería pertinente. O si las palabras que aparentan venir del otro mundo tuvieran alguna vez el acento que *indica* otro mundo, o si hablara (como hacen incluso las actuales religiones inferiores) con esa voz ante la que nuestra naturaleza mortal tiembla de temor y júbilo, entonces también sería pertinente. Pero el dios del teísmo mínimo es incapaz de despertar ni temor ni amor: solo las fuentes tradicionales, a las que la ciencia —según la concepción del profesor Price— nunca nos permitirá volver, pueden darle poder para provocar esos dos sentimientos.

En cuanto a las afirmaciones de los médiums..., no quiero ser agresivo. ¿Se atreverá el más convencido espiritualista a afirmar jamás que una sentencia que proceda de esta fuente tiene un lugar entre las máximas felices de la humanidad, o que se ha aproximado jamás (y mucho menos igualado) en poder para elevar, fortalecer o corregir las máximas de segundo rango? ¿Podrá negar alguien que la gran mayoría de los mensajes espiritistas se ocultan miserablemente bajo lo mejor que se ha pensado y dicho incluso en este mundo? ¿Podrá negar alguien que en la mayoría encontramos una banalidad y provincialismo, una paradójica unión de aspectos remilgados con aspectos entusiastas, de insipidez y efusión, que sugieren que las almas moderadamente respetables están bajo la custodia de Anni Besant[19] y Martin Tupper?[20]

No deduzco de la vulgaridad de estos mensajes que sea falsa su afirmación de que proceden de los muertos. Si lo hiciera, el espiritualista respondería que esta cualidad se debe a las imperfecciones del médium. Será así. No discutimos la verdad del espiritualismo, sino su poder para convertirse en el punto de partida de la religión. Me permito decir que, para ese propósito, lo descalifica la pobreza de sus contenidos. Una religión mínima compuesta de mensajes espiritistas y mero teísmo no tiene poder para tocar ninguna de las cuerdas profundas de nuestra naturaleza, o para evocar una respuesta capaz de elevarnos siquiera a un nivel secular más elevado (y no digamos nada de la vida espiritual). El dios del que no se cree ningún dogma es pura sombra. No despertará temor de Dios, con el que comienza la sabiduría, ni el amor en que se consuma. La inmortalidad que los mensajes sugieren puede producir en los espíritus mediocres solo un vago alivio de nuestros indiscutibles anhelos personales, un corolario de la historia de este mundo en el que todo salga bien (¡pero en qué sentido tan digno de compasión!), mientras que los espíritus más religiosos sentirán que añade un nuevo horror a la muerte, el horror de la mera sucesión interminable, del encarcelamiento indefinido en algo que nos ata a todos, *das Gemeine*.[21] En la religión mínima no hay nada que nos pueda convencer, convertir o consolar (en el sentido más alto); nada, por tanto, que pueda devolver vitalidad a nuestra civilización. No es suficientemente

---

19. Anni Besant (1847-1933) fue una fogosa defensora de la causa liberal, y llegó a ser miembro de la Sociedad Teosófica en 1889.
20. Martin Tupper (1810-1889) es conocido sobre todo por su *Proverbial Philosophy* (reflexiones y máximas vulgares formuladas de forma rítmica).
21. Johann Wolfgang Goethe, *Epilog zu Schillers Glocke*, 1. 32. «Das Gemeine» significa aproximadamente «lo que domina a todos».

valiosa. Nunca podrá ser un controlador de nuestra pereza y codicia naturales, y ni siquiera podrá ser un competidor suyo. Una bandera, una canción, una vieja corbata escolar son más fuertes que ella, y las religiones paganas, mucho más. Antes que basar mis esperanzas en ella, preferiría escuchar de nuevo el toque de tambor de mi sangre (pues la sangre, al menos en cierto sentido, es la vida) y participar en el canto de las Ménades.

> *Felices aquellos a quienes los demonios*
> *han favorecido,*
> *que han participado en las divinas orgías,*
> *que hacen adorables los días de su vida,*
> *hasta que la danza late*
> *en los pálpitos de sus corazones,*
> *mientras retozan con Dionisos en las montañas...* [22]

Sí, casi preferiría ser un pagano amamantado en un credo anticuado. Pero solo casi, no del todo, naturalmente. Si alguien se ve obligado a esa alternativa, tal vez sea mejor morir de frío en un universo completamente secularizado y sin sentido que hacer volver las obscenidades y crueldades del paganismo, que atraen porque son una distorsión de la verdad y, por tanto, conservan algo de su sabor.

Pero con esta observación he pasado a la segunda cuestión. No esperen que, al final de este artículo, comience a hacer una apología de la verdad del cristianismo. Diré solo algo que, de una u otra forma, he dicho ya tal vez demasiado a menudo. Si no existe Dios, no tengo interés en la religión mínima ni en ninguna otra. No diré una mentira ni siquiera para salvar la civilización. Pero si Dios existe, es muy probable, casi axiomático, que la iniciativa le corresponda completamente a Él. Si puede ser conocido, será porque Él mismo se revele, no por especulaciones nuestras. Por tanto, nosotros lo buscamos donde se dice que Él se ha revelado, a través de los milagros, de maestros inspirados, de los rituales prescritos.

Las tradiciones están en pugna, pero cuanto más largamente y con mayor agrado las estudiamos, tanto mejor nos percatamos de un elemento común en muchas de ellas: el tema del sacrificio, de la comunión mística mediante la sangre derramada, de la muerte y la reencarnación, de la

---

22. Eurípides, *Bacantes*, línea 74.

redención, es demasiado claro para que pase inadvertido. Estamos plenamente autorizados a ejercer la crítica moral e intelectual. Pero a lo que, a mi juicio, no estamos autorizados es a ejercerla solo para abstraer el elemento ético y erigirlo en una religión independiente. En la tradición que es más íntegramente ética y que, a la vez, más trasciende la mera ética —en la que los viejos temas del sacrificio y la reencarnación se repiten de una forma que trasciende, aunque no repugna, la conciencia y la razón—, podemos creer de forma totalmente razonable que conseguimos la consumación de todas las religiones, el mensaje más pleno del ser enteramente otro, del creador vivo, que, de existir, debe ser no solo el Dios de los filósofos, sino también de los místicos y los salvajes; y no solo el Dios de la cabeza y el corazón, sino también de las emociones primitivas y de las alturas espirituales allende toda emoción.

Podemos vincularnos a la iglesia, a la única organización concreta que ha mantenido hasta el momento presente el núcleo de todos los mensajes, paganos y tal vez prepaganos, que vino una vez de más allá del mundo. Y podemos asimismo comenzar a practicar la única religión que no descansa en una selección de los elementos supuestamente «más altos» de nuestra naturaleza, sino sobre la ruina y reedificación, la muerte y renacimiento, de la naturaleza en todo lugar: ni griego, ni judío, ni bárbaro, sino una nueva creación.

[El debate entre Lewis y el profesor Price no terminó aquí. En The Socratic Digest, *núm. 4 [1948], pp. 94-102, se halla la «Réplica a "Religión sin dogma" de Lewis» por el profesor Price. Después, en la reunión del Club Socrático del 2 de febrero de 1848, la profesora G. E. M. Anscombe leyó una comunicación titulada «Respuesta al argumento de C. S. Lewis acerca de que «El naturalismo se refuta a sí mismo"», publicada más tarde en el mismo número del* Digest *(pp.7-15) en que apareció la «Respuesta» del profesor Price. La profesora Anscombe criticó el argumento, que Lewis expone en las páginas 92-95 de la presente obra, así como el capítulo III, «La dificultad cardinal del naturalismo», del libro de Lewis* Los milagros *[Londres, 1947].*

Los dos pequeños fragmentos que siguen son (A) el informe, contenido en el libro de actas del Club Socrático, de la respuesta de Lewis a la profesora Anscombe, y (B) una respuesta escrita por el propio Lewis,

publicada, como el informe, en el mismo número del Digest mencionado
más arriba (pp.15-16).

Consciente de que el tercer capítulo de su libro Los milagros era am-
biguo, Lewis lo revisó para la edición de Fontana (1960), en la que
el capítulo tercero tiene otro título «La dificultad fundamental del
naturalismo»].

A

En su respuesta, el señor C. S. Lewis está de acuerdo en que las palabras
«causa» y «fundamento» están muy lejos de ser sinónimas, pero dijo que la
aceptación de un fundamento podría ser la causa del asentimiento, y que
el asentimiento solo es racional cuando está causado por un fundamento.
Negó que palabras como «aceptación» y «percepción» se pudieran usar
correctamente para nombrar un acto mental una de cuyas causas no fuera
la cosa percibida o reconocida.

La profesora Anscombe dijo que el señor Lewis la había entendido mal,
y así la primera parte de la discusión se centró en los dos conferencian-
tes, que intentaron clarificar sus posiciones y sus diferencias. La profesora
Anscombe dijo que el señor Lewis seguía sin distinguir entre «habiendo
razones» y «habiendo razonado» en el sentido causal.

El señor Lewis entendía que la profesora Anscombe estaba haciendo
la siguiente tetracotomía: (1) razones lógicas; (2) tener razones (es decir,
psicológicas); (3) causas históricas; (4) causas científicas o regularidades
observadas. El punto principal de su respuesta fue que la afirmación de
que una regularidad observada era solo el síntoma de una causa, no la
causa misma, y, en respuesta a una interrupción del secretario, se refirió
a su noción de causa como «mágica». Siguió una discusión abierta, en la
que algunos miembros intentaron mostrar a la profesora Anscombe que
había una conexión entre fundamento y causa, y otros arguyeron contra
el presidente [Lewis] que la prueba de la validez de la razón no podría ser
nunca, en ningún caso, algo parecido al estado de la corriente sanguínea.

El presidente admitió finalmente que la palabra «válido» era desafortunada. De la discusión general pareció desprenderse que el señor Lewis debería cambiar su argumento por un argumento analítico riguroso si quería que su noción de «validez», entendida como el efecto de unas causas,
afrontara la prueba de todas las cuestiones que se le plantearon.

B

Reconozco que *válido* era una palabra desafortunada para lo que yo quería decir. *Verídico* (o *verífico* o *verífero*) habría sido mejor. Reconozco asimismo que la relación de causa y efecto entre acontecimientos, y las relaciones de fundamento y consecuencia entre proposiciones son distintas. Como el inglés utiliza la palabra *porque* para ambas, permítanme usar aquí *porque* C-E para la relación de causa-efecto («Esta muñeca cae siempre de pie *porque* C-E sus pies están cargados de peso»), y *porque* F-C para la relación fundamento-consecuencia (A es igual a C *porque* F-C los dos son iguales a B»).

Pero cuanto más clara se vuelve esta distinción, tanto más aumenta mi dificultad. Si un argumento ha de ser verífico, la conclusión tiene que estar relacionada con las premisas como la consecuencia con el fundamento, es decir, la conclusión se extrae *porque* F-C ciertas proposiciones concretas son verdaderas.

Por otro lado, pensar la conclusión es un acontecimiento y tiene que estar relacionado con los acontecimientos anteriores como el efecto con la causa, es decir, el acto de pensar tiene que suceder *porque* C-E han tenido lugar otros acontecimientos previos. Parece, pues, que no pensamos nunca la conclusión *porque* F-C sea la consecuencia de su fundamento, sino *porque* C-E han ocurrido determinados acontecimientos previos. Si es así, no veo que la secuencia F-C haga que sea más fácil pensar la conclusión verdadera que no pensarla. Y a esto es a lo que me refiero cuando hablo de dificultad del naturalismo.

17

REFLEXIONES

A PRIMERA VISTA nada parece más obvio que una persona religiosa tenga el deber de atender a los enfermos; ningún edificio, excepto quizá una iglesia, lleva con más razón el calificativo «cristiano» que un hospital cristiano. Sin embargo, si profundizamos en nuestro análisis, este asunto está realmente conectado con la eterna paradoja, el bendito carácter de doble filo del cristianismo. Supongamos que cualquiera de nosotros se encontrase con el cristianismo por primera vez: seguro que estaría claramente consciente de esta paradoja.

Supongamos, además, que esta persona empezó observando las actividades cristianas que, en cierto sentido, se dirigen a este mundo presente. Descubriría que esta religión había sido, como un simple hecho histórico, el agente que logró preservar tal civilización secular cuando sobrevivió a la caída del Imperio romano; y que Europa le debe la preservación, en aquellos peligrosos tiempos, de la agricultura, la arquitectura, el derecho y la propia alfabetización. Encontraría que esta misma religión siempre se ha dedicado a sanar a los enfermos y cuidar de los pobres; que posee, más que cualquier otra, el sagrado matrimonio; y que las artes y la filosofía tienden a florecer en su entorno. En resumidas cuentas, se encuentra siempre haciendo algo o, por lo menos, arrepintiéndose con remordimiento de no haber podido hacer todo lo que el humanitarismo secular disfruta haciendo. Si nuestro investigador se detuviese a estas alturas, no tendría ninguna dificultad en clasificar el cristianismo y otorgarle su lugar adecuado en el mapa de las «grandes religiones». Obviamente, diría él, se trata de una de las religiones que sostienen el mundo, como el confucionismo o las religiones agrícolas de las grandes ciudades estado de Mesopotamia.

¿Pero qué sucedería si nuestro investigador empezara (cosa que probablemente haría) con una serie muy distinta de sucesos cristianos? Quizá llegue a darse cuenta de que la imagen central de todo arte cristiano es la de un hombre que agoniza por haber sido torturado; que el instrumento de su tortura fue ese mundialmente conocido símbolo de la fe; que el martirio fue un acto casi específicamente cristiano; que nuestro calendario tenía tantos ayunos como fiestas; que meditamos constantemente en la muerte no solo de nosotros mismos, sino también de todo el universo; que se nos dio el mandato de confiar en nuestros tesoros de otro mundo; y que incluso a veces se consideraba como una virtud cristiana cierto desdén por todo el orden natural (*contemptus mundi*). Pues, una vez más, si el investigador no hubiera sabido nada más, habría descubierto que el cristianismo es muy fácil de clasificar; pero esta vez lo habría clasificado como una religión que se opone al mundo. Habría sido encasillado junto con el budismo.

Cualquiera de las conclusiones habría sido justificada si aquel hombre hubiese tenido a mano una mitad de la evidencia o la otra mitad. Luego se daría cuenta de que, si hubiese puesto las dos mitades juntas, habría visto que el cristianismo trasciende la clasificación que el investigador intentó obtener; entonces, en ese momento se dará cuenta del reto que tiene por delante y, creo yo, quedará perplejo.

Es probable que la mayoría de los que leen estas páginas sean cristianos de toda la vida. Si es así, descubrirán que es difícil identificarse con la perplejidad del personaje descrito anteriormente. Para los cristianos, la explicación de este carácter de dos filos respecto a la fe es obvio. Viven en un universo estratificado y jerarquizado, donde todo tiene su lugar y todos deben permanecer en su lugar correcto. Lo sobrenatural es superior a lo natural, pero cada uno de ellos ocupa su lugar, así como el hombre es superior a los perros, pero los perros tienen su lugar. Por tanto, no nos sorprende en lo absoluto que sanar a los enfermos y ayudar a los pobres deba ser menos importante que la salvación de las almas (cuando, como a veces ocurre, la ayuda y la sanidad son una alternativa a la salvación); sin embargo, la sanidad y la ayuda son asuntos muy importantes. La razón de ello es que Dios creó el orden natural —producto de su inventiva, su amor y arte— y nos exige nuestro respeto; el hecho de que seamos tan solo criaturas y no el Creador es, desde otro punto de vista, algo irrelevante. Además, dado que la naturaleza, y en especial la naturaleza humana, es pecaminosa, debe ser corregida y el mal que habita en ella debe ser combatido. Sin embargo, su esencia es buena; la corrección es a veces algo muy distinto del rechazo maniqueo o la superioridad estoica. Por eso en todo verdadero ascetismo cristiano hay respeto por aquello que se rechaza; algo que, creo yo, no se encuentra en los ascetismos paganos. El matrimonio es algo bueno, aunque no para mí; el vino es bueno, si bien no debo beberlo; las fiestas son buenas, pero hoy ayunamos.

Pienso que descubriremos que, por lógica, esta predisposición se basa en las doctrinas de la Creación y la Caída. En el paganismo se puede encontrar unos esbozos muy difusos de la doctrina de la Caída, pero nos sorprende descubrir que fuera del cristianismo es muy raro encontrar una genuina doctrina de la Creación. Dudo que algún día la encontremos. En el politeísmo, los dioses son por lo general producto de un universo ya existente. El poema de John Keats, *Hyperion* es en espíritu, si no en detalle, una descripción lo suficientemente detallada de una teogonía pagana. En el panteísmo, el universo jamás es algo que Dios creó. Es una emanación, algo que se proyecta fuera de Él o una apariencia, algo que nos parece que Él es, pero que en realidad no lo es; o incluso que se trata de un cuadro de esquizofrenia incurable del que Él no está consciente. El politeísmo es, a la larga, la adoración de la naturaleza; el panteísmo será siempre, y a la larga, hostil a la naturaleza. Ninguna de estas creencias te dará realmente la libertad de disfrutar tu desayuno *y* de mortificar tus desordenados apetitos, y mucho menos de mortificar aquellos apetitos o deseos que al presente se considera que son inocentes, excepto si se convierten en excesivos.

Y ninguna de ellas le otorga la libertad a cualquiera para hacer lo que se hace en el Hospital de Lourdes en Drogheda, Irlanda: luchar contra la muerte de la manera más ferviente, hábil y serena como si fueras un trabajador humanitario secular, aunque sepas todo el tiempo que la muerte es, para bien o para mal, algo que los humanitarios seculares jamás se han imaginado. El mundo, sabiendo que todas nuestras verdaderas inversiones están más allá de la tumba, podría esperar que estuviéramos menos preocupados que otros, que se inclinan por el denominado Pensamiento Superior y nos dicen que «la muerte no importa»; pero nosotros «no somos altivos», y seguimos a Aquel que se paró y lloró ante la tumba de Lázaro; seguramente no porque le doliera el llanto de María y Marta, ni porque le entristeciera su falta de fe (aunque algunos lo interpretan así), sino porque la muerte, el castigo del pecado, es aún más horrible a sus ojos que a los nuestros. La naturaleza que Él había creado como Dios, la naturaleza que había asumido como hombre, yacía allí ante Él en su ignominia; un olor fétido, alimento para los gusanos. Aunque iba a darle vida un momento después, lloró ante la vergüenza; si se me permite citar aquí a un escritor de mi confesión: «No tengo tanto miedo a la muerte como vergüenza de ella».[1] Y eso nos lleva de nuevo a la paradoja. De todos los hombres, somos los que más esperamos de la muerte; sin embargo, nada nos reconcilia con, bueno, su carácter *antinatural*. Sabemos que no fuimos hechos para ella; sabemos cómo se introdujo en nuestro destino como una intrusa; y sabemos Quién la ha vencido. Porque nuestro Señor ha resucitado, sabemos que en cierto nivel es un enemigo ya desarmado; pero como sabemos que el nivel natural también es creación de Dios, no podemos dejar de luchar contra la muerte que lo estropea, como contra todas esas otras manchas que hay en ella, contra el dolor y la pobreza, la barbarie y la ignorancia. Dado que amamos algo más que este mundo, amamos incluso este mundo mejor que aquellos que no conocen otro.

---

1. La cita es de la obra de sir Thomas Browne, *Religio Medici*, primera parte, sección 40.

18

EL PROBLEMA DEL SEÑOR «X»

No CREO QUE sea exagerado suponer que siete de cada diez que lean estas líneas tendrán algún tipo de dificultad con algún otro ser humano. Las personas que nos emplean o las que son empleados nuestros, las que comparten nuestra casa o aquellas con las que compartimos la suya, nuestros parientes políticos o nuestros padres o nuestros hijos, nuestra esposa o nuestro marido nos están haciendo la vida, en el trabajo o en el hogar, más difícil de lo que sería necesario en estos días. Es de esperar que no mencionemos a menudo las dificultades (especialmente las domésticas) a los extraños. Pero a veces lo hacemos. Un amigo lejano nos pregunta por qué estamos tan malhumorados y la respuesta salta a la vista.

En ocasiones así, el amigo lejano suele decir: «¿Por qué no habla con ellos? ¿Por qué no se reúne con su esposa (o con su marido, o con su padre, o con su hija, o con su jefe, o con su patrona o con su huésped) y lo resuelven hablando? La gente suele ser razonable. Todo lo que debe hacer es conseguir que vean las cosas a la verdadera luz. Explíqueselo de forma tranquila, razonable y pacífica». Pero nosotros, veamos lo que veamos exteriormente, pensamos con tristeza: «No conoce a X». Nosotros sí, y sabemos lo imposible que resulta hacerle entrar en razón. En ocasiones se intenta una y otra vez hasta quedar hartos de tanto intento, en otras no se intenta nunca porque se sabe de antemano que será inútil. Sabemos que si tratamos de «resolverlo hablando con X», se producirá un escándalo o «X» clavará la vista en nosotros desconcertado y dirá: «No sé de qué estás hablando». O bien (lo cual es quizás lo peor de todo) «X» se mostrará completamente de acuerdo con nosotros y prometerá reformarse y hacer las cosas de otro modo para, veinticuatro horas más tarde, ser exactamente el «X» de siempre.

Nosotros sabemos, en efecto, que cualquier intento de hablar de algo con «X» naufragará en el viejo y fatal defecto del carácter de «X». Cuando miramos hacia atrás, vemos cómo han naufragado en ese defecto fatal los planes que hayamos podido hacer, en la incorregible envidia o pereza o susceptibilidad o estupidez o autoritarismo o mal humor o veleidad de «X». Hasta cierta edad mantuvimos tal vez la ilusión de que algún golpe de buena suerte —una mejoría del estado de salud, un aumento de salario, el fin de la guerra— resolviera las dificultades. Pero ahora lo sabemos mejor. La guerra ha terminado y llegamos a la conclusión de que, aunque hubiera ocurrido todo lo demás, «X» seguiría siendo «X» y nosotros tendríamos que seguir enfrentándonos con el mismo problema de siempre. Incluso si nos hiciéramos millonarios, nuestro marido seguiría siendo un matón o nuestra esposa seguiría importunando o nuestro hijo seguiría bebiendo o tendríamos que seguir viviendo con nuestra suegra en casa.

Entender que es así significa un gran paso adelante. Me refiero a arrostrar el hecho de que, aun cuando todas las cosas exteriores marcharan bien, la verdadera felicidad seguiría dependiendo del carácter de las personas con las que tenemos que vivir, algo que nosotros no podemos cambiar. Y ahora viene lo importante. Cuando vemos estas cosas por primera vez, tenemos un destello de que algo semejante le debe ocurrir a Dios. A esto es, en cierto modo, a lo que Dios mismo ha de enfrentarse. Él ha provisto un mundo rico y hermoso en el que poder vivir. Nos ha dado inteligencia para saber cómo se puede usar y conciencia para comprender qué uso se debe hacer de él. Ha dispuesto que las cosas necesarias para la vida biológica (alimento, bebida, descanso, sueño, ejercicio) nos resulten positivamente deliciosas. Pero después de haber hecho todo esto, ve malogrados sus planes —como nosotros vemos malogrados nuestros pequeños planes— por la maldad de las propias criaturas. Convertimos las cosas que nos ha dado para ser felices en motivos de disputa y envidia, de desmanes, acumulación y payasadas.

Podemos decir que para Dios todo es diferente, pues Él podría, si quisiera, cambiar el carácter de las personas, cosa que nosotros no somos capaces de hacer. Pero esta diferencia no es tan decisiva como podemos pensar al principio. Dios se ha dado a sí mismo la regla de no cambiar por la fuerza el carácter de las personas. Dios puede y quiere cambiar a las personas, pero solo si las personas quieren que lo haga. En este sentido, Dios ha limitado real y verdaderamente su poder. A veces nos preguntamos admirados por qué lo ha hecho así, e incluso deseamos que no lo hubiera hecho. Pero, según parece, Él pensaba que merecía la pena. Prefiere un mundo de seres libres, con sus riesgos, que un mundo de personas que obraran rectamente como máquinas por no poder hacer otra cosa. Cuanto mejor nos imaginemos cómo sería un mundo de perfectos seres automáticos, tanto mejor, creo yo, entenderemos su sabiduría.

He dicho que cuando vemos cómo naufragan nuestros planes en el carácter de las personas con que tenemos que tratar, vemos «de *algún* modo» cómo deben ser las cosas para Dios. Pero solo de algún modo. Hay dos aspectos en que el punto de vista de Dios debe ser muy diferente del nuestro. En primer lugar, Dios ve, como nosotros, que la gente en nuestra casa o nuestro trabajo es peliaguda o difícil en diverso grado, pero cuando examina este hogar, esta fábrica o esta oficina, ve más de una persona de esa condición, y ve a una que nosotros nunca vemos. Me refiero, por supuesto, a cada uno de nosotros mismos. Entender que nosotros somos también ese tipo de persona es el siguiente gran paso hacia la sabiduría. También nosotros tenemos un defecto fatal en el carácter. Las esperanzas y planes de los demás han naufragado una vez tras otra en nuestro carácter, como nuestros planes y esperanzas han naufragado en el de los demás.

No es conveniente pasar por alto este hecho con una confesión vaga y general como «por supuesto, yo también tengo defectos». Es importante entender que tenemos un defecto fatal, algo que produce en los demás el mismo sentimiento de *desesperación* que las imperfecciones de los demás producen en nosotros. Casi con toda seguridad es algo de lo que no tenemos noticia, como eso que la publicidad llama «halitosis», enfermedad que nota todo el mundo menos el que la padece. Pero ¿por qué, nos preguntamos, no me lo dicen los demás? Créanme, han intentado decírnoslo una vez tras otra, pero nosotros apenas podríamos tolerarlo. Buena parte de lo que llamamos «insistencia» o «mal genio» o «rareza» de los demás tal vez no sean sino intentos por su parte de hacernos ver la verdad. Ni siquiera los defectos que vemos en nosotros los vemos completamente. Decimos «Reconozco que anoche perdí la paciencia», pero los demás saben que la perdemos siempre, que somos unas personas de mal genio. Decimos «reconozco que el sábado pasado bebí demasiado», pero todo el mundo sabe que estamos borrachos siempre.

Esa es una de las formas en que el punto de vista de Dios debe distinguirse del mío. Dios ve todos los caracteres; yo, todos menos el mío. La segunda diferencia es la que sigue. Dios ama a las personas a pesar de sus imperfecciones. Dios continúa amando. Dios no deja de amar. No digamos: «Para Él es muy fácil, Él no tiene que vivir con ellos». Tiene. Dios está dentro y fuera de ellos. Dios está más íntima y estrecha y continuamente unido *a* ellos de lo que nosotros podamos estar jamás. Cualquier pensamiento vil de su mente (y de la nuestra), cualquier momento de rencor, envidia, arrogancia, avaricia y presunción se alza directamente contra su paciencia y amor anhelante, y aflige su espíritu más de lo que aflige el nuestro.

Cuanto más imitemos a Dios en ambos aspectos, tanto más progresos haremos. Debemos amar a «X» más y tenemos que vernos a nosotros como una persona exactamente del mismo tipo que él. Hay quien dice que es morboso estar pensando siempre en los defectos propios. Eso estaría muy bien si la mayoría de nosotros pudiera dejar de pensar en los suyos sin empezar a pensar enseguida en los de los demás. Pero desgraciadamente *disfrutamos* pensando en las faltas de los otros. Ese es el placer más morboso del mundo en el sentido, exacto de la palabra «morboso».

Nos disgustan los razonamientos que se nos imponen. Sugiero un razonamiento que debemos imponernos a nosotros mismos: abstenerse de pensar en las faltas de la gente a menos que lo requieran nuestros deberes como maestro o como padre. ¿Por qué no echar a empujones de nuestra mente los pensamientos que entren innecesariamente en ella? ¿Por qué no pensar en los propios defectos en vez de pensar en las faltas de los demás? En el segundo caso *podremos* hacer algo con la ayuda de Dios. Entre todas las personas difíciles de nuestra casa o nuestro trabajo hay una que podemos mejorar mucho. Ese es el fin práctico por el que comenzar. Si lo hiciéramos, progresaríamos. Algún día deberemos emprender la tarea. Cada día que lo aplacemos resultará más difícil empezar.

¿Cuál es, a la postre, la alternativa? Vemos con suficiente claridad que nada, ni siquiera Dios con todo su poder, puede hacer que «X» sea realmente feliz mientras siga siendo envidioso, egocéntrico y rencoroso. Dentro de nosotros hay, seguramente, alguna cosa que, a menos que la cambiemos, no permitirá al poder de Dios impedir que seamos eternamente miserables. Mientras siga, no habrá cielo para nosotros, como no puede haber aromas fragantes para el resfriado ni música para el sordo. No se trata de que Dios nos «mande» al infierno. En cada uno de nosotros crece algo que *será infierno* en sí mismo a menos que lo cortemos de raíz. El asunto es serio. Pongámonos en sus manos en seguida, hoy mismo, ahora.

19

¿QUÉ DEBEMOS HACER CON JESUCRISTO?

¿QUÉ DEBEMOS HACER con Jesucristo? Esta es una pregunta que, en cierto sentido, tiene un lado furiosamente cómico, pues la verdadera cuestión no es qué debemos hacer con Jesucristo, sino qué debe hacer Él con nosotros. La imagen de una mosca sentada decidiendo qué hacer con un elefante entraña elementos cómicos. Pero, tal vez, la pregunta signifique qué vamos a hacer con Él en el sentido de «cómo vamos a resolver los problemas históricos planteados por las palabras y los hechos constatados de este Hombre». El problema consiste en reconciliar dos cosas. Por un lado, todos entendemos la profundidad y sensatez, casi generalmente admitida, de su enseñanza moral, que no es cuestionada seriamente ni siquiera por los adversarios del cristianismo. Cuando disputo con personas que rechazan a Dios, descubro, de hecho, que insisten en decir que «están completamente a favor de la enseñanza moral del cristianismo». Parece haber un acuerdo general acerca de que en la enseñanza de este Hombre y de sus inmediatos seguidores la moral se manifiesta en su forma mejor y más pura. No es idealismo sentimental, sino plenitud de sabiduría y prudencia. Es realista en su conjunto, pura en su más alto grado, el producto de un hombre sensato. Es algo extraordinario.

El segundo fenómeno es la naturaleza absolutamente asombrosa de las observaciones teológicas de este Hombre. Todos sabemos lo que quiero decir. Por eso me gustaría insistir, más bien, en la idea de que la asombrosa reclamación que parece hacer este Hombre no ocurre tan solo en un momento de su vida. Existe, desde luego, el momento único que le llevó a la ejecución. Es el momento en que el sumo sacerdote le dice «¿Quién eres tú?». «Yo soy el Ungido, el Hijo del Dios increado, y tú me verás aparecer al final de la historia como juez del universo». Pero la proclamación no descansa, de hecho, en este momento dramático. Cuando examinamos su conversación, descubrimos que este tipo de afirmaciones están por todas partes. Por ejemplo, este Hombre anduvo de un sitio a otro diciendo a la gente: «Yo os perdono los pecados». Es completamente natural que un hombre perdone algo que se le haya hecho a *él*. Si alguien *me* estafa en cinco libras es natural y posible que yo le diga «te perdono, no hablemos más de ello». Pero ¿qué diantres diríamos si alguien *nos* hiciera perder cinco libras y *otro* dijera al estafador: «Está bien, yo te perdono»? En este caso hay algo curioso que parece deslizarse por casualidad. En cierta ocasión este Hombre estaba sentado contemplando Jerusalén desde una colina y, de pronto, hizo una afirmación sorprendente: «Yo continúo enviándoles profetas y sabios». Nadie comenta estas palabras. Y, sin embargo, de repente, casi de manera incidental, está afirmando ser el poder que a través de los siglos envía líderes y hombres sabios al mundo. Todavía hay otra observación curiosa: en casi todas las religiones hay reglas incómodas, como el ayuno. Pero este Hombre afirma súbitamente un día: «Nadie precisa ayunar mientras yo esté aquí». ¿Quién es este Hombre que afirma que su mera presencia suspende las normas corrientes? ¿Qué persona puede decir de pronto a la escuela que pueden tomarse media jornada de fiesta? Las afirmaciones sugieren a veces la idea de que Él, el que habla, está completamente limpio de pecados e imperfecciones. Esta es siempre la actitud. «Ustedes, a los que estoy hablando, son todos pecadores». Pero no sugiere ni remotamente que a Él se le pueda hacer el mismo reproche. «Soy —dice en otra ocasión— el Unigénito del Dios Uno, antes de que Abraham fuera, soy yo», y recuerde el lector lo que las palabras «yo soy» eran en hebreo. Eran el nombre de Dios, y no debían ser pronunciadas por ningún ser humano, formaban el nombre cuya pronunciación significa la muerte.

Esta es la otra cara. Por un lado, enseñanza moral clara y definida. Por otro, afirmaciones que, si no son ciertas, quien las dice es un megalómano, comparado con el cual Hitler sería el más sensato y humilde de los hombres. No hay término medio y no se encuentra ningún paralelismo en las demás religiones. Si nos hubiéramos acercado a Buda y le hubiéramos preguntado: «¿Eres tú el hijo de Braman?», nos habría dicho: «Hijos míos, están todavía en el valle de la ilusión». Si nos hubiéramos acercado a Sócrates y le hubiéramos preguntado: «¿Eres tú Zeus?», se hubiera reído de nosotros. Si nos hubiéramos acercado a Mahoma y le hubiéramos preguntado: «¿Eres tú Alá?», primero se hubiera rasgado las vestiduras y después nos hubiera cortado la cabeza. Si hubiéramos preguntado a Confucio: «¿Tú estás en el Cielo?», creo que nos habría respondido: «Las observaciones que no están en consonancia con la naturaleza son de mal gusto». La idea de un gran maestro moral que diga lo que decía Cristo es totalmente imposible. En mi opinión, la única persona que puede decir esa clase de cosas o es Dios o es un lunático rematado que sufre esa clase de engaño que socava la mente entera del hombre. Si alguien piensa que es un huevo escalfado, cuando no está buscando una tostada que lo acompañe, puede estar en sus cabales, pero si cree que es Dios, está perdido. Podemos notar de paso que Él no fue visto nunca como un mero maestro moral. No produjo esa impresión sobre ninguna de las personas con las que se encontró. Produjo básicamente tres impresiones: odio, terror, adoración. Pero no hay el menor rastro de gente que expresara aprobación apacible.

¿Qué hemos de hacer para reconciliar estos dos fenómenos contradictorios? Una tentativa consiste en decir que el Hombre no dijo realmente esas cosas, que sus seguidores exageraron la historia y así surgió la leyenda de que las había dicho Él. Eso es difícil, porque sus seguidores eran todos judíos, es decir, pertenecían a una nación que estaba más convencida que ninguna otra de que solo había un Dios, de que no era posible que existiera otro. Es muy extraño que esta terrible invención en torno a un líder religioso surgiera en medio del pueblo menos inclinado de la tierra a cometer equivocaciones así. Yo tengo la impresión, más bien, de que ninguno de sus inmediatos seguidores, ni siquiera los escritores del Nuevo Testamento, abrazaron la doctrina con facilidad.

Otro problema que plantea este modo de ver las cosas es que nos obligaría a considerar los relatos de este Hombre como *leyendas*. Como historiador de la literatura, estoy completamente convencido de que, sean lo que sean los Evangelios, no son leyendas. Yo he leído muchísimas leyendas y me parece muy claro que los Evangelios no son ese género de cosas. No son suficientemente artísticos para ser leyendas. Desde un punto de vista imaginativo son torpes, no desarrollan adecuadamente las cosas. La mayor parte de la vida de Jesús es desconocida para nosotros, como lo es la de cualquier otro hombre que viviera en la misma época, y nadie que creara una leyenda permitiría algo así. Fuera de algunos pasajes de los diálogos platónicos, no hay en la literatura antigua, hasta donde yo sé, conversaciones como las de los cuatro Evangelios. No hay nada igual, ni siquiera en la literatura moderna, hasta hace unos cien años en que apareció la novela realista. En el relato de la mujer sorprendida en adulterio se nos dice que Cristo se inclinó y garabateó en el polvo con sus dedos. El hecho no ha tenido consecuencias. Nadie ha basado jamás su doctrina sobre eso. Y el arte de *inventar* pequeños detalles irrelevantes para hacer más convincente una escena imaginaria es un arte típicamente moderno. ¿No es la única explicación del pasaje que las cosas ocurrieron así realmente? El autor lo contó sencillamente porque lo había *visto*.

Y de este modo llegamos a la historia más extraña de todas, la historia de la resurrección de Cristo. Es absolutamente necesario aclararla. Yo he oído decir a un hombre: «La importancia de la resurrección consiste en que proporciona una evidencia de la supervivencia, una evidencia de que la personalidad humana vive después de la muerte». Según este modo de ver las cosas, lo que le ocurrió a Cristo sería lo que siempre les había sucedido a todos los hombres, con la diferencia de que en el caso de Cristo tuvimos el privilegio de ver cómo ocurría. No es esto, ciertamente, lo que pensaban los primeros escritores cristianos. Algo completamente nuevo había ocurrido en la historia del universo. Cristo había vencido la muerte. La puerta, cerrada hasta entonces, había sido forzada a abrirse por primera vez. Se trata de algo completamente distinto de la supervivencia del espíritu. No quiero decir que no creyeran en la supervivencia del espíritu. Al contrario, creían tan firmemente en ella que Cristo hubo de asegurarles en más de una ocasión que Él *no* era un espíritu. Lo importante es que, aun creyendo en la supervivencia, veían la resurrección como algo totalmente diferente y nuevo. Los relatos de la resurrección no son descripciones de la supervivencia después de la muerte, pues indican cómo ha surgido en el universo un modo de ser completamente nuevo, tan nuevo como la primera aparición de vida orgánica. Después de la muerte este Hombre no se dividió en «espíritu» y «cadáver». Había surgido un nuevo modo de ser. Esta es la historia. ¿Qué vamos a hacer con ella?

La cuestión, a mi juicio, es determinar si alguna hipótesis explica tan bien los hechos como la cristiana. Esa hipótesis es que Dios ha bajado al universo creado, a la naturaleza humana, y ha ascendido de nuevo llevándosela con Él. La hipótesis alternativa no es leyenda ni exageración ni las apariciones de un espíritu. Es locura o mentira. A menos que se pueda adoptar la segunda alternativa (y yo no puedo), uno vuelve a la teoría cristiana.

«¿Qué vamos a hacer con Cristo?» El problema no es qué podemos hacer con Él. Todo el problema es qué pretende Él hacer con nosotros. Debemos aceptar o rechazar la historia.

Lo que dice es muy diferente de lo que haya dicho cualquier otro maestro. Otros dicen: «Esta es la verdad sobre el mundo. Este es el camino que debéis seguir». Pero Él dice: «Yo soy el camino, la verdad y la vida». Él dice: «El que quiera salvar su vida la perderá y el que la pierda se salvará». Él dice: «Vengan a mí los que están cansados. Yo los aliviaré. Yo soy la resurrección. Yo soy la Vida. Yo soy su alimento. Yo les perdono los pecados». En resumidas cuentas, lo que nos está diciendo es: «No taman. Yo he vencido al mundo». Esta es la cuestión.

20

EL DOLOR DE LOS ANIMALES.
UN PROBLEMA TEOLÓGICO[1]

PREGUNTA DE C. E. M. JOAD:

Durante muchos años he creído que el problema del dolor y del mal suponía una objeción insuperable para el cristianismo. O bien Dios, pudiendo abolirlo, no lo hizo, en cuyo caso no entendía cómo podía ser bueno, pues toleró intencionadamente la presencia en el universo de un estado de cosas malo; o bien, aun queriendo abolirlo, no pudo hacerlo, en cuyo caso no entendía cómo podía ser omnipotente. El dilema es tan antiguo como san Agustín, y nadie pretende que haya un camino fácil para salir de él.

Además, los intentos de justificar el dolor, o de mitigar su atroz crueldad, o de presentarlo de otro modo que como un mal muy grande, quizá el mayor de los males, son fracasos evidentes. Son testimonios de la bondad del corazón de los hombres, o tal vez de la delicadeza de su conciencia, más que de la agudeza de su inteligencia. Sin embargo, aun concediendo que el dolor es un gran mal, tal vez el mayor de los males, he llegado a aceptar que el punto de vista cristiano sobre el dolor no es incompatible con el concepto de un Creador y el del mundo hecho por Él. Entiendo que este punto de vista se puede expresar brevemente como sigue: Dios no tenía interés en crear una especie compuesta por autómatas virtuosos, pues la «virtud» de los robots, que no pueden hacer sino lo que hacen, es

---

1. En su libro *El problema del dolor*, una de las preguntas que Lewis se hacía se refería al modo de explicar la presencia del dolor en un mundo creado por un Dios infinitamente bueno, y en criaturas que no son responsablemente pecaminosas. El capítulo «El dolor animal» provocó la pregunta del difunto C. E. M. Joad, que fue director del departamento de Filosofía de la Universidad de Londres. El resultado fue esta controversia que se publicó por primera vez en *The Month*.

exclusivamente un título de cortesía. Es análoga a la «virtud» de la piedra que rueda cuesta abajo, o a la del agua que se hiela a cero grados. ¿Con qué objeto, se podría preguntar, iba a crear Dios semejantes criaturas? ¿Para ser alabado por ellas? Pero la alabanza automática es mera sucesión de ruidos. ¿Para que Él pudiera amarlas? Pero las criaturas así no son esencialmente dignas de amor. No se puede amar a los títeres. Esa es la razón por la que Dios dio al hombre una voluntad libre, para que pudiera crecer en virtud con su propio esfuerzo, y llegara a ser, como ser moral libre, un ser digno del amor de Dios. La libertad implica libertad para extraviarse, y el hombre efectivamente se extravió, abusando del don divino y haciendo el mal. El dolor es un subproducto del mal, y, por eso, entró en el mundo como consecuencia del mal uso por parte del hombre del don divino de la voluntad libre.

Hasta ahí lo entiendo, y todo eso lo acepto realmente. Todo es plausible, racional, consistente.

Pero hay una dificultad para la que no veo solución. En realidad, he escrito este artículo con la esperanza de que alguien me instruya. La dificultad a la que me refiero es la del dolor animal y, más en concreto, el dolor del mundo animal antes de que apareciera el hombre en el escenario cósmico. ¿Qué explicación le dan los teólogos? La explicación más elaborada y cuidadosa que conozco es la de C. S. Lewis.

Lewis hace una distinción entre capacidad de sentir y consciencia. Cuando tenemos las sensaciones A, B y C, el hecho de tenerlas y el hecho de conocer que las tenemos indica que hay algo que se destaca lo bastante de ellas para percibir que tienen lugar y que sigue la una a la otra. Se trata de la consciencia, la consciencia de que se da la sensación. Con otras palabras: la experiencia de la sucesión, de la sucesión de sensaciones, exige una identidad propia o alma, la cual es algo distinta de las sensaciones que ella experimenta. (El señor Lewis apela a la útil metáfora del cauce del río, por el que fluye la corriente de las sensaciones). La consciencia implica, por consiguiente, un *ego* ininterrumpido que distingue la sucesión de sensaciones. La capacidad de sentir es la mera sucesión de sensaciones. Los animales tienen capacidad de sentir, pero no consciencia. El señor Lewis ilustra esta idea como sigue:

Esto significa que, si diéramos dos latigazos a un animal, habría realmente dos dolores, pero no habría un único yo capaz de conocer que es el sujeto invariable que «ha experimentado dolores». Ni siquiera cuando padece un único dolor hay un «yo» capaz de decir «tengo dolor». Si el animal pudiera distinguirse a sí mismo como distinto de la sensación, si fuera capaz de distinguir el cauce del torrente, si pudiera decir «yo tengo dolor», sería capaz de conectar las dos sensaciones y hacer de ellas una experiencia suya.[2]

a)   Entiendo el punto de vista del señor Lewis, o, mejor, lo entiendo sin percibir su relevancia. La cuestión es cómo explicar el acontecimiento del dolor (i) en un universo que es la creación de un Dios infinitamente bueno, y (ii) en criaturas que nos son moralmente pecaminosas. Decir que esas criaturas no son realmente criaturas, puesto que no son conscientes en el sentido de la definición de consciencia que hemos dado, no arregla las cosas. Si es verdad, como dice el señor Lewis, que la forma correcta de plantear el asunto no es «este animal siente dolor», sino «en este animal está teniendo lugar un dolor»,[3] el dolor, en todo caso, tiene lugar. El dolor es sentido aun cuando no haya un *ego* ininterrumpido que lo sienta y lo relacione con los dolores pasados y futuros. El hecho es que el dolor es sentido (no importa quién o qué lo sienta ni si lo siente una consciencia ininterrumpida) en un universo planeado por un Dios bueno, y eso requiere explicación.

b)   En segundo lugar, la teoría de la capacidad de sentir como mera sucesión de sensaciones presupone que no hay consciencia ininterrumpida. Una consciencia no ininterrumpida no presupone memoria. Me parece un disparate decir que los animales no recuerdan. El perro que se agacha al ver el látigo con el que ha sido golpeado continuamente se *comporta* como si recordara, y la conducta es lo único por lo que podemos juzgarlo. En general, todos actuamos bajo la hipótesis de que el caballo, el gato y el perro que conocemos recuerdan muy bien, a veces mejor que nosotros. Ahora bien, no veo cómo es posible explicar el hecho de la memoria sin una consciencia ininterrumpida.

---

2. *El problema del dolor*, Rayo, 2006, p. 133. [Existe también una edición más reciente integrada en *Clásicos selectos de C. S. Lewis*, Grupo Nelson, 2021 (N. del E.)].
3. Ibíd.

El señor Lewis admite esto y reconoce que los animales superiores —monos, elefantes, perros, gatos, etc.— tienen una identidad propia que conecta las experiencias. Tienen, de hecho, lo que él llama alma.[4] Pero este supuesto introduce un conjunto nuevo de dificultades.

a)   Si los animales tienen alma, ¿qué pasa con su inmortalidad? Recuérdese que el problema es debatido en el cielo, al comienzo de la obra de Anatole France *La isla de los pingüinos*, después de que el miope san Mael haya bautizado a los pingüinos, aunque la solución que se ofrece no es satisfactoria.

b)   El señor Lewis indica que los animales domésticos superiores consiguen la inmortalidad como miembros de una sociedad corporativa de la que el hombre es la cabeza. «El hombre bueno-y-la-buena esposa-gobernando-sobre-sus-hijos-y-sus-animales-en-un-hogar-bueno».[5] Y si preguntamos dónde reside la identidad personal de un animal erigido en miembro del cuerpo completo del hogar, responderé del siguiente modo: «Allí donde siempre habitó durante su vida terrena, en su relación con el Cuerpo mencionado y, sobre todo, con el dueño, que es la cabeza". El hombre, podemos decir también, conocerá a su perro; el perro a su amo, y al conocerlo *será* él mismo».[6]

No sé si esto es buena teología, pero para nuestra presente investigación suscita dos dificultades.

(i)   No incluye los animales superiores que no conocen al hombre —por ejemplo monos y elefantes—, y que, sin embargo, el señor Lewis considera que tienen alma.

(ii)   Si un animal puede llegar a tener una individualidad buena e inmortal gracias a un hombre bueno, también puede alcanzar una individualidad mala e inmortal gracias a un hombre malo. Pienso en el perro faldero sobrealimentado de mujeres ociosas sobrealimentadas. Es un poco severo que, a pesar de no tener culpa, los animales a los que les correspondan amos egoístas, desenfrenados o crueles, deban formar parte por toda la eternidad de un todo suprapersonal egoísta, desenfrenado o cruel, y tal vez deban ser castigados por participar en él.

---

4. *El problema del dolor*, p.134.
5. Ibíd., p.140.
6. Ibíd.

c)   Si los animales tienen alma y, presumiblemente, libertad, para el dolor de los animales se debe aceptar el mismo tipo de explicación que el que se propone para el dolor de los hombres. Con otras palabras: el dolor es uno de los males consiguientes al pecado. Los animales superiores, pues, son corruptos. La cuestión que surge es esta: ¿quién los ha corrompido? Al parecer hay dos respuestas posibles: (1) el diablo; (2) el hombre.

1.   El señor Lewis examina esta respuesta. Los animales, dice, podrían haber sido todos originariamente herbívoros. Se hicieron carnívoros —es decir, comenzaron a atacarse, a despedazarse y a comerse unos a otros— porque «cierto poder creado y extraordinariamente poderoso hubiera estado trabajando para el mal en el universo material, en el sistema solar o, al menos, en el planeta Tierra antes de que el hombre entrara en escena [...], si existe un poder semejante [...] pudo muy bien haber corrompido la creación animal antes de que apareciese el hombre».[7]

Tengo que hacer tres comentarios:

(i)   Encuentro francamente increíble la hipótesis de Satán tentando a un mono. Soy consciente de que esto no es una objeción lógica, pero la imaginación —¿o tal vez el sentido común?— se revuelve contra ella.

(ii)   Aunque la mayoría de los animales son víctimas de la rojez del «diente y la garra» de la naturaleza, otros muchos no lo son. La oveja que se cae al barranco, se rompe una pierna y muere de hambre; cientos de miles de aves migratorias que mueren de hambre todos los años; criaturas heridas y no muertas, y cuyos cuerpos abrasados tardan mucho en morir. ¿Se debe este dolor a la corrupción?

(iii)   Los animales sin alma, de acuerdo con la exposición del propio señor Lewis, no pueden ser incluidos en la explicación de la «corrupción moral». Sin embargo, consideremos solo un ejemplo de disposición de la naturaleza. Las avispas, *Ichneumonidae*, pican a su víctima, la oruga, de tal manera que le paralizan los nervios centrales. Luego depositan sus huevos sobre la oruga indefensa. Cuando las larvas salen de los huevos proceden inmediatamente a alimentarse de la carne, viva aunque indefensa, de sus incubadoras, las orugas paralizadas pero sensibles.

Es difícil suponer que la oruga no sienta dolor al ser devorada lentamente, más difícil aún atribuir el dolor a corrupción moral, pero lo más

---

7. *El problema del dolor*, p. 135.

difícil de todo es concebir cómo un Creador infinitamente sabio y bueno podría haber planeado una ordenación así.

2.   La hipótesis de que los animales han sido corrompidos por el hombre no explica el dolor animal durante los cientos de millones de años (probablemente unos 900 millones) en que la tierra albergaba criaturas vivas, pero no hombres.

En resumen, los animales, o tienen alma o no la tienen. Si no la tienen, se siente dolor por algo de lo que no puede haber responsabilidad moral, y para lo que no se puede invocar como excusa el mal uso del don divino de la libertad moral. Si la tienen, no podemos dar una explicación plausible (a) de su inmortalidad —¿cómo trazar la frontera entre animales con alma y hombres con alma?— o (b) de su corrupción moral, lo cual permitiría a los apologistas cristianos situarlos respecto al dolor bajo el mismo título de explicación que el que se propone para el hombre, y que yo estoy dispuesto a aceptar.

Bien pudiera ser que hubiera una respuesta a este problema. Le quedaría muy agradecido a cualquiera que me dijera cuál es.

RESPUESTA DE C. S. LEWIS:

Aunque supone un placer, así como un peligro, salir al encuentro de un disputador tan sincero y justo como el doctor Joad, lo hago con cierta mala gana. El doctor Joad no escribe solo como un polemista que pide una respuesta, sino como un inquiridor que la desea realmente. De cualquier modo, entro en el tema únicamente porque mis respuestas no le han satisfecho, y es vergonzoso para mí, y posiblemente deprimente para él, que lo hagamos volver, por así decir, a la misma tienda que ya una vez dejó de suministrarle la mercancía. Si el problema fuera defender la mercancía original, creo que lo dejaría en paz. Pero no es exactamente así. Creo que puede haber malinterpretado ligeramente lo que yo le ofrecía en venta.

El doctor Joad se interesa por el noveno capítulo de mi libro *El problema del dolor*. La primera advertencia que quiero hacer es que nadie inferirá de su artículo hasta qué punto el capítulo es especulativo, como yo mismo he confesado. Lo reconocí en el prefacio, y lo recalqué reiteradamente en el capítulo mismo. Este hecho no aliviará naturalmente las dificultades del doctor Joad. Las respuestas insatisfactorias no se vuelven satisfactorias por ser provisionales. Menciono el carácter del capítulo para subrayar el hecho de que está en un nivel diferente de los anteriores. La diferencia sugiere el lugar que mi «conjetura» acerca de los animales (así la llamé entonces y la sigo llamando ahora) tenía en mi pensamiento, y que sería el mismo que me gustaría que tuviera el problema entero en el pensamiento del doctor Joad.

Los primeros ocho capítulos de mi libro trataban de hacer frente *prima facie* a la opinión que se opone al teísmo basándose en el dolor humano. Fueron el fruto de un cambio lento de forma de pensar, no muy distinto del que el propio doctor Joad ha experimentado, cambio que, cuando haya concluido, admitirá honorablemente y del que, espero, dará testimonio. Su método de reflexión difiere del mío en muchos aspectos (muy probablemente para mejor). Pero salimos más o menos al mismo sitio. El planteamiento del que afirma en su artículo «hasta ahí lo entiendo, y todo eso lo acepto» es muy semejante al que yo sostuve en los primeros ocho capítulos de mi libro *El problema del dolor*.

Hasta aquí va todo bien. Tras haber «superado» el problema del dolor humano, el doctor Joad y yo nos enfrentamos con el problema del dolor animal. Ni siquiera ahí nos separamos todavía. Los dos (si lo entiendo correctamente) nos apartamos con aversión de los «discursos fáciles que alivian a los hombres crueles»,[8] de teólogos que parecen no ver que existe un problema real, y que se conforman con decir que los animales son, a fin de cuenta, solo animales. Para nosotros, el dolor sin culpabilidad o provecho moral, por baja y despreciable que pueda ser la víctima, es un asunto muy serio.

Ahora pido al doctor Joad que observe con mucho cuidado lo que hago en este punto, pues dudo de que sea exactamente lo que él piensa. Yo no propongo una doctrina de la capacidad de sentir por parte de los animales como algo probado y, en consecuencia, concluido. «Por lo tanto, los animales no son sacrificados sin recompensa, y, en consecuencia, Dios es justo». Si lee con atención el capítulo nueve, verá que se puede dividir en

---

8. G. K. Chesterton, «A Hymn», línea 11. La primera línea comienza con estas palabras: «Oh, Dios de la tierra y el altar».

dos partes desiguales: la primera consta de un parágrafo, el primero, y la segunda del resto. Se podrían resumir como sigue:

Primera parte. Los datos que Dios nos ha dado nos permiten entender en cierta medida el dolor humano, pero carecemos de datos parecidos acerca de los animales. No sabemos ni lo que son ni por qué son. Todo lo que podemos decir con seguridad es que, si Dios es bueno (y yo creo que tenemos razones para decir que lo es), la apariencia de que Dios es cruel con el mundo animal tiene que ser una falsa apariencia. Cuál sea la realidad que hay tras esta falsa apariencia es algo que solo podemos conjeturar.

Segunda parte. En ella se encuentran algunas de mis conjeturas. Importa mucho más que el doctor Joad esté de acuerdo con la primera parte, no que apruebe algunas de las especulaciones de la segunda.

En primer lugar me ocuparé, hasta donde pueda, de su crítica a esas especulaciones.

1.   Tras admitir (*positionis causa*) mi distinción entre capacidad de sentir y conciencia, el doctor Joad cree que es irrelevante. «Se siente dolor, escribe, aun cuando no haya un *ego* ininterrumpido que lo sienta y lo relacione con los dolores pasados y futuros», y «el hecho de que se sienta dolor, no importa quién o qué lo sienta [...] es lo que exige explicación». En cierto sentido estoy de acuerdo en que no importa (para el actual propósito) «quién o qué» lo siente. Quiero decir que no importa lo humilde, desamparada, pequeña o alejada de nuestras simpatías espontáneas que esté la víctima. Pero sí importa, sin duda, saber hasta qué punto es capaz la víctima de lo que nosotros reconocemos como sufrimiento, hasta qué punto una realidad genuinamente miserable es conforme con su forma de existencia. Es difícil negar que, cuanto más coherentemente consciente es el sujeto, tanta más piedad e indignación suscita su dolor. Y esto implica, a mi juicio, que, cuanto menos consciente, menos merece ambas cosas. Creo incluso posible que haya un dolor tan instantáneo (debido a la ausencia de la percepción de sucesión) cuyo «disvalor», si puedo acuñar la palabra, no se distinga de cero. Un correspondiente ha mencionado como ejemplo dolores punzantes en nuestra propia experiencia, en aquellas ocasiones en que van acompañados de miedo. Pueden ser intensos, pero han pasado cuando reconocemos su intensidad. Por lo que a mí respecta, no encuentro nada en esos dolores que despierte piedad. Son, más bien, cómicos, y uno tiende a reírse de ellos. Una sucesión de dolores de ese tipo es

indudablemente terrible, pero en ese caso el argumento es que la sucesión no podría existir para una capacidad de sentir sin consciencia.

2.   No creo que la conducta «como si recordara» demuestre que existe memoria en el sentido de memoria consciente. Un observador no humano podría suponer que, cuando cerramos los ojos al acercarse un objeto, estamos «recordando» dolores sufridos en ocasiones anteriores. Sin embargo, en sentido estricto, ese gesto no entraña recuerdo alguno. (Es cierto, sin duda, que la conducta del organismo es modificada por las experiencias pasadas, lo cual nos permite decir por metonimia que los nervios recuerdan lo que la mente olvida. Pero no es de esto de lo que el doctor Joad y yo hablamos). Si hay que suponer que existe memoria en todos los casos en los que la conducta se adapta a una repetición probable de acontecimientos pasados, ¿no deberemos admitir que ciertos insectos heredan una memoria de los hábitos de reproducción de sus padres? ¿Estamos dispuestos a creer algo así?

3.   Como es natural, mi teoría, meramente insinuada, de la resurrección de los animales «en» su contexto humano (y, por tanto, indirectamente divino) no incluye los animales salvajes ni los tratados con crueldad. Una vez que establecí la proposición, añadí: «Pero ha sido propuesta solo como ilustración sacada de un ejemplo privilegiado —el único normal y no extraviado, desde mi punto de vista— de los principios generales que deben tenerse en cuenta al elaborar una teoría de la resurrección animal».[9] Luego añadí una sugerencia alternativa, observando, así lo espero, los mismos principios. Mi principal propósito en esta fase era simultáneamente liberar la imaginación y confirmar un agnosticismo legítimo acerca del sentido y el destino de los animales. Comencé diciendo que, si nuestra previa afirmación de la bondad divina era sensata, tendríamos que estar seguros *de uno u otro modo* de que «todo estaría bien y toda clase de cosas estaría bien».[10] Quería reforzar esta idea indicando cuán poco conocemos y cuántas posibilidades podemos tener en cuenta.

4.   Si el doctor Joad cree que me he imaginado a Satanás «tentando a los monos», tengo que reprocharme a mí mismo haber usado la palabra «tentando». Pido disculpas por la ambigüedad. De hecho, yo no creía que la «tentación» (es decir, la incitación de la voluntad) fuera el único modo

9. *El problema del dolor*, p. 140.
10. Juliana de Norwich, *Las revelaciones del amor divino*, cap. 29.

que el diablo tiene de corromper o dañar, y no es probable tampoco que sea la única forma que tiene de dañar a los seres humanos. Cuando nuestro Señor habló de la mujer encorvada como alguien «a quien Satanás tuvo atada»,[11] doy por supuesto que no quería decir que hubiera sido tentada a realizar malas acciones. La corrupción moral no es la única forma de corrupción. Pero tal vez la palabra *corrupción* estuviera mal elegida e indujera a ser mal entendida. *Distorsión* hubiera sido más acertada.

5. Mi correspondiente escribe: «La opinión de la mayor parte de los biólogos es que, incluso el daño más grave infligido a la mayoría de los animales invertebrados, es casi, si no totalmente, indoloro». Loeb reunió abundantes evidencias para mostrar que los animales sin hemisferios cerebrales eran indiscernibles de las plantas en todos los aspectos psicológicos. Viene sin dificultad a la mente el ejemplo de las orugas, que siguen comiendo serenamente aunque sus entrañas son devoradas por las larvas de la mosca *Ichneoumon*. El Protocolo de la Vivisección no se aplica a los invertebrados, lo cual indica el punto de vista de los que lo han redactado.

6. Aunque el doctor Joad no suscita la cuestión, no puedo dejar de añadir alguna nueva sugerencia, las más interesantes, de mi correspondiente acerca del temor animal. Indica que el miedo humano contiene dos elementos:

(a) las sensaciones físicas, debidas a secreciones, etc.;

(b) las imágenes mentales de lo que ocurrirá si uno pierde el dominio de sí mismo, de si la bomba cae aquí, o de si el tren descarrila.

El elemento (a), como tal, está tan lejos de ser un puro pesar que, cuando podemos recibirlo sin (b), o sin creer en él, o teniéndolo dominado, a un gran número de personas le gusta. Así se explican las montañas rusas, los disparos de agua, el automovilismo, el alpinismo...

Pero todo esto no es nada para el lector que no acepta la primera parte del capítulo noveno de mi libro. Nadie en su sano juicio comienza a construir una teodicea fundada en especulaciones acerca de la mente de los animales. Esas especulaciones solo son adecuadas, como allí dije, para abrir la imaginación a nuevas posibilidades, y para confirmar y profundizar en nuestro inevitable agnosticismo acerca de la realidad, y solo después de que los caminos de Dios *al hombre* han dejado de parecer inexcusables.

---

11. Lc 13:16.

Yo no sé la respuesta: mis especulaciones eran conjeturas de lo que eventualmente podría ser. Lo que realmente importa es el argumento de que debe haber una respuesta, el argumento de que si en nuestras vidas, que es donde únicamente conocemos a Dios (si es que lo conocemos), llegamos a distinguir la *pulchritudo tam antiqua et tam nova*,[12] entonces en los ámbitos en los que no podemos conocerlo (*connaitre*), aunque tal vez podamos saber (*savoir*) ciertas cosas de Él, a pesar de las apariencias en contra, Dios no puede ser un poder de oscuridad. En nuestro propio ámbito también había apariencias en contra, pero tanto el doctor Joad como yo las hemos superado.

Sé que hay momentos en que la continuidad ininterrumpida y el extremo desamparo del dolor animal, de lo que parece al menos dolor animal, hace que los argumentos a favor del teísmo suenen huecos, y lo mismo ocurre cuando el mundo de los insectos parece ser el mismo infierno visiblemente en funcionamiento alrededor nuestro. En esos momentos surge la vieja indignación, la vieja piedad. Pero para mostrar lo extrañamente ambivalente que es esta experiencia, no es preciso exponer la ambivalencia con mucho detalle, pues considero que ya lo he hecho en otra parte, y estoy seguro de que el doctor Joad hace mucho que lo ha percibido por sí mismo. Si considero esta piedad y esta indignación exclusivamente como experiencias subjetivas propias, sin otra validez que la fuerza que tienen en el momento de ser percibidas (que cambiará en el momento siguiente), difícilmente puedo utilizarlas como criterio para acusar a la creación. Al contrario, se afirman como argumentos contra Dios en tanto que las considero como iluminaciones trascendentes a las que la creación tiene que conformarse o, de lo contrario, ser condenada. Solo son argumentos contra Dios si son en sí mismas la voz de Dios. Cuanto más shelleyana, cuanto más prometeica sea mi rebelión, tanto más reclama sanción divina. ¿Qué importancia tiene para este propósito que dos seres contingentes, Joad o Lewis, nacidos en una época de civilización segura y liberal, de la que han asimilado ciertos sentimientos humanitarios, puedan sentirse ofendidos por el sufrimiento? ¿Cómo es posible que se quiera apoyar un argumento a favor o en contra de Dios en semejante accidente histórico?

---

12. La belleza tan antigua y tan nueva. San Agustín, *Confesiones*, X, 27.

No. No es posible en tanto que sintamos esas cosas, sino en tanto que afirmemos que tenemos razón al sentirlas, en tanto que estamos seguros de que estos criterios ejercen imperio *de iure* sobre todos los mundos posibles. En ese caso, y solo en él, se convierten en fundamento de la incredulidad —y, en el mismo momento, para la creencia—. El Dios dentro de nosotros nos gana de nuevo en el momento en que estamos reprobando al Dios de fuera. En un poema de Tennyson, el hombre que se había convencido de que el Dios del credo que había recibido era malo, exclama: «Si hubiera un Dios así, quisiera que el gran Dios lo maldijera y lo desbaratara».[13] ¿Quién maldice si no hay un «gran Dios» detrás de la maldición? Solamente una muñeca del pequeño «Dios» aparente. La misma maldición es envenenada de raíz: es el mismo tipo de acontecimiento que la crueldad que está condenando, parte de la tragedia sin sentido. Solo veo dos salidas al problema: o bien existe un gran Dios, y también «un dios de este mundo»,[14] un príncipe de la potestad del aire, al que el gran Dios maldice, a veces a través de nosotros, o bien las operaciones del gran Dios no son las que a mí me parecen.

13. «Despair», 19, 106.
14. 2 Corintios 4:4.

21

¿ES IMPORTANTE EL TEÍSMO?[1]

HE PERDIDO LAS notas de lo que dije originalmente en respuesta a la conferencia del profesor Price, y ahora no puedo recordar lo que fue, salvo que acogía con satisfacción su simpatía por el politeísmo. Cuando personas serias expresan su temor de que Inglaterra se está hundiendo en el paganismo, siento la tentación de responder: «¡Ojalá se hundiera!», pues no creo probable en absoluto que veamos nunca que el Parlamento comience con el sacrificio de un toro enguirnaldado de blanco en la Cámara de los Lores, o que el Gabinete de Ministros comience su reunión encomendando *sandwiches* en Hyde Park como ofrenda a las ninfas del bosque. Si ocurrieran esas cosas, el apologeta cristiano tendría algo en lo que trabajar, pues el pagano, como muestra la historia, es un hombre eminentemente susceptible de convertirse al cristianismo. Es esencialmente el hombre religioso precristiano o subcristiano. El hombre poscristiano de nuestros días se distingue de él como una divorciada de una virgen. El cristiano y el pagano tienen entre sí mucho más en común que cualquiera de ellos con los escritores del *New Statesman*, los cuales, estoy seguro, estarían de acuerdo conmigo. Por lo demás, lo que ahora se me ocurre, tras haber leído de nuevo la conferencia del profesor Price, es lo que sigue.

1. Creo que tenemos que introducir en la discusión una distinción entre dos sentidos de la palabra «fe». Puede significar (a) asentimiento intelectual consolidado. En este sentido la fe (o la «creencia») en Dios difiere muy poco de la fe en la uniformidad de la naturaleza o en la conciencia de

---

1. El artículo es la respuesta a una comunicación del profesor H. H. Price, leída en el Club Socrático de Oxford. La comunicación del profesor Price fue publicada con el mismo título en el *Socratic Digest* núm. 5 (1952), pp. 39-47, y la respuesta de Lewis, que se publica aquí, apareció por primera vez en esa misma publicación.

los demás. A esto es a lo que, a mi juicio, se ha llamado a veces fe «nocional», «intelectual» o «carnal».

Fe puede significar también (b) confianza, o seguridad, en el Dios a cuya existencia asentimos de ese modo, y entraña una actitud de la voluntad. Se parece mucho a la confianza en un amigo. En general se aceptará que la fe en el sentido A no es un estado religioso. Los demonios, que «creen y tiemblan»,[2] tienen fe del tipo A. Un hombre que blasfeme o ignore a Dios puede tener fe del tipo A. Los argumentos filosóficos para demostrar la existencia de Dios pretenden presumiblemente producir una fe del tipo A; los que los elaboran desean hacer que aparezca una fe del tipo A, porque es una condición previa necesaria de la fe del tipo B. En este sentido, su intención última es religiosa, pero su objetivo inmediato, la conclusión que tratan de demostrar, no lo es. Así pues, no creo que puedan ser acusados justamente de alcanzar una conclusión religiosa a partir de premisas no religiosas. Estoy de acuerdo con el profesor Price en que esto no se puede hacer, pero niego que los filósofos religiosos lo estén intentando.

Pienso asimismo que, en ciertas épocas, lo que afirma ser prueba del teísmo ha sido mucho más eficaz en producir fe del tipo A que lo que el profesor Price sugiere. Casi todas las personas que conozco, que han abrazado el cristianismo siendo adultas, han sido influidas por lo que consideraban que eran argumentos, al menos probables, en favor del teísmo. He conocido a personas a las que convenció el argumento ontológico cartesiano,[3] es decir, que recibieron primero la fe del tipo A gracias a Descartes, y luego continuaron buscando hasta encontrar la fe del tipo B. Incluso personas completamente incultas recurren a alguna forma simplificada del argumento de la existencia de Dios por el plan del universo. La misma aceptación de la tradición implica un razonamiento que a veces se explicita de esta forma: «Supongo que tantos hombres sabios no habrían creído en el teísmo si no fuera verdad».

La fe del tipo A incluye naturalmente cierto grado de certeza subjetiva, que va más allá de la certeza lógica —o de la supuesta certeza lógica— del argumento empleado. Supongo que esta certeza dura mucho tiempo, incluso sin el apoyo de la fe del tipo B. Es frecuente que se dé un exceso

---

2. Stg 2:19.

3. Un resumen breve de este argumento se encuentra en René Descartes, *Discurso del método*, parte iv, en la que dice «pienso, luego existo».

así de certeza cuando el asentimiento se clarifica. En la mayoría de los que creen en la uniformidad de la naturaleza, la evolución o el sistema solar, se da.

2.   Dudo que la gente religiosa haya supuesto alguna vez que la fe del tipo B siga automáticamente a la adquisición de la fe del tipo A, pues aquella se describe como un «don».[4] Tan pronto como tenemos fe del tipo A en la existencia de Dios, se nos ordena que pidamos al mismo Dios el don de la fe del tipo B. Una extraña petición —dirá usted— para hacer a la causa primera, al *ens realissimum*, o al motor inmóvil. Se podría argumentar (creo que yo mismo lo haría) que un Dios así, áridamente filosófico, más que rechazar, no invita a un acercamiento personal. De todas formas no hará ningún daño intentarlo. Pero acepto sin reservas que la mayoría de los que, habiendo alcanzado la fe del tipo A, ruegan por la fe del tipo B, lo hacen porque ya han tenido algún tipo de experiencia religiosa. Tal vez el mejor modo de expresarlo sería decir que la fe del tipo A convierte en experiencia religiosa lo que hasta ese momento era solo implícita o potencialmente religioso. Modificada de esta forma, aceptaría la opinión del profesor Price de que las pruebas filosóficas, por sí mismas, no llevan nunca a la religión. Algo al menos *quasi*-religioso las utiliza previamente, y las «pruebas» eliminan un impedimento que dificultaba su desarrollo hasta convertirse en algo propiamente religioso.

Esto no es exactamente *fides quarens intellectum*,[5] pues las experiencias quasi-religiosas a las que nos referimos no son *fides*. A pesar del rechazo del profesor Price, sigo creyendo que la explicación de Otto sobre lo numinoso[6] es el mejor análisis de ese fenómeno del que disponemos. Estimo que es un error considerar lo numinoso exclusivamente como un asunto del «sentimiento». Sin duda, Otto puede describirlo tan solo por referencia a las emociones que causa en nosotros, pero es que nada se puede describir si no es en relación con sus efectos en la conciencia.

En inglés tenemos un término exacto para la emoción causada por lo numinoso, del que Otto, que escribe en alemán, carece. Nosotros disponemos de la expresión «temor reverencial», que es una emoción parecida

---

4. Por ejemplo, en 1 Co 12:1-11; Ef 2:8.
5. La fe buscando al intelecto.
6. Rudolf Otto, *The Idea of the Holy*, trad.: John W. Harvey (Londres, 1923) [en español, *Lo santo* (Madrid: Alianza, 2016)].

al temor, pero con esta diferencia importante: es un temor que no implica ninguna estimación de peligro. Cuando tememos a un tigre, tememos que pueda matarnos; pero cuando tememos a un espíritu, tememos efectivamente al espíritu, no a este o aquel daño que pueda hacernos. Lo numinoso, aquello que tememos reverencialmente, es algo ante lo que tenemos, por así decir, un temor sin objeto o desinteresado. Lo numinoso no es un nombre para expresar nuestro propio sentimiento de temor reverencial, del mismo modo que «lo despreciable» tampoco es un nombre para expresar el desprecio. Lo numinoso es la respuesta a esta pregunta: «¿De qué sentimos temor reverencial?». Al igual que Otto y, en cierto sentido, que el profesor Price, yo encontraría la semilla de la experiencia religiosa en la experiencia de lo numinoso. En una época como la nuestra ocurre una experiencia así, pero hasta que llega la religión y la transforma retrospectivamente, al sujeto que la tiene le parece una forma especial de experiencia estética. Creo que en la antigüedad la experiencia de lo numinoso se desarrollaba, hasta convertirse en experiencia de lo sagrado, cuando lo numinoso (que en sí mismo no tenía que tener carácter moral) llegaba a conectarse con lo moralmente bueno. Esto ocurrió regularmente en Israel, y esporádicamente en otras partes. Pero no creo que en el paganismo, ni siquiera en el más desarrollado, ese proceso condujera a algo exactamente como la *fides*; en el paganismo no hay nada que sea objeto de fe.

En Israel sí alcanzamos la *fides*, y está conectada siempre con ciertas afirmaciones históricas. La fe no es solo fe en el numinoso Elohim, ni siquiera simplemente en el sagrado Yahvé, sino en el Dios «de nuestros padres», el Dios que llamó a Abraham y sacó a Israel de Egipto.

En el cristianismo se reafirma fuertemente este elemento histórico. El objeto de la fe es simultáneamente el *ens entium*[7] de los filósofos, el reverente Misterio del Paganismo, la Ley Sagrada de los moralistas y Jesús de Nazaret, que fue crucificado bajo Poncio Pilato y resucitó al tercer día.

Hemos de admitir que la fe, tal como la conocemos, no procede solo de argumentos filosóficos, ni solo de la experiencia de lo numinoso, ni solo de la experiencia moral, ni solo de la historia, sino de acontecimientos históricos que completan y trascienden la categoría moral, que se unen con los elementos más numinosos del paganismo y que, según nos parece,

---

7. Ser de seres.

reclaman, como presupuesto suyo, la existencia de un Ser que es más, no menos, que el Dios que muchos filósofos acreditados creen poder verificar.

La experiencia religiosa, tal como la conocemos, implica realmente todos estos elementos. Sin embargo, podemos emplear la palabra en un sentido más restringido para denotar ciertos momentos de la experiencia mística, piadosa, o meramente numinosa, y entonces podemos preguntarnos, con el profesor Price, cómo esos momentos, que son un tipo de *visio*, se relacionan con la fe, que por definición no es «visión». Este no me parece a mí uno de los problemas más difíciles. «La experiencia religiosa», en sentido estricto, viene y se va: especialmente se va. La operación de la fe es conservar, en tanto que la voluntad y la razón están interesadas, lo que durante los momentos de gracia especial es irresistible y obvio. Por fe creemos lo que esperamos ver siempre y perfectamente en la vida futura, y que ya hemos visto imperfectamente y en destellos. En relación con la premisa filosófica de la fe cristiana es, claro está, algo excesivo; respecto de lo que a veces muestra al cristiano, a menudo es tal vez defectuoso. Mi fe en un amigo terrenal también va más allá de lo que se podría probar demostrativamente. Sin embargo, en otro sentido, puede que a menudo confíe en él menos de lo que merece.

22

RÉPLICA AL DOCTOR PITTENGER[1]

DE UNA DE las acusaciones que el doctor Pittenger hace en su «Crítica», publicada en el *Christian Century* del 1 de octubre, debo confesarme culpable. El doctor Pittenger me ha sorprendido usando la palabra «literalmente» en una ocasión en que yo no quería dar a entender lo que esa palabra significa, y se trata de un horrible cliché periodístico que él no puede reprobarme con más severidad de lo que yo mismo lo hago.[2]

Debo admitir, pues, que hay algo de cierto en su acusación de apolinarianismo. En mi obra *El problema del dolor* hay un pasaje que, si se fuerza, podría sugerir una idea de la encarnación escandalosamente tosca. En la edición francesa lo corregí con una nota a pie de página, pero no he podido hacerlo en las demás, salvo en la medida en que el capítulo 3 del libro IV de *Mero cristianismo* pueda proporcionar un antídoto.

Con esto no quiero decir que mi actual concepción satisfaga plenamente al doctor Pittenger. Él habla acerca de la validez/vigencia del lugar único que nuestro Señor Jesucristo ocupa en la fe cristiana, como el único en el cual Dios estuvo tan activo y tan presente que puede ser llamado «Dios hecho hombre».[3] No estoy del todo seguro de lo que esto quiere decir. Tal vez sus palabras se puedan interpretar así: «El lugar,

---

1. W. Norman y T. Pittenger, «A Critique to C. S. Lewis». *Christian Century*, vol. LXXV (1 octubre 1958), pp. 1104-1107.
2. En *Broadcast Talks* (Londres, 1942), parte II, cap. 5, p. 60, Lewis había escrito que «la masa entera de cristianos es literalmente el organismo físico a través del cual actúa Cristo; que somos sus dedos y sus músculos, las células de su cuerpo». Sin embargo, la palabra «literalmente» fue borrada cuando *Broadcast Talks* se reimprimió, junto con otros dos libros breves, bajo el título *Mere Christianity* (Londres 1952), donde la frase citada más arriba está en el libro II, cap. 5, p. 51 (en la versión española, *Mero cristianismo*, p. 80).
3. Pittenger, p. 1106.

verdaderamente único, de nuestro Señor Jesucristo en la estructura de la realidad total; el modo y el grado únicos de la presencia y acción de Dios en Él, hacen que la fórmula «Dios hecho hombre» sea la descripción objetiva y verdadera de nuestro Señor». Si es eso lo que quiere decir, creo que estaríamos casi de acuerdo.

Pero cabe también esta otra explicación: «El lugar único que los cristianos (subjetivamente, en su pensamiento) dieron a nuestro Señor, como el Único en el que Dios se hizo presente y actuó en grado único, hizo que a ellos les pareciera razonable llamar a nuestro Señor "Dios hecho hombre"». Si es así, yo tendría muchas objeciones que hacer. Con otras palabras: si la expresión «puede ser llamado», que el doctor Pittenger emplea, no significa «es», o significa algo distinto de «es», entonces no puedo aceptar su fórmula. Yo creo que Jesucristo es, de hecho, el Hijo de Dios único, es decir, el Hijo de Dios único a través del cual los hombres se les da «potestad de ser hechos hijos de Dios».[4] Me admira que el doctor Pittenger, si desea atacar esta doctrina, me elija a mí como representante de ella, pues ha tenido campeones mucho más dignos de su acero.

Ahora acudo a mi libro *Los milagros*, y siento decir que aquí tengo que enfrentarme a las acusaciones del doctor Pittenger y rechazarlas de forma decidida. Él dice que mi libro «se abre con una definición de *milagro* como "violación" de las leyes de la naturaleza».[5] Se equivoca. El pasaje, del capítulo 2, dice realmente esto: «He usado la palabra "Milagro" para designar una interferencia en la Naturaleza de un poder sobrenatural».[6] Si el doctor Pittenger cree que la diferencia entre el texto verdadero y su cita equivocada es meramente verbal, es que ha entendido erróneamente casi todo el libro. Yo nunca he igualado la naturaleza (el sistema espacio-temporal de hechos y acontecimientos) con las leyes de la naturaleza (las normas de acuerdo con las cuales suceden los hechos y acontecimientos). Yo igualaría, más bien, un habla real con las reglas de la gramática. En el capítulo 8 digo reiteradamente que los milagros ni pueden ni tienen por

---

4. Jn 1:12.

5. Pittenger, p. 1105.

6. *Miracles. A Preliminar Study* (Londres, 1947). Como Lewis revisó posteriormente el capítulo III del libro, todas las referencias que se hacen a su texto se refieren a la edición revisada de *Miracles* (Fontana Books, Londres, 1960), p. 9. [En español, *Los milagros* (Nueva York: Rayo, 2006), p. 13, o *Clásicos selectos de C. S. Lewis* (Nashville: Grupo Nelson, 2022), p. 296].

qué infringir las leyes de la naturaleza, que «Es, por consiguiente, inexacto definir el milagro como algo que quebranta las leyes de la Naturaleza»,[7] y que «El arte divino del milagro no es el arte de suspender el patrón a los que los sucesos se conforman, sino de alimentar este patrón con nuevos acontecimientos».[8] ¿Cuántas veces debe un hombre repetir una cosa para que no se le acuse de haber dicho exactamente la contraria? (Ni por un momento atribuyo mala fe al doctor Pittenger. Todos sabemos lo difícil que es comprender o retener lo esencial de un libro que nos parece contrario a nuestras ideas).

Además, el doctor Pittenger contrapone mi teoría con aquella que considera los milagros signos de la acción y presencia de Dios en la creación. Sin embargo, en el capítulo quinto digo que el milagro de las bodas de Caná manifiesta «al Dios de Israel, que nos ha dado vino durante todos estos siglos», y que en la alimentación milagrosa, Dios «hace pequeño y próximo [...] lo que Él siempre ha estado haciendo en los mares, los lagos y los pequeños torrentes».[9] Seguramente era esto lo que el doctor Pittenger quería que yo dijera y lo que Atanasio dice (*De Incarnatione* xiv. 8, ed. F. L. Cross, 1939).

Es verdad que yo no uso las palabras (*semeia*, *terata* y otras) que los autores del Nuevo Testamento emplean para referirse a los milagros. Pero, ¿por qué tendría que hacerlo? Yo escribo para gente que quiere saber, no cómo habría que llamar a ciertas cosas, sino si han ocurrido o no; si podemos creer, sin caer en absurdos, que Cristo resucitó dejando la tumba vacía. Me temo que la mayoría de mis lectores, si alguna vez han creído que no resucitó, considerará de menor importancia determinar si —en el supuesto de que no hubiera resucitado— el acontecimiento no existente era *teras* o *dunamis*. Y, en cierto modo, uno entiende su punto de vista.

El doctor Pittenger piensa que el naturalista, al que trato de refutar en el capítulo tercero, es un hombre de paja. Tal vez no se halle en los círculos que el doctor Pittenger frecuenta; pero es muy común en los lugares de donde yo vengo, y, presumiblemente, en Moscú. En ese capítulo (que

---

7. *Clásicos selectos*, p. 349.
8. Ibíd., p. 350.
9. Ibíd., p. 428.

debería reescribir) hay una dificultad muy seria, pero el doctor Pittenger no la ha visto o la ha silenciado caritativamente.[10]

Ahora vuelvo a la cuestión más difícil e interesante del cuarto Evangelio. Es difícil porque, una vez más, aquí tampoco entiendo del todo lo que el doctor Pittenger escribe. Me culpa de haber colocado los cuatro evangelios en la misma categoría, y especialmente, de creer que Jesús afirmó su naturaleza divina porque el cuarto Evangelio dice que lo hizo. Esto no significa que el doctor Pittenger rechace el cuarto Evangelio como sencillamente falso. Según él, ese Evangelio ofrece la «interpretación» que «dieron» de la «significación» de nuestro Señor los primeros cristianos, los cuales percibieron «correctamente» que «era verdad».[11]

En mi lenguaje, el significado de algo que «se percibe correctamente que es verdad» es su verdadero significado, y los que lo descubrieron habrían hallado lo que significa realmente la cosa en cuestión. Si el cuarto Evangelio nos dice lo que Jesucristo significa realmente, ¿por qué se me censura por aceptarlo? Pero lo han hecho, y, por tanto, las palabras del doctor Pittenger deben tener otro sentido. ¿Quiere decir que lo que los primeros cristianos «percibieron correctamente que era verdad» no era verdad? ¿O que la significación que ellos percibieron correctamente que era verdad podría ser «percibida erróneamente» por nosotros como verdadera? ¿O que entendieron bien la «significación» y se equivocaron acerca de la «interpretación de la significación»? Me doy por vencido.

Reconozco que el problema del cuarto Evangelio provoca en mí un conflicto entre la autoridad y mi opinión personal: la autoridad de todos los eruditos que piensan que el cuarto Evangelio no es histórico, y mi opinión como crítico literario, que me obliga a pensar que está tan próximo a los hechos como el *Johnson* de Boswell. Si aquí me aventuro a seguir mi juicio en contra de la autoridad, lo hago solo parcialmente, porque nunca pude ver cómo eludir el dilema *aut Deus aut malus homo*,[12] si se limita uno a los Sinópticos. El hombre moderno no parece escandalizarse, como se escandalizaron los contemporáneos de Jesús, ante la afirmación del Señor de que perdonaba los pecados; no los pecados contra Él, sino los pecados

---

10. Lewis, como se ha mencionado en una nota anterior, revisó el capítulo III de *Los milagros*.
11. Pittenger, p. 1106.
12. O es malo Dios, o es malo el hombre.

sin más. Sin embargo, si el hombre moderno se topara ahora con Él, seguramente sentiría de otro modo. Si el doctor Pittenger me dijera que dos de sus colegas le han hecho perder una cátedra mintiendo sobre su carácter, y yo le contestara: «A los dos los perdono sin reservas», ¿no creería que esto es una impertinencia (en sentido antiguo y moderno) rayana con la locura? Y, naturalmente, los tres Evangelios Sinópticos narran la historia de Alguien que, en su aflicción, selló su destino diciendo que era el Hijo de Dios.

Se me acusa de atribuir «trascendencia casi espacial a Dios», y de negar su presencia continua en la naturaleza, porque hablé de Él diciendo que la «invadía» o que «se inmiscuía» en ella.[13] Esto es algo realmente injusto por parte del doctor. La misma palabra «trascendencia» incluye una imagen espacial. Y también el término «inmanencia». Y lo mismo ocurre con la expresión del doctor Pittenger «acción y *presencia* de Dios *en* la creación».[14] A fin de cuentas, tenemos que hablar el lenguaje de los hombres. (He recibido mucha luz sobre este problema de la obra de Edwyn Bevan *Symbolism and Belief*). Reconozco, sin embargo, que, aun creyendo en las dos, he insistido más en la trascendencia de Dios que en su inmanencia. Creía, y creo, que lo exige la situación actual. No veo a mi alrededor peligro de deísmo, pero sí de inmoral, ingenuo y sentimental panteísmo. He comprobado a menudo que este era el principal obstáculo para la conversión.

El doctor Pittenger dice que yo baso la fe en la autoridad (que «ha crecido en la Iglesia y obtenido el asentimiento de los grandes doctores»).[15] Él también lo hace; su autoridad es «el testimonio unánime de todos los cristianos desde el tiempo de los apóstoles».[16] No sé exactamente por qué llama a mi autoridad «mecánica».

¿Se distingue tal vez de la suya por ser una autoridad que se puede descubrir? El «testimonio unánime» sería magnífico si aún lo tuviéramos. Pero, naturalmente, la inmensa mayoría de los cristianos —como los demás hombres— han muerto ya, y siguen muriendo mientras escribo, sin haber dejado grabados sus «testimonios».

¿Cómo consulta el doctor Pittenger su autoridad?

---

13. Pittenger, p. 1105.
14. Ibíd.
15. Ibid, p. 1106, citando la obra de Lewis *El problema del dolor*, p. 76.
16. Ibíd.

Lo que realmente me ha herido más es su acusación de insensibilidad hacia los animales. Y también me ha sorprendido, pues otros censuran ese mismo pasaje de mi escrito por ser excesivamente sentimental.[17] Es difícil agradar a todos, pero si los habitantes de la Patagonia creen que soy un enano, y los pigmeos consideran que soy un gigante, entonces es que mi estatura no es nada fuera de lo corriente.

La afirmación de que no «me interesa demasiado» el Sermón del Monte, sino que «prefiero» la «ética paulina» de la iniquidad y el desamparo del hombre[18] entraña una sugerencia acerca de las alternativas entre las que podemos elegir, donde yo veo una sucesión de estadios por los que debemos avanzar. La mayoría de mis libros son evangélicos, y están dirigidos a *tous exo*. Habría sido absurdo predicar el perdón y hablar del Salvador a quienes no sabían que necesitaban a los dos. De ahí que se tenga que insistir en el diagnóstico de san Pablo y del Bautista (¿llamaría usted *ética* a ese diagnóstico?). Y no me consta que nuestro Señor lo revisara («Pues si vosotros, aun siendo malos...»).[19] En cuanto a eso de que «no me interesa» el Sermón del Monte, si «interesarse por» significa «gustar» o «disfrutar», supongo que a nadie «le interesa». ¿A quién le *gusta* que le golpeen fuertemente en la cara? Me resulta muy difícil imaginar una condición espiritual más letal que la del hombre que puede leer ese pasaje con placer tranquilo. Eso es realmente ser «los descuidados en Sión».[20] Un hombre así no está maduro para la Biblia, y habría sido mejor que empezara aprendiendo buen juicio del islam: «¿Crees que hice el cielo y la tierra *en broma*?».

Eso ilustra algo que, en mi opinión, constituye una debilidad del método crítico del doctor. El doctor Pittenger juzga mi libro *in vacuo*, sin tener en cuenta a quiénes iba dirigido ni los errores generalizados que trataba de combatir. El Naturalismo se convierte en un hombre de paja porque no se da entre los «científicos de primera categoría» ni entre los lectores de Einstein. Pero yo escribía *ad populum*, no *ad clerum*. Esto es relevante para mi modo de ser y para el asunto que trataba. No entiendo

---

17. La indicación se refiere al capítulo sobre «El dolor animal» de *El problema del dolor*.
18. Pittenger, p. 1106.
19. Mt 7:11. Lc 11:13.
20. Am 6:1.

por qué puede ser vulgar y ofensivo, al hablar de la Santísima Trinidad, ilustrar, a partir de una geografía plana y del espacio, la concepción de que lo que es internamente contradictorio en un nivel puede ser consistente en otro.[21] Yo habría entendido que el doctor Pittenger se hubiera escandalizado si hubiera comparado a Dios con un juez injusto, o a Cristo con un ladrón en la noche. Sin embargo, creo que los objetos matemáticos solo contienen aquellas asociaciones sórdidas que la mente pueda albergar.

Pasemos todo esto por alto. Admitamos que la imagen es vulgar. Si logra que los no creyentes conozcan lo que necesitan desesperadamente conocer, la vulgaridad debe tolerarse; de hecho, la vulgaridad de una imagen puede ser incluso una ventaja. Hay mucho sentido en las razones aducidas por santo Tomás de Aquino para preferir (siguiendo al Pseudo Dionisio) las verdades divinas actuales *sub figuris vilium corporum*[22] (*Summa Theologica*, Qu. 1, Art. 9 *adtertium*).

Cuando comencé, el cristianismo se presentaba, ante la gran mayoría de mis compatriotas no creyentes, o bien en la forma altamente emocional ofrecida por los predicadores que recorrían el país predicando la fe, o en el lenguaje ininteligible de los clérigos altamente ilustrados. A la mayoría de los hombres no les llegaba ninguno de los dos. Mi tarea ha sido simplemente la de un *traductor*: explicar la doctrina cristiana, o lo que creía que era tal, en el habla común, que la gente no ilustrada pudiera comprender y al que pudiera prestar atención. Para lograr este objetivo, un estilo más cauto, más *nuancé*, más matizado, más rico en fértiles ambigüedades —un estilo más parecido al del doctor Pittenger— habría sido completamente inútil. No solo habría fracasado en ilustrar el entendimiento del lector medio, sino que habría levantado sospechas. Ese lector, ¡pobre alma!, habría pensado que yo estaba usando ambos procedimientos, que me mostraba indeciso, que ofrecía en un momento lo que quitaba en otro, y que trataba de engañarle.

Tal vez haya cometido errores teológicos. Mi modo de expresión puede haber sido defectuoso. Es posible que otros lo hagan mejor en el futuro. Estoy dispuesto, si soy bastante joven para ello, a aprender. Pero el doctor

---

21. En *Mero cristianismo*, Libro IV, cap. 2, p. 174, Lewis dice: «En la dimensión de Dios, por así decir, encontramos un ser que es tres Personas y un solo Ser, igual que un cubo es seis cuadrados y un solo cubo».
22. Bajo figura de cuerpos viles.

Pittenger sería un crítico más útil si, además de diagnosticar las enfermedades, aconsejara el remedio.

¿Cómo hace él esta labor? ¿Qué métodos emplea, y con qué éxitos, cuando trata de convertir a la gran masa de tenderos, abogados, corredores de fincas, policías y artesanos que lo rodean en su misma ciudad?

Al menos una cosa es segura. Si los verdaderos teólogos hubieran abordado esta laboriosa tarea de traducción hace cien años, cuando empezaron a perder el contacto con las personas (por las que Cristo murió), quizá no habría habido lugar a que la hiciera yo.[23]

23. Cp. carta 11, p. 341.

23

¿DEBE DESAPARECER NUESTRA IMAGEN DE DIOS?

EL OBISPO DE Woolwich[1] inquietará a la mayoría de nosotros, seglares cristianos, menos de lo que supone. Hace tiempo que hemos abandonado la creencia en un Dios que se sienta en su trono, en un cielo situado en algún lugar del espacio. Esa creencia se llama antropomorfismo y fue condenada oficialmente antes de nuestra época. Algo hay sobre esto en Gibbon. Jamás me he encontrado a un adulto que sustituyera la expresión «Dios en lo alto» por «Dios fuera» en el sentido de «exterior espacialmente al universo». Si yo dijera que Dios está «fuera» o «más allá» del espacio y el tiempo, querría decir que está fuera de él, como Shakespeare está fuera de *La tempestad,* es decir, que sus escenas y sus personajes no agotan su ser. Siempre hemos pensado en Dios como el Ser que no está solo «en» nosotros o «por encima» de nosotros, sino también «por debajo». Hemos pensado en Él como la profundidad del fundamento. Imaginativamente podemos hablar de «Nuestro Padre en el Cielo», pero también de sus brazos eternos que están «debajo». No entendemos por qué el obispo está tan preocupado por canonizar una imagen y prohibir la otra. Admitimos su libertad para usar la que prefiera. Pero nosotros afirmamos nuestra libertad para usar las dos.

Su idea de Jesús como una «ventana» parece absolutamente ortodoxa. («El que me ha visto a mí ha visto al Padre»[2]). La verdadera novedad reside, tal vez, en la doctrina del obispo acerca de Dios. Pero no estamos seguros,

---

1. Este artículo, aparecido por primera vez en *The Observer* (24 de marzo de 1963), es una respuesta al del doctor J. A. T. Robinson, entonces obispo de Woolwich, «Our Image of God Must Go» (*The Observer,* 17 marzo 1963), que es un resumen de su libro *Honest to God* (Londres, 1963).
2. Jn 14:9.

pues es muy oscuro al respecto. El obispo establece una neta distinción entre preguntar «¿Existe Dios como persona?» e inquirir si la última realidad es personal. Es indudable que quien responde afirmativamente la segunda cuestión responde afirmativamente la primera. Cualquier entidad que, sin abusar del lenguaje, se pueda describir como Dios debe ser una realidad última. Y si la realidad última es personal, entonces Dios es personal. ¿Quiere decir el obispo que algo que no es «una persona» podría ser «personal»? Hasta esto se podría arreglar si «no ser una persona» significara «ser una persona y más», tal como establece la doctrina de la Santísima Trinidad. Pero el obispo no menciona nada de esto.

Así, aunque perplejo a veces, no me he escandalizado por su artículo. El contenido esencial está en su sitio, aunque quizás corra el peligro de fanatismo. Su fracaso en comunicar por qué las cosas que está diciendo le conmueven tan profundamente, como obviamente le conmueven, puede ser, antes que nada, un fracaso literario. Si yo fuera el encargado de defender su posición diría «la imagen de la Madre Tierra dice algo que la del Padre Cielo omite. Las religiones de la Madre Tierra han sido hasta aquí espiritualmente inferiores a las del Padre Cielo, pero, tal vez, sea ahora el momento de readmitir algunos de sus elementos». Yo no lo creería muy firmemente, pero debería vislumbrar algún tipo de argumento.

parte II

1

LOS PELIGROS DE UN ARREPENTIMIENTO
A NIVEL NACIONAL

LA NOCIÓN DE un arrepentimiento a nivel nacional parece ofrecer, a primera vista, un gran y edificante contraste a nuestra arrogancia de la que tanto se le acusa a Inglaterra y con la que se involucró (o así se presume) en la guerra más reciente, y a la que el cristiano acude con esperanza. Especialmente aquellos jóvenes cristianos —que se graduaron el año pasado y que ahora hacen su pasantía en la iglesia local— se presentan en grandes números. Están prestos a creer que Inglaterra es, en parte, responsable de la guerra presente y también están listos para reconocer que comparten la culpa de Inglaterra. Se me hace difícil determinar qué culpa comparten. La mayoría de estos jóvenes eran niños y carecían del voto o la experiencia que les permitiese usar el voto con criterio, cuando Inglaterra tomó muchas de aquellas decisiones que fueron posiblemente la causa del desorden presente. ¿Será que se han arrepentido de algo que no han cometido?

Si ha sido así, supongo que su error habrá sido algo inofensivo: es tan común que los hombres eviten arrepentirse de sus verdaderos pecados que el arrepentimiento esporádico de algún pecado imaginario suele ser casi conveniente. Pero lo que realmente les sucede (he sido testigo de ello) a estos jóvenes penitentes es un poco más complicado que lo anterior. Inglaterra no es una fuerza de la naturaleza, sino una sociedad civil. Cuando nos referimos a los actos de Inglaterra, damos a entender los actos del gobierno británico. Aquel joven que ha sido llamado para que se arrepienta de la política internacional del Reino Unido ha sido en realidad llamado para que se arrepienta de los actos de su vecino; porque el Secretario de Asuntos Exteriores o el Ministro de Gabinete es, de hecho, un vecino. Y el arrepentimiento presupone la censura. El primer y funesto encanto del arrepentimiento a nivel nacional consiste, por tanto, en que nos anima

179

a dejar a un lado la amarga tarea de tener que arrepentirnos de nuestros propios pecados y volvernos hacia la agradable tarea de lamentarnos por —denunciando primero— la conducta de los demás. Si la decisión que el joven está tomando tuviera esta claridad, sin lugar a duda que recordaría la ley de la caridad. Desafortunadamente, la verdadera naturaleza de las condiciones en las que el arrepentimiento a nivel nacional ha sido recomendado al joven sigue oculta. Por medio de una peligrosa figura retórica, el joven llama al gobierno no «ellos» sino «nosotros». Y dado que, en calidad de penitentes, no se nos anima a que seamos benéficos con nuestros propios pecados, ni tampoco que nos otorguemos el beneficio de ninguna duda, un gobierno que se denomine «nosotros» se coloca *ipso facto* más allá de la esfera de la caridad o incluso de la justicia. Uno tiene la libertad de decir lo que le plazca. Uno puede disfrutar del vicio popular de la detracción sin límites, y sin embargo sentir todo el tiempo que uno está cumpliendo un acto de contrición. Un grupo de estos jóvenes penitentes diría: «Arrepintámonos de nuestros pecados nacionales». Lo que realmente dicen es: «Echémosle la culpa a nuestro vecino (incluso a nuestro vecino cristiano) en el Gabinete cada vez que tengamos un desacuerdo con él y atribuyámosle todo propósito abominable que Satanás nos haya metido en la imaginación». Zafarse del arrepentimiento personal y huir hacia aquella tentadora región

> *Donde las pasiones viven a sus anchas*
> *Y jamás oyen el sonido de sus propios nombres*[1]

sería bienvenida por la cobardía moral de cualquiera. Pero para el joven intelectual es mucho más atractiva. Cuando un hombre mayor de cuarenta intenta arrepentirse por los pecados de Inglaterra y amar a sus enemigos, intenta algo costoso; porque creció con ciertos sentimientos patrióticos que no pueden ser humillados sin esfuerzo. Pero un hombre educado, que se encuentra en sus veinte, por lo general no tiene estos sentimientos que pueda humillar. Respecto al arte, la literatura y la política ha formado parte, desde que tiene uso de la razón, de una minoría enojada e impaciente; se ha empapado casi con la leche de su madre de una desconfianza por los estadistas ingleses y un desprecio por los modales, placeres y entusiasmo

---

1. Wordsworth, *The Prelude*, XI, línea 230.

de sus menos educados compatriotas. Todos los cristianos están conscientes de su obligación de perdonar a sus enemigos. Sin embargo, «mi enemigo» significa principalmente aquel contra el que me siento muy tentado a odiar y difamar. Si tenemos la oportunidad de prestar atención a las conversaciones de jóvenes cristianos intelectuales, descubriremos con prontitud quién es realmente el verdadero enemigo de ellos. Aparentemente lleva dos nombres: el coronel Blimp y «el empresario». Sospecho que el segundo significa por lo general el padre del que tiene la palabra, pero es solo una especulación. Lo cierto es que cuando se les pide a aquellos intelectuales cristianos que perdonen a los alemanes y rusos y que abran sus ojos a los pecados de Inglaterra, no se les pide que se humillen, sino que satisfagan las pasiones que los dominan. No quiero decir que lo que se les pide no sea correcto y necesario en sí mismo; tenemos la obligación de perdonar a todos nuestros enemigos o si no ser condenados al averno. Pero definitivamente esta exhortación no la necesitan tus oyentes. Se les debería decir que se arrepientan de sus pecados comunitarios, de los que son de su propia edad y clase, esto es, su desprecio a los que no tienen educación, su rapidez para sospechar de cosas malas, sus creídas incitaciones a la difamación de figuras públicas, su violación del quinto mandamiento.[2] De estos pecados, no he oído nada al respecto entre estos jóvenes. Hasta que esto no suceda, seguiré creyendo que su franqueza contra el enemigo nacional es una virtud muy barata. Si un hombre es incapaz de perdonar a su vecino, el coronel Blimp, a quien ha visto, ¿cómo será posible que logre perdonar a los dictadores que no ha visto?

Entonces, ¿acaso no es obligación de la iglesia predicar el arrepentimiento a nivel nacional? Pienso que así debe ser. Pero este cargo, como muchos otros, puede solo darlo de alta provechosamente aquel que lo hace de mala gana. Sabemos que quizá sea necesario «odiar» a nuestra madre por causa del Señor.[3] El espectáculo de poder ver a un cristiano que reprende a su madre, si bien es algo infeliz, quizá sea edificante; pero esto se puede dar tan solo si estamos completamente seguros de que hemos

---

2. «Honra a tu padre y a tu madre, para que tus días se alarguen en la tierra que Jehová tu Dios te da» (Éx 20:12).

3. «Si alguno viene a mí, y no aborrece a su padre, y madre, y mujer, e hijos, y hermanos, y hermanas, y aun también su propia vida, no puede ser mi discípulo» (Lc 14:26).

sido buenos hijos y que, al reprender a nuestra madre, el fervor religioso ha sabido vencer, no sin cierta agonía, al profundo afecto natural. En el preciso instante en que se descubre que la persona *disfruta* de reprender a su madre, que cree que se encuentra en un nivel superior al natural mientras que al mismo tiempo se encuentra, en realidad, arrastrándose en el fango de lo innatural, entonces el espectáculo se vuelve algo repugnante. Los dichos del Señor, aquellos que son muy severos, son saludables para aquellos que los ven como severos. Hay un espantoso capítulo en la obra de François Mauriac, *Vie de Jésus*. Cuando el Señor hablaba del conflicto de hermanos e hijos contra sus padres, los demás discípulos se escandalizaron. No así Judas. Para él todo ello fue como el pato que nada tranquilo sobre las aguas:

«¿Cuál es la razón de este asombro?, se preguntaba Judas... lo que amaba de Cristo era su sencilla perspectiva de las cosas, su mirada divina al horror humano».[4] Porque hay dos estados mentales que, sin inmutarse, se enfrentan a la paradoja del Señor. Dios nos guarda de uno de ellos.

---

4. Lewis lo cita en francés: «*Pourquoi cette stupeur, se demande Judas...? Il aime dans le Christ cette vue simple, ce regard de Dieu sur l'horreur humaine*». De François Mauriac, *Vie de Jésus* (París, 1936), cap. ix. [N. del T.].

2

DOS MANERAS DE TRATAR CON UNO MISMO

SE PIENSA QUE la abnegación y, de hecho así es, se ubica muy cerca a la moral cristiana. Cuando Aristóteles escribía elogiando cierta clase de amor propio o autoestima, es probable que hayamos sentido que, a pesar de que traza una diferencia entre una *philautia*[1] legítima e ilegítima, nos hemos topado con algo fundamentalmente subcristiano. Sin embargo, sería más difícil decidirnos por una opinión respecto a lo que escribiera Francisco de Sales en su capítulo «De la douceur envers nous-mêmes»,[2] donde se nos prohíbe incluso fomentar el resentimiento contra nosotros mismos y se nos aconseja reprochar hasta nuestras propias faltas «avec des remonstrances douces et tranquilles»,[3] para que de esta manera sintamos más compasión que pasión. Siguiendo aquella misma vena, Juliana de Norwich nos habría alentado a «amar apaciblemente»,[4] no solo a nuestro prójimo cristiano, sino también a nosotros mismos. Incluso el Nuevo Testamento nos manda amar al prójimo «como a ti mismo»,[5] lo cual sería un mandato horrible si simplemente tuviésemos que aborrecer nuestro amor propio. Sin embargo, nuestro Señor también nos dice que todo verdadero discípulo debe «aborrecer su propia vida».[6]

No debemos intentar explicar esta aparente contradicción afirmando que el amor propio es permisible hasta cierto grado y deja de serlo más

---

1. *Ética a Nicómaco*, ix, 8.
2. «La suavidad para con nosotros mismos», III, ix. *Introducción a la vida devota* (Lyon, 1609).
3. «Con suaves y tranquilos reproches».
4. *Las revelaciones del amor divino*, xlix.
5. Mt 19:19; 22:39; Mr 12:31, 33; Ro 13:9; Gá 5:14; Stg 2:8.
6. Lc 14:26; Jn 12:25.

allá de este. No es un asunto de niveles, grados o etapas. Hay dos clases de autodesprecio, las cuales se parecen mucho en sus primeras etapas de desarrollo, pero en las que una está en error desde sus inicios y la otra acierta hasta el final. Cuando Shelley se refiere al desprecio hacia uno mismo como la fuente de la crueldad o cuando un poeta más reciente ha escrito que no aguanta ver a aquel hombre que «desprecia a su prójimo como a sí mismo», ambos poetas se refieren a un odio o desprecio muy real y anticristiano respecto a uno mismo, lo cual convierte al hombre en un ser diabólico del que todo vestigio de egoísmo se ha disipado (por lo menos temporalmente) y ha dejado tan solo un animal. Aquel curtido economista o psicólogo de nuestros tiempos que haya reconocido «la contaminación ideológica» o los motivos freudianos que conforman su ser no por ello aprenderá de la humildad cristiana. Quizá logre obtener una «opinión inferior» respecto a todos los seres humanos, incluyéndose a sí mismo, lo cual se manifiesta en conductas cínicas o crueles o ambas. Incluso para los cristianos, si creen de cierta manera en la doctrina de la depravación total, no por ello están exentos de sus peligros. La conclusión lógica de todo este proceso es rendirle culto al sufrimiento, el de los demás y el de uno mismo, de lo cual nos percataremos si tenemos la oportunidad de leer correctamente *El viaje a Arcturus*, de David Lindsay o aquel extraordinario vacío que Shakespeare describiera al final de la obra de teatro *Ricardo III*. En un estado agonizante, Ricardo intenta recuperar su amor propio. Pero, por tanto tiempo ha podido «penetrar» todas las emociones que incluso esta emoción no ha quedado exenta. Se ha convertido en una simple tautología: «Ricardo ama a Ricardo, eso es, yo soy yo».[7]

Ahora bien, el yo o el ser puede observarse de dos maneras. Por un lado, se trata de una creación de Dios, lo cual provoca el amor y la alegría; pero, de hecho, su condición es odiable aunque debemos sentir lástima y anhelar su curación. Por otro lado, de entre todos los demás seres, es aquel ser en particular al que se le denomina *yo* y que sobre esta base presenta una justificación irracional exclusiva respecto a sí mismo. Frente a esta justificación o pretensión no solo tenemos el deber de rechazarla, debemos también eliminarla; tal como George MacDonald dijera: «Jamás debemos permitirle tan siquiera un momento de descanso de su destino final, la muerte

---

7. Ricardo III, V, iii, 184.

eterna». El cristiano lucha una guerra sin fin contra el reclamo ruidoso del *ego* como tal, ya que ama y acepta a los demás egos como tales, pero no a sus pecados. El verdadero amor propio que debe rechazar lo considera como un ejemplo respecto a la manera en que debe sentirse hacia todos los demás amores propios; y aguarda con ansias que cuando verdaderamente haya aprendido a amar (lo cual es casi imposible que suceda en esta vida) a su prójimo como a sí mismo, le será posible amarse a sí mismo como a su prójimo, esto es, por medio de la caridad en lugar de la parcialidad. Por el contrario, la otra clase de desprecio hacia uno mismo odia a todos los egos como tales. Empieza aceptando el valor único de aquel *ego* particular llamado *yo*; luego, con su orgullo herido por haber sufrido la desilusión de no haber encontrado a aquel adorado objeto, decide vengarse, primero de sí mismo y luego del resto. Profundamente egoísta, pero ahora con un egoísmo al revés, recurre a este revelador argumento: «No me perdono a mí mismo», lo cual quiere dar a entender que «*a fortiori* no necesito perdonar a los demás» y de esta manera se convierte como si fuese el centurión de Tácito: «volviéndose más despiadado porque él mismo había tolerado aquello».[8]

Un ascetismo equivocado consigue torturar al yo. Un ascetismo correcto logra destruir el aspecto egoísta del yo. Debemos morir diariamente, pero es mejor amarse a sí mismo que no amar nada en lo absoluto. Y es mejor sentir lástima por uno mismo que no sentir lástima por nadie.

---

8. *Quippe Rufus diu manipularis, dein centurio, mox castris præfectus, antiquam duramque militiam revocabat, vetus operis ac laboris, et eo immitior quia toleraverat* (Por cierto, Rufus, que fue soldado raso, luego centurión y luego general del ejército, intentó restablecer la antigua y estricta disciplina militar, haciéndose viejo en sus esfuerzos y labor y volviéndose más despiadado porque él mismo había tolerado aquello), *Annales*, I, xx, 14. [N. del T.].

3

MEDITACIONES SOBRE
EL TERCER MANDAMIENTO

A PARTIR DE las cartas que aparecieron en *The Guardian*[1] y de lo mucho que se ha impreso en otros lados, nos enteramos del creciente deseo de fundar un «partido político» cristiano, un «frente» cristiano o una «plataforma política» cristiana. Sinceramente, no hay nada que pueda agredir a la política del mundo como el cristianismo; no hay nada, a primera vista, tan apto para llevar a cabo esta agresión como un partido político cristiano. Pero es muy extraño que se hayan abandonado ciertas dificultades de este plan tan rápido que ni ha tenido tiempo de secarse la tinta de impresión del libro de Jacques Maritain, *Scholasticism and Politics*.[2]

Un partido cristiano tiene dos opciones: limitarse a afirmar lo que desea como meta final y qué medios serían lícitos, o proseguir y elegir de entre todos los medios lícitos aquellos que cree que son realizables y eficaces, y otorgarles su apoyo práctico. Si se elige la primera alternativa, no llegará a ser un partido político. Casi todos los partidos políticos están de acuerdo en admitir metas finales que son aceptadas por todos: sentido de seguridad, salarios justos, y las mejores regulaciones entre las demandas por orden y libertad. Lo que distingue un partido del otro es la defensa de los medios que proponen. No disputamos que la felicidad deba estar al alcance de todos los ciudadanos, sino respecto a quién será el más indicado para darles aquella felicidad, es decir, un Estado igualitario o jerárquico, un sistema capitalista o socialista, un gobernante déspota o democrático.

---

1. *The Guardian* fue un semanario anglicano fundado en 1846, con el fin de promover los principios del Movimiento de Oxford, conocido también en inglés como Tractarianism. El propósito del semanario era defender este movimiento entre los mejores pensadores del momento.
2. Jacques Maritain, *Scholasticism and Politics*, trad. M. J. Adler (Londres, 1950).

Pues, en términos prácticos y concretos, ¿qué haría un partido cristiano? Filarco,[3] que es cristiano devoto, está convencido de que el bienestar temporal puede solamente surgir de una vida cristiana y que esta vida cristiana puede promoverse en la sociedad tan solo por medio de un Estado autoritario, luego de que este haya podido eliminar los últimos vestigios de aquella odiosa infección «liberal». Cree asimismo que el fascismo no es en realidad algo malo, sino algo que se ha pervertido, que la democracia es un monstruo cuya victoria sería una derrota para el cristianismo y, además, se siente inclinado a aceptar incluso la ayuda fascista, con la esperanza de que la levadura surta efecto en un grupo de fascistas británicos.

Estativo es igual de devoto y cristiano. Está plenamente consciente de la condición caída del hombre y, por tanto, se ha convencido de que el único poder que podemos confiarle al ser humano es el más mínimo posible que pueda ejercer sobre su prójimo. También se siente nervioso porque desea salvaguardar los derechos que le pertenecen a Dios contra las violaciones de aquellos derechos que pertenecen al César; sigue creyendo que la democracia es la única esperanza de la libertad cristiana. Se siente tentado a recibir ayuda de parte de los campeones del *statu quo*, cuyas verdaderas intenciones comerciales o imperiales demuestran no tener ni siquiera un barniz de teísmo.

Finalmente, tenemos a Espartaco, que es cristiano y también es sincero, que abunda en denuncias proféticas y divinas contra las riquezas. Además, está convencido de que el «Jesús histórico», traicionado por sus apóstoles, los padres de la Iglesia y las propias iglesias, exige de nosotros una revolución de izquierdas. Él también se siente tentado a recibir ayuda de parte de incrédulos que abiertamente se declaran enemigos de Dios.

Estos tres personajes cristianos supuestamente convergen para formar un partido político cristiano. Suceden dos cosas: se alcanza un estancamiento (y con ello el fin del partido cristiano) o uno de los tres personajes se las ingenia para mantener el partido a flote y deshacerse de los otros dos personajes, junto con sus partidarios. Este nuevo partido —cuyos

---

3. Aquí Lewis hace uso de un juego de nombres cuyas etimologías reflejan los puntos que quiere comunicar. Filarco significa «amante de los magistrados» o, en nuestro caso, sería más adecuado «amante de los caudillos». Estativo significa «seguidor del estado actual de las cosas», es decir, que defiende el estado conservador de las cosas. Y Espartaco, pues, como su nombre sugiere, es un guerrero que se alza contra las tiranías y las oligarquías. [N. del T.].

partidarios quizá sean una minoría de entre los cristianos y así mismo una minoría entre todos los ciudadanos— será muy pequeño e ineficaz. En la práctica, se verá forzado a fusionarse con algún partido no cristiano, uno que comparta sus convicciones acerca de la solución para la sociedad. Si Filarco triunfa, sería con los fascistas; si Estativo triunfa, sería con los conservadores; si Espartaco triunfa, sería con los comunistas. Nos queda solucionar la interrogante respecto a de qué manera sería distinta esta situación con la que viven los cristianos el día de hoy.

No tiene sentido que supongamos que un partido cristiano como aquel llegue a adquirir nuevos poderes para poder leudar al partido no cristiano con el que se ha fusionado. ¿Por qué razón? Sea cual sea el nombre que elija para el partido, no llegará a representar a todo el cristianismo sino tan solo una parte. El principio que lo separa de sus hermanos cristianos y lo une a sus aliados políticos no será teológico. No tendrá la autoridad de representar al cristianismo. Tan solo tendrá el mismo poder que sus partidarios le han dado para controlar la conducta de sus aliados no cristianos. Eso sí, habrá una cosa novedosa, real y desastrosa. Este partido será no solo una parte del cristianismo, sino que será una parte que dice ser el todo. Por el simple hecho de llamarse a sí mismo el «partido cristiano», tácitamente ha acusado de apostasía y traición a todos los demás cristianos que no se han afiliado al partido. Tarde o temprano será expuesto, a la enésima potencia, a la tentación de parte del diablo, que jamás desaprovecha ninguna situación: esa tentación de creer que nuestras opiniones favoritas poseen ese grado de certeza y autoridad que solo pertenece a nuestra fe. El peligro que corremos de equivocarnos con el entusiasmo de nuestro fervor sagrado, aunque quizá sea lícito, está siempre presente. ¿Será posible que nos imaginemos alguna situación más fatal que la de apodar a un pequeño grupo de fascistas, comunistas y demócratas como «el partido cristiano»? El demonio innato a todo partido está siempre presto a disfrazarse como el Espíritu Santo; la formación de un partido político cristiano significa entregarle a este demonio el más eficiente maquillaje que podamos encontrar. Y una vez que el disfrazado haya tenido éxito, sus mandatos serán usados de inmediato para abrogar todas las leyes morales y justificar todos los deseos que los aliados no cristianos del partido «cristiano» tengan pensado implementar. Si alguna vez se pudiese lograr que los cristianos tomen consciencia de la manera en que se traicionan y se asesinan los medios lícitos para el establecimiento del régimen que ellos desean, y traer juicios falsos, persecuciones religiosas, vandalismos organizados y medios lícitos para preservarlos, ciertamente será por medio de un proceso como el antes descrito. Jamás debemos olvidarnos de la historia de las seudocruzadas de la Edad Media, de los Covenanters,[4] de los Orangemen.[5] Sobre aquellos que añaden las palabras «Así ha dicho Jehová» a sus simples declaraciones humanas, desciende la maldición de una conciencia que aparenta tener cada vez más claridad cuando el pecado rebasa.

Todo esto lo causa el hecho de pretender que Dios ha hablado cuando, en realidad, jamás habló al respecto. Dios se niega a emitir un fallo en el caso de la herencia de los dos hermanos: «¿Quién me ha constituido sobre vosotros como juez o repartidor?».[6] Gracias a su luz natural, nos ha mostrado qué medios son lícitos. Y para que descubramos cuáles de estos medios son eficaces, nos ha dado cerebros. Todo lo demás nos lo ha dejado en nuestras manos.

Jacques Maritain nos ha dado indicios respecto a la única manera en que el cristianismo es capaz de influenciar la política (en contraste con los cismáticos que, de un modo blasfemo, dicen representar a todo el cristianismo). El inconformismo ha influenciado la historia moderna del Reino Unido no porque haya habido un partido inconformista, sino porque hubo una consciencia inconformista, que todos los partidos tuvieron que reconocer. Una sociedad interdenominacional de votantes cristianos podría elaborar una lista detallada de planes y acciones de parte de todos los partidos políticos como condición para que se elija votar por ellos. Una sociedad como tal estaría en la capacidad de representar el cristianismo con mucha más propiedad que cualquier «partido» cristiano; y por esta razón, debo estar presto, según mis principios, para promover que todo cristiano se afilie y siga los principios de una sociedad como esta. ¿Será, entonces, que todo termine en algo tan sencillo como enviar cartas insistentes a los ministros del Parlamento? Efectivamente, así como suena. Pienso que estas fastidiosas cartas combinan la sencillez de las palomas y la prudencia de

4. Los Covenanters fueron un grupo de presbiterianos escoceses que en los siglos XVI y XVII juraron lealtad, por razones religiosas y políticas, a defender la causa de su religión.
5. La Orden de Orange, fundada en 1795, defiende la causa del protestantismo en Irlanda.
6. Lc 12:14.

las serpientes. Pienso que vale todo el oro del mundo cuando los partidos políticos se vean en la necesidad de no ofender a los cristianos, en vez de tener una situación donde los cristianos tengan que demostrar «fidelidad» a partidos de incrédulos. Finalmente, creo que una minoría puede llegar a influenciar la política tan solo con ser «una molestia» o convirtiéndose en un «partido» en el sentido de la Europa continental (es decir, una sociedad secreta de asesinos y extorsionadores), lo cual es imposible para los cristianos. Pero casi me he olvidado de algo. Hay una tercera opción: convirtiéndose en la mayoría. Aquel que logre convertir a su prójimo ha cumplido con el más práctico acto político cristiano de todos.

4

SOBRE LA LECTURA DE LIBROS ANTIGUOS[1]

CIRCULA POR AHÍ la extraña noción de que, sea el tema que sea, los libros antiguos solamente los deben leer los profesionales, y que los novatos deben contentarse con libros modernos. Por tanto, he descubierto en calidad de tutor de literatura inglesa que si el estudiante promedio desea descubrir algo acerca del platonismo, lo último que se le ocurriría hacer es buscar en la biblioteca una traducción de Platón y leer el *Symposium*. Lo que sí haría este estudiante es leer algún libro moderno, aburrido y diez veces más extenso, que trate de todos los «ismos» e influencias y que cada doce páginas le cuente lo que Platón en realidad dijo. Su error no es malintencionado, pues surge de una actitud humilde. El estudiante siente algo de temor de encontrarse con aquel gran filósofo cara a cara. Se siente inadecuado y cree que no lo entenderá. Pero ojalá supiera que aquel gran hombre, gracias a su grandeza, es más fácil de entender que los comentaristas modernos. El más sencillo estudiante podrá entender, si no todo, una gran parte de lo que Platón dijo; pero casi nadie puede entender algunos de los libros modernos acerca del platonismo. Ha sido, por tanto, una de mis mayores metas como profesor persuadir a los jóvenes de que el conocimiento de primera mano es no solo más provechoso que el de segunda mano, también es por lo general mucho más fácil y placentero de obtener.

Esta errónea predilección por los libros modernos y temor ante los antiguos en ningún otro lugar es tan galopante como en la teología. Cada vez que encuentres algún pequeño grupo de cristianos, seguramente descubrirás que estudian no a Lucas, a Pablo, a san Agustín, a santo Tomás de

---

1. Este artículo se escribió originalmente como prefacio a la edición inglesa de *La encarnación del Verbo de Dios*, de san Atanasio, traducido por una religiosa de la C. S. M. V. (Londres, 1944).

Aquino, a Hooker[2] o a Butler,[3] sino a M. Berdyaev,[4] M. Maritain,[5] al señor Niehbur,[6] a la señorita Sayers[7] o incluso a mí.

Todo esto me parece que está al revés. Naturalmente, dado que yo mismo soy escritor, no me gustaría que el lector común no leyese libros modernos. Pero si tuviese que leer o solo libros nuevos o solo antiguos, le aconsejaría que leyese solo los antiguos. Y le daría este consejo precisamente porque es un novato y por tanto posee menos protección que los expertos contra los peligros de llevar una dieta exclusivamente contemporánea. Todo nuevo libro aún permanece a prueba y el novato aún no tiene la capacidad de juzgarlo. Dicho libro tiene que pasar la prueba y medirse contra la gran colección del pensamiento cristiano de siglos y hasta que todas sus conclusiones ocultas (que a menudo pasan desapercibidas para el propio autor) salgan a la luz. A menudo no será posible entenderlo completamente sin el conocimiento de una buena cantidad de otros libros modernos. Si a las once de la mañana logras unirte a una conversación que empezó a las ocho, por lo general no alcanzarás a comprender el tema de fondo de lo que se ha dicho. Los comentarios que para ti parecen comunes y corrientes causarán risas o incomodidad entre los participantes y tú no sabrás la razón; y es lógico, pues la razón estaba en los primeros momentos de la conversación y les dio a los participantes una perspectiva particular. De la misma manera, las oraciones de un libro moderno que parecen bastante comunes quizá se «dirijan a» algún otro libro; de esta manera, quizá se te convenza para aceptar algo que con bastante indignación habrías rechazado si hubieses sabido de su significado verdadero. La única manera de ubicarse en terreno seguro es tener a mano una norma sencilla, un cristianismo básico (como dice Baxter, un «mero cristianismo») que tenga la capacidad de ubicar las controversias del momento en su perspectiva adecuada. Esta norma solamente puede adquirirse en los libros antiguos. Es una buena regla que, luego de leer un libro nuevo, jamás leas otro libro nuevo hasta que hayas podido leer entre ambos un libro antiguo. Si esto

---

2. Richard Hooker (c. 1554–1600), teólogo anglicano.
3. Joseph Butler (1692–1752), obispo de Durham.
4. Nicolas Berdyaev (1874–1948), filósofo ruso.
5. Jacques Maritain (1882–1973), filósofo tomista francés.
6. Reinhold Niebuhr (1892–1971), teólogo estadounidense.
7. Dorothy L. Sayers (1893–1957), autora de varias obras de teatro religioso y de numerosas novelas policíacas populares.

se hace una carga demasiado pesada para ti, por lo menos deberías leer un libro antiguo por cada tres libros nuevos.

Cada era posee su propio punto de vista. Es especialmente buena para ver ciertas verdades y especialmente responsable de cometer ciertos errores. Por tanto, todos necesitamos de aquellos libros que nos ayuden a corregir los errores típicos de nuestra época. Me refiero a libros antiguos. Todos los escritores contemporáneos comparten hasta cierto grado el punto de vista contemporáneo, incluso aquellos que, como yo, parecen los más opuestos a dicha perspectiva. Nada me llama más la atención, cuando leo las controversias de siglos pasados, que el hecho de que ambos lados por lo general daban por sentados sin cuestionamiento alguno muchos argumentos que hoy negaríamos rotundamente. Pensaban que tenían posturas extremadamente opuestas, pero en realidad todo el tiempo habían congeniado de manera secreta —*congeniado* entre ellos y *contra* épocas anteriores y posteriores— por causa de una gran cantidad de presuposiciones comunes a todos ellos. Podemos estar seguros de que la típica ceguera del siglo XX —esa que hará que la posteridad se pregunte: «¿Cómo *podían* pensar eso?»— se encuentra donde jamás sospechábamos y gira en torno a aquel despreocupado acuerdo entre Hitler y el presidente Roosevelt[8] o entre el señor H. G. Wells y Karl Barth. Nadie de nosotros puede escapar a esta ceguera; de hecho, si solamente leemos libros modernos, la empeoraremos y disminuiremos nuestras defensas contra ella. En lo que tienen de verdad nos darán verdades que ya conocíamos a medias. En lo que tienen de error empeorarán nuestro error, del que ya estábamos peligrosamente infectados. El único paliativo es mantener la fresca brisa de los siglos pasados soplando por nuestras mentes, y esto solo puede lograrse leyendo libros antiguos. Claro, no quiero decir que haya alguna especie de magia en los siglos pasados. La gente no era más ingeniosa en aquellos siglos de lo que es ahora; cometían tantos errores como nosotros el día de hoy. Pero no eran los *mismos*. No nos harán sentir mejor por los errores que ya hemos estado cometiendo; y respecto a sus propios errores, que son conocidos por todos, no serán ninguna amenaza para nosotros. Se dice que dos cabezas piensan mejor que una, no porque sean infalibles, sino porque es poco probable que ambas cometan la misma clase de error. Por supuesto, los

---

8. Escrito en 1943.

libros del futuro servirán para corregir los del pasado, pero desafortunadamente no están a nuestro alcance.

En mi caso personal, casi de una manera fortuita, se me condujo a que leyera los clásicos cristianos como parte de mi formación en lengua inglesa. Algunos de ellos, como Hooker, Herbert,[9] Traherne,[10] Taylor[11] y Bunyan,[12] los leí porque son por derecho propio grandes escritores ingleses; otros, como Boecio,[13] san Agustín, Tomás de Aquino y Dante, los leí porque han «influenciado» a otros. Descubrí a George MacDonald a los dieciséis años y jamás he faltado a mi lealtad, si bien traté por muchos años de ignorar su cristianismo. Notarás que son una colección mixta, representantes de muchas iglesias, opiniones y épocas. Incluso tengo otra razón por la que los leo. Los cismas del cristianismo son innegables y algunos de estos autores lo expresan con ferocidad. Pero si a alguien se le ha ocurrido creer —luego de leer solamente libros contemporáneos— que el «cristianismo» es una palabra con muchos significados y que por tanto no significa nada, esa persona podría aprender sin duda alguna, distanciándose del pensamiento de su propio siglo, que no es así. Si lo comparamos con las eras pasadas, «el mero cristianismo» resulta ser no un insípido e invisible interdenominacionalismo, sino algo positivo, coherente e inagotable. Lo sé muy bien por experiencia propia. En la época cuando aún odiaba al cristianismo,[14] aprendí a reconocer, como todos los olores que uno ya conoce, *algo* que es inmutable y que venía a mi encuentro, eso que aparece en el puritano Bunyan, en el anglicano Hooker y en el tomista Dante. También se encuentra (endulzado y floreado) en Francisco de Sales;[15] se ve en Spenser[16] (solemne y prosaico) y en Walton;[17] está en Pascal[18] (absoluto pero intrépido) y

---

9. George Herbert (1593–1633), poeta inglés.

10. Thomas Traherne (1637–74), autor inglés de obras religiosas.

11. Jeremy Taylor (1613–67), clérigo inglés, especialmente conocido por sus *Vida santa* y *Muerte santa*.

12. John Bunyan (1628–88), famoso autor de *El progreso del peregrino*.

13. Boecio nació por el 470 d. C. y escribió *La consolación de la Filosofía*.

14. Los que deseen saber más acerca de este período podrán recurrir a la autobiografía de Lewis, *Cautivado por la alegría* (Nueva York: Rayo, 2014).

15. Francisco de Sales (1567–1622) famoso por sus *Introducción a la vida devota* y *Tratado del amor de Dios*.

16. Edmund Spenser (1552?–99), autor de *The Faerie Queene*.

17. Izaak Walton (1593–1683), conocido por su obra *El perfecto pescador de caña*.

18. Blaise Pascal (1623–62), famoso sobre todo por su obra *Pensamientos*.

Johnson;[19] aparece otra vez, con un sabor tenue, asustadizo y paradisiaco en Vaughan,[20] en Boehme[21] y Traherne. En la sobriedad urbana del siglo XVIII uno no estaba seguro en ningún lado (Law[22] y Butler eran dos leones en el camino). El supuesto «paganismo» de los isabelinos no pudo deshacerse de lo inmutable; acechaba allí donde se daba por sentado que había seguridad, en el mismísimo centro de *The Faerie Queene* y *Arcadia*.[23] Es obvio que era diverso, pero después de todo seguía siendo el mismo: reconocible, imposible de evadir, ese olor que es de muerte para nosotros hasta que le permitimos que nos dé vida:

ese aire que atraviesa mi corazón
y que sopla desde campos lejanos.[24]

Todos nos sentimos preocupados y, con toda razón, también avergonzados por las fragmentaciones del cristianismo. Pero aquellos que siempre han vivido dentro del redil del cristianismo son los que más fácil sufrirán desánimo. Es cierto que la fragmentación es algo malo, pero estas personas no saben cómo se ve el cristianismo desde afuera. Desde ese punto de vista, lo que queda intacto, a pesar de todas las divisiones, aún aparece como (y es) una formidable unidad. Lo sé porque lo vi; y nuestros enemigos bien lo saben. Esa unidad la podemos descubrir fácilmente si tomamos distancia de nuestra propia época. Quizá no sea suficiente, pero será más de lo que uno se esperaba. Pero una vez que uno se empape de dicha unidad y se anime a hablar de ella, tendrá una experiencia muy curiosa. Creerán que eres un papista cuando en realidad estás citando a Bunyan o un panteísta cuando citas a Aquino y así sucesivamente. Porque ahora habrás entrado en aquella gran vía que cruza todos los siglos y que te parece estar muy arriba desde los valles y muy abajo desde los montes, muy estrecha comparada con las ciénagas y muy amplia comparada con las veredas.

---

19. Dr. Samuel Johnson (1709–84).
20. Henry Vaughan (1622–95), poeta inglés.
21. Jakob Boehme (1575-1624), autor teosófico luterano alemán.
22. William Law (1686–1761), cuya *Serious Call to a Devout and Holy Life* tuvo gran influencia en Lewis.
23. Por *sir* Philip Sydney (1554-86).
24. A. E. Housman, *A Shropshire Lad* (Londres, 1896), estrofa 40.

Este libro es una especie de experimento. La traducción está dirigida para todo el mundo en general, no solo para los estudiantes de Teología. Suponemos que, si logra su cometido, otras traducciones de otros grandes libros cristianos la seguirán. Claro que, en cierto sentido, no se trata de la primera en su campo. Las traducciones de la *Theologia germanica*,[25] la *Imitación*,[26] la *Escala de la perfección*,[27] y las *Revelaciones* de Juliana de Norwich[28] ya existen y son muy valiosas, si bien algunas de ellas no son de buena erudición. Pero debemos aclarar que todas ellas son obras devocionales y no doctrinales. Ahora bien, los novatos o legos deben recibir instrucción así como exhortación. En la era actual es imperante la necesidad de recibir educación adecuada. Tampoco admito que se haga una separación entre libros devocionales y doctrinales. Por mi parte, tengo la tendencia a descubrir que los libros doctrinales son más útiles para la devoción que los devocionales. Sospecho que lo mismo le vaya a suceder a los demás. Estoy convencido de que muchos de los que «no sienten nada» cuando leen o se arrodillan para leer algún libro devocional descubrirán que su corazón resuena espontáneamente cuando se encuentren leyendo un poco de teología con lápiz y papel a mano.

Se trata de una buena traducción de una excelente obra. San Atanasio ha sufrido la crítica popular debido a ciertas frases del Símbolo Atanasiano.[29] No perderé el tiempo en explicar que la obra no es exactamente un credo y que no fue escrita por san Atanasio, porque se trata de una obra muy bien escrita. La frase ofensiva respecto a la fe es la siguiente: «Quien no la observare íntegra e inviolada, sin duda perecerá eternamente». Es muy común que se la malinterprete. La palabra clave es *observar*, no es *obtener* ni tampoco *creer*, sino *observar*. De hecho, el autor no se refiere a los incrédulos, sino a los que han desertado; no se refiere a aquellos que jamás han oído de Cristo, ni tampoco a los que han oído, han malinterpretado el mensaje y se han negado a aceptarlo, más bien se refiere a aquellos que realmente

---

25. Tratado místico y anónimo de finales del siglo XIV.
26. *La imitación de Cristo*, manual de devoción espiritual que inicialmente fue publicado en 1418. Su autoría ha sido tradicionalmente asignada a Tomás de Kempis (c. 1380-1471).
27. Por Walter Hilton (m. 1396), místico inglés.
28. *Las revelaciones del amor divino*, por Juliana de Norwich (c. 1342–posterior a 1413).
29. Profesión de fe que se encuentra en el Libro de Oración.

entendieron el mensaje y realmente creyeron, y que luego permitieron, por pereza o por cualquier otra confusión, su alejamiento hacia modos de pensar subcristianos. Ellos representan una advertencia contra el curioso supuesto moderno de que todos los cambios de pensamiento, no importa cómo hayan sucedido, están por fuerza exentos de culpa.[30] Sin embargo, mi preocupación inmediata no es esta. He mencionado el «Credo de san Atanasio» (o Símbolo Atanasiano) tan solo para quitar del camino del lector lo que quizá haya sido una obsesión extrema y para ubicar al verdadero Atanasio en su lugar correcto. Nos sentimos orgullosos de que nuestro país en más de una ocasión haya tenido que enfrentarse contra el mundo. Atanasio hizo lo mismo. Defendió la doctrina trinitaria, «íntegra e inviolada», cuando todo parecía indicar que el mundo civilizado se apartaba del cristianismo y caía en manos de la religión de Arrio,[31] una de esas religiones «razonables» y sintéticas que se recomiendan el día de hoy y que, tanto en el pasado como en el presente, incluía entre sus devotos a muchos clérigos altamente cultos. El prestigio de Atanasio fue que no cambió siguiendo los vientos de su época; su recompensa es que ha podido permanecer cuando sus tiempos, como todos, han quedado atrás.

Cuando tuve la oportunidad de leer por primera vez su *De incarnatione*, descubrí prontamente por medio de una prueba sencilla que me encontraba frente a una obra maestra. Conocía muy poco del griego cristiano, excepto el del Nuevo Testamento, y preveía dificultades. Para sorpresa mía, lo encontré tan fácil como Jenofonte; y tan solo una mente maestra pudo, en el siglo cuarto, haber escrito con tanta profundidad sobre un tema y hacerlo con tanta sencillez. Cada página que leía confirmó mi impresión. Su acercamiento respecto a los milagros es muy pertinente para la actualidad, porque ofrece una respuesta definitiva para aquellos que se oponen a ellos alegando que son «arbitrarios y transgresiones sin sentido de las leyes de la naturaleza».[32] Más bien, el propósito de los milagros es volver a contarnos con letras redondas y mayúsculas el mismo mensaje que

---

30. Ver Hebreos 6:4 y siguientes.
31. Arrio (c. 250–c. 336), defensor de la doctrina subordinacionista respecto a la persona de Cristo.
32. Pocos años después de que esto fuera escrito, el propio Lewis escribió una admirable defensa de los milagros en su *Miracles: A Preliminary Study* (Londres, 1947) [Publicado en español, como *Los milagros*, por Rayo en 2006, e integrado en *Clásicos selectos de C. S. Lewis* (Nashville: Grupo Nelson, 2022)].

la naturaleza nos cuenta con indescifrables letras cursivas; son las mismas obras que uno esperaría de parte de Aquel que demostró tener tanta vida cuando estuvo dispuesto a morir y que tuvo que «recurrir a la muerte de otros». Ciertamente, todo el libro es una imagen del árbol de la vida, un volumen jugoso y valioso, lleno de optimismo y confianza. Reconozco que no podemos adueñarnos de toda aquella confianza el día de hoy. No podemos señalar aquella gran virtud de la vida cristiana y aquel feliz, casi socarrón, coraje del martirio cristiano, como prueba de nuestras doctrinas con esa seguridad que Atanasio da por sentada como algo natural. Pero si hubiera que culpar de ello a alguien, no sería a Atanasio.

La traductora tiene un conocimiento del griego tan superior al mío que mis elogios a su trabajo están fuera de lugar. Pero me parece que se ubica muy bien en la larga tradición de traducciones inglesas. No creo que el lector encuentre aquí nada de esa calidad polvorienta que es tan común en versiones modernas de idiomas antiguos. Esto es lo que el lector inglés podrá detectar; los que comparen la versión con el original podrán determinar cuánto ingenio y talento se da, por ejemplo, en una elección como la de «aquellos sabelotodo» en la primera página.

5

DOS CONFERENCIAS

Entonces el conferencista dijo: «Concluyo donde había empezado. La evolución, el desarrollo, la lenta lucha hacia arriba y hacia adelante desde aquel crudo e inconcluso comienzo hacia una perfección y una elaboración cada vez mayor... esa parece ser la fórmula por excelencia de todo el universo.

»Lo vemos ejemplificado en todo lo que estudiamos. El roble proviene de la bellota. Los grandes motores provienen de los cohetes. Las grandes obras del arte contemporáneo descienden en línea directa de los toscos trazos que el hombre primitivo dejó plasmados en las paredes de su caverna.

»¿De qué trata la moral y la filosofía del hombre civilizado si no es de su desarrollo milagroso a partir de sus más primitivos instintos y tabúes salvajes? Cada uno de nosotros ha crecido gracias a las etapas prenatales en las que inicialmente nos parecíamos más a un pez que a un mamífero, a partir de un pedazo de materia demasiado pequeño para ser visto. El propio hombre surge de las bestias: lo orgánico a partir de lo inorgánico. La palabra clave es *desarrollo*. La marcha de todas las cosas sucede desde lo más simple hacia lo más complejo».

Por supuesto, nada de lo anterior era nuevo para mí o los oyentes. Pero la presentación fue excelente (mejor de como yo la he descrito) y tanto la voz como el porte del conferencista eran impresionantes. Por lo menos me impresionaron a mí, porque de otro modo no podría explicar la razón por la que tuve un curioso sueño aquella noche.

Soñé que aún me encontraba en aquella conferencia y que todavía se oía la voz del conferencista, pero decía cosas equivocadas. Por lo menos estuvo quizá diciendo cosas acertadas hasta el momento en que yo empecé a oírlo, pero luego de aquel momento empezó a decir cosas erróneas. Lo que pude recordar luego de haber despertado fue lo siguiente:

«... parece ser la fórmula precisa de todo el universo. Lo vemos ejemplificado en todo lo que estudiamos. La bellota proviene de un roble maduro. El primer prototipo de motor, el cohete, no procede de otro prototipo inferior, sino de algo superior y más complejo, la mente del hombre, la de un genio. Los primeros dibujos prehistóricos no provienen de trazos primitivos, sino de las manos y el cerebro de seres humanos, cuyas manos y cuyo cerebro no puede demostrarse que fueran en absoluto inferiores a los nuestros; y ciertamente es obvio que el primer hombre que tuvo la idea de trazar dibujos es un genio más grande que todos los demás artistas que lo sucedieron. El embrión a partir del cual empezó la vida de todos nosotros no pudo haberse originado en algo más embrionario; tuvo su origen en dos seres humanos plenamente desarrollados, es decir, nuestros padres. La palabra clave es *descenso*, movimiento hacia abajo. El devenir de todas las cosas se produce desde lo más complejo hacia lo más simple. Las cosas burdas e imperfectas siempre surgen de algo perfecto y desarrollado».

No le di mucha importancia mientras me estaba afeitando, pero resulta que aquella mañana no tenía cita con ninguno de mis estudiantes. Así que, luego de haber terminado de contestar toda mi correspondencia, me senté a reflexionar sobre mi sueño.

Me parece que había mucho que decir respecto al conferencista de mi sueño. Es cierto que vemos por todos lados que hay cosas que crecen y maduran a partir de un comienzo pequeño y rudimentario; pero también es cierto que las cosas rudimentarias y pequeñas siempre provienen de cosas maduras y desarrolladas. Todos los adultos fueron alguna vez criaturas pequeñas, es cierto; pero también fueron adultos lo que concibieron y dieron a luz a las criaturas. El maíz no proviene de su semilla, sino la semilla del maíz. Podría incluso presentarle al conferencista de mi sueño un ejemplo que pasó por alto. Todas las civilizaciones empiezan siendo pequeñas, pero cuando uno las analiza siempre descubrirá que aquel pequeño inicio es en sí mismo una «semilla» (como cuando el roble deja caer su bellota) de otra civilización desarrollada. Las armas e incluso los utensilios de cocina de los antiguos bárbaros germanos son, por decirlo así, residuos del naufragio de la civilización romana. El punto de partida de la cultura griega se halla en los restos de la antigua civilización minoica, complementada con remanentes de la civilización egipcia y fenicia.

Pero pensé: «¿Y qué de la primera civilización de todas?». Tan pronto como me planteé esta pregunta me di cuenta de que el conferencista de mi sueño había escogido con mucho cuidado sus ejemplos. Había mencionado solamente cosas que aún podemos ver el día de hoy. Evitó mencionar el asunto del principio absoluto. Tenía razón cuando afirmó que tanto en el presente como en el pasado *histórico* vemos el mismo grado de vida imperfecta procedente de vida perfecta y viceversa. Sin embargo, ni siquiera intentó responder al verdadero conferencista respecto al inicio de toda la vida. La postura del verdadero conferencista era que una vez que uno retrocediera lo suficiente —hacia esas partes del pasado de las que sabemos muy poco— encontraría un comienzo absoluto y sería algo pequeño e imperfecto.

Aquello fue un punto a favor del conferencista verdadero. Por lo menos él tenía una teoría acerca del comienzo absoluto, mientras que el conferencista de mi sueño había titubeado. Pero ¿acaso el conferencista verdadero no titubeó también? No nos había dicho nada de que su teoría respecto a los orígenes absolutos requería que creyéramos que los hábitos de la naturaleza han cambiado completamente desde aquellos primeros días. Los hábitos actuales de la naturaleza nos presentan un ciclo sin fin (las aves que salen del huevo y viceversa). Sin embargo, el conferencista verdadero nos pide que creamos que todo el asunto empezó con un huevo al que no le precedió ninguna ave. Quizá así fuera. Pero toda la credibilidad *prima facie* de su postura —la facilidad con la que la audiencia lo aceptó como algo natural y obvio— se basaba en sus inseguras palabras en torno a la inmensa diferencia entre esto y los procesos que en realidad logramos observar. Nos logró engañar desviando nuestra atención hacia el hecho de que los huevos se convierten en aves y nos hizo olvidar que las aves ponen huevos; ciertamente, se nos ha entrenado para que hagamos esto toda nuestra vida: para observar el universo con un ojo cerrado. El «desarrollismo» se presenta como algo verosímil gracias a un truco.

Por primera vez en mi vida empecé a analizar el asunto con mis dos ojos bien abiertos. En el mundo que me es familiar, lo perfecto produce lo imperfecto, y esto a su vez luego se vuelve perfecto —el huevo produce un ave y el ave produce un huevo— en un ciclo sin fin. Si alguna vez hubo vida que surgió de su propia decisión a partir de un universo puramente inorgánico o una civilización que apareció por sus propios medios a partir de un estado puramente salvaje, dicho evento sería totalmente distinto al inicio de cualquier otra vida o civilización. Quizá pudo haber sucedido; pero toda su verosimilitud se ha esfumado. Respecto a cualquier postura, el primer inicio debió haber sucedido fuera de los parámetros comunes de la naturaleza. Un huevo que no surgió de ningún ave es tan innatural como un ave que existió desde la eternidad. Y dado que la secuencia huevo-ave-huevo no nos conduce a ningún inicio creíble, ¿acaso no es razonable que busquemos el verdadero origen en otro lugar fuera de aquella secuencia? Uno tiene que recurrir a algo fuera de la secuencia del desarrollo de los motores, hacia el mundo del hombre, para descubrir al verdadero creador de los cohetes. ¿Acaso no es igual de razonable que busquemos fuera de la naturaleza al Creador del orden natural?

6

MEDITACIONES EN UN COBERTIZO

ME ENCONTRABA EL día de hoy en el oscuro cobertizo. El sol brillaba afuera y uno de sus rayos se colaba por una rendija sobre la puerta. Desde donde yo estaba, aquel destello de luz, con las partículas de polvo que flotaban bajo su haz, era lo más llamativo de aquel lugar. Casi todo lo demás se sumía en la oscuridad. Podía ver el haz, pero no me era posible ver las cosas de su alrededor.

Entonces me moví de lugar y el haz me dio en los ojos. Casi instantáneamente todo lo demás desapareció. Me fue imposible ver el cobertizo y (sobre todo) el haz de luz. Más bien, pude ver a través de la grieta irregular por sobre la puerta hojas verdes que se movían en las ramas de un árbol que se encontraba afuera y, más allá, a unos 150 millones de kilómetros, el sol. Mirar el entorno del haz y mirar el haz son dos experiencias muy distintas.

Pero esto es tan solo un ejemplo muy sencillo respecto a la diferencia entre mirar algo directamente y mirar su entorno. Un joven se encuentra con una muchacha. Todo el mundo se ve distinto cuando él mira a la chica. La voz de esta muchacha le recuerda al joven algo que ha estado tratando de recordar toda su vida, y diez minutos de una conversación informal con ella son más valiosos que todos los favores que otras muchachas le puedan ofrecer. Se encuentra, como se acostumbra a decir, «enamorado». Pues bien, ahora aparece un científico que describe la experiencia de este joven desde una perspectiva externa. Para él, se trata tan solo de un asunto de los genes del joven y un conocido estímulo biológico. En eso consiste la diferencia entre observar el *entorno* de los impulsos sexuales y verlo *directamente*.

Cuando hayas logrado desarrollar el hábito de ver las cosas considerando estas dos diferencias, encontrarás ejemplos de ello todo el día. El matemático se sienta a pensar, y para él todo indicaría que está contemplando verdades respecto a cantidades que trascienden el espacio y el tiempo. Pero el psicólogo, si pudiera observar dentro de la cabeza del matemático, no encontraría nada que trascienda el espacio y el tiempo, tan solo pequeños movimientos de materia gris. El salvaje danza extasiado a medianoche frente a Nyonga y siente en cada músculo que su danza es útil para producir nuevas cosechas, traer nuevas lluvias y producir más hijos. El antropólogo que lo observa describe un ritual de fertilidad según la clasificación así o asá. La niña llora porque su muñeca se ha roto y cree que ha perdido una amiga de verdad; el psicólogo afirma que su instinto maternal naciente ha sido colmado de un poco de cera moldeada y de color.

Tan pronto como hayas comprendido esta sencilla diferencia, surgirá una pregunta. Uno logra una experiencia de algo observando su entorno y otra experiencia observándolo directamente. ¿Cuál de estas experiencias es «válida»? ¿Cuál de ellas te provee más información? Y difícilmente te harás esa pregunta sin darte cuenta de que en los últimos cincuenta años aproximadamente todos han dado por sentada la respuesta. Se ha dado por hecho sin discusión alguna que si uno desea la verdadera descripción de la religión, debe recurrir no a la gente religiosa, sino a los antropólogos; que si uno quiere la verdadera descripción del amor sexual, debe recurrir no a los que se aman, sino a los psicólogos; que si uno quiere comprender alguna «ideología» (como la caballería medieval o el concepto de lo caballeresco en el siglo XIX), debe escuchar no a los que lo vivieron, sino a los sociólogos.

La gente que observa cosas *directamente* ha hecho lo que ha querido; la gente que observa el *entorno* de las cosas ha sido sencillamente intimidada. Incluso se ha dado por sentado que los relatos externos de las cosas «refutan» los testimonios que se presenten desde dentro. «Todos esos ideales morales que aparentan ser tan trascendentes y hermosos desde adentro —dice el sabelotodo— son tan solo una amalgama de instintos biológicos y tabúes heredados». Y nadie se atreve a voltear la tortilla para jugar desde el lado opuesto: «Si tan solo experimentases las cosas desde dentro, eso que te parece que son instintos y tabúes de pronto te revelarían su naturaleza real y trascendente».

De hecho, esa es la base del pensamiento «moderno». Y quizás te digas: «¿Acaso no es una base muy razonable? Porque, después de todo, es normal que las cosas de adentro nos engañen. Por ejemplo, la joven que se ve tan hermosa mientras estemos enamorados quizá sea en realidad una persona simplona, estúpida y desagradable. Aquel salvaje que danzaba para Nyonga en realidad no hace que las cosechas aumenten. Nos hemos engañado muchas veces por observar el entorno. ¿Acaso no es mucho mejor confiar en algo solo a partir de la observación directa y, de hecho, descartar todas esas experiencias internas?».

Pues no. Hay dos objeciones fatales a descartarlo todo. La primera es la siguiente: las descartas con el fin del pensar de una manera más precisa. Pero no puedes pensar en absoluto —y así, obviamente, no puedes pensar con precisión— si no tienes algo *en lo que* pensar. Por ejemplo, un fisiólogo puede estudiar el dolor y llegar a la conclusión de que se trata de este o aquel proceso neurológico (sea lo que sea «se trata de»). Pero la palabra «dolor» carece de significado alguno para él excepto si ha «experimentado internamente» un dolor real. Si jamás observó el *entorno* del dolor, sencillamente jamás podrá observarlo *directamente*. El propio sujeto de su investigación desde el exterior existe para él solamente porque lo ha experimentado, por lo menos una vez, desde dentro.

Este caso no es probable, pues todos han experimentado el dolor. Pero es muy fácil que uno viva su vida dando explicaciones sobre la religión, la moral, el honor y temas parecidos sin haberlos experimentado internamente. Y si haces esto, sencillamente estás jugando con fichas. Das explicaciones de cosas sin realmente conocerlas. Por esta razón una gran cantidad del pensamiento moderno es, en el sentido estricto de la palabra, pensamiento acerca de nada: todo el mecanismo del pensamiento trabaja en el vacío.

La otra objeción es esta: volvamos al cobertizo. Es posible que yo haya descartado lo que vi en el entorno del haz de luz (por ejemplo, las hojas que se movían y el sol) basándome en que «se trataba realmente de un poco de polvo que atravesaba el haz de luz en aquel oscuro cobertizo». Es decir, es posible que yo haya considerado como «verdadera» mi experiencia del «entorno» del haz de luz. Pero, entonces, ese entorno es en sí mismo un ejemplo de lo que denominamos «ver». Y este nuevo ejemplo puede también ser visto desde el exterior. Podría permitir que un científico me dijera que lo que parece ser un haz de luz en el cobertizo fue «tan solo una excitación de mi nervio óptico». Y ello sería tan aceptable (o inaceptable) como exponer la falsedad del ejemplo anterior. La imagen del haz de luz en el cobertizo tendría que ser descartada, así como descartamos la imagen anterior de los árboles y el sol. Y entonces, ¿dónde estarías tú?

En otras palabras, uno puede escapar de alguna experiencia solamente ingresando a otra. Por tanto, si todas las experiencias internas son engañosas, siempre estaremos engañados. El psicólogo podría decirnos, si así lo desea, que el pensamiento del matemático son «tan solo» pequeños movimientos físicos de su materia gris. Sin embargo, ¿qué sucede con el propio pensamiento del psicólogo en ese preciso momento? Un segundo psicólogo que observa la situación podría también afirmar que se trata de pequeños movimientos físicos en la cabeza del primer psicólogo. ¿Y cuándo podremos detener este círculo vicioso?

La respuesta es que jamás debemos permitir que este círculo vicioso empiece. Debemos, bajo pena de caer en la idiotez, negar desde el principio la idea de que mirar las cosas *directamente*, por su propia naturaleza, es en sí mismo superior a mirar el *entorno* de las cosas. Uno debe observar en todas las cosas ambos aspectos, la visión *directa* y el *entorno*. En casos particulares, debemos encontrar razones para considerar que un aspecto es inferior al otro. Por tanto, la visión interna del pensamiento racional debe ser más cercana a la verdad que la visión externa que percibe solamente los movimientos de materia gris; porque si la visión externa fuese la correcta, todo pensamiento (incluyendo este) carecería de valor alguno, y esto sería una contradicción en sí misma. Uno no puede presentar una prueba de que todas las pruebas no sirven. Por otro lado, la visión interna de la danza del salvaje a Nyonga puede ser engañosa porque tenemos razones para creer que las cosechas y los hijos no tienen relación alguna con ello. De hecho, debemos considerar cada caso según sus propios méritos. Pero debemos hacerlo partiendo de una postura sin predisposición alguna hacia una u otra visión. No sabemos de antemano si es el enamorado o el psicólogo el que ofrece la descripción más correcta sobre el amor o si ambas descripciones son igualmente correctas pero descritas de diferente manera o si ambas están equivocadas. Tenemos que sencillamente hacer nuestro análisis. Pero el período de intimidación tiene que terminar.

7

RETAZOS

1

—Efectivamente, no veo razón alguna para creer que no habrá libros en el cielo —me dijo un amigo—. Pero descubrirás que tu biblioteca celestial contiene solamente algunos de los libros que tenías en la Tierra.

—¿Cuáles? —le pregunté—. ¿Los que hube regalado o prestado? Espero que los que presté hayan dejado de tener las sucias huellas de los dedos de sus antiguos lectores —le comenté.

—Claro que sí, habrá restos de huellas dactilares —me respondió—. Pero, así como las huellas de los mártires se habrán convertido en bellos símbolos, hallarás que aquellas huellas se habrán transformado en hermosas ilustraciones unciales o exquisitos grabados en madera.

2

—Los ángeles carecen de sentidos —me dijo—. Sus sensaciones son puramente intelectuales y espirituales. Esa es la razón por la que podemos saber algo respecto a Dios y ellos no. Hay aspectos específicos del amor y del gozo de Dios que solamente se pueden comunicar a sus seres creados por medio de los sentidos. Ciertos aspectos de Dios, que los serafines jamás podrán entender del todo, nos llegan a nosotros por medio del azul del cielo, el sabor de la miel, la reconfortante satisfacción de beber agua ya sea fría o caliente, e incluso el placer de dormir.

3

—Siempre me desanimas —le dije a mi cuerpo.

—¿Que te desanimo? —me respondió mi cuerpo.

—¡Pues me encanta! ¿Quién me presentó al tabaco y al alcohol? Tú, obviamente, gracias a tu idiotez adolescente de creerte un «adulto». Inicialmente, mi paladar los detestó, pero seguiste insistiendo hasta lograrlo. ¿Quién puso anoche el punto final a aquellos pensamientos de ira y revancha? Yo, por supuesto, porque insistí en que nos fuésemos a dormir. ¿Quién hace todo lo que puede para evitar que hables demasiado y tragues demasiado dándote sequedad de garganta, jaquecas e indigestión? ¿Quién es?

—¿Y qué del sexo? —le pregunté.

—¿Y qué? —me respondió mi cuerpo —. Si tú y tu infeliz imaginación me dejaran en paz, no te estaría molestando. Ese asunto le compete a tu alma. Me das órdenes y luego me echas la culpa por cumplirlas.

4

—Cuando elevo plegarias a Dios por asuntos específicos, tengo siempre la impresión de que le doy consejos a Dios sobre la manera en que tiene que gobernar el mundo —le dije a un amigo —. ¿No sería mejor dar por sentado que Dios lo conoce todo?

—Bajo el mismo criterio —comentó mi amigo— supongo que nunca le pides al que está sentado a tu lado que te pase la sal, porque Dios lo conoce todo y sabe si deberías usar sal o no. Y supongo que jamás llevas paraguas, porque Dios lo conoce todo y sabe si quieres estar seco o mojado.

—No me malentiendas —le reclamé.

—No veo razón contraria —me respondió —. Lo extraño del caso es que Dios debería permitirnos influenciar el curso de los eventos al mínimo. Pero dado que nos permite hacerlo de una manera, no veo la razón de que nos permita hacerlo de otra manera.

8

EL DECLIVE DE LA RELIGIÓN

POR LO QUE veo de los universitarios de primer año en la actualidad, sería muy fácil llegar a conclusiones opuestas respecto al aprieto en que se encuentra la religión de lo que yo llamo «la generación emergente», si bien en realidad el grupo estudiantil incluye hombres y mujeres que están tan divididos los unos de los otros en edad, aspecto externo y experiencia como lo están los catedráticos. Se pueden presentar pruebas suficientes para demostrar tanto que la religión se encuentra en su última etapa de declive entre esa generación como que una de sus características más sobresalientes es un resurgimiento de la religión. Y de hecho se dan al mismo tiempo algo que podríamos llamar «declive» y algo que podríamos denominar «resurgimiento». Quizá sería más útil intentar comprender ambos fenómenos que echar suertes y «elegir al ganador».

El «declive de la religión» que la gente tan a menudo lamenta (o celebra) se manifiesta en las capillas vacías. Ahora bien, es cierto que las capillas estaban llenas en 1900 y que ahora en 1946 están vacías. Sin embargo, este cambio no fue gradual. Sucedió en el preciso momento en que la asistencia a las capillas dejó de ser obligatoria. En realidad no fue un declive: fue una caída a un precipicio. Los sesenta hombres que asistían a la capilla, solo porque empezaba un poco más tarde que los «rollers»[1] (la única opción que tenían), dejaron de venir; los únicos que quedaron fueron cinco cristianos. Cuando se eliminó la obligación de asistir a la capilla, no se creó

---

1. Después de esto surgió un grupo de estudiantes no anglicanos en los colegios de Oxford, que no deseaban asistir a las capillas para los cultos de la mañana y a quienes se les exigió que se presentaran al párroco de la universidad cinco a diez minutos antes del culto y que escribieran sus nombres en una lista (*roll-call*). Por tanto, los *rollers* que no asistían a la capilla debían levantarse más temprano que los que sí asistían. El día de hoy, ya no es obligatorio asistir a la capilla ni escribir el nombre en la lista de no asistentes.

una nueva situación religiosa, tan solo reveló una situación que ya existía por mucho tiempo. Y esto es algo típico del «declive de la religión» por todo el Reino Unido.

En todas las aulas y en cada rincón del país, la práctica visible del cristianismo ha disminuido tremendamente en los últimos cincuenta años. A menudo este fenómeno se usa para demostrar que la nación en su conjunto ha pasado de tener una perspectiva cristiana a una secular. Pero si juzgamos el siglo XIX a partir de los libros que se escribieron, la perspectiva de nuestros abuelos (con pocas excepciones) era tan secular como la nuestra. Las novelas de Meredith, Trollope y Thackeray no fueron escritas por o para hombres que percibieran el mundo como un vestíbulo de la eternidad, que considerasen el orgullo uno de los pecados más graves, que anhelasen ser pobres en espíritu y que buscasen una salvación sobrenatural. Incluso más importante es que en *Cuento de Navidad* de Dickens no haya ningún interés en la encarnación de Cristo. María, los magos de Oriente y los ángeles son sustituidos por «espíritus» que él mismo creó, y los animales que aparecen no son la vaca y el burro del establo, sino un ganso y un pavo de la pollería. Pero lo que más llama la atención es el capítulo treinta y tres de *El anticuario*, escrito por sir Walter Scott, donde *lord* Glenallan logra perdonar a la vieja Elspeth por su insoportable error. Scott describe a Glenallan como un asceta penitente de toda la vida, un hombre obsesionado con lo sobrenatural. Pero cuando se le presenta la oportunidad de perdonar, no entra en juego ningún motivo cristiano: la batalla la ha ganado «por haber sido una persona generosa». A Scott no se le cruza por la mente que sus hechos, sus soledades, su rosario y su confesor, aunque útiles como «propiedades» románticas, pudieran haber tenido relación con un acto importante que afecta la trama del libro.

Me siento con un poco de ansiedad porque no quiero que se me malinterprete. No quiero dar a entender que Scott no fuera un escritor valiente, generoso, honesto y magnífico. Lo que quiero decir es que en sus obras, así como en las de la mayoría de sus contemporáneos, solo se toman en serio los valores seculares y naturales. En ese sentido, Platón y Virgilio están más cerca del cristianismo que Scott y su generación.

Así pues, el «declive de la religión» se vuelve un fenómeno bastante ambiguo. Una manera de explicar lo que ha sucedido sería afirmar que la religión que ha sufrido tal declive no es el cristianismo. En realidad ha sido un difuso teísmo que demostraba tener un fuerte y varonil código de conducta moral, el cual, en vez de enfrentarse al «mundo», fue absorbido por todo el entramado social de las instituciones y sentimientos ingleses y, por tanto, exigía la asistencia a la iglesia como parte (en el mejor de los casos) de la lealtad y los buenos modales y (en el peor de los casos) como prueba de honor. Por eso las presiones sociales, como la de eliminar la obligación de asistir a la iglesia, no crearon ninguna situación nueva. La nueva libertad permitió en primer lugar que las observaciones fueran más precisas. Es más fácil conocer el número exacto de creyentes cuando no hay nadie que vaya a la iglesia si no es para buscar a Cristo. Debo añadir que esta nueva libertad fue causada en parte por las mismas condiciones que dio a conocer. Si las distintas fuerzas anticlericales y opuestas al teísmo que operaban en el siglo XIX hubiesen tenido que atacar la sólida falange de cristianos radicales, la historia quizá habría sido distinta. Pero la mera «religión» —«la moral teñida de emoción», «lo que el hombre hace en soledad», «la religión de todos los hombres buenos»— tiene poco poder de resistencia. No sabe decir no.

Así entendido, el declive de la «religión» me parece en cierta forma una bendición. En el peor de los casos, nos aclara el asunto. Para el universitario moderno, el cristianismo es, por lo menos, un asunto de opciones intelectuales. Es, por decirlo de una manera, parte de la agenda: podemos discutirlo y quizá tengamos una charla después. Recuerdo aquellos tiempos cuando esto era más difícil. La «religión» (en contraste con el cristianismo) era demasiado difusa como para ser discutida («demasiado sagrada como para tan siquiera mencionarla») y tan mezclada con los sentimientos y el buen aspecto que formaba parte de aquellos temas vergonzosos. Si se tenía que hablar de ello, debía hacerse con susurros y al oído. El escándalo de la cruz tiene, y así debe ser, algo que jamás desaparecerá. Pero la vergüenza social y sentimental ha desaparecido. La niebla de la «religión» se ha disipado; la ubicación y tamaño de ambos ejércitos pueden ahora verse con toda claridad; y ahora es posible el fuego cruzado.

El declive de la «religión» es sin duda una desgracia para el «mundo». Supongo que, debido a ello, se ha puesto en peligro todo lo que convirtió a Inglaterra en un país feliz: la pureza relativa de su vida pública, la bondad relativa de su fuerza policial y la posibilidad de un poco de respeto mutuo y amabilidad entre oponentes políticos. Pero no estoy seguro de si eso hace que las conversiones al cristianismo sean más escasas y difíciles: creo que sucede lo contrario. Hace que la elección sea inevitable. Cuando el espíritu conciliador de los Caballeros de la Mesa Redonda queda destruido, todos deben elegir entre Galahad o Mordred: la vía intermedia ha desaparecido.

Y ahí se va el declive de la religión; ahora abrimos paso al avivamiento cristiano. Aquellos que alegan que se ha logrado el avivamiento señalan el éxito (éxito en el sentido de algo demostrable con cifras de ventas) de varios escritores cristianos explícitos e incluso violentos, de la aparente popularidad de conferencias teológicas y del ambiente brusco de conversaciones poco amigables en el que vivimos. De hecho, la cuestión está en lo que he oído describirse como «el barullo intelectual cristiano». Es difícil describir este fenómeno en términos neutrales, pero quizá nadie pueda negar que ahora el cristianismo se ha subido a la «palestra» entre los más jóvenes de la *intelligentsia* como jamás ocurrió, por decirlo así, en 1920. Solo los estudiantes novatos dan por obvias las posturas anticristianas. Los días de la «incredulidad sencilla» están tan muertos como los de la «fe sencilla».

Respecto a esto, quienes se encuentran en el mismo bando que yo están bien agradecidos. Tenemos razón de dar gracias, y el comentario que tengo que añadir no es, espero, el de una persona de mediana edad que quiere aguarles la fiesta a los suyos, sino el de alguien que desea prevenir y, por tanto, evitar posibles desilusiones.

En primer lugar, toda persona que haya aceptado el cristianismo debe admitir que el aumento en el interés público por su fe, o incluso el incremento en la aceptación intelectual de esta, están muy lejos de ser la conversión de toda Inglaterra o ni siquiera de una sola persona. La conversión requiere un cambio de la voluntad, que en última instancia no sucede sin la intervención de lo sobrenatural. No estoy de acuerdo en lo absoluto con aquellos que llegan a la conclusión de que la diseminación de un clima intelectual (e imaginativo) propicio para el cristianismo sea algo inútil. Sería como tratar de demostrar que los trabajadores que producen municiones no sirven de nada porque no van a la guerra a luchar y ganar, si es que queremos atribuir a las tropas en combate un honor especial. Si el clima intelectual es tal que, cuando un hombre se encuentre con el dilema de aceptar o rechazar a Cristo, su razón e imaginación no están del lado equivocado, entonces este conflicto se luchará bajo condiciones favorables. Los que contribuyen a producir y fomentar tal clima realizan una obra útil;

sin embargo, después de todo, no es gran cosa. Su contribución es muy modesta; y siempre existe la posibilidad de que nada, nada en lo absoluto, se produzca de ello. Más allá de donde ellos se encuentran, está el carácter que, hasta donde yo sé, el actual movimiento cristiano todavía no ha producido: el predicador en el pleno sentido de la palabra, el evangelista, el hombre fervoroso, el que infecta a todos. El propagandista, el apologeta, tan solo representa a Juan el Bautista; el predicador representa al propio Señor. Será enviado, o no será. Pero, a menos que él venga, nosotros los intelectuales cristianos lograremos muy poco. Con ello no quiero decir que debemos cesar de toda actividad.

En segundo lugar, debemos recordar que el interés generalizado y entusiasta en el tema es precisamente lo que conocemos como una moda. Y las modas no duran. El actual movimiento cristiano quizá tenga, o quizá no, una larga duración. Pero tarde o temprano perderá el interés del público; en lugares como Oxford, estos cambios suceden con bastante rapidez. Bradley y los demás idealistas pasaron de moda muy rápido, el esquema de Douglas desapareció incluso más velozmente, el vorticismo se esfumó de la noche a la mañana.[2] (¿Quién recuerda a Pogo? ¿Quién lee *Childermass*?).[3] Sea lo que sea lo que la simple moda nos haya otorgado en nuestro presente éxito, la simple moda nos lo quitará. Las verdaderas conversiones son lo único que permanecerá: nada más. En este sentido quizá nos encontremos por ingresar en un verdadero y permanente avivamiento cristiano: pero se llevará a cabo de una manera lenta y velada en grupos pequeños. La alegría presente (si me permiten llamarla así) es pasajera. Debemos almacenar el trigo en los graneros antes de que nos llegue la lluvia.

Este elemento pasajero es el destino de todo movimiento, moda, clima intelectual y demás asuntos parecidos. Pero un movimiento cristiano también se enfrenta a algo más severo que un simple capricho del gusto. No hemos tenido todavía (por lo menos entre los estudiantes de primer año de

---

2. F. H. Bradley (1846–1924) fue profesor en Merton College, Oxford, y autor de *Appearance and Reality* (Londres, 1893). El socioeconomista y mayor del ejército británico, C. H. Douglas, escribió, entre otras obras, *Social Credit* (Londres, 1933). El vorticismo fue un movimiento artístico británico de la década de 1920.
3. Prácticamente nadie lo hace. Hasta donde he investigado, el Pogo o Pogo saltarín, que fue inventado en 1922, es un dispositivo para saltar con la ayuda de un resorte. *Childermass* fue escrita por P. Wyndham Lewis (Londres, 1928).

Oxford) ninguna oposición realmente implacable. Pero si logramos tener más éxitos, de seguro que aparecerán. El enemigo aún no cree que valga la pena atacarnos con toda su fuerza. Pero pronto lo hará. Esto sucede en la historia de todo movimiento cristiano, empezando con el ministerio del propio Cristo. En un inicio, todos los que no tienen ninguna razón para oponérsele le dan la bienvenida; a estas alturas, todo el que no está contra él está con él. Lo que la gente nota es la diferencia con aquellos aspectos del mundo con los que no concuerdan. Pero más adelante, cuando el verdadero significado del cristianismo sale a la luz, es decir, la entrega total a este, el gran abismo entre lo natural y lo sobrenatural, entonces la gente empieza cada vez más a sentirse «ofendida». Entonces aparecen la aversión, el miedo y finalmente el odio; nadie de aquellos a los que se les ha pedido entregarlo todo (y es que así es, hay que entregarlo todo) puede soportarlo; todos los que no están de acuerdo lo rechazan del todo. Por esta razón no debemos emocionarnos con el movimiento intelectual presente, que pretende crecer y expandirse entre millones por medio de una dulce razonabilidad. Recordemos que, mucho antes de esto, la oposición ya se encontraba presente y estar del lado cristiano significaba que uno perdía su sustento (por lo menos). Recordemos también que es muy probable que en Inglaterra a la oposición se le *llame* cristianismo (o «cristidemocracia» o cristianismo británico o algo por el estilo).

Pienso —¿cómo estar seguro de ello?— que todo va bastante bien. Pero aún es muy temprano. Aún no hemos entablado batalla contra nuestros enemigos. Los combatientes tienen la tendencia a pensar que la guerra va más avanzada de lo que realmente está.

9

VIVISECCIÓN

ESCUCHAR UN DEBATE racional en torno a la vivisección es la cosa más rara del mundo. Los que están en desacuerdo con ella han sido comúnmente acusados de ser «sentimentales», y muy a menudo sus argumentos justifican la acusación. Presentan imágenes de lindos cachorritos sobre mesas de disección. Pero el otro lado también ofrece la misma respuesta. A menudo defiende las visecciones presentando imágenes de mujeres y niños que sufren y cuyo dolor puede aliviarse (se nos garantiza) solamente con los resultados de las visecciones. Las súplicas de ambos lados se dirigen a las emociones, a esa emoción específica llamada pena. Y ningún argumento logra demostrar nada. Si es algo correcto —si lo es en lo absoluto, es una obligación—, entonces sentir pena por el animal es una de las tentaciones que debemos resistir con el fin de cumplir nuestra obligación. Si es algo malo, entonces la pena por el sufrimiento humano es precisamente la tentación que con más probabilidad nos tiente a realizar aquello que es incorrecto. Sin embargo, la auténtica cuestión —si está bien o mal— se mantiene tal como estaba.

El debate racional sobre este asunto empieza cuando nos preguntamos si el dolor es o no es un mal. Si no lo es, la acusación contra la vivisección fracasa. Pero también fracasaría la defensa de la vivisección. Si no logra defenderse por la razón de reducir el sufrimiento humano, ¿qué razón la podrá defender? Y si el dolor no constituye un mal, ¿por qué se debería mitigar el sufrimiento humano? Por tanto, debemos asumir como base para todo el debate que el dolor es un mal, de otra manera no habría necesidad de debatir nada en lo absoluto.

Ahora, si el dolor es un mal, entonces infligir dolor, visto por sí mismo, debe ser claramente un acto de maldad. Sin embargo, hay cosas que las consideramos males necesarios. Algunos actos que consideramos malos en sí mismos quizá sean excusables e incluso loables cuando sean medios necesarios para lograr un bien mayor. Cuando decimos que infligir dolor, llanamente en sí mismo, es algo malo, no damos a entender que jamás debemos infligir dolor. La mayoría de nosotros cree que se puede infligir dolor para obtener un buen resultado, como en los dentistas o con el castigo en los reformatorios. La cuestión es que siempre requiere alguna justificación. A aquel que inflige dolor le corresponde demostrar la razón por la que algo que en sí es malo se convierte, en esas circunstancias particulares, en algo bueno. Si nos encontramos con alguien que complace a los demás, nos corresponde a nosotros (si lo criticamos) demostrar que sus actos son malos. Pero si nos encontramos con alguien que inflige dolor a los demás, le corresponde a él demostrar que sus actos son buenos. Si no puede demostrarlo, es un hombre perverso.

Ahora bien, la vivisección solo puede justificarse si logramos demostrar que una especie debe sufrir con el fin de que otra sea más feliz. Y llegamos con esto a nuestro dilema. El defensor cristiano y el «científico» común (esto es, el naturalista) que defiende la vivisección deben tomar distintos rumbos.

El defensor cristiano, especialmente en países del orbe latino, es muy propenso a decir que tenemos el derecho a hacer lo que queramos con los animales porque «no tienen alma». ¿Qué se quiere decir con ello? Si se quiere decir que los animales no poseen conocimiento, ¿cómo podemos saberlo? Ciertamente se comportan como si lo tuvieran, por lo menos los animales más desarrollados. Yo, en particular, tengo la tendencia a pensar que son muy pocos los animales que tienen lo que nosotros identificaríamos como consciencia de sí mismos, pero esto es tan solo una opinión. A no ser que tengamos otras razones para considerar la vivisección como algo correcto, no debemos correr el riesgo moral de atormentarlos con la simple base de una opinión. Por otro lado, la afirmación respecto a que «no tienen alma» puede ser que signifique que no poseen responsabilidad moral alguna y que no son inmortales. Sin embargo, la ausencia del «alma» en ese sentido hace que el acto de infligir dolor en ellos sea más difícil de justificar. Porque entonces significaría que los animales no merecen recibir dolor, ni que ellos reciban algún beneficio moral por sufrir dolor, tampoco que serán recompensados con la felicidad en otra vida por haber sufrido todo ese dolor. Por tanto, todos los factores que vuelven el dolor más tolerable o disminuyen el grado total de maldad en el caso de los seres humanos pierden su valor en las bestias. La condición de «no tener alma», en tanto que es pertinente a nuestra pregunta, si es que lo es, sirve de argumento en contra de la vivisección.

El único argumento racional para el cristiano viviseccionista es decir que la superioridad del ser humano por sobre las bestias es un hecho real y objetivo, cuya razón se encuentra en la revelación, y que justificar el sacrificio de las bestias es una consecuencia lógica. Nosotros valemos «más que muchos pajarillos»,[1] y cuando lo decimos no estamos expresando algo que preferimos para nuestra propia especie sencillamente por ser nuestra, sino porque nos sujetamos al orden que Dios ha creado y que rige el universo, tanto si la gente lo reconoce como si no. La postura quizá no sea satisfactoria. Quizá no logremos ver cómo una Deidad benevolente podría desear que lleguemos a esta conclusión a partir del orden jerárquico que Él ha creado. Quizá descubramos lo difícil que es desarrollar un derecho humano que nos permita atormentar a las bestias en términos que recíprocamente no impliquen el derecho angelical a atormentar al ser humano. Y quizá sintamos que, si bien la superioridad objetiva es algo que con todo derecho le pertenece al ser humano, esa misma superioridad debería *consistir* en parte en no comportarse como un viviseccionista; que deberíamos demostrar que somos mejores que las bestias precisamente por el hecho de que reconocemos que tenemos obligaciones hacia ellos y que ellos no las tienen hacia nosotros. Sin embargo, en todas estas preguntas, se puede llegar a tener muchas opiniones sinceras. Si sobre la base de nuestra superioridad real y divinamente decretada, un médico cristiano especialista en patología llegase a la conclusión de que es correcto realizar vivisecciones, y las llegase a realizar con muchísimo esmero y cuidado evitando el más mínimo dolor innecesario, con un temor reverencial por la gran responsabilidad que ha asumido y con un sentido realista del supremo llamado bajo el cual el ser humano debe vivir si es que desea justificar los sacrificios que se han hecho por él, entonces (ya sea que estemos de acuerdo o no) debemos respetar su punto de vista.

Pero, claro, la gran mayoría de viviseccionistas no tiene este trasfondo teológico. La gran mayoría de ellos es naturalista y darwinista. Aquí, con

---

1. Mt 10:31.

toda seguridad, nos topamos con un hecho muy alarmante. Los mismos que con desprecio descartan toda consideración respecto al sufrimiento de los animales si esta entorpece las «investigaciones» también negarán vehementemente, en otro contexto, cualquier diferencia radical entre el ser humano y los demás animales. Según la visión naturalista, las bestias se ubican al fondo de una misma clasificación en la que nos encontramos nosotros. El ser humano es sencillamente el más inteligente de todos los antropoides. Por tanto, toda la base desde la que el cristiano pretende defender la vivisección queda cortada de raíz. Sacrificamos otras especies en beneficio de la nuestra no porque la nuestra tenga algún privilegio y propósito metafísico sobre las demás, sino sencillamente porque es nuestra especie. Quizá sea natural que tengamos esta lealtad a nuestra especie, pero dejemos de prestar atención al naturalista cuando habla del «sentimentalismo» de los que se oponen a la vivisección. Si la lealtad a nuestra propia especie, es decir, preferir al ser humano solo porque es ser humano, no es algo sentimental, ¿entonces qué es? Quizá sea un buen sentimiento o uno malo. Pero ciertamente se trata de un sentimiento. ¡Tratemos de formular el argumento basándonos en la lógica y veremos lo que sucede!

Pero lo más siniestro de la vivisección moderna es esto: si un simple sentimiento justifica la crueldad, ¿por qué detenernos en un solo sentimiento respecto a toda la raza humana? También existe un sentimiento por el hombre blanco en contra del hombre negro, por la *Herrenvolk* (la raza superior) contra los que no son arios, por los «civilizados» y los «progresistas» contra los «salvajes» o «atrasados». Finalmente, por nuestro propio país, partido político o clase social contra los demás. Una vez que la vieja noción cristiana respecto a la diferencia entre el ser humano y la bestia haya sido descartada del todo, no habrá ningún argumento a favor de los experimentos con animales que no sea distinto al argumento a favor de experimentos con seres humanos inferiores. Si desmembramos bestias sencillamente porque no tienen la capacidad de defenderse de nosotros y porque lo hacemos para defender nuestra propia existencia, el siguiente paso lógico sería desmembrar discapacitados, criminales, enemigos o capitalistas por las mismas razones. Ciertamente, los experimentos en otros seres humanos ya han empezado. Nos hemos enterado de que los científicos nazis ya los han estado realizando. Sospechamos que nuestros propios científicos pronto lo harán, en secreto, en cualquier momento.

Lo alarmante del caso es que los viviseccionistas han ganado la primera ronda. Durante los siglos XVIII y XIX a nadie se le tildaba de excéntrico o loco si protestaba contra la vivisección. Lewis Carroll llegó a protestar, si recuerdo su famosa carta con precisión, basándose en los mismos argumentos que yo he utilizado.[2] El doctor Johnson —un hombre cuya mente tenía tanto hierro como la de cualquiera— protestó en una nota sobre la obra shakespeariana *Cimbelino*, la cual merece ser citada en pleno. En el acto I, escena v, la Reina le explica al doctor que quiere que se experimente con veneno en «aquellas criaturas que consideramos que no merecen ser ahorcadas, pero no en seres humanos».[3] El doctor replica:

Con esta práctica, Vuestra Alteza no hará más que endurecerse el corazón.[4]

Johnson comenta: «Es probable que aquel pensamiento hubiese sido intensificado si nuestro autor hubiera llegado a ver los experimentos que ha publicado en tiempos recientes una raza de hombres que han llevado a cabo torturas sin pena alguna y las han descrito sin ninguna vergüenza, y que sin embargo se ha erigido con soberbia por sobre los seres humanos».[5]

Son sus palabras, no las mías, y francamente en estos tiempos no nos atreveríamos a usar tan tranquilos este severo lenguaje. Y no nos atreveríamos porque el otro lado ha ganado. Y si bien la crueldad incluso contra las bestias es un asunto importante, la victoria del bando opuesto es síntoma de cuestiones mucho más importantes. La victoria de la vivisección señala un gran avance en la marcha triunfal del utilitarismo despiadado y amoral contra el viejo mundo de la ley moral; triunfo en el que nosotros, así como los animales, somos ya víctimas y cuyos más recientes logros se muestran en Dachau e Hiroshima. Al justificar la crueldad contra los animales, nos hemos colocado a la altura de los animales. Hemos elegido la jungla y debemos ceñirnos a nuestra elección.

Notarás que no he dedicado ni un segundo a discutir lo que realmente sucede en los laboratorios. Por supuesto, esperamos que se nos diga, contra

---

2. «Vivisection as a Sign of the Times», *The Works of Lewis Carroll*, ed. Roger Lancelyn Green (Londres, 1965), pp. 1089-1092. Ver también «Some Popular Fallacies about Vivisection», Ibíd., pp. 1092-1100.
3. Shakespeare, *Cimbelino*, I, v, 19-20.
4. Ibíd., 23.
5. *Johnson on Shakespeare: Essays and Notes Selected and Set Forth with an Introduction* por *sir* Walter Raleigh (Londres, 1908), p. 181.

todo pronóstico, que hay muy poca crueldad. Se trata de una cuestión de la que al presente no tengo nada que decir. Debemos primero decidir qué debe estar permitido: luego de ello, es obligación de la policía descubrir lo que ya se haya cometido.

10

TRADUCCIONES MODERNAS DE LA BIBLIA

Es posible que el lector que abra este libro[1] en el mostrador de alguna librería se pregunte por qué necesitamos una nueva traducción de alguna parte de la Biblia y, de ser así, por qué tiene que ser de las Epístolas. Quizá diga: «¿Acaso no tenemos ya en la Versión Autorizada la más hermosa traducción que cualquier idioma haya visto?». Algunos que conozco irían al extremo de sentir que cualquier traducción moderna no solo no es necesaria, sino que es repudiable. No pueden soportar ver algún cambio en esas palabras de larga tradición; les parece irreverente.

Para tales personas, tenemos varias respuestas. En primer lugar, la clase de objeción que ellas sienten contra una nueva traducción es muy parecida a las objeciones que en otro tiempo surgieron contra todas las traducciones al inglés. Muchas personas piadosas y sinceras sentían en el siglo XVI escalofríos frente a la idea de transformar la añeja versión latina de la Vulgata al idioma común y (según creían) «bárbaro» inglés. Les parecía que una verdad sagrada perdería su carácter sagrado cuando desapareciese ese latín polisilábico que durante siglos se escuchaba en la misa y en las horas canónicas, y se sustituyese por «un lenguaje como el que usan los hombres», impregnado de los lugares comunes y corrientes como el vivero, la posada, el establo y la calle. La respuesta en aquel tiempo era la misma que la del día de hoy. La única clase de santidad que la Escritura pudiera perder (o por lo menos el Nuevo Testamento) al modernizarse sería la circunstancial, y esa jamás la tuvo para sus primeros escritores o lectores. El Nuevo Testamento en su versión original en griego no es una obra de arte literario: no fue escrito con un lenguaje

---

1. Este ensayo fue publicado originalmente como una introducción a la obra de J. B. Phillips, *Letters to Young Churches: A Translation of the New Testament Epistles* (Londres, 1947).

solemne y eclesiástico, más bien se escribió con un griego que se hablaba en todo el Mediterráneo oriental luego de que esta lengua se convirtiese en un idioma internacional y por tanto perdiera su belleza y sutileza. En él vemos un griego utilizado por personas que no sentían ninguna admiración por su léxico porque no era el idioma que habían hablado de niños. Era una especie de griego «básico»; un idioma que no había echado raíces, un lenguaje funcional, comercial y administrativo. ¿Nos asombra esto? No debería, o solo debería asombrarnos como lo hace la encarnación de Cristo. La misma humildad divina que decretó que Dios debía nacer y amamantarse de los pechos de una campesina y que luego como predicador itinerante sería arrestado por las autoridades romanas también decretó que este predicador debía ser predicado en un lenguaje del vulgo, prosaico y no refinado. Si puedes soportar lo primero, puedes soportar lo segundo. La encarnación es, en ese sentido, una doctrina irreverente: el cristianismo, en ese sentido, es una religión irreverente sin remedio. Cuando creemos que el cristianismo tuvo que haber llegado a este mundo con toda la belleza que ahora percibimos en la Versión Autorizada, erramos tanto como los judíos que esperaban la venida del Mesías como un gran monarca terrenal. La verdadera santidad, la verdadera belleza sublime del Nuevo Testamento (como la vida de Cristo) son de una clase distinta: a kilómetros de profundidad e *insondable*.

En segundo lugar, la Versión Autorizada ha dejado de ser una traducción buena y clara. Ya no contiene un inglés moderno: el significado de las palabras ha cambiado. El mismo encanto antiguo que la hizo tan «bella» (en el sentido superficial), tan «sagrada», tan «reconfortante» y tan «estimulante» la ha hecho también en muchos lugares incomprensible. Por ello, cuando san Pablo dice: «Porque, aunque la conciencia no me remuerde» traduce «Porque aunque de nada tengo mala conciencia».[2] Esto era una buena traducción (si bien bastante anticuada incluso en aquellos tiempos) en el siglo XVI: para el lector moderno puede significar nada o algo muy distinto a lo que san Pablo escribió. Lo cierto es que si queremos tener traducciones en todo momento, debemos volver a traducir con regularidad. No existe tal cosa como la traducción definitiva y final de un libro a otro idioma, porque los idiomas cambian. Si le compras ropa a tu

---

2. 1 Co 4:4.

hijo, sería inútil comprarle un traje una vez para siempre, porque con el tiempo le quedará chico y tendrá que comprarse ropa nueva.

Y finalmente, aunque parezca una amarga paradoja, debemos a veces distanciarnos de la Versión Autorizada, aun si no tuviéramos otras razones, sencillamente *por causa de* su belleza y solemnidad. La belleza exalta, pero también nos adormece. Las referencias primeras se hacen querer, pero también nos causan confusión. Por medio de aquella solemne belleza, las horrendas e impactantes realidades de las que nos habla el Libro nos llegan sin impacto y desarmadas, y quizá solamente nos produzcan algún suspiro de calma veneración cuando en realidad debiéramos arder de vergüenza o sentir el impacto del terror o sentir éxtasis por la arrebatadora esperanza y adoración. ¿Seguro que «flagelar» nos suena igual que «dar latigazos»?[3] ¿Seguro que «le escarnecían» suena igual que «se burlaban»?[4]

Por tanto, deberíamos dar la bienvenida a todas las traducciones nuevas (cuando fueren hechas por eruditos competentes); y, definitivamente, aquellos que se acerquen a la Biblia por primera vez no deberían empezar con la Versión Autorizada, salvo quizá con los libros históricos del Antiguo Testamento, donde sus arcaísmos encajan mejor con la narrativa tipo saga. Entre las traducciones modernas al inglés, en particular las del doctor Moffatt[5] y de monseñor Knox[6] me parecen buenas. El presente libro se concentra en las Epístolas y ofrece más información para el principiante: su enfoque es distinto. Las introducciones preliminares a cada carta serán muy útiles y el lector que aún no haya leído las Epístolas se beneficiará grandemente leyendo las introducciones antes de dedicarse al texto bíblico. Me hubiese ahorrado un gran esfuerzo si hubiese tenido este libro en mis manos cuando empecé a descubrir en qué consistía el cristianismo.

---

3. Jn 19:1.
4. Mt 27:29; Mr 15:20; Lc 22:63; 23:36.
5. James Moffatt (1870-1944) publicó una traducción del Nuevo Testamento en 1913, y del Antiguo Testamento en 1924. Luego, publicó una versión revisada de toda la Biblia en 1935.
6. Ronald A. Knox (1888-1957) publicó una traducción del Nuevo Testamento en 1945, y del Antiguo Testamento en 1949.

Porque quien quiera descubrir el cristianismo debe leer las Epístolas. Y, nos guste o no, san Pablo escribió la mayoría de ellas. Él es el autor cristiano que nadie puede obviar.

Hay un error increíble que ha dominado la mente moderna con respecto a san Pablo. Esta idea errada dice así: Jesús predicó una religión simple y llena de bondad (que se encuentra en los Evangelios) y luego san Pablo la corrompió y la volvió una religión cruel y complicada (que se encuentra en las Epístolas). Esto es del todo insostenible. Todas las citas más terroríficas provienen de la boca de nuestro Señor; todas las citas sobre las que basamos nuestras esperanzas de salvación para todos los hombres provienen de san Pablo. Si se pudiese demostrar que san Pablo modificó de alguna manera las enseñanzas de su Maestro, diríamos que las modificó en la dirección contraria a lo que popularmente se cree. Sin embargo, no existen pruebas reales de una doctrina prepaulina que sea distinta a la de san Pablo. Las Epístolas son, en su mayoría, los documentos cristianos más antiguos que tenemos a nuestro alcance. Los Evangelios aparecieron después. No son en sí «el evangelio», el contenido de la fe cristiana. Fueron escritos para aquellos que ya se habían convertido, que ya habían recibido «el evangelio» (las buenas nuevas de salvación). No incluyen muchos aspectos «complicados» (es decir, la teología) porque sus lectores fueron creyentes que ya habían sido formados en la fe. En este sentido, las Epístolas son más rudimentarias y más fundamentales que los Evangelios (por supuesto, sin excluir los grandes eventos que narran los Evangelios). Las obras de Dios (la encarnación, la crucifixión y la resurrección) se ubican primero; el primerísimo análisis teológico de estos eventos se encuentra en las Epístolas; luego, cuando la generación que conoció al Señor empezó a desaparecer, se redactaron los Evangelios para ofrecer a los creyentes un registro de las grandes obras y algunos de los dichos del Señor. El equivocado concepto popular lo ha puesto todo de cabeza. Y la razón de ello no está muy lejos para que la descubramos. En las primeras etapas de cada rebelión hay un momento en el que aún no se decide atacar en persona al rey. Se dice: «El rey está bien. Son sus ministros los que están equivocados. Estos manipulan al rey y corrompen todos sus planes, que seguro que serían muy buenos si tan solo sus ministros permitiesen su implementación». Entonces, la primera victoria consiste en decapitar a unos cuantos ministros; y más tarde se decapitará al propio rey. De la misma manera, el ataque que se llevó a cabo contra san Pablo en el siglo XIX fue tan solo un preparativo de la revuelta contra Cristo. Sus opositores aún no tenían preparados grandes ejércitos para atacar al propio Cristo. Lo que hicieron fue la primera jugada normal: atacar a uno de sus principales ministros. Por tanto, todo lo que aborrecían del cristianismo se lo atribuyeron a san Pablo. Por desgracia para ellos, su argumento no impresionaría a nadie que realmente hubiera leído y entendido los Evangelios y las Epístolas; pero, al parecer, son muy pocos los que lo han hecho, así que en su primer ataque obtuvieron una victoria. San Pablo fue hallado culpable y desterrado, y el mundo prosiguió al siguiente paso: atacar al propio Rey. Pero para aquellos que deseen saber lo que san Pablo y sus demás compañeros realmente enseñaban, este libro les será de mucha ayuda.

11

¿SACERDOTISAS EN LA IGLESIA?

«ME GUSTARÍAN INFINITAMENTE más los bailes —dijo Carolina Bingley— si fueran organizados de un modo diferente... No hay duda de que sería mucho más racional que el orden del día fuera la conversación en lugar de la danza». «Mucho más racional, seguramente —respondió su hermano—, pero no se parecería mucho a un baile».[1] Se nos dice que la señorita guardó silencio. Pero se podría sostener que Jane Austen no permitió a Bingley presentar toda la fuerza de su posición. Debería haber respondido con un *distingo*. En cierto sentido, la conversación es más racional, pues permite ejercitar exclusivamente la razón, y el baile no. Pero no hay nada irracional en ejercer otras facultades distintas de la razón. En ciertas ocasiones y para determinados propósitos, la verdadera irracionalidad es la de quienes se niegan a hacerlo. El hombre que intentara domar un caballo o escribir un poema o engendrar un hijo por puros silogismos sería un hombre irracional, aunque hacer silogismos sea en sí mismo una actividad más racional que las exigidas por esas cosas. Es racional no razonar, o no limitarse a razonar, cuando no es adecuado, y el hombre más racional es el que mejor lo sabe.

Estas observaciones no han sido pensadas como contribución a la crítica de *Orgullo y prejuicio*. Se me ocurrieron al oír que la Iglesia de Inglaterra[2] estaba siendo presionada para que declarara que las mujeres podían recibir el Orden Sacerdotal. Según mi información, es muy improbable que la propuesta sea considerada seriamente por las autoridades. Dar un paso tan revolucionario en el momento actual, separarnos del pasado cristiano y ensanchar la división entre la Iglesia de Inglaterra y otras Iglesias estableciendo entre nosotros el sacerdocio femenino, supondría un grado de

1. *Orgullo y prejuicio*, cap. 11.
2. Que en Estados Unidos se conoce como Iglesia Episcopal.

imprudencia casi libertino. La misma Iglesia de Inglaterra se fragmentaría con la operación. Mi preocupación por la propuesta es de carácter más teórico. El problema entraña algo más profundo todavía que una revolución en toda regla.

Siento un gran respeto por quienes desean que las mujeres sean sacerdotisas. Creo que son gente sincera, piadosa y sensible. En cierto sentido son demasiado sensibles. En eso, mi discrepancia con ellos se parece a la discrepancia de Bingley con su hermana. Estoy tentado de decir que la disposición propuesta nos haría más racionales, «pero ya no pareceríamos una Iglesia».

A primera vista, la racionalidad (en el sentido de Caroline Bingley) está del lado de los innovadores. Estamos faltos de sacerdotes. Hemos descubierto, en una profesión tras otra, que la mujer puede hacer muy bien cosas que hace tiempo se suponía que estaban exclusivamente en poder del hombre. Ninguno de los que están en desacuerdo con la propuesta mantiene que la mujer posea menos capacidad de piedad que el hombre, o menos entusiasmo, saber o cualquier otra cualidad necesaria para el oficio pastoral. ¿Qué otra cosa, salvo el prejuicio engendrado por la tradición, nos prohíbe, entonces, servirnos de las enormes reservas que supondrían para el sacerdocio si la mujer estuviera en esto, como en tantas otras cosas, en pie de igualdad con el hombre? Y contra este torrente de sentido común, los adversarios (muchos de ellos mujeres) no pueden ofrecer al principio más que una aversión incapaz de expresarse, una sensación de incomodidad que ellos mismos encuentran difícil de analizar.

Desde el punto de vista histórico es evidente, creo yo, que esta reacción no procede de un desprecio hacia la mujer. La Edad Media llevó su reverencia por una mujer hasta el punto de que se podría hacer razonablemente la acusación de que la santísima virgen se convirtió a sus ojos casi en «la cuarta persona de la Trinidad». Pero, que yo sepa, en estos siglos no se le atribuyó nada que se pareciera remotamente a la función sacerdotal. La salvación depende de su decisión expresada en las palabras *Ecce ancilla*.[3] La virgen estuvo unida durante nueve meses en una inconcebible intimidad

---

3. Cuando se le anunció que había sido elegida por Dios y que iba a dar a luz al niño Jesús, la virgen exclamó: «He aquí a la sierva del Señor» (Lc 1:38). El *Magníficat* sigue en los versículos 46-55.

con el Verbo Eterno, estuvo al pie de la cruz,[4] pero no estuvo presente en la Última Cena[5] ni en la venida del Espíritu en Pentecostés.[6] Ese es el testimonio de las Escrituras, que no es posible dejar de lado diciendo que las condiciones de tiempo y lugar condenaban a las mujeres al silencio y a la vida privada. Hubo predicadores femeninos. Un hombre tuvo cuatro hijas que «profetizaban», es decir, predicaban.[7] Incluso en el Antiguo Testamento había profetisas. Profetisas, no sacerdotisas.

En este punto, el reformador sensible se siente inclinado a preguntar por qué, si las mujeres pueden predicar, no pueden ejercer las demás funciones del sacerdote. Esta pregunta aumenta mi incomodidad. Empezamos a sentir que lo que realmente nos separa de nuestros adversarios es el diferente significado que ellos y nosotros damos a la palabra «sacerdote». Cuanto más hablan (con razón) de la competencia de la mujer en la administración, de su discreción y simpatía como consejera, de su talento natural para «visitar», tanto más sentimos que se olvida la cuestión principal. Para nosotros un sacerdote es, ante todo, un representante, un doble representante: representa a Dios ante nosotros y es nuestro representante ante Dios. Nuestros propios ojos nos lo enseñan en la iglesia. Unas veces el sacerdote nos da la espalda y otras se pone mirando hacia nosotros. Entonces habla a Dios por nosotros. Otras veces nos da la cara y nos habla en nombre de Dios. No tenemos nada que objetar a que la mujer haga lo primero. La dificultad está en lo segundo ¿Pero, por qué? ¿Por qué no debería una mujer representar a Dios en este sentido? Desde luego no porque la mujer sea necesariamente, ni tampoco probablemente, menos santa o menos caritativa o más estúpida que el hombre. En este sentido, la mujer puede ser tan semejante a Dios como el hombre, y ciertas mujeres mucho más que ciertos hombres. Tal vez quede más claro el sentido en que la mujer no puede representar a Dios si vemos el problema al revés.

Supongamos que el reformador deja de decir que una mujer buena puede asemejarse a Dios y empieza a decir que Dios se asemeja a una mujer buena. Supongamos que dijera tanto que debemos orar a «Nuestra Madre que está en el Cielo» como a «Nuestro Padre». Supongamos que

---

4. Mt 27:55-6; Mr 15:40-1; Lc 23:49; Jn 19:25
5. Mt 26:26; Mr 14:22; Lc 22:19.
6. Hch 2:1ss.
7. Hch 21:9.

insinuara que la encarnación podría haber adoptado tanto forma femenina como masculina y que la Segunda Persona de la Trinidad se pudiera denominar tanto Hija como Hijo. Supongamos, por último, que el matrimonio místico fuera al revés, que la iglesia fuera el novio y Cristo la novia. Todo esto trae consigo, a mi juicio, la afirmación de que la mujer puede representar a Dios como lo hace el hombre.

La verdad es que si todas estas hipótesis se pusieran alguna vez en vigor nos embarcaríamos, sin la menor duda, en una religión diferente. Las diosas han sido, naturalmente, objeto de adoración. Muchas religiones han tenido sacerdotisas. Pero eran religiones completamente distintas de la cristiana. El sentido común, pasando por alto el malestar, o incluso el horror, que la idea de convertir el lenguaje teológico en género femenino produce en la mayoría de los cristianos, preguntará «¿por qué no?». Puesto que Dios no es un ser biológico, qué puede importar que digamos *Él* o *Ella*, *Padre* o *Madre*, *Hijo* o *Hija*.

Sin embargo, los cristianos creemos que el mismo Dios nos ha enseñado cómo debemos hablarle. Decir que no importa es decir que la imaginería masculina no está inspirada, tiene un origen meramente humano, o bien que, aun estando inspirada, es completamente arbitraria e inesencial. Esto es inadmisible, y si es admisible no es un argumento en favor de la existencia de sacerdotisas cristianas, sino contra el cristianismo. El argumento está basado, seguramente, en una idea frívola de la imaginería. Sin recurrir a la religión, sabemos por experiencia poética que la imagen y la percepción son más inseparables de lo que el sentido común está dispuesto a admitir. La vida religiosa de un niño al que se le enseñara a orar a una Madre en el Cielo sería radicalmente distinta de la de un niño cristiano. Y para el cristiano, el cuerpo y el alma humanos forman una unidad orgánica semejante a la que forman la imagen y la percepción.

Los innovadores insinúan, en realidad, que el sexo es algo superficial e irrelevante para la vida espiritual. Decir que los hombres y las mujeres son igualmente adecuados para una determinada profesión es decir que el sexo es irrelevante para los fines de esa profesión. Dentro de ese contexto estamos tratándolos a ambos como neutros. Dado que el Estado crece como una colmena o como un hormiguero, necesita un número creciente de trabajadores que puedan ser tratados como neutros. En la vida civil tal vez sea necesario hacerlo. Pero en la vida cristiana debemos volver a la realidad. En la vida cristiana no somos unidades homogéneas, sino órganos diferentes y complementarios de un cuerpo místico. La señora Nunburnholme ha afirmado que la igualdad entre el hombre y la mujer es un principio cristiano.[8] Yo no recuerdo el texto de las Escrituras ni de los Padres ni de Hooker ni del Devocionario en que se afirma tal cosa. Pero ahora no se trata de eso. Lo importante es que, a menos que «igual» signifique «intercambiable», la igualdad no dice nada en favor del sacerdocio de las mujeres. El tipo de igualdad que implica que los iguales son intercambiables, como fichas o máquinas idénticas, es una ficción legal entre los hombres. Tal vez sea una ficción legal útil, pero en la iglesia damos la espalda a las ficciones. Uno de los fines por los que fue creado el sexo fue simbolizarnos las cosas de Dios que han de mantenerse guardadas. Una de las funciones del matrimonio es expresar la naturaleza de la unión entre Cristo y la iglesia. Nosotros no tenemos autoridad para tomar las figuras vividas y primordiales que Dios ha pintado en el lienzo de la naturaleza humana y cambiarlas de sitio como si fueran meras figuras geométricas.

El sentido común llamará a todo esto «mística». Exactamente. La iglesia afirma ser la portadora de una revelación. Si la afirmación es falsa, no queremos sacerdotisas, sino abolir el sacerdocio. Si es verdadera, debemos esperar encontrar en la iglesia un elemento que los no creyentes llamarán irracional y los creyentes suprarracional. Debe haber algo en ella opaco a nuestra razón, aunque no contrario a ella, como las realidades del sexo y los sentidos son opacos en el nivel natural. Y este es el verdadero problema. La Iglesia de Inglaterra solo podrá seguir siendo una Iglesia si retiene este elemento opaco. Si lo abandonamos, si retenemos solo lo que se puede justificar con los estándares de prudencia y conveniencia ante el tribunal del sentido común ilustrado, cambiamos la revelación por el viejo fantasma de la Religión Natural.

Es doloroso para un hombre tener que hacer valer el privilegio, o la carga, que el cristianismo concede a los de su sexo. Me doy perfecta cuenta de cuan inadecuados somos la mayoría de nosotros, con nuestras individualidades actuales e históricas, para ocupar el lugar preparado para nosotros. Es un viejo dicho militar que en el ejército se saluda al uniforme, no al que lo lleva. Solo quien lleva uniforme masculino puede

---

8. Lady Nunburnholme, «A petition to the Lambeth Conference», *Time and Tide*, vol. XXIX, núm. 28 (10 julio 1948), p. 720.

(provisionalmente y hasta la *Parousia*),[9] representar al Señor en la iglesia: pues todos nosotros, corporativa e individualmente, somos femeninos para Él. Los hombres podemos ser a menudo muy malos sacerdotes. La razón es que somos insuficientemente masculinos. No resuelve nada llamar a los que no son masculinos en absoluto. Un hombre puede ser muy mal marido. Pero no se puede enmendar el asunto cambiando los papeles. El hombre puede hacer muy mala pareja masculina en el baile. El remedio es hacer que asista con más diligencia a las clases de baile, no que el salón de baile ignore en adelante las distinciones de sexo y trate a todos los que bailan como neutros. Hacerlo sería, sin duda, eminentemente sensible, civilizado e ilustrado, pero una vez más, «ya no sería un baile».

El paralelismo entre la iglesia y el baile no es tan fantástico como se pudiera pensar. La iglesia debe parecerse más a un baile que a una fábrica o a un partido político. Por decirlo con mayor precisión, la fábrica y el partido político están en la periferia, la iglesia en el centro y el baile en medio. La fábrica y el partido político son creaciones artificiales. «Un soplo puede hacerlas como un soplo las ha hecho». En ellos no tratamos con seres humanos considerados de forma integral, sino solo con «manos» o con votantes. No uso, por supuesto, el término «artificial» en sentido despectivo. Esos artificios son necesarios. Pero como han sido creados por nosotros, somos libres de revolver, desechar y experimentar como nos plazca. Sin embargo, el baile existe para estilizar algo natural que concierne a los seres humanos considerados de manera integral, a saber: el cortejo. No podemos removerlo ni estropearlo demasiado. Con la iglesia ocurre lo mismo, pero más claramente, pues en la iglesia estamos tratando con hombres y mujeres considerados no meramente como hechos de la naturaleza, sino como sombras vivas e impresionantes de realidades que se encuentran fuera de nuestro control y alejadas en gran parte de nuestro conocimiento directo. O mejor aún, no estamos tratando con esas realidades, sino (como no tardamos en aprender cuando nos entrometemos) ellas con nosotros.

---

9. El regreso futuro de Cristo en gloria para juzgar a los vivos y los muertos.

12

DIOS EN EL BANQUILLO

SE ME HA pedido que escriba sobre las dificultades que ha de afrontar un hombre al intentar presentar la fe cristiana a los actuales no creyentes. Es un asunto demasiado amplio para mi capacidad y para la extensión de un artículo. Las dificultades varían con la audiencia. La audiencia puede ser de esta o de aquella nación, de niños o adultos, instruida o ignorante. Yo solo tengo experiencia con la audiencia inglesa y casi exclusivamente con adultos. En la mayoría de los casos me he dirigido, de hecho, a hombres y mujeres que servían en la RAF. Eso significa que, aunque un reducido número de ellos había recibido instrucción en el sentido académico del término, la mayoría había recibido nociones elementales de ciencia práctica y muchos habían sido mecánicos, electricistas u operadores de radio, pues el soldado raso de la RAF pertenece a lo que se podría llamar «la inteligencia del proletariado». También me he dirigido a estudiantes en las universidades. El lector debe tener en cuenta los límites estrechos de mi experiencia. En la única ocasión en que hablé a soldados descubrí cuán temerario sería generalizar mi experiencia. Me quedó claro de una vez que el nivel de inteligencia de nuestro ejército es mucho más bajo que el de la RAF y que se precisaba un método completamente distinto.

Lo primero que aprendí al dirigir la palabra a la RAF fue que había estado equivocado al pensar que el único adversario digno de consideración era el materialismo. La «inteligencia inglesa del proletariado» es solo uno de los credos no cristianos, entre los que cabe incluir la teosofía, el espiritismo, el israelitismo británico, etc. Inglaterra ha sido siempre hogar de extravagantes y no veo indicios de que estén disminuyendo. Raras veces me encontré con un marxismo consistente. No puedo saber si se debe a que es poco común, a que los hombres lo ocultaban al hablar en presencia de sus oficiales o a que los marxistas no acudían a las reuniones en las que yo hablaba. Incluso cuando se profesaba el cristianismo, la fe cristiana estaba a menudo muy manchada de elementos panteístas. Las declaraciones rigurosas y bien informadas, cuando tenían lugar, procedían por lo general de los católicos y de miembros de confesiones protestantes extremas, por ejemplo, los baptistas. Mi audiencia estudiantil compartía en menor grado la vaguedad teológica que encontré en la RAF, pero, entre los estudiantes, las declaraciones rigurosas y bien informadas procedían de los anglocatólicos y de los católicos romanos. Raramente venían de los disidentes. Las diferentes religiones no cristianas mencionadas más arriba difícilmente se manifestaban.

Lo segundo que aprendí de la RAF fue que el proletariado inglés es escéptico sobre cuestiones históricas en un grado difícil de imaginar por las personas que tienen formación académica. Este hecho era, a mi juicio, la división más clara entre los instruidos y los no instruidos. El hombre formado ve el presente, casi sin darse cuenta, como algo que resulta de una larga perspectiva de siglos. En las mentes de mis oyentes de la RAF esta perspectiva, sencillamente, no existía. A mi entender, no creían realmente que tuviéramos conocimiento seguro alguno del hombre histórico. Pero, curiosamente, esta creencia se combinaba a menudo con la convicción de que sabíamos mucho sobre el hombre prehistórico. Sin duda porque el hombre prehistórico es calificado de «ciencia» (que es segura), mientras que Napoleón o Julio César se consideran «historia» (que no lo es). Tenían, pues, una imagen pseudocientífica del «hombre de las cavernas» y una concepción del «presente» llena casi por completo de fantasías. Entre ambas se extendía una región indefinida y sin importancia en la que se movían en la sombra figuras fantasmales de soldados romanos, diligencias, piratas, caballeros en armadura, salteadores de caminos, etc. Yo había supuesto que la razón de que mis oyentes no creyeran en el evangelio era que registraba milagros. Pero mi impresión es que no creían en él sencillamente porque trataba de cosas que habían ocurrido hacía mucho tiempo. Podrían mostrar casi la misma incredulidad sobre la batalla de Actium que sobre la resurrección, y por las mismas razones. El escepticismo era defendido, en ocasiones, con el argumento de que los libros anteriores a la invención de la imprenta habrían sido copiados y recopiados hasta dejar irreconocible el texto.

Y entonces surgía otra sorpresa. Cuando el escepticismo histórico adoptaba forma racional, era fácil apaciguarlo con la simple afirmación de que existía una «ciencia llamada crítica de textos» que nos proporcionaba una seguridad razonable de que algunos textos antiguos eran exactos. Esta fácil aceptación de la autoridad del especialista es muy significativa no solo por su ingenuidad, sino también porque subraya un hecho del que mi propia experiencia me ha convencido por completo, a saber, que la oposición a la que debíamos hacer frente estaba inspirada muy pocas veces por la malicia o la sospecha. A menudo estaba basada en dudas auténticas y razonables para el estado del conocimiento del que las tenía.

Mi tercer descubrimiento tiene una dificultad más aguda en Inglaterra, creo yo, que en cualquier otro sitio. Me refiero a la dificultad ocasionada por el lenguaje. En cualquier sociedad el habla vulgar difiere, sin duda, de la culta. El doble vocabulario de la lengua inglesa, latino y nativo, las costumbres inglesas y su ilimitada indulgencia con la jerga, incluso en los círculos cultos, y la cultura inglesa, que no permite algo como la Academia Francesa, ensancha extraordinariamente la brecha. En este país hay casi dos lenguas. El hombre que desee hablar en inglés a personas sin formación debe aprender su lengua. No basta con que se abstenga de usar lo que considera «palabras fuertes». Debe descubrir empíricamente qué palabras existen en la lengua de su audiencia y cuál es su significado dentro de ella. Debe aprender, por ejemplo, que *potencial* no significa «posible», sino «poder», que *criatura* no significa «criatura», sino «animal», que *primitivo* significa «rudo» o «grosero», que *rudo* significa (a menudo) «licencioso», «obsceno», que la *Inmaculada Concepción* significa, excepto en boca de los católicos, el «nacimiento de la virgen». *Ser* significa «ser personal». Un hombre que me dijo «creo en el Espíritu Santo, pero no creo que sea un ser» quería decir: «creo que existe un ser semejante, pero no creo que sea un ser personal». Por otro lado, *personal* significa a veces «corpóreo». Cuando un inglés sin instrucción dice que «cree en Dios, pero no en un Dios personal», puede querer decir única y exclusivamente que no es partidario del antropomorfismo en el sentido estricto y originario de esta palabra. *Abstracto* parece tener dos significados: a) «inmaterial», b) «vago», obscuro y poco práctico. Según eso, la Aritmética no es en su lengua una ciencia «abstracta». *Práctico* significa a menudo «económico» o «útil». *Moralidad* significa casi siempre «castidad». La sentencia «yo no digo que esta mujer sea inmoral, pero sí digo que es una ladrona» no tendría sentido en su lengua, en la que significaría «es casta, pero fraudulenta». *Cristiano* tiene un sentido elogioso más que descriptivo. «Normas cristianas», por ejemplo, significa sencillamente «normas morales elevadas». La proposición «tal y tal cosa no son cristianas» debe ser considerada como una crítica de ciertas conductas, no una afirmación de determinadas creencias. Es importante notar también que, entre dos palabras, la que parecía más difícil al instruido podía resultar la más sencilla para el no instruido. Por esa razón se ha propuesto recientemente corregir una oración acostumbrada en la Iglesia de Inglaterra según la cual los magistrados «pueden administrar justicia fiel e indiferentemente»[1] por «pueden administrar justicia fiel e imparcialmente». Un sacerdote rural me dijo que su sacristán entendía y podía explicar exactamente el significado de «indiferentemente», pero no tenía la menor idea de lo que significaba «imparcialmente».

El que quiera predicar a los ingleses tendrá que aprender, pues, la lengua popular inglesa como el misionero aprende la lengua bantú antes de predicar a los bantúes. El aprendizaje es muy necesario porque, una vez comenzada la conferencia o la discusión, las digresiones sobre el significado de las palabras solían aburrir a los oyentes no instruidos y a menudo despertaban desconfianza. En nada están menos interesados que en filología. A menudo, nuestro problema es, sencillamente, un problema de traducción. El examen de ordenandos debería incluir la traducción a la lengua corriente de un pasaje de una obra teológica de nivel medio. Es una tarea ardua, pero tiene una recompensa inmediata. Cuando intentamos traducir nuestras doctrinas a la lengua vulgar, descubrimos cuánto mejor las entendemos nosotros mismos. Nuestros errores de traducción pueden deberse a veces al desconocimiento de la lengua vernácula. Pero con mayor frecuencia expresan el hecho de que no sabemos exactamente lo que significan.

Aparte de esta dificultad lingüística, el principal obstáculo con que me he topado ha sido la ausencia casi completa en las mentes de mis oyentes de cualquier sentido del pecado. El hecho me impresionó con más fuerza cuando hablaba a la RAF que cuando me dirigía a los estudiantes. Para

---

1. El término «indifferently» significa también «imparcialmente». Lo he traducido de forma literal, por «indiferentemente», porque, de otro modo, no se hubiera entendido la dificultad del personaje mencionado en el texto, que entiende el significado «administrar justicia indiferentemente» (es decir, imparcialmente), pero no el de «administrar justicia imparcialmente». [N. del T.].

mí resultaba una situación nueva saber si el proletariado era, como yo creo, más honrado que otras clases o si las personas educadas eran más habilidosas en ocultar su orgullo. Los predicadores cristianos primitivos podían suponer en sus oyentes, fueran judíos, *metuentes* o paganos, un sentimiento de culpa. (El que el epicureísmo y las religiones mistéricas afirmaran, aunque de distinto modo, poder mitigarlo muestra que el sentimiento era común entre los paganos). De ahí que el mensaje cristiano fuera en esos días inequívocamente el *Evangelium*, la Buena Nueva. El cristianismo prometía curar a aquellos que sabían que estaban enfermos. Nosotros tenemos que convencer a nuestros oyentes del molesto diagnóstico antes de poder esperar que acogerán la noticia del remedio.

El hombre antiguo se acercaba a Dios (o a los dioses) como la persona acusada se aproxima al juez. Para el hombre moderno se han invertido los papeles. Él es el juez y Dios está en el banquillo. El hombre moderno es un juez extraordinariamente benévolo: está dispuesto a escuchar a Dios si Él es capaz de defender razonablemente que es el Dios que permite la guerra, la pobreza y la enfermedad. El proceso puede terminar, incluso, en la absolución de Dios. Pero lo importante es que el hombre está en el tribunal y Dios en el banquillo.

Generalmente resulta inútil el intento de combatir esta actitud como hacían los viejos predicadores, insistiendo en pecados como la embriaguez o la incontinencia. El proletariado moderno no es borracho. En cuanto a la fornicación, los anticonceptivos han creado una situación nueva. Mientras este pecado podía arruinar a una mujer convirtiéndola en madre de un bastardo, la mayoría de los hombres reconocía el pecado contra la caridad que la fornicación entrañaba, y sus conciencias se inquietaban a menudo por eso. Ahora que la fornicación no tiene necesariamente esas consecuencias no se considera por lo general, me parece a mí, que sea un pecado en absoluto. Mi experiencia me indica que si podemos despertar la conciencia de nuestros oyentes, debemos hacerlo en diferentes direcciones. Debemos hablar de presunción, rencor, envidia, cobardía, vileza, etc. Pero estoy lejos de creer que haya encontrado la solución del problema.

Finalmente, debo añadir que mi propia obra ha adolecido del incurable intelectualismo de mi método. El sencillo y emocionado llamamiento («acérquense a Jesús») sigue teniendo todavía éxito. Pero quienes, como yo, carezcan del don para hacerlo harían mejor en no intentarlo.

13

ENTRE BASTIDORES

CUANDO DE NIÑO me llevaban al teatro, lo que más me llamaba la atención era el escenario. Mi interés no tenía que ver con la cualidad estética. Sin duda que los jardines, los balcones y los palacios de los escenarios, que se ceñían al estilo del período eduardiano, se veían más hermosos de lo que se ven el día de hoy, pero aquello no tenía relación alguna con mis gustos. Un escenario feo y desordenado habría servido también a mis propósitos. Incluso menos probable fue que cometiera el error de creer que aquellos escenarios reflejaban la realidad de las cosas. Todo lo contrario, creía y deseaba que todo aquello que aparecía en el escenario fuese más artificial de lo que se veía.

Cuando un actor hacía su aparición vistiendo un traje moderno, no creía que llevase puesto un verdadero traje, con chaleco y pantalones. Más bien, supuse que debía llevar una especie de traje de teatro, de aquellos de una sola pieza que se llevan encima y que de alguna manera se cosen por la espalda. El traje de teatro no debería ser un traje normal; debería ser algo muy distinto y que, a pesar de ello, desde las butacas da la impresión de ser un traje normal (de allí nace el placer de ver la obra teatral). Quizá esta sea la razón por la que, incluso ya de adulto, he seguido creyendo en la teoría del «té frío»; hasta que un verdadero actor señaló que un hombre que ocupaba el papel protagónico en una obra de teatro en Londres pudo finalmente solventar con su propio dinero (y así lo prefería) la compra de *whisky* verdadero (de ser necesario) en vez de tener que beber una jarra de té frío todas las noches inmediatamente después de su cena.

Pues no. Sabía muy bien que aquel escenario era tan solo un telón pintado; que los paisajes y los árboles, vistos desde atrás, no se parecían en nada a paisajes ni árboles. Toda la diversión del asunto se encontraba allí. Todo lo fascinante de nuestro juego de teatro casero estaba allí, donde creábamos nuestro propio escenario. Cortábamos nuestros propios pedazos de cartón y le dábamos la forma de una torre, la pintábamos y luego le colocábamos un apoyo en la parte de atrás para que se mantuviese de pie. La máxima diversión era ver aquella torre en un vaivén de movimientos. Uno la veía por delante y allí estaba la torre. Luego la veía por detrás y allí estaba aquel pedazo horrible de cartón y su parante.

En el verdadero teatro, a uno no se le permite ir por detrás, pero en el fondo uno sabe que es lo mismo que aquella torre de cartón. En el instante que un actor salía del escenario hacia los lados, entraba en un mundo distinto. Uno sabía que no se trataba de un mundo con una belleza o cualidad especial; alguien debió de haberme contado y, claro, yo me lo creí, que se trataba de un lóbrego mundo con pisos y paredes vacíos. Todo el encanto se hallaba en la idea de poder atravesar aquel mundo, de un lado al otro, con tan solo tres pasos.

Cuando tenía esa edad, creía que el deseo de ser un actor no se debía a la fama o los aplausos, sino sencillamente al poder de atravesar esos espacios. Pensaba que lo más envidiable del mundo era poder salir de aquellos vestuarios sin muebles, caminar por aquellos angostos pasillos y súbitamente aparecer en la cueva de Aladino o en el cuarto del bebé de la familia Darling (en la obra *Peter Pan*) o fuese lo que fuese, para luego convertirse en alguien que uno no es y ubicarse en un lugar donde uno no está.

Lo más fascinante de todo era aquella puerta al fondo del escenario, que se mostraba entreabierta con el fin de revelar un pasillo, claro que un pasillo irreal, cuyos paneles de madera eran tan solo de tela, y cuya intención era sugerir (uno sabía que era falso) que aquella habitación del escenario formaba parte de toda una casa. «Puedes ver tan solo un *poquitín* de aquel pasillo en la casa de los espejos... es muy probable que se trate del pasillo que buscamos, pero solo tú *sabrás* cuán distinto será aventurarse más adentro». Esas fueron las palabras de Alicia al gato.[1] Pero aquel pasillo del escenario no dejaba lugar a especulaciones. Y porque uno sabía que aquel «más adentro» era algo muy distinto y que había dejado de ser un pasillo.

Siento envidia por aquellos niños a los que les proveen cajas donde poder sentarse un poco más alto y ver la obra. Cuando a uno le toca sentarse muy hacia los lados, entonces si estira el cuello como una grulla,

---

1. Lewis Carroll, *Alicia a través del espejo*, cap. 1.

podrá quizá con una mirada de reojo ver aquel falso pasillo y lograr ver el punto donde deja de existir, es decir, el punto de encuentro entre lo real y lo aparente.

Pasaron varios años para que tuviese la oportunidad de estar «entre bastidores». La escena iba a ser de una obra isabelina. El telón representaría el frontis de un palacio, incluyendo un balcón ocupable. Me ubiqué (desde cierto punto de vista) en aquel balcón, mejor dicho, estuve en un tablón apoyado sobre caballetes desde el cual podía ver por un hoyo a través del telón. Fue uno de los momentos de mayor satisfacción en mi vida.

Ahora, me pregunto, ¿qué propósito hay detrás de todo esto? ¿Y qué resultados se logran de todo esto, si es que hay alguno? No me opongo a que incluyamos explicaciones freudianas a todo ello, siempre y cuando no excluyamos todas las demás. Quizá se mezcle con curiosidades infantiles respecto al cuerpo femenino, como de seguro que a alguno se le ocurrirá. Dudo que sea así. Pero, seguro que responderán: «Claro que no; no debemos anticipar aquello. No debemos esperar algo más que un cuestionamiento, un "imaginémonos algo parecido, un paralelismo", nada más que el bosque y el paisaje del escenario (visto desde el frente) como si fuesen una extraña colección de bastidores y telones, donde corre el viento y que se agrupan disimuladamente en frente de un polvoriento escenario "detrás"».

El paralelismo es muy exacto y complejo, avanza escurridizo por el inimaginable subconsciente y súbitamente se transforma para poder entrar en la única «mente» que conocemos (esa es la única manera en que puede lograrlo). Es como aquel mismísimo actor que no muestra ninguna expresión histriónica cuando camina por aquellos bastidores donde corre el viento y mientras la función todavía no ha empezado, cuando de pronto hace su aparición como el señor Darling en el cuarto del bebé o como Aladino en la cueva.

Pero lo curioso del caso es que podemos encajar la teoría freudiana cuando nos plazca y de una manera muy fácil. ¿No es acaso placentero (incluso yo lo reconozco) en el psicoanálisis que tengamos un momento de placer entre «detrás de bastidores» y «en escena»? Me empiezo a cuestionar si esta antítesis teatral produce en nosotros ciertas emociones porque representa un símbolo ya preparado de antemano respecto a algo de carácter universal.

De hecho, toda clase de cosas suceden cuando el actor se asoma por los laterales del escenario. Los fotones o el espectro de luz (o lo que sea) atraviesan el espacio y nos llegan desde el sol. En términos científicos, son «luz». Pero, una vez que entran en la atmósfera, se convierten en «luz» en un sentido distinto, esto es, lo que la gente común denomina «la luz del sol» o «el día», aquella burbuja de luminosidad azul o gris o verdosa en la que vivimos. Por tanto, el día es una especie de escenario.

Otras ondas (esta vez de aire) alcanzan mis tímpanos, viajan por un nervio y me producen cosquillas en el cerebro. Todo esto sucede entre bastidores; tan carentes de sonido como aquellos austeros pasillos. Luego, misteriosamente (nadie ha podido explicármelo) hacen su aparición en el escenario (nadie ha podido decirme *dónde* está este escenario) y se convierten en, digamos, la voz de algún amigo o la *Novena sinfonía* o, por supuesto, la señal inalámbrica de mi vecino. Aquel actor quizá se aparezca en el escenario para interpretar un papel tonto de una pésima obra. Sin embargo, siempre tendremos la transformación.

Aquellos impulsos biológicos que los estados fisiológicos temporales producen o estimulan llegan a alcanzar el cerebro de algún joven, luego ingresan a aquel misterioso escenario y se manifiestan como «amor». Quizá sea (dado que hay muchísimas obras que encajan en esta categoría) el amor que Dante celebra o el amor de Guido[2] o el del señor Guppy.[3]

Podemos denominar este fenómeno el contraste entre la realidad y la apariencia. Pero quizá el hecho de haberlos conocido inicialmente en el teatro nos proteja de caer en error, lo cual merodea el término «apariencia». Porque, obviamente, en las obras de teatro, las «apariencias» lo son todo. La razón de ser de todas las «realidades» que se dan entre bastidores sirven solo para promover aquellas «apariencias». Una excelente e imparcial parábola es la historia que cuenta Schopenhauer respecto a los dos japoneses que asistieron a un teatro inglés. Uno de ellos intentó por todos los medios entender la obra, pese a que no conocía ni una sola palabra de inglés. El otro se dedicó a entender cómo operaba la escenografía, la iluminación y demás implementos, pese a que jamás había estado detrás de bastidores. Schopenhauer nos dice al respecto: «Tenemos frente a nosotros

---

2. Uno de los personajes principales de la obra de Robert Browning, *The Ring and the Book*.
3. Un personaje de la obra de Charles Dickens, *Casa desolada*.

al filósofo y al científico».[4] Pero, en cuanto al término «filósofo» pudo haber escrito «poeta», «amante», «devoto», «ciudadano», «sujeto moral» u «hombre común y corriente».

Pero, prestemos atención a las dos maneras en que la parábola de Schopenhauer colapsa. El primer japonés pudo haber tomado medidas para aprender inglés. Pero ¿acaso alguna vez se nos ha dado alguna gramática o diccionario o hemos encontrado algún profesor del idioma en el que el drama universal se lleva a cabo? Algunos (entre ellos yo) diría que sí; otros dirían que no; y el debate continúa. El segundo japonés pudo haber tomado medidas y recurrido a sus conexiones o influencias para que se le admitiera detrás de bastidores y así pudiera ver los implementos por sí mismo. Por lo menos sabía de su existencia.

Nosotros carecemos de estas dos opciones. Nadie en realidad es capaz de entrar entre bastidores. Nadie puede, según su significado común, encontrarse o experimentar un fotón, una onda de sonido o el subconsciente. (Quizá esta sea una de las razones por las que «ir detrás de bastidores» en el teatro sea algo muy emocionante; logramos hacer lo que, en muchos casos, es imposible de hacer). Como último recurso, ni siquiera estamos seguros de que estas cosas existen. Son construcciones mentales, cosas que intentan explicar lo que experimentamos, pero no son experiencias en sí mismas. Quizá las demos por sentadas con gran probabilidad; pero, al final de cuentas, son hipotéticas.

Incluso la existencia de los actores fuera del escenario es hipotética. Quizá no existan incluso antes de que ingresen a escena. Y, si existen, entonces, dado que no podemos entrar entre bastidores, quizá en sus vidas y personalidades fuera del escenario sean muy distintas y alejadas de lo que suponemos que son.

---

4. Es probable que Lewis haya intentado recordar la parábola de Arthur Schopenhauer en su obra, *Parerga y Paralipómena*, xxxi, 383: «Dos chinos que se hallaban en Europa fueron por primera vez al teatro. Uno se ocupaba en comprender el mecanismo de la maquinaria, cosa que consiguió. El otro, pese a desconocer el idioma, intentaba descifrar el sentido de la obra. Aquel se asemeja al astrónomo; este, al filósofo.

14

¿AVIVAMIENTO O DECLIVE?

«¿No creen que, aquí en Occidente, hay un gran e incluso creciente interés en la religión?», dijo el director del colegio.

No es una pregunta fácil de responder. *Gran* y *creciente* indicarían aspectos estadísticos y no tengo estadísticas a mano. Supongo que había un interés bastante extendido. Pero no estoy seguro de que el director haya interpretado las estadísticas correctamente. En la época cuando la mayoría de la gente profesaba una religión, difícilmente pudo haber existido lo que el director quiso decir con «un interés en la religión». Porque es obvio que la gente religiosa, es decir, la gente que lleva a la práctica su religión, no tiene «interés en la religión». La gente que tiene dioses le rinde culto a esos dioses; el que describe ese fenómeno como «religión» es el espectador. Las ménades pensaban en Dioniso, no en la religión. *Mutatis mutandi* también se aplica a los cristianos. En el momento mismo en que un hombre acepta a su deidad, su interés en la «religión» ha dejado de existir. Ahora tiene otra cosa en que pensar. La facilidad con la que en la actualidad podemos convocar una audiencia para debatir asuntos de la religión no ofrece pruebas de que más gente se esté volviendo religiosa. Lo único que demuestra es la existencia de un gran segmento de «votantes indecisos». Cada conversión reducirá el tamaño de este posible segmento.

Una vez que el clima de la opinión permita la formación de dichos votantes indecisos, no veo ninguna razón que evite su rápido declive. Las indecisiones, que a menudo son francas, son algo muy natural. Sin embargo, sería muy insensato no darse cuenta de que también es algo que no cuesta nada. La indecisión es una operación muy conveniente: cualquier decisión cuesta algo. Tanto el verdadero cristianismo como el ateísmo consecuente le exigen algo a la gente. Sin embargo, aceptar de vez en cuando y como una posibilidad todas las comodidades de uno sin la disciplina que exigen —disfrutar todas las libertades del otro sin sus abstinencias filosóficas y emocionales— quizá sea una decisión honesta, pero de nada sirve fingir que es incómodo.

«¿Y seguirán negando que el cristianismo ha logrado que se le respete más en las esferas más altas de los letrados que en siglos pasados? —dijo el director—. La intelectualidad se nos está uniendo. Miren a Maritain, a Bergson, a...».

Pero esto no me causó ningún sentimiento de alegría. Claro que reconozco que el intelectual convertido es una figura característica de nuestros tiempos. Pero este fenómeno habría sido más esperanzador si no hubiese sucedido en un momento donde la intelectualidad (científicos aparte) se desactualiza de casi toda la raza humana y pierde su influencia sobre ella. Los que leen a nuestros más apreciados poetas y críticos son nuestros más apreciados poetas y críticos (que por lo general no les simpatizan mucho) y nadie más les presta atención. Un creciente número de personas muy cultas sencillamente ignoran lo que los intelectuales hacen. No se comunican con ellos en lo absoluto. En retribución, los intelectuales los ignoran o los insultan. Por tanto, es probable que las conversiones de parte de la intelectualidad no sean ampliamente influyentes. Incluso podría generar la horrorosa sospecha de que el propio cristianismo se ha unido al «club de la intelectualidad», que ha sido adoptado por ella, así como el surrealismo y los cuadros pintados por chimpancés, como un método más para «impresionar a la burguesía». Sin duda alguna, esto sería terriblemente cruel. Pero, por otro lado, la intelectualidad ha dicho muchas cosas crueles de los demás.

«¿Pero incluso donde no haya alguna religión explícita, o aún esté por formarse, acaso no vemos un amplio apoyo en pro de la defensa de esas normas, ya sea que se hayan reconocido o no, que forman parte de nuestra herencia espiritual? Me refiero a los valores occidentales y, ¿por qué no decirlo?, los valores cristianos», dijo el director.

Todos los presentes hicimos una mueca de dolor. A mí en particular se me vino a la mente aquel recuerdo de un refugio con techo de metal corrugado, que era usado por la RAF como capilla —unos pocos aviadores arrodillados— y un joven capellán que pronunciaba la siguiente plegaria: «Enséñanos, oh Dios, a amar *las cosas que tú defiendes*». El capellán actuaba con total sinceridad y yo voluntariamente creí que las *cosas* a las que se refería incluían algo más y mejor que los «valores occidentales», sean los que fuesen. Sin embargo... su plegaria me pareció que daba a entender un punto de vista incompatible con el cristianismo o, de hecho, que carecía de cualquier teísmo serio. Para aquella plegaria, Dios no es la meta suprema. Dios ha sido iluminado (¡qué afortunado es Dios!) y defiende los ideales correctos. A Dios se le aprecia por esa razón. Ciertamente Dios se posiciona como nuestro líder. Pero, claro, un líder debe liderar hacia algo que lo trascienda. Ese algo es la verdadera meta. Pensemos, esto está a kilómetros de distancia de «Nos creaste para ti, Señor, y nuestro corazón andará siempre inquieto mientras no descanse en ti». Las ménades eran más religiosas.

«Y los que reemplazan a la religión están siendo desacreditados. La ciencia se ha vuelto más un monstruo de la oscuridad que un dios. El cielo en la tierra que los marxistas proclaman...», añadió el director.

El otro día una dama me dijo que una niña a la que ella le había hablado sobre el tema de la muerte le respondió: «Oh, pero cuando alcance *esa* edad, la ciencia habrá descubierto algo al respecto». Y recuerdo las tantas veces en las que debatí con auditorios muy sencillos, y que descubría la firme creencia en que sea lo que sea que estuviese mal con los seres humanos sería al final de cuentas (sin tardar mucho) corregido por la «educación». Ello me llevó a reflexionar sobre todos los «acercamientos» a la «religión» que llegué a conocer en mi diario vivir. Una postal anónima me dice que debo ser flagelado en el trasero por creer en el nacimiento virginal. Un distinguido literato ateo, al que me acaban de presentar, musita incoherencias, se voltea y raudamente se aleja de mí hacia el otro extremo del recinto. Un estadounidense anónimo me escribe preguntándome si el carro de fuego donde se encontraba Elías fue en realidad un platillo volador. Me he encontrado con personas que creen en la teosofía, el israelismo británico, el espiritualismo y el panteísmo. ¿Por qué la gente como el director siempre quiere hablar de la «religión»? ¿Por qué no hablan de las «religiones»? Ebullimos de religiones. Me agrada reconocer que el cristianismo es una de ellas. Recibo cartas de personas que son santas, que no están conscientes de la existencia de esas cosas, que muestran en cada línea de texto una fe radiante, gozo, humildad e incluso humor, frente al espantoso sufrimiento. Recibo otras cartas de conversos que quieren pedirme disculpas por haber sido algo descorteses conmigo en antiguos medios escritos.

Estos pedazos y extractos son en realidad todo lo que conozco de primera mano respecto a «Occidente». Superan el tratamiento del director del colegio. Él me interpela a partir de libros y artículos. Lo genuinamente santo, los odios y las locuras que nos rodean no se encuentran en esos escritos. Y menos aún el factor negativo. Es algo más que la ignorancia, según el significado que el director le atribuye a esa palabra. El pensamiento de la mayoría carece de esa dimensión que el director da por sentada. Doy dos ejemplos que aclararán el asunto. Una vez, luego de haber comentado algo en mi programa radial respecto a la ley natural, un viejo coronel (obviamente *anima candida*)[1] me escribió para decirme que el tema le había interesado y que si no tenía «uno de esos pequeños folletos que tratan el tema de una manera completa». Esa es una sencilla ignorancia. El otro ejemplo es el siguiente: un veterinario, un obrero y yo nos encontrábamos de patrulla durante la madrugada. El veterinario y yo conversábamos de las causas de las guerras y llegamos a la conclusión de que debíamos anticipar que sucedieran otra vez. «Pero... pero... pero...», dijo el obrero. Hubo un momento de silencio y luego siguió: «¿Pero entonces cuál es el propósito de este maldito mundo?». En ese momento tuve una clara impresión de lo que estaba sucediendo. Era la primera vez en su vida que este obrero se enfrentaba a una pregunta de carácter definitivo. La clase de asunto que hemos considerado toda nuestra vida —el significado de nuestra existencia— acababa de irrumpir en su vida. Era toda una nueva dimensión.

¿Existe un Occidente homogéneo? Lo dudo. Todo lo que puede suceder está sucediendo a nuestro alrededor. Las religiones zumban en torno a nosotros como si fueran abejas. Tenemos un culto al sexo que va muy en serio, muy distinto de esa alegre lujuria de nuestra especie. En la ciencia ficción van apareciendo vestigios de religiones en estado embrionario. Mientras tanto, como de costumbre, la gente se sigue uniendo al camino cristiano. Pero, el día de hoy, la gente que no lo sigue no necesita fingir que lo hace. Este hecho cubre una gran parte de lo que actualmente se ha identificado como el declive de la religión. Aparte de eso, ¿es el presente tan distinto de otros tiempos, o es «Occidente» tan distinto de cualquier otro lugar?

---

1. Una persona sincera.

15

ANTES DE QUE PODAMOS
COMUNICARNOS

Se me ha pedido que escriba acerca del «problema de la comunicación»; la persona que me lo ha solicitado ha querido decir «la comunicación bajo condiciones modernas entre los cristianos y el mundo exterior». Y, tal como me sucede cuando se me pregunta sobre algún asunto, me siento un poco avergonzado por lo sencillo y aburrido de mi respuesta. Siento que lo que debo decir se encuentra a un nivel más burdo e inferior de lo que se esperaba.

Mis ideas en torno a la «comunicación» son puramente empíricas y por medio de dos anécdotas (ambas muy ciertas) ofreceré ejemplos respecto a la clase de experiencia sobre la cual están basadas.

1. El antiguo Libro de Oración ofrecía una plegaria por los magistrados para que logren «dictar sentencia de una manera veraz e indiferente». Luego, los que actualizaron su estilo creyeron que la lectura sería más fácil si cambiaban *indiferente* por *imparcial*. Un amigo que conozco y que es pastor de una iglesia rural le preguntó a su sacristán qué pensaba del significado de la palabra *indiferente* y recibió la respuesta correcta: «Significa que no hay diferencia alguna entre un chico y otro». «Y qué crees que significa *imparcial*?» —prosiguió el pastor. «Ah —dijo el sacristán luego de hacer una pausa—, no sabría decirle».

Todo el mundo puede darse cuenta de lo que los revisores tenían en mente. Tenían temor de que la gente de a pie interpretara *indiferente* como si fuera «con indiferencia o desdén». Sabían que este error no lo cometería gente ilustrada, pero sí todos los demás. Sin embargo, la respuesta del sacristán revela que este error no lo cometerían los menos educados de toda la sociedad, sino los del medio, aquellos cuyo lenguaje está a la moda (nuestros ancianos dirían que es un lenguaje «respetuoso») sin necesariamente aparentar que son sofisticados. Las clases más altas y las más bajas están en terreno seguro respecto a esta moda; y la palabra *imparcial*, que a los que asisten a la iglesia y pertenecen a ese nivel social medio les evita malentendidos, para los sencillos no tiene ningún significado en lo absoluto.

2. Durante la guerra tuve una confrontación con un obrero en torno al asunto del diablo. Me dijo que creía en el diablo, pero «no en un diablo personal». La discusión prosiguió y se volvió más acalorada y desconcertante para ambos lados. Era claro que hablábamos de cosas distintas. Luego, súbitamente y casi de una manera fortuita, descubrí cuál era el problema. Se hizo obvio que desde el inicio de la discusión el obrero le daba a la palabra *personal* el simple y llano significado de *corpóreo*. El hombre era inteligente y, una vez que descubrimos el problema, no tuvimos más dificultad en comunicarnos. Al parecer, no estábamos en desacuerdo en nada. La diferencia entre los dos era un asunto de terminología. Me hizo pensar en los miles de personas que dicen que «creen en Dios, pero no en un Dios personal» y que en realidad nos están tratando de decir que, en el estricto sentido de la palabra, no son *antropomorfistas* y, de hecho, en este punto creen conforme a una perfecta ortodoxia.

En lo que los revisores del Libro de Oración y yo nos equivocamos fue en lo siguiente. Ambos teníamos nociones *a priori* respecto a la manera en que la gente sencilla se comunica. Di por sentado que el uso que el obrero le daba a las palabras era el mismo que yo le daba. Así mismo, los revisores, de una manera más sutil pero no más acertada, dieron por sentado que todos conocen la acepción de *indiferente* que trataron de evitar en su corrección. Pero, por lo visto, no debemos decidir *a priori* lo que otras personas nos quieran decir en inglés o español tanto como cuando un francés nos dé a entender cosas por medio de su idioma. Debemos ser totalmente empíricos. Debemos prestar atención, tomar nota y memorizar. Y, claro, debemos abandonar hasta el más mínimo vestigio de esnobismo y pedantería acerca de los usos «correctos» e «incorrectos».

Siento que todo esto es muy monótono y ordinario. Cuando uno desea debatir el problema de la comunicación a escala mayor y filosófica, cuando uno desea conversar acerca de los conflictos del *Weltanschauung* y el dilema de la conciencia moderna, urbana o en crisis, es escalofriante que se nos diga que el primer paso es sencillamente lingüístico según su significado más crudo. Pero así es la cosa.

Lo que queremos ver en todo examen de ordenación es que se tenga la obligación de escribir un ensayo sobre traducción (así de sencillo); algún pasaje de una obra teológica que se vierta a un español que lo entienda toda la gente. Que sea una versión sin adornos, que no se diluya su contenido ni sea informal. El ejercicio sería como escribir prosa en latín. En vez de decir: «¿Cómo lo hubiera dicho Cicerón?», debería preguntarse: «¿Cómo lo habrían dicho el muchacho que me hace los mandados o la chica que me limpia la casa?».

De inmediato descubrirán que esta tarea tiene dos derivados muy útiles.

1. Durante el proceso de eliminar del asunto todo lo que sea técnico, adquirido o alusivo, descubrirán, quizá por primera vez, el verdadero valor de haber aprendido otro idioma, es decir, el idioma de la brevedad. Este es capaz de decir en diez palabras lo que en lenguaje popular a duras penas cabría en cien palabras. La versión popular del pasaje que uno traduzca tendrá que ser mucho más extensa que el original. Y tendremos que aceptarla tal como es.

2. También descubrirán —por lo menos yo, un copioso «traductor», creo que lo he descubierto— cuánto o cuán poco, hasta ese momento, han entendido del idioma que intentan traducir. Una y otra vez he tenido que pasar por vergüenzas a ese respecto. Uno cree o piensa que tiene una postura particular, digamos, de la expiación o de los decretos o de la inspiración. Y uno podría pasarse años discutiendo y defendiendo estas posturas contra los demás *de su propio entorno*. Luego se presentan nuevos refinamientos para responder a los críticos; metáforas brillantes parecen iluminar sus partes oscuras; comparaciones con otras perspectivas, posicionamientos, parecen de alguna manera establecer su posición en una especie de aristocracia de las ideas. Porque todos los demás conversan con el mismo lenguaje y todos se mueven en el mismo mundo discursivo. Todo parece ir bien. Entonces, intenten ahora explicar esas mismas ideas a un mecánico inteligente o a un escolar inquisitivo, sincero, pero superficial y bastante irreverente. Les dispararán algunas preguntas de una crudeza impresionante (que jamás se darían en círculos de erudición). Se sentirán como un extremadamente hábil espadachín que se ha quedado helado porque su oponente le acaba de ganar la contienda tan solo porque desconoce todas las reglas más básicas. La pregunta cruda resulta ser fatal. Al parecer, uno jamás llegó a entender lo que por tanto tiempo sostuvo.

Jamás reflexionó realmente sobre ello; no hasta el final, no hasta «las últimas consecuencias».

Ahora deben abandonarlo o empezar de nuevo. Si, dando por sentado que tienen paciencia y destreza común, no pueden explicar nada a ninguna persona razonable (considerando que esté dispuesta a escucharlos) entonces en realidad aún no han entendido lo que quieren explicar. Este caso es también como dedicarse a la prosa en latín; las partes que uno no puede verter al latín son por lo general las mismas que no ha entendido en español.

De lo que realmente y en particular necesitamos protegernos es precisamente de las palabras de moda, esas que encandilan, las de nuestro propio entorno. Para su generación, quizá sean las siguientes: *compromiso*, *promesa*, *frente a*, *bajo juicio*, *existencial*, *crisis* y *confrontación*. Estas son, de todas las expresiones, las menos inteligibles por cualquiera que se ciña a alguna escuela de pensamiento, según su década y su clase social. Son como un lenguaje familiar o una jerga entre escolares. Y quizá nuestro lenguaje privado nos engañe a nosotros mismos y desconcierte a los de afuera. Las palabras que encandilan aparentan tener mucho significado y brillo. Pero quizá nos engañan. Lo que obtenemos de ellas a veces tal vez no sea tanto un claro entendimiento como profundo agrado de saber que estamos en casa y entre nuestra propia gente. «Nos entendemos unos a otros» muchas veces significa «Somos solidarios entre nosotros». La solidaridad es algo bueno. Quizá incluso, en ciertos sentidos, sea algo mejor que entendernos intelectualmente. Pero no será lo mismo.

16

ENTREVISTA

[A continuación ofrecemos una entrevista a C. S. Lewis, que tuvo lugar el 7 de mayo de 1963 en su despacho del Magdalene College, en Cambridge. El entrevistador es el señor Sherwood E. Wirt de la Asociación Evangelística Billy Graham, Ltd.]

Sr. Wirt: Profesor Lewis, si usted tuviese un joven amigo que tiene algo de interés por escribir sobre temas cristianos, ¿qué recomendación le daría para que se prepare para ese fin?

C. S. Lewis: Pues, diría que si alguien piensa escribir sobre química, que aprenda química. Lo mismo sucede con el cristianismo. Pero, hablando del oficio de escritor, no sabría dar consejos al respecto. Supongo que es un asunto de talento y motivación. Creo que debería tener una fuerte motivación a hacerlo si es que desea ser escritor. El oficio de escritor es como un «deseo» o como una «picazón». El oficio de escritor nace de un fuerte impulso y cuando se da, en mi caso, debo sacarlo a la luz.

Sr. Wirt: ¿Nos podría recomendar algún método que fomente la creación de una colección de literatura cristiana lo suficientemente sólida como para influenciar a nuestra generación?

C. S. Lewis: Respecto a estos asuntos, no hay fórmula alguna. No tengo recetas ni pastillas para ello. La formación que han recibido los escritores es tan diversa que no nos compete recomendar alguna en particular. La propia Escritura no es sistemática; el Nuevo Testamento contiene la mayor variedad posible. Dios nos ha mostrado que tiene la prerrogativa de usar cualquier instrumento. Recuerde que el asna de Balaam predicó un sermón muy eficaz entre rebuznos.[1]

---

1. Nm 22:1-35.

Sr. Wirt: Su estilo ha demostrado tener mucho tacto, incluso cuando ha tenido que abordar temas teológicos pesados. ¿Diría usted que hay alguna clave para cultivar este estilo?

C. S. Lewis: Creo que es un asunto que tiene que ver con el temperamento. Sin embargo, me fue de mucha ayuda para lograr este estilo haber podido estudiar los grandes literatos de la Edad Media y los escritos de G. K. Chesterton. Por ejemplo, Chesterton no tuvo inconvenientes en combinar asuntos cristianos serios con la sátira. De la misma manera, las obras de teatro de la Edad Media en torno al tema de los milagros abordaban temas sagrados como el nacimiento de Jesús y al mismo tiempo lo combinaban con la comedia.

Sr. Wirt: Entonces, según su opinión, ¿deberían los escritores cristianos intentar ser humorísticos?

C. S. Lewis: No. Creo que la jocosidad forzada en temas espirituales es una abominación y los intentos de parte de algunos escritores cristianos por ser humorísticos son sencillamente espantosos. Algunos escriben más denso, otros lo hacen más ligero. Prefiero el estilo ligero porque estoy convencido que hay demasiada mojigatería. Hay demasiada solemnidad y vehemencia cuando se trata de asuntos sagrados; se habla demasiado con tono santurrón.

Sr. Wirt: Pero ¿acaso usted no cree que la solemnidad es algo adecuado y que fomenta un ambiente sagrado?

C. S. Lewis: Sí y no. Hay una diferencia entre la vida privada devocional y la colectiva. La solemnidad es adecuada para la iglesia, pero lo que es propio en la iglesia no necesariamente es propio fuera de ella, y viceversa. Por ejemplo, puedo elevar una plegaria cuando me cepillo los dientes, pero ello no significa que deba cepillarme los dientes en la iglesia.

Sr. Wirt: ¿Qué opina usted respecto a la clase de escritos que se producen en la iglesia cristiana en la actualidad?

C. S. Lewis: Una gran parte de lo que se publica en la actualidad en círculos religiosos es un escándalo y, de hecho, ha causado que la gente se aleje de la iglesia. Los responsables de ello son los escritores liberales que continúan adaptando y desgastando la verdad del evangelio. No me cabe en la cabeza cómo un hombre puede escribir y publicar su incredulidad respecto a todo lo que presupone que es verdad cuando se coloca la sobrepelliz (vestidura anglicana). Pienso que es una forma de prostitución.

Sr. Wirt: ¿Qué piensa del controvertido libro *Honest to God*, de John Robinson, Obispo de Woolwich?

C. S. Lewis: Prefiero ser honesto siendo «honesto con Dios».

Sr. Wirt: ¿Cuáles escritores cristianos le han sido de ayuda?

C. S. Lewis: La obra contemporánea que más me ha ayudado es la de Chesterton, *El hombre eterno*. Otras que me han sido útiles son la de Edwyn Bevan, *Symbolism and Belief*, la de Rudolf Otto, *Lo santo*, y las obras de teatro de Dorothy Sayers.[2]

Sr. Wirt: Creo que fue Chesterton al que se le preguntó por qué se había afiliado a la iglesia, a lo cual replicó: «Para deshacerme de mis pecados».

C. S. Lewis: No es suficiente con querer deshacerse de los pecados de uno. Necesitamos también creer en Aquel que nos salva de nuestros pecados. No solo debemos reconocer que somos pecadores, debemos también creer en un Salvador que perdona nuestros pecados. En una ocasión, Matthew Arnold escribió: «Así como el hecho de tener hambre no demuestra que tenemos pan, el hecho de que somos pecadores no demuestra que ya somos salvos».

Sr. Wirt: En su obra *Cautivado por la alegría*, usted comenta que llegó a la fe luego de muchos forcejeos y resentimientos, mirando a todos lados en búsqueda de alguna puerta de escape.[3] Usted da a entender que fue obligado, por decirlo así, a convertirse en cristiano. ¿Cree usted que llegó a tomar una decisión al momento de su conversión?

C. S. Lewis: Yo no lo describiría de esa manera. Lo que escribí en *Cautivado por la alegría* fue que «antes de que Dios se cerniera sobre mí, se me había ofrecido lo que ahora parece un momento de libertad de elección absoluta».[4] Sin embargo, siento que mi decisión no es tan importante. En este acontecimiento, fui tan solo el objeto y no el sujeto. Fui el objeto de

---

2. Como *The Man Born to be King* (Londres, 1943; reimpreso en Grand Rapids, 1970).
3. *Cautivado por la alegría* (Rayo: Nueva York, 2006), cap. 14, p. 273.
4. Ibíd., p. 267.

una decisión. Tuve gran satisfacción por la manera en que sucedieron las cosas, pero en aquel momento lo que logré oír fue a Dios que me decía: «Depón tu arma y conversemos».

Sr. Wirt: Me suena como que usted llegó a un claro momento de decisión.

C. S. Lewis: Pues, diría yo que aquella decisión en la que uno se siente profundamente obligado a cumplirla es también la más libre de todas. Con ello quiero decir que ninguna parte de uno mismo queda fuera de la decisión. Es una paradoja. Lo expliqué en *Cautivado por la alegría* cuando dije que fue decisión mía, sin embargo, en realidad no parecía que fuese posible una decisión contraria.[5]

Sr. Wirt: Usted escribió hace veinte años que «un hombre que fue tan solo un hombre y dijo la clase de cosas que Jesús dijo, no habría sido un gran maestro moralista. Habría sido un lunático, al mismo nivel de algún hombre que diga que es un huevo escalfado o, caso contrario, habría sido el diablo del infierno. Tienes la opción a elegir. Este hombre fue y es el Hijo de Dios o, caso contrario, fue un desquiciado o algo peor. Puedes acallarlo por ser un loco, puedes escupirle y matarlo por ser un demonio, o puedes caer rendido antes sus pies y reconocerlo como Señor y Dios. Pero, no inventemos algún disparate condescendiente respecto a que fue un gran maestro humano. Él no nos dejó abierta aquella posibilidad para que decidamos lo que él era. Jamás tuvo esa intención».[6] ¿Diría usted que su postura sobre este asunto ha cambiado desde aquel entonces?

C. S. Lewis: Yo diría que no ha habido ningún cambio sustancial.

Sr. Wirt: ¿Diría usted que el propósito de la literatura cristiana, incluyendo su propia literatura, es suscitar un encuentro entre el lector y Jesucristo?

C. S. Lewis: No sería la manera en que lo expresaría; sin embargo, ese propósito es el que tengo en mente. Por ejemplo, acabo de terminar un

---

5. *Cautivado por la alegría,* p. 267.
6. *Mero cristianismo* (Rayo: Nueva York, 2006), cap. 3, p. 69. [Existe también una edición más reciente integrada en *Clásicos selectos de C. S. Lewis,* Grupo Nelson, 2021 (N. del E.)]

libro sobre la oración, que es una conversación imaginaria con alguien que se plantea interrogantes respecto a sus momentos difíciles en oración.[7]

Sr. Wirt: ¿Cómo podríamos fomentar que la gente tenga un encuentro con Jesucristo?

C. S. Lewis: No se le puede imponer un patrón a Dios. Hay muchas maneras de conducir a la gente al reino de Dios, incluso maneras que a mí no me agradan. He aprendido, por tanto, a ser cuidadoso con mis opiniones.

Pero podemos poner obstáculos de muchas maneras. En calidad de cristianos, nos vemos tentados a ceder innecesariamente frente a aquellos que no pertenecen a la fe. Cedemos demasiado territorio. Pero con ello no quiero decir que debemos correr el riesgo de convertirnos en un fastidio para los demás cuando testificamos en momentos en que no debemos hacerlo. Sin embargo, hay momentos en que debemos expresar nuestros desacuerdos. Debemos mostrar quiénes somos realmente como cristianos si es que queremos ser fieles a Jesucristo. No podemos quedarnos callados o ceder y renunciar a todo.

Hay un personaje en uno de mis libros para niños que se llama Aslan, y que dice lo siguiente: «Jamás le cuento a nadie ninguna historia excepto la suya propia».[8] No puedo hablar en nombre de Dios respecto a la manera en que él trata con los demás. Lo único que sé es la manera en que Dios me trata a mí. Obviamente, debemos orar por un avivamiento espiritual y podemos contribuir a esa meta de varias maneras. Pero debemos recordar que ni Pablo ni Apolos dan el crecimiento.[9] Como dijera Charles Williams: «El altar debe construirse a menudo en un lugar para que el fuego pueda descender en otro lugar».[10]

---

7. Se refiere a *Si Dios no escuchara. Cartas a Malcolm* (Grupo Nelson: Tennessee, 2023).
8. Excepto por pequeñas discrepancias en la redacción, Aslan le dice esto a dos niños que le preguntaron acerca de la vida de otras personas en *The Horse and His Boy* (London, 1954), cap. 11, p. 147 y cap. 14, p. 180. [Editado en español como *El caballo y su muchacho* (Grupo Nelson: Tennessee, 2023)].
9. 1 Co 3:6.
10. «Por lo general, se debe preparar el camino al cielo y, luego, llegará por otro medio; el sacrificio debe estar ya listo y el fuego descenderá en otro altar». Charles Williams, *He Came Down from Heaven* (Londres, 1938), cap. 2, p. 25.

Sr. Wirt: Profesor Lewis, sus escritos poseen una cualidad inusual que no se encuentra con facilidad en los temas de debate cristiano. Me parece que usted escribe como si realmente haya logrado disfrutar de ello.

C. S. Lewis: Si no me gustase escribir, habría dejado de hacerlo. De entre todos mis libros, hay solo uno del que no tuve placer de hacerlo.

Sr. Wirt: ¿Cuál de ellos?

C. S. Lewis: Cartas del diablo a su sobrino. Las considero que fueron áridas y ásperas. En aquel tiempo estuve reflexionando acerca de las objeciones contra la vida cristiana y decidí escribirlas siguiendo el modelo de «esto es lo que diablo diría». Pero, el afán de revertir cosas buenas en malas y malas en buenas es extenuante.

Sr. Wirt: ¿Qué le sugeriría a un joven escritor cristiano respecto a la manera de desarrollar un estilo?

C. S. Lewis: La manera de desarrollar un estilo es: (a) saber qué es lo que uno quiere decir, y (b) asegurarse de decir exactamente lo que uno se propuso decir. Debemos recordar que el lector no empieza a leer sabiendo de antemano lo que queremos decir. Si nuestras palabras son ambiguas, el lector no entenderá el significado de lo que lee. A veces pienso que escribir es como arrear un rebaño de ovejas por una senda. Si hay algún desvío a la izquierda o a la derecha del camino, definitivamente los lectores lo seguirán.

Sr. Wirt: ¿Cree usted que en la actualidad el Espíritu Santo es capaz de hablarle al mundo por medio de los escritores cristianos?

C. S. Lewis: Prefiero no emitir opinión alguna respecto a la «iluminación» que algún escritor haya recibido de parte del Espíritu Santo. Me es imposible determinar si un escrito proviene del cielo o no. En lo que sí creo es que Dios es Padre de las luces, esto es, luces naturales y espirituales (Santiago 1:17). Además, a Dios no le interesa solamente los autores cristianos como tales. A él le interesa toda clase de escritos, de la misma manera que un llamado a la vida religiosa no se limita a las funciones eclesiásticas. Aquel que deshierba un campo de nabos también sirve a Dios.

Sr. Wirt: Un escritor estadounidense, el señor Dewey Beegle, ha afirmado que, según él cree respecto al himno que escribiera Isaac Watts, «La cruz excelsa», este tiene mayor inspiración de Dios que el Cantar de los cantares del Antiguo Testamento. ¿Qué piensa usted al respecto?

C. S. Lewis: Los grandes santos y místicos de la iglesia han creído justamente lo opuesto al señor Dewey. Hallaron en el Cantar de los cantares una tremenda verdad espiritual. Tenemos aquí distintos niveles de entendimiento. Uno de ellos es la pregunta respecto al canon. Además, debemos recordar que algo cuyo propósito se dirige a los adultos no necesariamente será adecuado para los niños.

Sr. Wirt: ¿Cuál es su apreciación de las tendencias literarias modernas como, por ejemplo, las de Ernest Hemingway, Samuel Becket y Jean-Paul Sartre?

C. S. Lewis: He leído muy poco de ese campo. No me considero un especialista contemporáneo. Ni siquiera me considero un erudito del pasado, pero, eso sí, me encanta el pasado.

Sr. Wirt: ¿Cree usted que el uso de palabras malsonantes y vulgaridades sea necesario para poder establecer una atmósfera más realista en la literatura contemporánea?

C. S. Lewis: No creo que sea necesario. Considero que esta tendencia es un síntoma, una señal de una cultura que ha perdido la fe. El colapso moral sigue al colapso espiritual. Me invade el temor cuando veo el futuro inmediato.

Sr. Wirt: Entonces, ¿cree usted que la cultura moderna está siendo descristianizada?

C. S. Lewis: No tengo opinión alguna respecto al aspecto político de la pregunta, pero sí tengo posturas bien claras acerca de la descristianización de la iglesia. Estoy convencido de que tenemos muchos predicadores complacientes y muchos profesionales en la iglesia que no son creyentes. Jesús jamás dijo: «Vayan al mundo y díganle que todo anda de maravillas». El Evangelio es algo totalmente distinto. De hecho, se opone al mundo.

La acusación que el mundo ha presentado contra el cristianismo es muy fuerte. Toda guerra, todo naufragio, todo cáncer, toda catástrofe contribuyen a la demanda evidente que se presenta contra el cristianismo. No es fácil ser creyente y tener que encarar estas pruebas evidentes. Se requiere una sólida fe en Jesucristo.

Sr. Wirt: ¿Está usted de acuerdo con que personajes como Bryan Green y Billy Graham les pidan a sus oyentes que tomen una decisión respecto a la vida cristiana?

C. S. Lewis: Tuve el placer de conocer a Billy Graham en una ocasión. Cenamos juntos durante la visita que hizo a la Universidad de Cambridge en 1955, con el fin de realizar un evento misionero entre estudiantes. Me dio la impresión de que es un hombre modesto y sensible y, ciertamente, me agradó su forma de ser.

En una civilización como la nuestra, creo que todos debemos tomar una decisión acerca de lo que afirma Jesucristo respecto a sí mismo o, de lo contrario, seremos desatentos o evadiremos la pregunta. Es muy distinto en la Unión Soviética. Muchos que viven en Rusia el día de hoy jamás han tenido la oportunidad de considerar las reivindicaciones del cristianismo porque jamás han escuchado aquellas demandas o reivindicaciones.

De la misma manera, nosotros que vivimos en países de habla inglesa, jamás se nos ha forzado a considerar las demandas, digamos, del hinduismo. Pero en nuestra civilización occidental, tenemos la obligación moral e intelectual de encarar el asunto de Jesucristo. Si nos negamos a hacerlo, seremos culpables de ser filósofos y pensadores malos.

Sr. Wirt: ¿Qué piensa usted respecto a mantener una disciplina diaria en la vida cristiana, es decir, la necesidad de tener un tiempo a solas con Dios?

C. S. Lewis: El Nuevo Testamento ya nos ha dado órdenes muy claras al respecto. Doy por sentado que todo el que se vuelve cristiano debe practicarlo. Nuestro Señor exige esto de parte nuestra. Y, dado que son sus mandamientos, creo que debemos obedecerlos. Es altamente probable que lo que Jesús dijo respecto a entrar en nuestro aposento y cerrar la puerta, haya sido lo que realmente quiso darnos a entender.[11]

Sr. Wirt: ¿Qué es lo que usted cree, señor Lewis, que sucederá en los próximos años de historia?

C. S. Lewis: Es imposible saberlo. Mi principal campo de especialización es el pasado. Viajo en la vida, por decirlo así, dándole la espalda y ello hace que me sea difícil maniobrar. El mundo quizá se detenga en diez minutos; mientras tanto, debemos proseguir con nuestras obligaciones.

---

11. Mt 6:5-6.

La mayor felicidad sería que nos encontremos cumpliendo nuestras obligaciones como hijos de Dios, viviendo cada día como si fuese el último, pero pensando en el mañana como si el mundo fuese a durar otros cien años más.

Obviamente, tenemos las promesas del Nuevo Testamento respecto a los eventos futuros.[12] Me cuesta trabajo evitar reírme de aquellos que se obsesionan con tantas posibilidades respecto a la destrucción del mundo. ¿Acaso no se han dado cuenta de que la muerte nos llega a todos? Pues, parece que no. Mi esposa le preguntó una vez a una jovencita, amiga suya, que si alguna vez había pensado en la muerte, a lo cual respondió: «Cuando alcance esa edad, ya la ciencia habrá hecho algo al respecto».

Sr. Wirt: ¿Usted cree que será algo común que realicemos viajes en el espacio?

C. S. Lewis: Aguardo con un sentimiento de terror el día en que lleguemos a comunicarnos con seres de otros planetas, si es que existen. Lo único que haremos es contagiarles nuestros propios pecados y codicias, e imponerles una nueva forma de colonialismo. No soporto ese pensamiento. Pero si en la tierra nos llegásemos a reconciliar con Dios, obviamente todo cambiaría. Una vez que experimentemos un despertar espiritual, entonces podremos ir al espacio y llevar todo lo bueno de nosotros. Claro, todo esto es un asunto muy distinto.

---

12. Mt 24:4-44; Mr 13:5-27; Lc 21:8-33.

parte III

1

BULVERISMO

o Los cimientos del pensamiento del siglo XX

Es un desafortunado descubrimiento que nos demos cuenta de que existimos, tal como Emerson dijera en alguno de sus escritos. Lo que quiero señalar es el infortunio de que, en vez de prestar atención a una rosa, se nos fuerce a que pensemos en nosotros mismos pero vislumbrando la rosa, usando cierta clase de mentalidad y perspectiva. Es desafortunado porque, si no tienes mucho cuidado, el color de la rosa termina atribuido a nuestros nervios ópticos y su aroma a nuestro olfato, y al final no queda rosa alguna. A los filósofos profesionales les ha molestado esta supresión generalizada del conocimiento en los últimos doscientos años y el mundo les ha prestado muy poca atención. Sin embargo, el mismo infortunio se produce en la actualidad a un nivel que todos podemos comprender.

Hace poco que «hemos descubierto que existimos» en dos sentidos distintos. Los freudianos han descubierto que existimos como un manojo de complejos. Los marxistas han descubierto que existimos en calidad de miembros de una clase social. En los viejos tiempos se suponía que si una cosa parecía obvia a cien hombres, entonces era de hecho cierta. Hoy en día, los freudianos te dirían que habría que analizar a aquellos cien: descubrirás que todos ellos piensan que Isabel I fue una gran reina porque todos ellos sufren de un complejo materno. Sus pensamientos están contaminados desde la raíz. Y los marxistas te dirían que analices los intereses económicos de los cien: descubrirás que todos ellos creen que la libertad es algo positivo porque todos forman parte de la burguesía, cuya prosperidad va en aumento debido a la política de *laissez faire*. Sus pensamientos están contaminados por su «ideología» desde la raíz.

Esto es obviamente muy divertido, pero la gente no siempre se ha dado cuenta de que hay un precio que se tiene que pagar por todo ello. Hay dos preguntas que deberían hacerse las personas que suelen plantearse estas cuestiones. La primera de ellas es la siguiente: ¿están *todos* los pensamientos contaminados desde la raíz o solo algunos de ellos? La segunda pregunta es: ¿la contaminación anula o no anula el pensamiento contaminado, en el sentido de convertirlo en una falsedad?

Si dicen que *todos los pensamientos* están contaminados, entonces, obviamente, debemos recordarles que tanto el freudianismo como el marxismo son sistemas de pensamiento así como lo son la teología cristiana y el idealismo filosófico. Los freudianos y los marxistas están en el mismo saco junto con el resto de nosotros y no pueden criticarnos desde un punto de vista externo. Han cortado la rama en la que se encontraban sentados, por decirlo así. Ahora bien, si por otro lado dijeran que la contaminación no necesariamente anula su pensamiento, entonces tampoco tienen por qué anular el nuestro. En tal caso, han logrado salvar su propia rama y de paso la nuestra.

Lo único que realmente pueden afirmar es que algunos pensamientos están contaminados y otros no lo están, lo cual tiene la ventaja (si es que los freudianos y los marxistas llegasen a considerarla una ventaja) de ser lo que todo ser humano sensato siempre ha creído. Pero si así fuese, deberíamos preguntarnos cuáles pensamientos están contaminados y cuáles no. No vale la pena decir que los pensamientos contaminados son aquellos que concuerdan con los deseos ocultos del pensador. *Algunas* de las cosas en las que debería creer tienen, de hecho, que ser ciertas. Es imposible concebir un universo que contradiga los deseos de todos los demás, en todos sus aspectos y en todo momento. Supongamos que, luego de sacar cuentas, llegase a creer que tengo un gran saldo en mi cuenta bancaria. Y supongamos que tú quieres verificar si esta creencia mía es tan solo «un deseo», una «ilusión». Jamás podrás llegar a alguna conclusión si examinas mi estado psicológico. La única manera de poder descubrir el estado de mi cuenta bancaria es sentarte a sacar cuentas tú mismo. Entonces, únicamente luego de haber verificado mi cuenta podrás saber si tengo o no tengo saldo. Si concuerdas con que mi aritmética está acertada, no importará cuánta fanfarronería ofrezcas acerca de mi condición psicológica porque todo ello será una pérdida de tiempo. Si descubres que mi aritmética estaba equivocada, quizá sea pertinente hallar una explicación psicológica de cómo llegué a tener una aritmética tan mala, y entonces esa doctrina de los deseos ocultos será pertinente, pero tan solo *luego* de que tú mismo hayas hecho la suma y resta y hayas confirmado que yo estaba equivocado según razones estrictamente aritméticas. Sucede lo mismo con todo pensamiento y todos los sistemas de pensamiento. Si tratas de descubrir cuáles de ellos están contaminados especulando acerca de los deseos del pensador, lo único que lograrás es hacer el ridículo. Lo primero que tienes que hacer es descubrir, siguiendo un razonamiento estrictamente lógico, cuál de ellos es falso. De hecho, lo tendrás que hacer como una secuencia de argumentos. Después, si quieres, dedícate a descubrir las causas psicológicas del error.

En otras palabras, debes demostrar *que* la persona está equivocada antes de empezar a explicar el *porqué* de su equivocación. El método moderno da por sentado y sin discusión alguna *que* esa persona está equivocada y luego se aparta del asunto (que es el único asunto real) tratando de explicar la razón por la que se comporta de esa manera. A lo largo de estos últimos quince años, he descubierto que este vicio es tan común que me he visto en la necesidad de inventarle un apelativo. Lo he llamado «bulverismo». Uno de estos días intentaré escribir la biografía de su inventor imaginario, Ezekiel Bulver, cuyo destino fue resuelto a la edad de cinco años cuando oyó que su madre le decía a su padre —el cual alegaba que la suma de los dos lados de un triángulo es mayor que el tercer lado—: «Dices eso solamente *porque eres hombre*». Ezekiel Bulver nos cuenta con toda certeza: «En aquel mismo instante, pasó por mi amplia mente un destello de aquella verdad: que en todo argumento la refutación no es necesaria. Debes dar por sentado que tu oponente está equivocado y luego explicar su error, y así el mundo caerá a tus pies. Intenta demostrar que tu oponente está equivocado o (peor aún) trata de descubrir si está equivocado o acertado, y entonces la dinámica nacional de nuestros tiempos te convertirá en el hazmerreír de todos». Así es como Bulver se convirtió en uno de los artífices del siglo XX.

Me encuentro con los frutos de su descubrimiento casi por doquier. Gracias a ello, he descubierto que mi religión ha sido desacreditada con este argumento: «Aquel cómodo clérigo tenía toda la razón para asegurarle al obrero del siglo XIX que su pobreza sería recompensada en la vida venidera». Ya veo que no tenía duda alguna. Empezando por la presuposición de que el cristianismo es un error, me doy cuenta muy rápidamente de que algunos aún se sienten motivados para repetirlo con ahínco. Lo veo con tanta facilidad que podría, obviamente, seguir la corriente, pero desde el otro lado, afirmando que «El hombre moderno tiene toda la razón para tratar de convencerse a sí mismo de que no hay consecuencias eternas detrás de la moral que ha rechazado». Porque el bulverismo es ciertamente un juego democrático genuino en el sentido de que todos lo pueden jugar todo el día y que no le otorga un privilegio injusto a esa pequeña y repudiable minoría que razona. Pero se ve claro que no nos acorta la distancia ni un centímetro cuando se trata de decidir si, de hecho, la religión cristiana es verdadera o falsa. Esta pregunta aún queda por debatir en un terreno distinto, es decir, es un asunto que compete a argumentos filosóficos e históricos. Se resuelva como se resuelva eso, los motivos incorrectos de algunos, ya sea por creer o por no creer, permanecerán tal como están.

He descubierto que el bulverismo opera en todo argumento político. Los capitalistas deben ser malos economistas porque sabemos la razón por la que quieren el capitalismo, y asimismo los comunistas deben ser malos economistas porque sabemos la razón por la que quieren el comunismo. Por tanto, hay bulveristas en ambos lados. Claro que, en realidad, o la doctrina de los capitalistas está errada o la doctrina de los comunistas lo está, o ambas lo están. Pero solamente podemos descubrir los aciertos y errores con la razón; jamás lo lograremos insultando la psicología del oponente.

Hasta que no logremos destruir al bulverismo, la razón no jugará un papel eficaz en la vida de los seres humanos. Cada lado se aprovecha de la razón lo más pronto posible en su lucha contra el otro lado; pero entre ambos lados la razón sufre descrédito. ¿Y por qué no debemos desacreditar a la razón? La respuesta será fácil si señalamos el estado actual del mundo, pero la verdadera respuesta es aún más directa. Las fuerzas que desacreditan a la razón dependen ellas mismas de la razón. Incluso para bulverizar se depende de ella. Uno trata de *demostrar* que todas las *pruebas* son nulas. Si fracasas en el intento, habrás fracasado del todo, así de sencillo. Si lo logras, entonces habrás fracasado aún más, porque lograr la demostración de que todas las pruebas son nulas es en sí mismo un resultado nulo también.

Entonces, la alternativa sería una auténtica e idiota contradicción en sí misma o alguna obstinada creencia en nuestra capacidad de razonar, a pesar de la evidencia que los bulveristas puedan presentar como «contaminación» en esta o aquella persona que razona. Si así lo deseas, estoy dispuesto a reconocer que esta obstinada creencia posee algo de trascendente o místico. ¿Y entonces? ¿Qué prefieres ser: un lunático o un místico?

Así que nos damos cuenta de que hay razones justificadas para creer en la razón. Pero me pregunto: ¿podremos hacerlo sin recurrir al teísmo? ¿Será que cuando afirmamos «yo lo sé» se incluye el hecho de que Dios existe? Todo lo que sé es una deducción de nuestros sentidos (excepto este momento presente). Todo nuestro conocimiento del universo que se encuentra más allá de nuestras experiencias directas depende de deducciones a partir de dichas experiencias. Si nuestras deducciones no nos dan un verdadero conocimiento de la realidad, no lograremos saber absolutamente nada. Una teoría no puede ser aceptada si no permite que nuestro razonamiento nos ofrezca conocimiento genuino, tampoco si el hecho de nuestro conocimiento no pueda ser explicado en términos de dicha teoría.

Pero nuestros pensamientos tan solo pueden ser aceptados como un conocimiento genuino bajo ciertas condiciones. Todas las creencias tienen sus motivos suficientes, pero debemos aclarar las diferencias entre (1) motivos comunes y (2) un motivo especial llamado «razones». Los motivos suficientes son sucesos mecánicos que pueden llegar a producir otros resultados aparte de las creencias. Las razones surgen de los axiomas y las deducciones y afectan solamente a las creencias. El bulverismo intenta demostrar que la otra persona tiene motivos suficientes pero no razones y que nosotros tenemos razones y no motivos suficientes. Una creencia cuya justificación depende en su totalidad de motivos suficientes no tiene ninguna validez. Debemos tener siempre a mano este principio cada vez que consideremos aquellas creencias que son los cimientos de otras. Nuestro conocimiento depende de la certeza que poseemos acerca de axiomas y deducciones. Si estos provienen de motivos suficientes, entonces no habrá posibilidad del conocimiento. La disyuntiva es esta: o no podemos saber nada o el pensamiento tiene razones y no motivos suficientes.[1]

---

1. En la edición original en inglés de *Lo primero y lo segundo*, este artículo finaliza aquí, pero hemos añadido las anotaciones de la secretaria del club, como aparece en recopilaciones posteriores, por interés del lector.

[El resto de este ensayo, el cual se leyó originalmente en el Club Socrático antes de su publicación en la revista Socratic Digest, *prosigue bajo la forma de anotaciones tomadas por la secretaría del club. Ello explica la razón por la que el texto no ha sido escrito en primera persona, como lo fue la parte original].*

El señor Lewis prosigue con su charla afirmando que uno podría argumentar que la razón llegó a desarrollarse como producto de la selección natural, que solo aquellos métodos del pensamiento que demostraron ser útiles lograron sobrevivir. Pero la teoría depende de deducciones a partir de lo útil hacia lo verdadero, cuya validez tendríamos que *dar por sentada*. Todos los intentos por tratar al pensamiento como un evento natural involucran la falacia de excluir el propio pensamiento de la persona que intenta pensarlo.

Se reconoce que los eventos físicos afectan la mente; un aparato inalámbrico está expuesto a la influencia de los fenómenos atmosféricos, pero no es la causa de la transmisión (nos daríamos cuenta de ello si así sucediese). Podemos relacionar los eventos naturales entre ellos hasta que finalmente logremos identificarlos en la integración espacio-tiempo. Pero el pensamiento no tiene otro padre que el propio pensamiento. Ciertamente está condicionado, pero nada lo causa. El conocimiento que *yo* tengo *acerca de* que tengo nervios es deductivo.

El mismo argumento es válido respecto a nuestros valores, los cuales son afectados por factores sociales, pero, si los factores sociales se viesen afectados por nuestros valores, no sabríamos si son correctos. Uno podría rechazar la moral porque la considera una ilusión, pero aquel que la rechaza con tanta frecuencia explícitamente ha excluido sus propias motivaciones éticas: por ejemplo, el esfuerzo de liberar la moral de toda superstición y de promover el progresismo.

Ni la voluntad ni la razón son producto de la naturaleza. Por tanto, o existo por mí mismo (creencia imposible de aceptar) *o* soy una prolongación de algún Pensamiento o Voluntad que existe por sí mismo. Esta razón y bondad alcanzables deben provenir de alguna Razón y Bondad autoexistente y exterior a nosotros; de hecho, debe ser sobrenatural.

El señor Lewis prosigue con su charla afirmando que con frecuencia se ha objetado que la existencia de lo sobrenatural es demasiado importante como para que se discierna tan solo por medio de argumentos abstractos y, por tanto, que solamente lo hagan unos cuantos privilegiados. Pero en siglos pasados el hombre común ha reconocido los hallazgos de los místicos y los filósofos con el fin de dar sus primeros pasos en la creencia de lo sobrenatural. El día de hoy, el hombre común ha sido forzado a llevar a cuestas esa carga. O la humanidad ha cometido un espantoso error al rechazar la autoridad o el poder o los poderes que gobiernan su destino juegan un juego peligroso en el que se intenta que todos se vuelvan sabios. Una sociedad que consiste solamente en seres humanos comunes tendrá un final calamitoso. Si pretendemos sobrevivir, debemos creer lo que los videntes nos dicen o escalar esos obstáculos nosotros mismos.

Entonces, es evidente que hay algo que trasciende la naturaleza. El ser humano se encuentra en la frontera entre lo natural y lo sobrenatural. Los eventos físicos no pueden producir actividades espirituales, pero a estas se les pueden atribuir muchas de nuestras acciones en la naturaleza. La voluntad y la razón no pueden depender de ninguna otra cosa salvo de sí mismas, pero la naturaleza puede depender de la voluntad y la razón o, en otras palabras, de que Dios creó la naturaleza.

La relación entre lo natural y lo sobrenatural, que no es una relación que se da en el espacio y el tiempo, se vuelve algo comprensible si lo sobrenatural crea lo natural. Incluso ya poseemos alguna idea al respecto, dado que todos conocemos el poder de la imaginación, si bien no podemos crear nada nuevo, solamente somos capaces de reorganizar lo existente por medio del conocimiento de nuestros sentidos. No es impensable que el universo haya sido creado por una Imaginación lo suficientemente poderosa como para imponer fenómenos naturales en otras mentes.

El señor Lewis concluye que se ha sugerido que nuestras ideas respecto a creación y causación se derivan totalmente de nuestra experiencia de la voluntad. La conclusión a la que por lo general se llega es que no hay creación o causación, sino tan solo una «proyección». Pero una «proyección» es en sí misma una forma de causación y es más razonable suponer que la voluntad es la única causa que conocemos y que, por tanto, la voluntad es la causa de la naturaleza.

[Se da un debate. Se presentan los siguientes puntos:]

Todo razonamiento presupone la hipótesis de que las deducciones son válidas. Las deducciones correctas son evidentes, manifiestas y patentes.

«Pertinente» es un término *racional*.

El universo no afirma que es *verdadero*: tan solo *existe*.

El conocimiento que proviene de la revelación es más como un conocimiento empírico que racional.

Pregunta: ¿Cuáles son los criterios de la verdad, si diferenciamos entre la causa natural y la razón?

Lewis: Es probable que un país montañoso tenga varios mapas de su territorio, de los cuales solo uno de ellos es el *verdadero*, es decir, el que se corresponde con los contornos reales. La razón traza un mapa que afirma ser el *verdadero*. Me sería imposible analizar el universo si no confiara en mi razón. Si no pudiésemos confiar en las deducciones, no sabríamos nada que no fuera propio de nuestra propia existencia. La realidad física es una *deducción* a partir de nuestros sentidos.

Pregunta: ¿Cómo es posible que un axioma afirme ser más autoevidente que una conclusión empírica respecto a cierta evidencia?

[El ensayo termina en este lugar, dejando sin respuesta esta pregunta].

2

LO PRIMERO Y LO SEGUNDO

CUANDO LEÍ EN *Time and Tide* el 6 de junio de 1942 que los alemanes habían elegido a Hagen en vez de Sigfrido como su héroe nacional, pude haber soltado una carcajada de puro placer, porque me considero un romántico que me deleito francamente en mis nibelungos y, en especial, en la versión que Wagner ofrece de aquella historia, desde aquel dorado verano de mi adolescencia cuando por primera vez tuve la oportunidad de escuchar la «Cabalgata de las valquirias» en un fonógrafo y de ver las ilustraciones de Arthur Rackham en *El anillo del nibelungo*. Incluso hasta el día de hoy el mismísimo aroma de aquellos volúmenes me transporta a aquellos sentimientos de mi niñez. Por ello, me produjo amargura cuando los nazis se apoderaron de mis tesoros y los convirtieron en parte de su ideología. Pero aquello ya pasó y ahora todo está bien. Demostraron no ser capaces de digerirlo. La única manera en que pudieron retenerlo fue volteando la historia al revés y convirtiendo a uno de sus villanos secundarios en el héroe principal. De seguro que la lógica de su postura los llevará más lejos y anunciarán que Alberich es la verdadera personificación del espíritu nórdico. Mientras tanto, me han devuelto lo que me robaron.

Que hayan mencionado al espíritu nórdico me ha recordado que su intentona de adueñarse de *El anillo* constituye solamente un caso más de entre su amplio esfuerzo para adueñarse de todo lo «nórdico», y este gran intento es igual de ridículo. ¿Qué les incumbe a aquellos que defienden la ley del más fuerte y que asimismo le rinden culto a Odín? Todo el argumento de Odín era que tenía la razón pero no era el más fuerte. Todo el argumento respecto a la religión nórdica era que, de entre todas las mitologías, era la única que les pedía a los seres humanos que rindieran culto a dioses que ciertamente luchaban acorralados contra la pared y que al final serían derrotados. «Me marcho a morir con Odín», dijo el vagabundo en la fábula de Stevenson,[1] demostrando así que Stevenson conocía el espíritu nórdico, que Alemania jamás ha sido capaz de comprender. Los dioses serán derrotados. La sabiduría de Odín, la graciosa valentía de Thor (Thor era como los del condado de Yorkshire, es decir, tercos) y la belleza de Balder en última instancia serán aplastados por la *realpolitik* de estúpidos gigantes y *trols* deformes. Pero eso no alterará en lo más mínimo los juramentos de cualquier hombre libre. Por tanto, tal como debiéramos anticipar, la verdadera poesía germánica consiste en resistencias heroicas hasta el final y luchar sin esperanza y con todo en contra.

A estas alturas se me ha ocurrido que me he topado con una paradoja excepcional. ¿Cómo podemos explicarnos que el único pueblo de Europa que ha intentado revivir su mitología precristiana como una fe para el presente sea el mismo que ha demostrado ser incapaz de comprender dicha mitología según sus rudimentos más básicos? En todo caso, el retroceso sería vergonzoso, tal como lo sería que un hombre maduro retroceda al *ethos* de sus años en el colegio. Pero cabría esperar que esta persona por lo menos comprenda y obedezca las reglas contra la vagancia y que entienda plenamente que los nuevos muchachos no deben andar con las manos metidas en los bolsillos. Llegar a sacrificar el bien supremo por uno inferior y luego, al fin y al cabo, ni siquiera lograr aquel bien inferior, sería un sorprendente disparate. ¿Cómo hicieron para vender su primogenitura por una mitología deficiente y luego descubrir que dicha mitología era un error? Porque es evidente que yo en realidad saco provecho de Odín y de todo lo bueno y divertido que este me pueda ofrecer (preferiría pintarme la cara de azul con añil antes que proponer que Odín existe), pues los odinistas nazis no han logrado nada de ello.

Sin embargo, me ha parecido que, mientras reflexiono sobre ello, quizá no sea la paradoja que creíamos que era. O, por lo menos, es una paradoja que surge tan a menudo que ya deberíamos estar acostumbrados a ella. Se me vienen a la mente otras ocasiones. Hasta muy avanzada la era moderna —creo que hasta el tiempo de los románticos—, nadie jamás sugirió que la literatura y el arte fuesen un fin en sí mismos. Formaban «parte de los ornamentos de la vida», ofrecían una «diversión inocente»; o también «refinaban nuestros modales» o «promovían nuestras virtudes» o glorificaban

---

1. Esto se encuentra en la fábula de R. L. Stevenson que lleva por título «Faith, Half-Faith, and No Faith», que fue originalmente publicada en *The Strange Case of Dr. Jekyll and Mr. Hyde with other Fables* (Londres, 1896).

a los dioses. Las grandes obras musicales se componían para la misa, las grandes pinturas se hacían para llenar los espacios vacíos de las paredes de los comedores de los nobles mecenas o para encender la devoción religiosa en las iglesias; las grandes tragedias las producían ya fueran poetas religiosos para rendirle honor a Dionisio o poetas comerciales para entretener a los londinenses en los días de descanso.

No fue hasta la llegada del siglo XIX cuando recién empezamos a tomar conciencia de la plena dignidad del arte. Comenzamos a tomar el asunto «con seriedad» mientras que los nazis tomaban la mitología seriamente. Pero el resultado parece haber producido un desencajamiento de la vida estética en la que poco queda para nosotros salvo obras elevadas que cada vez menos gente quiere leer u oír o ver, y obras «populares» de las que tanto sus creadores como sus consumidores se sienten medio avergonzados. Nosotros, así como los nazis, al asignarle un valor demasiado superior a un bien real pero secundario, hemos casi perdido aquel mismísimo bien.

Cuanto más he analizado el asunto, más he llegado a sospechar que se trata de una ley universal. *On cause mieux quand on ne dit pas Causons.*[2] La mujer que convierte un perro en el centro de su vida pierde, al final de cuentas, no solo su utilidad humana y su dignidad, sino incluso el mismo placer de tener un perro al lado. El hombre que convierte el alcohol en su meta principal pierde no solo su empleo, sino también su capacidad de gustar y saborear, y toda capacidad y placer de disfrutar sus niveles de intoxicación. Es algo glorioso sentir por un instante que todo el significado del universo se resume en una mujer —glorioso siempre y cuando otras obligaciones y placeres te mantengan alejado de ella—, pero uno despeja el camino y ordena su vida (a veces es factible) para así poder solamente contemplarla y entonces ¿qué sucede? Obviamente, esta ley ya ha sido descubierta con anterioridad, pero aún puede redescubrirse. Quizá podamos explicarla de esta manera: toda preferencia de un bien menor ante uno mayor o de uno incompleto ante uno completo involucra la pérdida de aquel bien menor o incompleto por el que uno se ha sacrificado.

Al parecer, así son las cosas. Si realmente adquirió aquel potaje a cambio de su primogenitura,[3] Esaú fue una afortunada excepción a la regla. Uno no puede obtener cosas secundarias colocándolas como si fueran primarias; uno

---

2. Uno conversa mejor cuando evita decir «conversemos».
3. Gn 27.

solo puede obtener cosas secundarias atribuyéndole a las cosas primarias el primer lugar. A partir de lo cual nos hacemos la pregunta: ¿qué cosas son lo primero? Esta pregunta no solo les preocupa a los filósofos, sino a todo el mundo.

En este contexto, es imposible evitar que nos preguntemos qué es lo que nuestra civilización ha estado colocando en primer lugar en los últimos treinta años. La respuesta es simple y llana. Nuestra civilización ha estado colocándose a sí misma como lo primero. La gran meta ha sido preservar la civilización; su colapso ha sido la gran pesadilla. La paz, un elevado nivel de vida, la higiene, el transporte, la ciencia y el entretenimiento —las cosas que por lo general damos a entender con civilización— han sido nuestras metas. A ello se le responderá que nuestra preocupación por la civilización es muy natural y necesaria en tiempos en que esta corre tanto peligro. ¿Pero qué sucede si se le da vuelta a la tortilla? ¿Y si resulta que la civilización corre tanto peligro precisamente por haberla convertido en nuestro *summum bonum*? Quizá de esa manera podamos preservarla. Quizá la civilización jamás llegue a estar segura hasta que nos preocupemos por algo más en vez de hacerlo solo por ella.

La hipótesis tiene varios hechos fehacientes que la apoyan. En lo concerniente a la paz (que es un ingrediente de nuestra idea de civilización), creo que muchos ahora estarían de acuerdo en que una política internacional dominada por el deseo de paz constituye uno de los muchos caminos que conducen a la guerra. ¿Alguna vez estuvo la civilización en tan grave peligro de desaparecer antes de convertirse a sí misma en la meta exclusiva de la actividad humana? Hay mucha idealización apresurada respecto a los viejos tiempos y no quisiera seguir promoviéndola. Nuestros antepasados fueron despiadados, lascivos, codiciosos y estúpidos, como nosotros. Pero, aunque se preocuparon de otras cosas aparte de la civilización —y se preocuparon en distintas épocas por una variedad de asuntos como la voluntad de Dios, la gloria, el honor personal, la pureza doctrinal, la justicia—, ¿acaso corrió la civilización el riesgo de desaparecer?

Lo que he sugerido merece por lo menos una reflexión. Para estar seguros, si damos por cierto que la civilización jamás estará a salvo hasta que la coloquemos en segundo lugar, inmediatamente se nos plantea una pregunta: ¿en segundo lugar comparado con qué? ¿Qué es lo primero? La única respuesta que puedo ofrecer es que, si no lo sabemos, entonces la primera y única cosa práctica que deberíamos hacer es dedicarnos a descubrir qué es.

3

EL SERMÓN Y EL ALMUERZO

«Sí —DIJO EL predicador—, el hogar debe ser la base de nuestra vida nacional. Es ahí, al fin y al cabo, donde se forma el carácter. Es ahí donde aparecemos como realmente somos. Es ahí donde podemos dejar los cansados disfraces del mundo exterior y ser nosotros mismos. Es ahí donde nos retiramos del ruido y del estrés y de la tentación y de la disipación de la vida cotidiana para buscar las fuentes de las nuevas fuerzas y de la pureza renovada...». Y mientras hablaba me di cuenta de que toda la confianza que había en él había desaparecido de todos los miembros menores de treinta años de esa congregación. Hasta ese momento habían escuchado bien. Entonces empezaron los movimientos y las toses. Crujieron los bancos; los músculos buscaron cómo relajarse. El sermón, a efectos prácticos, había terminado; los cinco minutos durante los que el predicador siguió hablando fueron una total pérdida de tiempo, al menos para la mayoría de nosotros.

Si los desperdicié o no, ustedes lo juzgarán. Desde luego, no escuché más del sermón. Estaba pensando; y el punto de partida de mi pensamiento era la pregunta: «¿Cómo puede? ¿Cómo puede *él*, entre todos?». Ya que conocía bastante bien la propia casa del predicador. De hecho, había estado comiendo allí ese mismo día, tomando algo con el vicario, su esposa, su hijo (de la RAF)[1] y su hija (de la ATS),[2] que casualmente estaban de permiso. Podría haberlo evitado, pero la chica me había susurrado: «Por el amor de Dios, quédese a comer, se lo hemos pedido. Siempre es un poco más soportable cuando hay visita».

El almuerzo en la vicaría casi siempre sigue el mismo patrón. Comienza con un intento desesperado por parte de los jóvenes de mantener un

1. Royal Air Force (Real Fuerza Aérea).
2. Auxiliary Territorial Service (Servicio Territorial Auxiliar).

brillante ritmo de conversación trivial: trivial no porque sea así su mentalidad (se puede tener una conversación real con ellos si se les encuentra a solas), sino porque a ninguno de ellos se le ocurriría decir en casa nada de lo que realmente están pensando, a menos que se les enoje tanto que se les obligue a hacerlo. Hablan solo para tratar de mantener a sus padres callados. No lo consiguen. El vicario interrumpe sin miramientos y alude a un tema muy diferente. Nos cuenta cómo reeducar a Alemania. Nunca ha estado allí y parece no saber nada ni de la historia ni de la lengua alemanas. «Pero, padre», comienza el hijo, y en eso se queda. Ahora está hablando su madre, aunque nadie sabe exactamente cuándo empezó. Cuenta una complicada historia sobre lo mal que la ha tratado algún vecino. Aunque le toma bastante tiempo, no nos enteramos ni de cómo empezó ni de cómo terminó: todo son detalles intermedios. «Madre, eso no es justo —dice finalmente la hija—. La señora Walker nunca dijo...», pero la voz de su padre vuelve a retumbar. Le está contando a su hijo sobre la organización de la RAF. Y así hasta que el vicario o su mujer dicen algo tan absurdo que el hijo o la hija les llevan la contraria e insisten en que se oiga. Por fin se ha llamado a la acción a las verdaderas mentes de los jóvenes. Hablan con intensidad, rapidez y en tono despectivo. Tienen los hechos y la lógica de su lado. Los padres responden. El padre vocifera; la madre (¡oh, bendita jugada de la reina doméstica!) está «herida», lo representa con todo el patetismo que puede. La hija se pone sarcástica. El padre y el hijo, ignorándose entre sí, empiezan a hablar conmigo. El almuerzo es una ruina.

Su recuerdo me atribula durante los últimos minutos del sermón. No me preocupa que la práctica del vicario difiera de su precepto. Eso es, sin duda, lamentable, pero no es nada del otro mundo. Como dijo el doctor Johnson, el precepto puede ser muy sincero (y, añadamos, muy provechoso) cuando la práctica es muy imperfecta,[3] y nadie, salvo un necio, descartaría las advertencias de un médico sobre el envenenamiento por alcohol porque el propio médico tome demasiado. Lo que me preocupa es el hecho de que el vicario no nos diga nada de que la vida en el hogar es difícil y tiene, como toda forma de vida, sus propias tentaciones y corrupciones. Sigue hablando como si el «hogar» fuera una panacea, un amuleto mágico que por sí mismo estuviera destinado a producir felicidad

---

3. James Boswell, *Life of Johnson*, ed. George Birkbeck Hill (Oxford, 1934), vol. IV, p. 397 (2 diciembre 1784).

y virtud. El problema no es que no sea sincero, sino que es un necio. No habla desde su experiencia de la vida familiar: está reproduciendo automáticamente una tradición sentimental, y resulta que es una tradición falsa. Por eso los feligreses han dejado de escucharlo.

Si los maestros cristianos desean llamar al pueblo cristiano a la vida del hogar —y yo, por mi parte, creo que debe ser llamado a ella—, la primera necesidad es dejar de decir mentiras sobre la vida en familia y sustituirlas por una enseñanza realista. Los principios fundamentales podrían ser más o menos así:

1.   Desde la Caída, ninguna organización o forma de vida tiene una tendencia natural a ir como debería. En la Edad Media, algunas personas pensaban que solo con entrar en una orden religiosa se convertirían automáticamente en santos y bienaventurados: toda la literatura nacional de la época se hace eco de la exposición de ese error fatal. En el siglo XIX, algunos pensaban que la vida de la familia monógama los haría automáticamente santos y felices; la radical literatura antifamiliar de los tiempos modernos —los Samuel Butler, los Goss, los Shaw— les dio la respuesta. En ambos casos, los «desacreditadores» pueden haber estado equivocados en cuanto a los principios y pueden haber olvidado la máxima *abusus non tollit usum*;[4] pero en ambos casos tenían bastante razón en cuanto a los hechos. Tanto la vida familiar como la vida monástica eran a menudo detestables, y hay que notar que los defensores serios de ambas son muy conscientes de sus peligros y no sufren su ilusión sentimental. El autor de la *Imitación de Cristo* sabe (nadie mejor que él) lo fácil que es que la vida monástica se malogre. Charlotte M. Yonge deja muy claro que la domesticidad no es un pasaporte al cielo en la tierra, sino una ardua vocación: un mar lleno de rocas ocultas y peligrosas costas de hielo donde solo se puede navegar con un mapa celestial. Este es el primer punto en el que debemos ser absolutamente claros. La familia, como la nación, puede serle ofrecida a Dios, puede ser convertida y redimida; entonces se convertirá en el canal de bendiciones y gracias particulares. Pero, como todo lo humano, necesita redención. Si no se le da importancia, solo producirá tentaciones, corrupciones y miserias particulares. La caridad empieza en casa; la falta de caridad, también.

---

4. El abuso no deslegitima el uso.

2. Por conversión o santificación de la vida familiar hay que tener cuidado de entender algo más que la conservación del «amor» en el sentido del afecto natural. El amor (en ese sentido) no es suficiente. El afecto, distinto de la caridad, no es causa de felicidad duradera. Si se deja a su inclinación natural, el afecto se acaba volviendo codicioso, insistentemente solícito, celoso, exigente, timorato. Sufre agonía cuando su objeto está ausente, pero no se ve recompensado por ningún disfrute prolongado cuando está presente. Incluso en la mesa del vicario, el afecto fue en parte la causa de la disputa. Ese hijo habría soportado con paciencia y humor en cualquier otro anciano la tontería que le enfurecía en su padre. Pierde la paciencia porque todavía (de alguna manera) le «importa». La esposa del vicario no sería ese interminable quejido de autocompasión que es ahora si no «amara» (en cierto sentido) a la familia: la continua decepción de su continua y despiadada demanda de simpatía, de afecto, de aprecio ha contribuido a convertirla en lo que es. Me parece que la mayoría de los moralistas populares no prestan suficiente atención a este aspecto del afecto. La codicia por ser amado es algo temible. Algunos de los que dicen (y casi con orgullo) que viven solo por amor llegan, al final, a vivir en un incesante resentimiento.

3. Debemos notar el enorme escollo que supone esa misma característica de la vida hogareña que tan a menudo se presenta como su principal atractivo. «Es en ella donde nos presentamos como realmente somos: donde podemos dejar de lado los disfraces y ser nosotros mismos». Estas palabras, en boca del vicario, eran demasiado ciertas y él demostró en la mesa del almuerzo lo que significaban. Fuera de su propia casa se comporta con la cortesía ordinaria. No habría interrumpido a ningún otro joven como interrumpió a su hijo. En cualquier otra compañía no habría dicho, convencido, tonterías sobre temas que desconocía por completo: o, si lo hubiera hecho, habría aceptado la corrección con buen talante. De hecho, valora el hogar como el lugar donde puede «ser él mismo» en el sentido de pisotear todas las restricciones que la humanidad civilizada ha encontrado indispensables para una relación social tolerable. Y esto, creo, es muy común. Lo que distingue principalmente la conversación doméstica de la pública es, sin duda, muy a menudo, su simple y franca grosería. Lo que distingue el comportamiento doméstico es a menudo su egoísmo, su dejadez, su falta de civismo e incluso su brutalidad. A menudo sucederá

que quienes alaban con más fuerza la vida del hogar son los peores infractores en este sentido: la alaban —siempre están contentos de llegar a casa, odian el mundo exterior, no soportan las visitas, no se molestan en conocer a la gente, etc.— porque las libertades en las que se complacen en casa han terminado por hacerlos incapaces para la sociedad civilizada. Si practicaran en algún otro lugar el único comportamiento que ahora consideran «natural», serían noqueados sin más.

4.   ¿Cómo *deben* comportarse las personas en casa? Si un hombre no puede estar cómodo y despreocupado, no puede descansar y «ser él mismo» en su propia casa, ¿dónde puede? Ese es, lo confieso, el problema. La respuesta es alarmante. No hay *ningún* lugar a este lado del cielo en el que uno pueda ponerle las riendas al caballo sin correr ningún riesgo. Hasta que «nosotros mismos» nos hayamos convertido en hijos de Dios, nunca será lícito simplemente «ser nosotros mismos». Todo está en el himno: «Cristiano, no busques aún el reposo». Esto no significa, por supuesto, que no haya diferencias entre la vida en el hogar y la sociedad en general. Significa que la vida en el hogar tiene sus propias reglas de cortesía, un código más íntimo, más sutil, más sensible y, por tanto, en cierto modo más difícil, que el del mundo exterior.

5.   Por último, ¿no debemos enseñar que si el hogar ha de ser un medio de gracia debe ser un lugar de *reglas*? No puede haber una vida en común sin una *regula*. La alternativa al gobierno no es la libertad, sino la tiranía inconstitucional (y a menudo inconsciente) del miembro más egoísta.

En una palabra, ¿debemos dejar de predicar la vida en familia o más bien empezar a predicarla en serio?

¿No debemos abandonar los elogios sentimentales y empezar a dar consejos prácticos sobre el alto, duro, encantador e intrépido arte de crear la familia cristiana?

4

LA TEORÍA HUMANITARIA
RESPECTO AL CASTIGO

En Inglaterra hemos tenido recientemente una polémica en torno a la pena capital. No me es posible saber si un asesino convicto tendrá más probabilidades de arrepentirse y enmendar su vida unas cuantas semanas antes de entrar al patíbulo o en la enfermería de la cárcel unos treinta años después. No sé si el temor a la muerte sea un elemento disuasorio indispensable. Son preguntas que prefiero dejar sin respuesta. Mi tema de conversación no es la pena capital en particular, sino la teoría del castigo en general, cuya polémica se ha mostrado como algo universal entre mis colegas de mi país. Pudiera llamársela la teoría humanitaria. Los que la auspician piensan que es clemente y misericordiosa. Respecto a esto, estoy convencido de que están en un serio error. Creo que esa «humanidad» que se afirma es una peligrosa ilusión, la cual oculta la posibilidad de ser infinitamente crueles e injustos. Mi ruego es que se retorne a la teoría tradicional o retributiva no solo por el interés de la sociedad, ni siquiera como prioridad, sino por el interés del criminal.

Según la teoría humanitaria, castigar a un hombre porque se lo merece, y por más que se lo merezca, constituye una simple venganza y, por tanto, es un acto de barbarie e inmoral. Se afirma que la única razón legítima para el castigo sería el deseo de disuadir a los demás por medio del castigo ejemplar o con el fin de corregir al criminal. Cuando se combina esta teoría, como sucede a menudo, con la noción de que todo crimen es más o menos patológico, la idea de corregir se reduce a sanar o curar y entonces el castigo se convierte en algo terapéutico. Así se da la impresión a primera vista de que hemos superado la noción burda y santurrona de darle al malvado su merecido por medio de esos caritativos e iluminados que atenderán a los que estén psicológicamente enfermos. ¿Habrá algo más amigable que esto? Sin

285

embargo, hay un insignificante punto que se da por sentado en esta teoría y que todos deben conocer: lo que se le haga al criminal, incluso si se dice que son tratamientos, será tan obligatorio como lo fue en los días en que lo llamábamos castigo. Si la tendencia a robar pudiera curarse con psicoterapia, no cabe la menor duda de que se forzaría al ladrón a someterse al tratamiento. De otra manera, la sociedad no podría seguir en marcha.

Mi argumento es que esta doctrina, por más misericordiosa que aparente ser, realmente significa que cada uno de nosotros, desde el momento en que violemos la ley, sufriremos la privación de nuestros derechos humanos.

La razón es la siguiente. La teoría humanitaria le quita al castigo su aspecto de merecer algo. Pero el concepto del merecimiento es el único eslabón que conecta el castigo y la justicia. Solo una sentencia que se merezca o no se merezca puede llegar a ser justa o injusta. No estoy alegando aquí que la pregunta «¿Se lo merece?» sea la única que con toda razón podamos plantearnos en torno al castigo. Es muy correcto que nos preguntemos si ese castigo disuadirá a los demás y corregirá al criminal. Pero ninguna de estas dos preguntas anteriores tiene que ver con la justicia. No tiene sentido hablar de una «disuasión justa» o una «corrección justa». Exigimos el uso de la disuasión no porque sea justa, sino porque queremos realmente que disuada. Lo mismo sucede con la corrección, queremos saber si realmente corrige. Por tanto, cuando dejamos de considerar lo que el criminal se merece y nos concentramos en lo que lo corregirá o que disuadirá a los demás, de manera tácita hemos quitado totalmente al criminal de la esfera de la justicia; y en vez de ser una persona, que posee derechos humanos, tenemos ahora un objeto, un paciente, un «caso».

La diferencia se hará más evidente cuando preguntemos quién será apto para determinar las sentencias cuando estas hayan dejado de derivarse a partir de lo que se merezca el criminal. Bajo el antiguo sistema, el problema de determinar la sentencia adecuada era un problema moral. Por consiguiente, el juez que tomaba la decisión era alguien competente en jurisprudencia, que había sido capacitado en una ciencia que trata con derechos y obligaciones y que, por lo menos en principio, aceptaba de manera consciente la guía de la ley natural y la Escritura. Debemos reconocer que en el presente Código Penal de la gran mayoría de países casi siempre se modifican estos originales por las costumbres locales, los intereses de las clases sociales y las concesiones utilitaristas a tal grado que casi no se los puede identificar. Pero el código nunca estuvo en principio, y no siempre de hecho, más allá del control de la consciencia de la sociedad. Y cuando el castigo (digamos, en la Inglaterra del siglo XVIII) entró en conflicto violento con el sentido moral de la comunidad, los jurados se negaron a emitir fallos y finalmente fue posible reformar el sistema. Ello fue así porque, siempre y cuando pensemos en términos de lo que se merece, cuestionarse lo adecuado y lo moral del código penal era cuestionarse algo que todo ser humano tiene derecho a hacerlo y a manifestar su opinión al respecto, no porque tenga esta o aquella profesión, sino porque sencillamente es un ser humano, un ser racional que posee la Luz Natural. Pero todo ello cambia cuando descartamos la noción del merecimiento. Las dos únicas preguntas que nos quedarían para responder en torno al castigo giran en torno a la disuasión y la corrección. Pero estas no son preguntas sobre las que cualquiera tenga el derecho a opinar solo por ser humano. No tiene el derecho a opinar incluso si, además de ser humano, es también un jurista, un cristiano y un teólogo moralista. Porque no se trata de preguntas acerca de principios, sino de hechos reales; y para ello, *cuiquam in sua arte credendum.*[1] Solamente el experto «penalista» (que lo incivilizado siga teniendo nombres incivilizados), según el precedente de experiencias anteriores, nos podrá decir en qué consiste la disuasión; solamente el psicoterapeuta nos podrá decir en qué consiste la corrección. Sería en vano, para el resto de nosotros que hablamos como simples seres humanos, decir: «Pero este castigo es horrendamente injusto y desmedido para lo que se merece el criminal». Con una lógica perfecta, los expertos nos responderían: «Pero nadie ha mencionado lo que el criminal se merece. Nadie se ha referido al *castigo* según el uso que le has dado al sentido arcaico y vengativo del término. Aquí te presentamos las estadísticas que demuestran que este tratamiento logra disuadir. Aquí están las estadísticas que demuestran que este otro tratamiento logra corregir. ¿De qué te preocupas?».

Entonces, la teoría humanitaria quita los fallos de las manos de los juristas, a los que la consciencia pública tiene el derecho a criticar, y los coloca en las manos de los expertos cuyas ciencias especializadas ni siquiera utilizan las categorías del derecho o de la justicia. Se podría argumentar que, dado que esta transferencia es el resultado de haber abandonado la vieja idea del castigo y, por tanto, todas sus motivaciones vengativas, sería

---

1. Debemos creer en la habilidad o pericia de cada uno.

adecuado y seguro dejar a los criminales en manos de los expertos. No me detendré a comentar esa visión ingenua de la naturaleza humana caída que tal postura nos da a entender. Más bien, recordemos que la «cura» de los criminales es obligatoria; y entonces veamos cómo esta teoría funciona en la realidad y en la mente de los humanitarios. El punto de inicio intuitivo de este artículo fue una carta que leí en una de nuestras revistas izquierdistas semanales. El autor rogaba que cierto pecado, que ahora las leyes lo tratan como un crimen, debería de ahora en adelante ser tratado como una enfermedad. Y se quejaba de que, bajo el presente sistema, al ofensor, luego de haber pasado un tiempo en la cárcel, sencillamente se le dejaba en libertad para que luego regresase a su entorno original, donde probablemente volvería al crimen. De lo que se quejaba no era de que hubieran dejado en libertad al criminal. Según su visión del castigo y su cura, obviamente el ofensor debía permanecer detenido hasta que lograse corregirse. Y, claro, los corregidores oficiales son los únicos que determinarán cuándo sucederá eso. Por tanto, el primer resultado de la teoría humanitaria es sustituir una sentencia clara y definida (que refleja hasta cierto grado el juicio moral de la comunidad en el demérito) por una sentencia indefinida que solamente puede llegar a su fin por medio de la palabra de los expertos —que no lo son en teología moral, ni siquiera en la ley natural— que la han aplicado. ¿Quién de nosotros, si estuviese en el banquillo de los acusados, no preferiría ser procesado por el viejo sistema?

Se podría alegar que, debido al constante uso de la palabra «castigo» y el verbo «infligir», estoy tergiversando a los humanitarios. Que no castigan ni infligen nada, solo curan. Pero no nos dejemos engañar por palabras. Que yo sea sacado de mi hogar y alejado de mis amigos; que pierda mi libertad; que sufra todas aquellas agresiones a mi personalidad, las que la psicoterapia moderna sabe usar muy bien; que se me corrija siguiendo un patrón de «normalidad» incubado en algún laboratorio de Viena con el cual jamás tuve relación alguna; que sepa que este proceso jamás terminará hasta que mis captores terminen conmigo o hasta que yo descubra cómo engañarlos para que crean que han tenido éxito... ¿a quién le importa que a esto se le llame castigo o no? Es obvio que incluye la mayoría de los componentes por los que se teme al castigo: vergüenza, exilio, sometimiento y «los años que comió la langosta». Solamente podría justificarlo un tremendo demérito; pero el demérito es precisamente la idea que los humanitarios han descartado.

Si de lo curativo o correctivo nos volvemos a lo disuasivo para justificar el castigo, descubriremos que la nueva teoría es aún más alarmante. Cuando se castiga a un hombre *in terrorem*,[2] y se le usa como «castigo ejemplar» para los demás, ciertamente se le está usando como un medio para justificar un fin, el fin de alguien distinto. Esto, en sí mismo, constituiría un acto muy malvado. Respecto a la teoría clásica sobre el castigo, era claro que se justificaba sobre la base de que la persona merecía dicho castigo. Ello se daba por sentado antes de que surgiera cualquier pregunta en torno a «castigarlo para que todos aprendan». Entonces, como reza el dicho, se mataban dos pájaros con un tiro; en el proceso de darle al acusado lo que se merece, se dejaba también un ejemplo para los demás. Pero si quitamos el elemento del merecimiento, toda la justificación moral del castigo desaparece. ¿Por qué tengo yo, por el nombre de Dios, que ser sacrificado de esta manera para beneficio de toda la sociedad? Salvo, claro está, que lo merezca.

Pero no hemos alcanzado lo peor. Si la justificación del castigo ejemplar no debe basarse en el merecimiento, sino solamente en su eficacia como disuasión, no será absolutamente necesario que el hombre que reciba el castigo haya cometido ni siquiera algún crimen. El efecto disuasivo exige que el público deduzca la lección moral: «Si cometemos tal acto sufriremos como aquel hombre». El castigo de un hombre que es en realidad culpable pero que la opinión pública cree que es inocente no tendrá el mismo efecto deseado; el castigo de un hombre que en realidad es inocente, pero que la opinión pública cree que es culpable, logrará el efecto deseado. Todo Estado moderno tiene el poder de llevar a cabo con facilidad una farsa de juicio. Cuando se necesita urgentemente una víctima para usarla como castigo ejemplar y no es posible conseguir víctimas, todos los propósitos para lograr la disuasión podrán lograrse castigando (si quieren, pueden llamarlo «cura») a una víctima inocente, si es que damos por sentado que se ha engañado al público para que crea que la víctima es culpable. De nada sirve que se me pregunte por qué doy por sentado que nuestros gobernantes serían tan perversos. Castigar a un inocente, esto es, a alguien que no se lo merece, es perverso solamente si le damos crédito a la postura tradicional que afirma que un castigo justo significa un castigo que se merece. Una vez que hayamos abandonado este criterio, todo castigo debe ser justificado, si acaso, por

---

2. Frase latina común a la jurisprudencia anglosajona, que significa «causar terror» o «amenazar».

otras razones que no tienen nada que ver con el merecimiento. Cuando el castigo del inocente llega a ser justificado por esas razones (y en algunos casos podría justificarse como un disuasivo) sería igual de moral que cualquier otro castigo. Cualquier aversión o rechazo de parte del humanitario sería tan solo una resaca de la teoría de la justicia retributiva.

Desde luego, es importante darnos cuenta de que mi argumento hasta el momento no presupone ninguna intención malévola de parte del humanitario y considera solamente lo que juega en la lógica de su postura. Mi argumento afirma que los buenos hombres (no los malos) que pongan en práctica esta postura terminarán obrando tan cruel e injustamente como los más grandes tiranos. En ciertos aspectos quizá es probable que actúen incluso peor que ellos. De entre todas las tiranías, la que se lleva a cabo con sinceridad por el bien de sus víctimas quizá sea la más opresiva. Quizá sea mejor vivir entre barones ladrones que bajo omnipotentes entrometidos moralistas. La crueldad de los barones ladrones quizá por momentos se tome un descanso, su codicia quizá llegue a saciarse por un tiempo; pero aquellos que nos atormentan porque lo hacen para nuestro propio bien lo seguirán haciendo sin fin porque lo hacen con la venia de sus propias conciencias. Quizá sea más probable que vayan al cielo y que al mismo tiempo hagan de esta tierra un infierno. Su mismísima bondad nos aguijonea con un insulto intolerable: ser «curado» de la voluntad de uno mismo y de condiciones que no consideramos que sean enfermedades es como colocarnos en el mismo nivel de aquellos que aún no han alcanzado la edad de razonar o de aquellos que jamás la alcanzarán, es decir, con niños pequeños, discapacitados psíquicos y animales domésticos. Pero ser castigados, a cualquier grado, porque lo merecemos, porque «debimos haberlo sabido», es ser tratados como una persona hecha a imagen de Dios.

Sin embargo, debemos encarar la posibilidad de llegar a tener malos gobernantes que utilicen la teoría humanitaria del castigo. Ha habido muchos grandes proyectos para una sociedad cristiana que han sido tan solo lo que los isabelinos denominaban «una idea ridícula» porque daban por sentado que toda la sociedad es cristiana o que los cristianos tienen el control de ella. Así no sucede en la mayoría de los Estados modernos. Incluso si así fuese, nuestros gobernantes aún seguirían siendo hombres falibles y, por tanto, ni sabios ni muy buenos. Y, según vemos, son por lo general incrédulos. Dado que la sabiduría o la virtud no constituyen las únicas o las más comunes calificaciones para ocupar un cargo en el gobierno, estos gobernantes ni siquiera serán los mejores incrédulos.

El problema práctico de la política cristiana no es el de formular planes para una sociedad cristiana, sino el de vivir lo más inocentemente posible con ciudadanos incrédulos bajo gobernantes incrédulos que jamás lograrán ser perfectamente sabios y buenos y que a veces serán muy perversos y necios. Y cuando sean perversos, la teoría humanitaria del castigo les pondrá a su disposición el instrumento de tiranía más fino que la perversidad jamás haya tenido. Porque, si se considera que el crimen y la enfermedad son la misma cosa, cualquier estado de ánimo que nuestros amos determinen que sea una «enfermedad» podría tratarse como un crimen y recibir una cura obligatoria. Sería en vano rogar que los estados anímicos que desagraden al gobierno no siempre conllevan un comportamiento inmoral y por tanto no siempre merecen la privación de la libertad, porque nuestros amos no recurrirán a los conceptos del merecimiento y el castigo, sino a los de enfermedad y curación. Sabemos ya que una escuela psicológica considera que la religión es una neurosis. Cuando esta neurosis en particular se vuelva incómoda para el gobierno, ¿qué evitará que el gobierno proceda a «curarla»? Por supuesto, dicha «cura» sería obligatoria; pero bajo los auspicios de la teoría humanitaria no se usaría el ofensivo apelativo de «persecución». Nadie nos encararía por ser cristianos, nadie nos odiaría, nadie nos despreciaría. El nuevo Nerón se acercaría a nosotros como si fuera un doctor con guantes de seda y, si bien todo sería de hecho obligatorio como la *tunica molesta* o Smithfield o Tyburn, todo se llevaría a cabo dentro de la esfera terapéutica impávida en la que jamás se escucharían palabras como «correcto» y «equivocado» o «libertad» y «esclavitud». Por tanto, cuando se dé la orden, todo cristiano destacado del país desaparecerá de la noche a la mañana y será llevado a las instituciones para el tratamiento de los ideológicamente enfermos, y quedará en manos de los expertos carceleros decir cuándo (si acaso) volverán a salir. Pero no será una persecución. Incluso si el tratamiento llegase a ser doloroso, incluso si durase toda una vida, incluso si fuese fatal, se considerará un lamentable accidente; el motivo fue puramente terapéutico. En la práctica médica común, hay operaciones dolorosas y otras que son fatales; así mismo sucederá con el mencionado tratamiento. Pero, dado que se trata de un «tratamiento» y no un castigo, podrá ser criticado solamente por colegas expertos y según criterios técnicos, jamás por hombres en calidad de hombres y según criterios de justicia.

Por esta razón estoy convencido de que es fundamental que nos opongamos a la teoría humanitaria del castigo, a sus raíces y ramas, donde sea que la encontremos. Lleva al frente una careta de misericordia que es totalmente falsa. Es así como engaña a todo el que tiene buena voluntad. Quizá el error empezó con la declaración de Shelley, que dice que la diferencia entre la misericordia y la justicia fue inventada en la corte de los tiranos. Suena muy noble y fue ciertamente el error de una mente noble. Pero la diferencia es fundamental. La antigua postura afirmaba que la misericordia «atenúa» la justicia o (al nivel más elevado de todos) que la misericordia y la justicia se habían encontrado y besado. El acto fundamental de la misericordia era perdonar; y el perdón en su esencia más profunda implica que el ofensor reconozca su culpabilidad y su demérito. Si el crimen es tan solo una enfermedad que requiere ser curada, no un pecado que merece castigo, entonces no puede ser perdonado. ¿Cómo podemos perdonar a alguien que sufre de una períodontitis o de pie equinovaro? Pero la teoría humanitaria quiere simplemente abolir la justicia y sustituirla por la misericordia. Ello significa que uno empieza siendo «bondadoso» con los demás antes de considerar sus derechos y luego les impone unas supuestas bondades que nadie excepto uno mismo reconoce como bondades y que el receptor siente como crueldades abominables. Se te ha pasado la mano. La misericordia desconectada de la justicia se vuelve inmisericorde. En esto consiste esta importante paradoja. Así como hay plantas que florecen solamente en terreno montañoso, parece ser que la misericordia solamente florecerá cuando crezca en las grietas de la roca de la justicia. Si se la trasplanta a los pantanos del simple humanitarismo, se volverá una maleza devoradora de hombres, aún más peligrosa porque la seguirán llamando por el nombre de la variedad montañosa. Sin embargo, hemos debido aprender nuestra lección hace mucho tiempo. Nuestra vejez nos debe servir de ayuda para que evitemos que nos engañen esas pretensiones compasivas que han servido para dar lugar a toda la crueldad inimaginable del período revolucionario en el que vivimos. Estos son los «óleos excelentes» que terminarán «rompiéndonos la cabeza».[3]

---

3. Expresión tomada de Salmos 141:5 (versión King James).

Hay una cita muy adecuada en Bunyan: «Entonces se clavó en mi mente como con hierro de fuego el pensamiento de que, por más que me lisonjeaba, cuando me tuviese ya en su poder me vendería como esclavo».[4] También hay dos magníficos versos en John Ball:

Tengan cuidado o sufran la calamidad
Sepan quién es amigo y quién enemigo.[5]

PARTE II

SOBRE EL CASTIGO: UNA RESPUESTA
A SU CRÍTICA, POR C. S. LEWIS

ME SIENTO OBLIGADO a agradecer al editor por esta oportunidad que me da de responder a dos muy interesantes críticas a mi artículo sobre la teoría humanitaria respecto al castigo, la primera de ellas por el profesor J. J. C. Smart[6] y la segunda por los doctores N. Morris y D. Buckle.[7]

El profesor Smart establece una diferencia entre preguntas de primer y de segundo orden: las de primer orden serían como la siguiente: «¿Debería devolver este libro?». Las de segundo orden: «¿Constituye una buena costumbre hacer promesas?». El profesor argumenta que estas dos preguntas de distinto orden hay que tratarlas con distintos métodos. La primera se puede responder por medio de la intuición (en el sentido que los filósofos moralistas a veces le atribuyen a dicha palabra). Somos capaces de «ver» de inmediato lo que es «correcto» porque el acto que se ha propuesto encaja en una regla. Pero las preguntas de segundo orden se pueden responder

---

4. *El progreso del peregrino* (Nashville: Grupo Nelson, 2020), p. 118.
5. «John Ball's Letter to the Peasants of Essex, 1381», líneas 11-12, tomadas de *Fourteenth Century Verse and Prose*, ed. Kenneth Sisam (Oxford, 1921), p. 161.
6. «Comment: The Humanitarian Theory of Punishment», *Res Judicatae*, vol. VI (febrero 1954), pp. 368-371.
7. «Reply to C. S. Lewis», *Res Judicatae*, vol. VI (junio 1953), pp. 231-237.

solamente según principios utilitaristas. Dado que «correcto» significa «que concuerda con las reglas», no tiene sentido preguntar si las propias reglas son «correctas»; tan solo podemos preguntar si son útiles o funcionales. Un razonamiento paralelo iría de esta forma: dando por sentada una ortografía fija, podríamos preguntar si una palabra se ha escrito correctamente, pero no podemos preguntar si el sistema ortográfico es correcto, tan solo podemos inquirir si es congruente o adecuado. O también, un formulario pudiera estar gramáticamente correcto, pero la gramática de todo un lenguaje no puede estar correcta o incorrecta.

Obviamente, en este caso el profesor Smart le ha dado un tratamiento nuevo a una diferencia muy antigua. Todos los pensadores del pasado se dieron cuenta de que uno podía considerar o bien (a) que un acto era «justo» en el sentido de que se ceñía a alguna ley o costumbre, o bien (b) que alguna ley o costumbre era en sí misma «justa». Sin embargo, para los antiguos y los medievales la diferencia se encontraba entre (a) el derecho según la ley o la tradición, *nomo*, y (b) el derecho «simplemente como tal» o «por naturaleza», *haplos* o *physei*; o entre (a) el derecho positivo, y (b) la ley natural. Ambas preguntas giraban en torno a la justicia, pero se reconocía que había diferencia entre ellas. La novedad del sistema del profesor Smart consiste en restringir el concepto de justicia a solo las preguntas del primer orden.

Se argumenta que el nuevo sistema (1) evita una *petitio* inherente en cualquier apelación a la ley natural o a lo «simplemente» justo, porque «decir que esto es la ley natural constituye solamente decir que esto es la regla que adoptaremos»; y (2) elimina el subjetivismo dogmático, porque la noción del merecimiento en mi artículo podría tan solo ser «la preferencia personal de Lewis».

Sin embargo, no se me ha convencido de que el sistema del profesor Smart logre evitar estos inconvenientes.

Se deben aceptar aquellas reglas que son útiles para la comunidad, y la utilidad (creo yo) consiste en asuntos que harán que la comunidad sea más feliz.[8] ¿Significa esto que la felicidad de la comunidad se debe procurar *a todo costo* o solo se debe procurar siempre y cuando esta búsqueda sea congruente con cierto grado de misericordia, dignidad humana y veracidad? (No añadiré «justicia» porque, según la postura del profesor Smart, las reglas

---

8. Ver el penúltimo párrafo del artículo del profesor Smart. [N. del A.].

en sí mismas no pueden ser justas o injustas). Si tomamos la segunda alternativa, si admitimos que hay algunas cosas o incluso una sola cosa que la comunidad no debería hacer sin importar cuánto más aumente su felicidad, entonces hemos desistido de dicha postura. Estamos juzgando lo útil basándonos en otras normas (ya sea que las llamemos conciencia o razón práctica o ley natural u opción personal). Pues supongamos que elegimos la primera alternativa: la felicidad de la comunidad se debe procurar a todo costo. En ciertas circunstancias, el costo podría ser muy gravoso. En la guerra, en un posible futuro en que escaseen los alimentos en el mundo, durante alguna amenaza de revolución, habrá quizá cosas muy alarmantes que podrían hacer más feliz a la comunidad o preservar su existencia. No podemos tener la seguridad de que las incriminaciones, las cacerías de brujas, incluso el canibalismo, no lleguen a considerarse «útiles». Supongamos (aunque estoy seguro de que no es así) que el profesor Smart está dispuesto a ir hasta las máximas consecuencias. Nos queda preguntarle por qué ha decidido eso y por qué cree que debemos estar de acuerdo con él. Él sería el menos indicado para responder que *salus populi suprema lex*[9] es la ley natural; en primer lugar, porque los demás sabemos que «el pueblo debe procurar su seguridad» no es la ley natural, sino tan solo una cláusula de dicha ley. Entonces, ¿en qué estaría basada la búsqueda de la felicidad de la comunidad a todo costo si no es en la opción personal del profesor Smart? La verdadera diferencia entre él y yo sería que sencillamente tenemos deseos distintos. O, más bien, que yo tengo un deseo más que él. Porque, así como él, deseo que mi país (y la raza humana)[10] siga existiendo y siendo feliz, pero también deseo que sean personas de cierta clase y que se comporten de cierta manera. El segundo deseo es el más intenso de los dos. Si no puedo lograr los dos deseos, preferiría que la raza humana que tuvo cierta cualidad en su vida, y que continuó por unos pocos siglos así, habiendo perdido su libertad, su amistad, su dignidad y su misericordia y habiendo aprendido a estar contenta sin estas características, logre seguir por millones de años. Si se trata tan solo de deseos, entonces no hay nada más de qué discutir. Muchos tienen los mismos sentimientos que

---

9. Cicerón, *De legibus*, III, iii, 8. «La seguridad del pueblo es la ley suprema».
10. No estoy seguro de si para el profesor Smart la «comunidad» significa la nación o la raza humana. Si se refiere a la nación, tendremos problemas en torno a la moral internacional, frente a lo cual el profesor Smart tarde o temprano tendría que considerar la raza humana. [N. del A.].

yo, y muchos tienen sentimientos opuestos. Estoy convencido de que en nuestros tiempos se decidirá qué clase de ser humano será el que gane.

Y por esta razón, si se me permite decirlo sin ser descortés, tanto el profesor Smart como yo somos muy poco importantes comparados con los doctores Morris y Buckle. Nosotros somos catedráticos, ellos son criminólogos, abogado y psiquiatra respectivamente. Y la única razón por la que me he salido de mi especialidad para escribir en lo más mínimo acerca de la «penología» se debe a mi fuerte ansiedad por saber cuál lado de este inmensamente importante conflicto tendrá a la ley como aliada. Esto me lleva a revelar el único serio desacuerdo que tengo con mis dos críticos.

Hay otros desacuerdos, pero se deben mayormente a malentendidos de los que probablemente yo tenga la culpa. Por ello:

(1) Ciertamente hubo muy poco, si es que hubo algo, en mi artículo acerca de la protección de la comunidad. Me temo que di por hecho el asunto. Pero la diferencia en mi mente no habría sido entre los elementos «subsidiarios» y «vitales» del castigo, como supusieron mis críticos (Morris y Buckle, p. 232). Es como si se tomase una caja de cigarrillos del mostrador y se los colocase en el bolsillo de uno y, dependiendo de si se pagó por ellos o no, el primer caso sería «compra» y el segundo «hurto». Con ello no doy a entender que considero como «subsidiario» haber tomado el producto en el acto de compra. Lo que significa es que lo que lo legitima, lo que lo convierte si acaso en una compra, es haber pagado por ello. Digo yo que el acto sexual es puro o impuro según el estado de los involucrados, si están casados entre sí o no lo están. Esto no significa que lo considero «subsidiario» al matrimonio, sino que lo que lo legitima, lo que lo convierte en un espécimen de conducta conyugal es el matrimonio. De la misma manera, estoy dispuesto a dar la importancia que uno quiera a la protección de la sociedad y a la «cura» del criminal en el castigo, pero solamente bajo una condición: que el acto inicial de interferir con la libertad del ser humano se justifique por razones de merecimiento. Así como el pago en una compra o el matrimonio con respecto al acto sexual, es esto y solamente esto lo que legitima nuestro proceso y lo convierte en un caso de castigo en vez de en un caso de tiranía, o quizá de guerra.

(2) Estoy de acuerdo con el asunto de los *niños* criminales (ver Morris y Buckle, p. 234). Se ha avanzado en este tema. Las sociedades muy primitivas pondrán a «juicio» y «castigarán» un hacha o una lanza en casos donde

se haya cometido un homicidio accidental. El algún lugar (creo que en el Imperio) hacia finales de la Edad Media se enjuició a un cerdo con toda solemnidad por asesinato. Hasta hace muy poco, es probable (no recuerdo) que hayamos enjuiciado a niños como si fuesen adultos responsables. Esto ya ha sido correctamente abolido. Sin embargo, el meollo del asunto es si uno desea que todo el proceso prosiga: si se quiere que todos nosotros seamos al mismo tiempo privados de la protección y que se nos deslinde de las responsabilidades de ciudadanos adultos y que se nos reduzca al nivel de los niños, los cerdos y el hacha. Yo no deseo esto porque no creo que de hecho haya nadie que se presente al resto de nosotros como adulto a niño, hombre a bestia u objeto animado a inanimado.[11] Estoy convencido de que las leyes que han impuesto una teoría del castigo sin el elemento del «merecimiento» en realidad serán dirigidas y administradas por personas como el resto de nosotros.

Pero el verdadero desacuerdo es el siguiente. Los doctores Morris y Buckle, plenamente conscientes de esa clase de peligros a los que yo les tengo pavor, y que ellos censuran igual que yo, creen que tenemos un resguardo. Creen que se halla en las cortes, en sus incorruptibles jueces, en sus excelentes procedimientos y en «los controles del derecho natural que la ley ha acumulado» (p. 233). Sí, si es que toda la tradición del derecho natural que la ley desde hace tanto tiempo ha ido incorporando logra sobrevivir el proceso de cambios en nuestra actitud hacia el castigo que ahora debatimos. Pero, para mí, precisamente en esto consiste la interrogante. Estoy de acuerdo en que nuestras cortes «según la tradición han representado al hombre común y la visión del hombre común respecto a la moral» (p. 233). También es cierto que tenemos la obligación de extender el término «hombre común» para que incluya a Locke, Grotius, Hooker, Poynet, Aquino, Justiniano, los estoicos y Aristóteles, y no tengo ninguna objeción respecto a ello; en cierto sentido, importante y glorioso, todos ellos fueron también hombres comunes.[12] Pero toda aquella tradición está ligada a las nociones del libre albedrío, la responsabilidad moral, los derechos y la ley natural. ¿Acaso

---

11. Esta objeción es la misma que le haría a la teoría de la esclavitud que propuso Aristóteles (*Política* 1254A y siguientes). Todos podemos reconocer a los «esclavos naturales» (quizá yo sea uno de ellos), ¿pero dónde están los «amos naturales»? [N. del A.].

12. Ver también Lewis: *La abolición del hombre* (Nashville: HarperCollins Español, 2016), especialmente el Apéndice. [N. del A.].

podrían sobrevivir las cortes de la actualidad, cuyas prácticas penales colocan el «merecimiento» por debajo de la terapia y la protección de la sociedad? ¿Puede acaso la ley asumir una filosofía en la práctica y seguir disfrutando los resguardos de una filosofía distinta?

Escribo esto en calidad de hijo de abogado y amigo de toda la vida de otro,[13] y entablo diálogo con dos criminólogos, de los cuales uno es abogado. Creo que no debemos perder las esperanzas de que nuestras dos posturas lleguen a reconciliarse, porque en el fondo tenemos las mismas metas. Deseo que la sociedad goce de protección y me encantaría ver que todos los castigos ofrezcan también una cura. Lo único que ruego es la condición *previa* respecto al demérito, la pérdida de la libertad que se justifica por razones retributivas *antes* de que se consideren otros factores. Después, que se haga lo que se desee; antes, en realidad no se plantea la cuestión del «castigo». No somos tan pusilánimes como para querer que se nos proteja incondicionalmente, si bien cuando un hombre se merece el castigo, tenemos la obligación de velar por nuestra protección encontrando una solución a ello. No somos tan entrometidos que quisiéramos mejorar a todos nuestros vecinos por la fuerza; pero cuando uno de nuestros vecinos ha perdido de manera justa su derecho a que nadie interfiera con él, debemos de una manera caritativa tratar de enmendarlo por medio del castigo. Pero no presumiremos de enseñarle algo (después de todo, ¿quién nos creemos?) hasta que se merezca la «lección» que debe aprender. Me pregunto si los doctores Morris y Buckle estarían dispuestos a concordar conmigo hasta estas alturas. De su decisión y de la de otros que ocupan cargos importantes como los de ellos creo que depende que se pueda seguir con la dignidad y benevolencia de esa gran disciplina jurídica que es el Derecho, pero también mucho más. Pues, si no peco de ingenuo, en estos momentos estamos todos contribuyendo a decidir si la humanidad debe retener todo aquello que ha hecho que la humanidad valga la pena o si debemos precipitarnos hacia ese mundo subhumano que concibieron Aldous Huxley y George Orwell y que en parte se ha llevado a la práctica en la Alemania de Hitler. Porque el exterminio de los judíos hubiese sido «útil» si las teorías raciales hubieran sido correctas; no se puede pronosticar qué aspecto habría llegado a tener, o incluso qué hubiese sido, lo «útil»; y lo «necesario» siempre fue «lo que pide el tirano».[14]

---

13. Owen Barfield.
14. Ver Carta 12.

5

EXMAS Y CRISSMAS

Un capítulo perdido de Heródoto

Y MÁS ALLÁ, en el océano, con dirección noroccidental se halla la isla de
Ainatirb, la que Hecateo dijo que era del mismo tamaño que Sicilia, pero
que en realidad es más grande y si alguien la identificase de la forma de
un triángulo no estaría equivocado. La isla está densamente poblada por
hombres que visten con ropas muy parecidas a las de otras tribus bárbaras
que viven en las partes noroccidentales de Europa, si bien no poseen el
mismo lenguaje. Estos isleños, que sobrepasan a todos los hombres que
conocemos en paciencia y resistencia, poseen las siguientes costumbres.

En el invierno, cuando abunda la niebla y la lluvia, celebran un gran
festival que denominan Exmas y durante cincuenta días se preparan para
ello de la manera en que lo describiré a continuación. En primer lugar,
cada ciudadano tiene la obligación de enviarle a cada uno de sus amigos y
parientes un pedazo rectangular de papel rígido que lleva una figura y que
en el lenguaje de ellos se denomina tarjeta de Exmas. Las figuras representan aves posadas en ramas o árboles con hojas verdes y espinosas o si no
hombres vestidos como los ainatirbios creían que sus ancestros se vestían
hace doscientos años, montados en carruajes como los de sus antepasados,
o también casas con nieve en sus techos. Y los ainatirbios se rehúsan a
explicar la relación que hay entre estas imágenes y el festival que celebran,
protegiendo (supongo yo) algún misterio sagrado. Y debido a que todos
tienen la obligación de enviar estas tarjetas, los mercados se llenan a rebosar de gente que desea comprarlas, por ello hay mucho afán y fatiga.

Pero luego de haber comprado el número de tarjetas que consideran suficiente, retornan a sus hogares para encontrar tarjetas similares que otros
les han enviado. Y cuando encuentran tarjetas de cualquier otra persona a

la que ellos también le enviaron tarjetas, se deshacen de ellas y agradecen a los dioses porque esta labor ha terminado, por lo menos hasta el próximo año. Pero cuando encuentran tarjetas de otros a los que no enviaron tarjetas, entonces se golpean en el pecho, se lamentan y profieren insultos contra los remitentes; y luego de haberse lamentado lo suficiente por su infortunio, se colocan sus botas y se aventuran hacia la niebla y la lluvia para comprar una tarjeta para este remitente. Y en eso consiste el asunto de las tarjetas de Exmas.

También se envían regalos unos a otros, y sufren el mismo fenómeno que con las tarjetas o incluso peor. Porque cada ciudadano se ve en la necesidad de calcular el valor del regalo que cada amigo le enviará, para que de esta manera pueda enviarle un regalo de un valor similar, tanto si tiene el dinero para comprarlo como si no. Además, se compran unos a otros regalos de la variedad que jamás se comprarían para sí mismos. Y los vendedores, que han logrado captar esta costumbre, ofrecen toda suerte de artículos inútiles y de lo que sea, que no sirven para nada y son ridículos, de todo lo que no pudieron vender durante el año, y ahora lo venden como un regalo de Exmas. Y si bien los ainatirbios confiesan que tienen carencias, como metales, cueros, maderas y papel, una increíble cantidad de estos artículos de regalo terminan en la basura cada año.

Durante estos cincuenta días, los más viejos, más pobres y miserables de estos ciudadanos se visten con barbas falsas, batas rojas y salen a caminar por los mercados, disfrazados (en mi opinión) como *Cronos*. Y tanto los vendedores como los compradores adquieren un aspecto pálido y de cansancio debido a las multitudes y la niebla, tanto que cualquiera que visite alguna ciudad ainatirbia durante esta temporada pensaría que les ha acontecido alguna calamidad. Estos cincuenta días de preparación los denominan en su lengua bárbara la *fiebre* de Exmas.

Pero cuando llega el día del festival, la mayoría de los ciudadanos, exhaustos debido a la *fiebre* de Exmas, se queda en la cama hasta el mediodía. Sin embargo, en la noche logran comer cinco veces más que en cualquier día normal y, luego de coronarse a sí mismos con coronas de papel, se embriagan. Entonces, al día siguiente de Exmas, sienten que se van a morir por causa de haber comido y bebido tanto, y por haber sacado la cuenta de todo lo que han gastado en regalos y vinos. Porque el vino es tan apreciado entre los ainatirbios que un hombre tendría que beber el peso de un talento antes de que se embriague en extremo.

Así son las costumbres acerca de Exmas. Pero unos pocos entre los ainatirbios tienen otro festival, apartado y solo para ellos, que lo denominan Crissmas, que cae en el mismo día que Exmas. Aquellos que celebran Crissmas, cuya costumbre es contraria a la de la mayoría de los ainatirbios, se levantan temprano ese día, con rostros felices, y marchan antes del alba a ciertos templos donde celebran una fiesta sagrada. Y en la mayoría de los templos colocan imágenes de una joven mujer que lleva sobre su regazo a su hijo recién nacido, acompañados de unos animales y pastores que rinden culto al niño. (La razón de estas imágenes se encuentra en cierta historia sagrada que conozco, pero que no voy a repetir).

Una vez logré conversar con uno de los sacerdotes de estos templos y le pregunté por qué decidieron celebrar Crissmas en el mismo día que Exmas, pues me parecía inoportuno. Pero el sacerdote me respondió: «No es lícito, oh forastero, que cambiemos la fecha de Crissmas, porque Zeus habría puesto el deseo en las mentes de los ainatirbios para celebrar Exmas en otra fecha, o no celebrarlo de ningún modo. Pues Exmas y la *fiebre* que causa desvían los pensamientos de lo sagrado incluso en esa minoría. Y ciertamente nos alegra que se celebre con alegría Crissmas, pero en Exmas no queda nada de alegría». Y cuando le pregunté por qué toleran esa *fiebre*, me respondió: «Oh forastero, es un *pelotazo*». Supongo que el sacerdote se refirió a las palabras de algún oráculo, ya que se me hizo difícil entenderlo (porque *pelotazo* es un golpe con una pelota, habitual en los entretenimientos de los bárbaros).

Pero lo que Hecateo dijo respecto a que Exmas y Crissmas son la misma cosa no es algo digno de creer. Porque las imágenes que aparecen en las tarjetas de Exmas no tienen relación alguna con aquella historia sagrada que me contaba el sacerdote acerca de Crissmas. Y en segundo lugar, porque la gran mayoría de ainatirbios, aunque no creen en la religión de aquella minoría, envían regalos y tarjetas y participan en la *fiebre* y beben, con sombreros de papel. Pero no es probable que hombres, ni aun siendo bárbaros, deban sufrir tantas cosas tremendas en honor de un dios en el que ni siquiera creen. Pero ya he dicho lo suficiente acerca de los ainatirbios.

6

LO QUE PARA MÍ SIGNIFICA LA NAVIDAD

HAY TRES ASUNTOS que llevan el nombre de la Navidad. Uno de ellos es una festividad religiosa, la cual es importante y obligatoria para todos los cristianos, pero a nadie más le interesa. Obviamente, no diré nada más al respecto. El segundo (que tiene conexiones históricas complejas con el primero, pero no será necesario explicarlas) es un día festivo popular, una ocasión para celebrar y ser amables. Si me incumbiera tener una opinión respecto a este asunto, diría que estoy muy de acuerdo con su aspecto celebrativo. Pero con lo que estoy mucho más de acuerdo es con que no se metan donde no les incumbe. No veo la razón por la que deba expresar gratuitamente mis opiniones respecto a la manera en que la gente debería gastar su dinero en sus ratos de ocio con sus amigos. Es muy probable que quieran mi consejo sobre este asunto tanto como yo no quisiera oír el de ellos. Pero el tercer asunto que comparte el nombre con la Navidad es desafortunadamente algo que les compete a todos.

Obviamente, me refiero a la estafa comercial. El intercambio de regalos solía ser un componente muy secundario en la antigua festividad inglesa. El señor Pickwick lleva consigo un bacalao a Dingley Dell; el arrepentido Scrooge compra un pavo para su empleado; los amantes se envían regalos; los niños reciben juguetes y frutas. Pero la idea de que no solo los amigos deben intercambiar regalos, sino también los conocidos, o que por lo menos se envíen tarjetas, es una costumbre muy moderna y que han sido los negocios los que nos han forzado a ello. Ninguna de estas circunstancias es válida para condenar esta costumbre. Sin embargo, yo las condeno según las siguientes razones:

1.   En general, produce más dolor que placer. Tan solo hay que convivir con los parientes durante la Navidad para darse cuenta de que inútilmente se esfuerzan (según el tercer asunto) por «cumplir» con ello, lo cual

303

se convierte en una pesadilla. Mucho antes de que llegue el 25 de diciembre, todos ya estamos desgastados; exhaustos por causa de tantas semanas de diario sufrimiento en las abarrotadas tiendas, mentalmente drenados por tantos esfuerzos por recordar los nombres de todos los que les daremos regalos y que estos sean los adecuados. No hay nada de celebración en ello. Y mucho menos querrán (si es que quisieran) participar de algún culto religioso. Más bien, su aspecto será como si hubiese habido alguien con una enfermedad terminal en casa.

2.   La mayor parte de ello es involuntaria. La regla moderna consiste en que cualquiera te puede forzar a que le envíes un regalo con tan solo enviarte, sin que se lo pidas, un regalo primero. Es casi chantaje. ¿Quién no ha oído el llanto de desesperación y, de hecho, de rencor, cuando al final de los finales, justo cuando todo el mundo daba por sentado que ya todo esto se había acabado y que no lo veríamos hasta el siguiente año, aparece el regalo de la señora Busy (de quien poco nos acordamos) y entonces hay que regresar a esas terroríficas tiendas de regalos?

3.   Se obsequian regalos que ningún mortal se regalaría a sí mismo. Artefactos inútiles y de mal gusto, «innovaciones» porque nadie ha sido lo suficientemente tonto como para adquirirlas. ¿Es que acaso no tenemos mejores ideas respecto al uso de las cosas, de las habilidades humanas y del tiempo como para comprar todas esas sandeces?

4.   La pesadez. Porque después de todo, en medio de toda esta estafa, aún tenemos que hacer las compras normales de la comida, y esta pesadez triplica nuestros esfuerzos.

Se nos ha dicho que toda esta deprimente actividad debe continuar porque fomenta el comercio. De hecho, es tan solo un síntoma anual de la condición lunática de nuestro país y, por cierto, de todo aquel mundo donde todos viven convenciendo a los demás que deben comprar cosas. Desconozco la puerta de escape de todo esto. ¿Pero acaso debo tener la obligación de comprar y recibir grandes cantidades de basura cada invierno solo para ayudar a los negocios? En el peor de los casos, pronto tendré que darles mi dinero a cambio de nada y declararlo en mis rentas como un donativo. ¿Por nada? Claro que sí, es mejor por nada que por un fastidio.

7

DELINCUENTES EN LA NIEVE

TODOS LOS AÑOS se oyen voces de fondo, allá afuera de la entrada principal. Nos recuerdan (por lo general en el momento más inoportuno) que la temporada navideña y sus villancicos han hecho su aparición una vez más. Una vez al año se ubica frente a mi puerta el coro navideño local. Se trata de aquellos niños que, en otras cuarenta y cinco oportunidades que se reúnen durante el año, no han intentado siquiera aprender a cantar o a memorizar las palabras de los villancicos que están masacrando. Los instrumentos que usan con gran convencimiento son el timbre y la aldaba. Y su objetivo es recolectar dinero.

Estoy seguro de que se trata de los mismos vándalos que se meten a mi jardín, se roban los frutos de mi huerto, cortan mis árboles y arman una alharaca fuera de mis ventanas, si bien todos mis vecinos saben que mi familia sufre de una seria enfermedad. Me temo que los trato mal cuando se presentan como músicos navideños. No los perdono como cristiano ni tampoco les echo el perro como un indignado dueño de casa. Más bien, pago el chantaje. Cedo frente a ellos y contribuyo a su causa, pero lo hago con gracia y trato de darles lo peor de los dos mundos.

Sería una tontería publicar estos hechos (es más adecuado para el confesionario) si no creyera que este ardiente resentimiento, contra el cual he logrado ganar muchas batallas pero no la guerra, es en la actualidad una conducta muy común entre la gente respetuosa de las leyes. Y solo Dios sabe que muchos de ellos tienen mejores razones para sentirse así que yo mismo. No soy como el señor Peregrino, que llegó hasta el suicidio. Tampoco estoy de luto por la violación y la muerte de una hija, cuyo asesino quedará recluido (en parte, gracias a mis contribuciones tributarias) en un hospital psiquiátrico hasta que quede en libertad y haga lo mismo con otra niña. Comparadas con esas situaciones, mis quejas son insignificantes. Pero, dado que ya hemos tocado el tema, tendremos que hablar de ello.

No hace mucho, un grupo de mis jóvenes vecinos decidió entrar a robar una especie de caseta que estaba ubicada en mi jardín. Hurtaron varios artículos: armas curiosas y un instrumento óptico. Esta vez, la policía descubrió quiénes eran. Y dado que varios de ellos ya tenían antecedentes penales, nos sentimos confiados de que esta vez recibirían alguna sentencia adecuada. Pero se me advirtió de antemano: «Si nos toca aquella vieja jueza, todo será inútil». Obviamente, tuve que estar presente en la audiencia de la corte de jóvenes y todos sentimos que nos habían tomado el pelo, tal como nos dijera la advertencia. Sucede que nos tocó como jueza, digamos, aquella señora de la tercera edad. Hubo amplias pruebas que demostraban que el crimen había sido premeditado y cuyo fin era el lucro: algunos de los objetos ya habían sido vendidos. La señora de la tercera edad impuso una pequeña multa. Es decir, decidió castigar no a los culpables, sino a sus padres. Pero lo que me causó el mayor sobresalto fue su principal sermoneada contra los acusados. Les dijo que deberían, que verdaderamente deberían, dejar a un lado estas «bromas estúpidas».

Claro que no debería acusar a la señora de la tercera edad de ser injusta. La justicia se define de muchas maneras. Si esta significa, según la opinión de Trasímaco, «el interés del más fuerte», entonces la jueza fue muy justa; porque al final impuso su propia voluntad y la de los delincuentes, porque ambos juntos son incomparablemente más fuertes que yo.

Pero si su propósito fue —y no dudo que el camino en que quisiera dirigirnos esa justicia está lleno de buenas intenciones— evitar que aquellos jóvenes siguieran delinquiendo hasta convertirse en criminales adultos, entonces cuestiono el criterio de su método. Si prestaron atención al sermón de la jueza (lo cual es probable que no), lo que aprendieron de este es que el robo de los bienes ajenos se clasifica como «broma», una travesura infantil que eventualmente dejarán de hacer. No sería difícil imaginarnos un mejor método para redirigir a estos jóvenes, me refiero a saber distinguir entre un acto desconsiderado de entrar en un huerto y dañar algunas flores y unos árboles, a ingresar a robar, incendiar, violar y asesinar.

Tengo la impresión de que este pequeño incidente representa a nuestros tiempos. El código penal cada vez más protege al criminal y deja de proteger a la víctima. Uno quizá siente el temor de que estemos entrando en una especie de dictadura de los delincuentes o (quizá sea lo mismo) un simple desgobierno. Pero esto no lo temo; lo que temo es casi lo opuesto.

Según la teoría política clásica de este país, hemos cedido al Estado nuestros derechos a defendernos, con la condición de que el Estado nos proteja. *Grosso modo*, diríamos que tú prometes no apuñalar al violador de tu hija, a condición de que el Estado lo aprese y lo ejecute. Claro que esto jamás sucedió según la historia de los inicios del Estado. El poder del grupo sobre el individuo es por naturaleza ilimitado, y el individuo se tiene que someter porque no le queda otra alternativa. El Estado, bajo condiciones favorables (que ya no existen), al delimitar su poder, le pone freno y le otorga un poco de libertad al individuo.

Sin embargo, moralmente, la teoría clásica ha justificado nuestra obligación bajo la obediencia civil. Ello explica la razón por la que el Estado impone (y es inevitable) el pago de impuestos, la razón por la que está mal (y es peligroso) apuñalar al violador de tu hija. En la actualidad, nos hallamos en una postura incómoda: el Estado nos protege cada vez menos porque no está dispuesto a protegernos de delincuentes que ingresen a nuestras casas y así claramente irá perdiendo su capacidad de defendernos de enemigos del exterior. Al mismo tiempo, se exige de nosotros cada vez más. Raramente hemos llegado a tener tan pocos derechos y libertades, y cargas también; y a cambio de ello obtenemos menos seguridad. Mientras que nuestras responsabilidades han aumentado, sus bases morales se van erosionando.

La pregunta que me atormenta es cuánto tiempo podrá seguir soportando el ser humano todo esto. Incluso, no hace mucho, se cuestionaba si debería hacerlo. Espero que nadie piense que el doctor Johnson es un bárbaro. Aunque sostenía que, según una característica peculiar de la ley escocesa, en el caso del asesinato del padre de uno, el hijo podía alegar razonablemente diciendo: «Pertenezco al pueblo bárbaro y me niego a sujetarme a la justicia. Por tanto, me encuentro en un estado natural y me vengaré del asesino de mi padre, apuñalándolo» (esto aparece en Boswell, *Journal of a Tour of the Hebrides*, 22 de agosto de 1773).

Mucho más obvio, según estos principios, es que, cuando el Estado deja de protegerme de estos delincuentes, yo podría decir razonablemente, si pudiese, que ya los apresaría y les daría yo su merecido. Cuando el Estado es incapaz o no tiene la voluntad de protegernos, entonces el «estado natural» vuelve y los derechos de autoprotección vuelven al individuo. Pero, obviamente, si hubiese podido tomar medidas por mi propia cuenta y lo hubiese logrado, me habrían metido preso. La señora de la tercera edad y su séquito, que son tan misericordiosos con los delincuentes, habrían tenido cero misericordias conmigo. Y la prensa amarilla habría tenido un festín, y sus editores me habrían descrito como un «sádico», ignorando y no importándoles el verdadero significado de aquella palabra o de cualquier otra.

Sin embargo, lo que temo no es tanto los estallidos esporádicos de venganza individual. Lo que más me aterroriza —porque el ambiente es muy parecido al Sur de los Estados Unidos tras su Guerra Civil— es que surja una especie de Ku Klux Klan y que esto degenere en una especie de revolución derechista o centrista. Porque los que sufren son mayormente los previsores, los resueltos, los que quieren trabajar, los que han logrado desarrollar, en medio de un desánimo implacable, una clase de vida que vale la pena preservar y seguir luchando por ella. Que la mayoría (de ninguna manera digo que todos) sea de la «clase media» no viene al caso. Estos que sufren no han obtenido esas cualidades por pertenecer a la clase media. Más bien, pertenecen a la clase media por causa de esas cualidades que ya poseen. Porque en una sociedad como la nuestra, ninguna familia que muestre empeño, talento y planificación, y que esté preparada para practicar la austeridad, quedará rezagada a la clase proletaria por más de una generación. De hecho, a ellos se les ha encomendado la poca moral, intelecto y vigor económico que queda. No son personas insignificantes. Habrá un momento en que la paciencia de ellos llegará al colmo.

Si la señora de la tercera edad llegase a leer este artículo, respondería que tan solo estaba «amenazando», un curioso término lingüístico que no significa nada en su profesión. Si por *amenaza* quiere dar a entender un vaticinio de un evento que no es para nada recomendable, entonces es una amenaza (y con ello demuestra que no se sabe expresar). Pero si por *amenaza* se quiere dar a entender que se desea un resultado tal o cual o que uno estaría dispuesto a contribuir a ese resultado, entonces la señora de la tercera edad estaría equivocada. Las revoluciones casi nunca logran curar el mal contra el cual se alzan; lo que sucede es que logran engendrar cientos de otros males. A menudo logran perpetuar el antiguo mal bajo un nombre nuevo. Tengamos la plena certeza de que si un Ku Klux Klan surgiese, sus filas las llenarían principalmente cierta clase de *hooligans* que fueron su causa. Una revolución de derechas o centrista sería tan hipócrita, repugnante y feroz como cualquier otra. Quiera Dios que no estemos propiciando su aparición.

Quizá se considere que este ensayo no es adecuado para un tiempo de paz y buena voluntad. Sin embargo, hay una conexión. No todas las clases de paz son compatibles con todas las clases de buena voluntad. Tampoco no todos los que anuncian «paz, paz» heredarán las promesas destinadas a los pacificadores.[1]

El verdadero *pacificus* es aquel que promueve la paz, no el que presume de ella. Paz, paz... no seremos tan estrictos con ustedes... fue tan solo una broma de muchachos... a la larga, de todo esto no saldrá ninguna buena voluntad ni paz. Plantar rosas en el caminito de rosas no es a la larga un acto de bondad.

¡Vean! ¡Allí están otra vez cantando villancicos![2] Están a la puerta. Felizmente, de las cincuenta y dos semanas del año, tan solo aparecen en dos. Las dos semanas de Boxing Day[3] ya están cerca; quizá luego tengamos un tiempo de tranquilidad para recordar el nacimiento de Cristo.

---

1. Jer 6:14; 8:11 y Mt 5:9.
2. En el original, Lewis describe el canto de un conocido villancico navideño inglés (*Hark the herald angels sing*), pero evidentemente lo describe con un acento Cockney difícil de entender y, por tanto, que causa molestia (*Ark, the errol hygel sings*). La versión protestante en español del villancico original es «Se oye un son en alta esfera». [N. del T.]
3. Boxing Day es una celebración en el orbe anglosajón que empieza el primer día laborable después de la Navidad. [N. del T.].

8

ESCLAVOS VOLUNTARIOS
DEL ESTADO DEL BIENESTAR[1]

EL PROGRESO SIGNIFICA movimiento en la dirección deseada, y no todos deseamos las mismas cosas para nuestra especie. En *Mundos posibles,*[2] el profesor Haldane se imagina un futuro en el que el hombre, previendo que la tierra será inhabitable en poco tiempo, se adapta para emigrar a Venus: modifica drásticamente su fisiología y renuncia a la justicia, la compasión y la felicidad. Su único deseo es el de la mera supervivencia. Ahora bien, a mí me preocupa mucho más cómo vive la humanidad que cuánto tiempo. Para mí el progreso significa aumento de la bondad y la felicidad de la vida individual. Tanto para la especie como para cada hombre, la mera longevidad me parece un ideal despreciable.

Esa es la razón por la que voy incluso más lejos que C. P. Snow en apartar la bomba H del centro de la situación. Como él, yo tampoco estoy seguro de que, si matara a una tercera parte de nosotros (la tercera parte a la que yo pertenezco), eso sería bueno para los que quedaran; como él, yo no creo que nos mate a todos. Pero supongamos que lo hiciera. Como cristiano, doy por supuesto que la historia humana terminará un día, y no estoy dando a

---

1. Desde la Revolución Francesa hasta el estallido de la Primera Guerra Mundial, en 1914, se asumía de forma general que el progreso humano era no solo posible, sino inevitable. Desde entonces, dos terribles guerras y el descubrimiento de la bomba de hidrógeno han hecho que se pierda la confianza en esta afirmación. *The Observer* invitó a cinco conocidos escritores a que respondieran a las siguientes preguntas: «¿Sigue progresando el hombre hoy día?»; «¿Es posible todavía el progreso?». Este segundo artículo de esta serie es la respuesta al artículo de C. P. Snow «Man in Society», *The Observer* (13 julio 1958).

2. Ensayo de la obra de J. B. S. Haldane, *Mundos posibles* (Barcelona: José Janés, 1847; editado originalmente en inglés en Londres en 1927). Puede verse también, del mismo libro, «El Juicio Final».

la Omnisciencia ningún consejo acerca de la fecha mejor para esa consumación. Me interesa más lo que la bomba está haciendo ya.

Uno se tropieza con jóvenes que convierten la amenaza de la bomba en una razón para envenenar los placeres y para eludir los deberes del presente. ¿Desconocen que —haya o no bomba— todos los hombres morirán (muchos de forma horrible)? No es bueno abatirse o amohinarse por ello.

Tras apartar lo que considero una distracción para despistar, vuelvo al verdadero problema. ¿Es la gente —o es probable que sea— mejor y más feliz? Obviamente esta pregunta solo admite como respuesta una conjetura. La mayor parte de la experiencia individual (y no hay otra) no penetra en lo nuevo, y no digamos los libros de historia; tenemos una comprensión imperfecta hasta de nosotros mismos. Somos reducidos a generalidades, e, incluso entre ellas, es difícil hacer balance. *Sir* Charles enumera muchas mejoras reales, frente a las que podemos poner Hiroshima, Black and Tans, la Gestapo, el Ogpu, el lavado de cerebro, los campos de concentración rusos. Tal vez para los niños seamos bondadosos, pero para los ancianos no lo somos tanto. Cualquier GP nos dirá que incluso las personas con recursos rehúsan cuidar de sus padres. «¿No se les puede encerrar en un asilo?», dice Goneril.[3]

Más útil que intentar un balance es, a mi juicio, recordar que la mayoría de estos fenómenos, el bien y el mal, son posibles debido a dos realidades, las cuales es muy probable que determinen la mayoría de lo que nos ocurra durante algún tiempo.

La primera es el progreso y creciente aplicación de la ciencia. Como medio para el fin, yo deseo ambas cosas, que, en este sentido, son neutrales. Curaremos y provocaremos más enfermedades —la guerra bacteriológica, no las bombas, podría abatir el telón de acero—, aliviaremos e infligiremos más dolor, ahorraremos y derrocharemos más intensamente los recursos del planeta. Podemos hacernos más benéficos o más dañinos. Yo supongo que seremos ambas cosas, que mejoraremos unas cosas y dañaremos otras, que eliminaremos viejas miserias y crearemos otras nuevas, que nos protegeremos aquí y nos pondremos en peligro allá.

La segunda es el cambio de relación entre gobierno y gobernados. *Sir* Charles menciona nuestra nueva actitud hacia el crimen. Yo mencionaré

---

3. En la obra de Shakespeare *El rey Lear*.

los trenes atestados de judíos destinados a las cámaras alemanas de gas. Parece chocante sugerir que hay un elemento común entre ambas cosas, pero yo creo que lo hay. Desde el punto de vista humanitario, todo crimen es patológico, y no demanda un castigo justo, sino curación. Esto separa el tratamiento del criminal de los conceptos de justicia y mérito. Hablar de una curación justa no tiene sentido.

Desde el viejo punto de vista, la opinión pública podría protestar contra un castigo (yo he protestado contra nuestro viejo código penal) por considerarlo excesivo, por estimarlo más duro de lo que un hombre «merecería». Se trata de un problema ético sobre el que cada cual puede tener su propia opinión. Sin embargo, una terapia que trate de remediar el mal solo se puede juzgar por su probabilidad de éxito, y esto es un asunto técnico del que solo los expertos pueden hablar. Así, el criminal deja de ser una persona, un sujeto de derechos y deberes, y se convierte exclusivamente en un objeto del que la sociedad puede disponer. En síntesis, así es como Hitler trató a los judíos. Los judíos eran objetos, y se los mataba, no por ser dañinos y sin méritos, sino por la creencia en una teoría según la cual constituían una enfermedad para la sociedad. Si la sociedad puede reparar, rehacer y aniquilar a los hombres como le venga en gana, esa gana puede ser, obviamente, humana u homicida. La diferencia es muy importante, pero, en ambos casos, los gobernantes se han convertido en los amos.

Observemos cómo podría funcionar la actitud «humana» hacia el criminal. Si los crímenes son enfermedades, ¿por qué habría que tratar las enfermedades de distinta forma que los crímenes?, y ¿quién, salvo los expertos, puede definir la enfermedad? Una escuela de psicología considera mi religión como neurosis. Si esta neurosis llegara a ser alguna vez molesta para el gobierno, ¿por qué habría que impedir que se me sometiera a una «cura» obligatoria? Podría ser doloroso —los tratamientos lo son a veces—, pero sería inútil preguntar: «¿Qué he hecho yo para merecer esto?». El encargado de enderezarnos podría responder: «Pero, mi querido amigo, nadie le *culpa*. Nosotros no creemos ya en la justicia distributiva, y lo único que hacemos es curarle».

Todo esto no sería sino una aplicación extrema de la filosofía política implícita en la mayoría de las comunidades modernas, la cual nos ha pillado de improviso. Las dos guerras mundiales han ocasionado una reducción inmensa de libertad, y nosotros, aunque a regañadientes, nos hemos acostumbrado a las cadenas. La complejidad y precariedad crecientes de la vida económica han obligado al gobierno a ocuparse de esferas de actividad, que, en otro tiempo, se dejaban a la elección o la suerte. Nuestros intelectuales se han entregado, primero, a la filosofía de esclavos de Hegel, después, a Marx, y, finalmente, a los analistas lingüísticos. Como resultado de todo esto, la teoría política clásica, con sus estoicas, cristianas y jurídicas concepciones clave (la ley natural, el valor del individuo, los derechos del hombre), ha muerto. El Estado moderno no existe para proteger nuestros derechos, sino para hacernos buenos o para hacernos el bien; en todo caso, para hacernos de cierta manera o para hacer algo para nosotros. De aquí procede el nuevo nombre de «líderes», que se emplea para nombrar a los que antes eran «gobernantes». Ya no somos sus súbditos, sino sus pupilos, alumnos o animales domésticos. No queda nada que nos permita decirles: «Ocúpense de sus asuntos», pues sus asuntos *son* toda nuestra vida.

Digo «ellos» porque parece pueril no reconocer que el verdadero gobierno es, y así tiene que ser siempre, oligárquico. Nuestro verdadero patrón tiene que ser más de uno y menos que todos, pero los oligarcas empiezan a considerarnos de una forma nueva.

Y aquí se halla, creo yo, el verdadero dilema. Probablemente no podemos —ciertamente no—, volver sobre nuestros pasos. Somos animales domesticados (unos con amos amables, otros con amos crueles), y probablemente moriríamos de hambre si nos escapáramos de nuestra jaula. Este es un extremo del dilema. Pero en una sociedad cada vez más planificada, ¿cuánto de lo que yo estimo valioso podrá sobrevivir? Este es el otro extremo. Creo que el hombre es más feliz, y es feliz de un modo más rico, si tiene una «mente libre». Pero dudo de que pueda tenerla sin independencia económica, que es algo que la nueva sociedad está aboliendo. La independencia económica permite una educación no controlada por el gobierno, y, en la edad adulta, el hombre que no necesita nada del gobierno ni le pide nada es el que puede criticar sus actuaciones y tratar con desprecio su ideología. Lean a Montaigne, que es la voz del hombre que tiene las piernas bajo su mesa, y que come carne de cordero y nabos criados en su propia tierra. ¿Quién hablará como él cuando el Estado sea maestro y patrón de todos? Es verdad que, cuando el hombre no estaba domado, esa clase de libertad pertenecía solo a unos pocos. Lo sé, y de ahí la sospecha de que la única elección sea entre sociedades con pocos hombres libres y sociedades con ninguno.

Por otra parte, la nueva oligarquía tiene que basar cada vez más su derecho a planificarnos en su derecho al conocimiento. Si hemos de ser protegidos, es necesario que nuestros protectores conozcan lo más posible. Esto significa que dependerán cada vez más de la opinión de los científicos, hasta que, finalmente, los mismos políticos se conviertan en títeres de los científicos. La tecnocracia es la forma hacia la que la sociedad planificada tiene que dirigirse. Yo temo a los especialistas en el poder, porque se creen especialistas cuando hablan de asuntos ajenos a su especialidad.

Dejemos que los científicos nos hablen de ciencia. Pero el gobierno entraña cuestiones acerca del bien del hombre, de la justicia y de las cosas que tienen valor y del precio que hay que pagar por ellas, y, desde este punto de vista, la instrucción científica no da a la opinión del hombre un valor añadido. Dejemos que sea el médico el que me diga que moriré si no hago tal o cual cosa, pero determinar si la vida tiene valor en esas circunstancias no es algo sobre lo que él tenga más competencia que los demás hombres.

En tercer lugar, a mí no me gustan las pretensiones que tiene el gobierno de ser la cima —las razones que aduce para exigir que le obedezca—. No me gustan las pretensiones mágicas del fetiche ni el derecho divino de los Borbones. No es solo por esto por lo que no creo en la magia ni en la *Politique* de Bossuet.[4] Yo creo en Dios, pero detesto la teocracia. Los gobiernos se componen sencillamente de hombres y, en sentido estricto, son provisionales. Si añaden a sus órdenes expresiones como «así habla el Señor», mienten, y mienten peligrosamente.

Por esta misma razón temo también un gobierno en nombre de la ciencia. Así es como llega la tiranía. En cualquier época, los hombres que quieren mantenernos bajo su dominio, si son medianamente inteligentes, nos sugerirán la pretensión que las esperanzas y temores de esa época conviertan en más poderosa. Ellos siempre sacan provecho. Fue lo mágico, fue el cristianismo, y ahora será, no hay duda, la ciencia. Es posible que los verdaderos científicos no piensen demasiado en la tiranía de la ciencia —no

---

4. Jacques Bénigne Bossuet, *Politique tirée des propres paroles de l'Écriture-Sainte* (París, 1709).

pensaron en las teorías raciales de Hitler ni en la biología de Stalin—, pero pueden ser amordazados.

Hemos de tomar muy en serio la advertencia de *sir* Charles de que, en el Este, millones de personas están medio muertas de hambre. Comparado con esto, mis temores pueden parecer insignificantes. Un hombre hambriento piensa en la comida, no en la libertad. Hemos de tomarnos totalmente en serio la afirmación de que nada, salvo la ciencia, la ciencia universalmente aplicada, y, por tanto, con un control sin precedentes por parte del gobierno, puede producir estómagos llenos y atención médica para todo el género humano. En resumen, nada, salvo un Estado del Bienestar mundial, podrá hacerlo. La aceptación sin reservas de estas verdades es lo que despierta en mí la idea del peligro extremo que acecha a la humanidad en este momento. Por un lado, tenemos una necesidad desesperada: hambre, enfermedad y el miedo a la guerra. Por otro lado, la idea de algo que podría hacerle frente: la tecnocracia competente en todo. ¿No supone todo esto una oportunidad ideal para la esclavitud? Así es como ha entrado en el pasado: una necesidad desesperada (real o aparente), por un lado, y un poder (real o aparente) para remediarla, por otro. En el mundo antiguo los individuos se vendían como esclavos para poder comer. Lo mismo ocurre en la sociedad. Hay en ella un doctor en hechicería que nos puede salvar de los brujos —un señor de la guerra que puede salvarnos de los bárbaros—, una Iglesia que puede salvarnos del infierno. ¡Démosles lo que piden, entreguémonos atados y con los ojos vendados, si es eso lo que quieren! Quizás el terrible pacto se hará de nuevo. No podemos censurar a los hombres por hacerlo. Difícilmente podemos desear que no lo hagan. Pero difícilmente podríamos soportar que lo hicieran.

La cuestión acerca del progreso se ha convertido en la cuestión acerca de si podemos hallar un modo de someternos al paternalismo universal de la tecnocracia sin perder la independencia e intimidad personales.

¿Hay alguna posibilidad de obtener la excelente miel del Estado del Bienestar y evitar la picadura?

No nos equivoquemos acerca de la picadura. La tristeza sueca es solo una muestra. Vivir la propia vida con un estilo propio, llamar a la casa nuestra casa y al castillo nuestro castillo, gozar de los frutos del propio trabajo, educar a nuestros hijos como nos dicta la conciencia, ahorrar para garantizar su prosperidad cuando muramos: todo esto son deseos profundamente arraigados en el hombre blanco civilizado. Su realización es casi tan necesaria para nuestras virtudes como para nuestra felicidad. De su completa frustración pueden derivarse consecuencias desastrosas, tanto morales como psicológicas.

Todo esto nos amenaza incluso aunque la forma de la sociedad, a la que nuestras necesidades apuntan, demostrara un éxito sin par. Pues ¿qué garantía tenemos de que nuestros amos querrán o podrán guardar las promesas con las que nos indujeron a vendernos? No nos dejemos engañar por frases como «el hombre se hace cargo de su destino». Lo que verdaderamente puede ocurrir es que unos hombres se hagan cargo del destino de los otros. Pero esos hombres serán sencillamente hombres, ninguno será perfecto, y algunos serán codiciosos, crueles y deshonestos. Cuanto más completa sea la planificación a que nos sometan, tanto más poderosos serán. ¿Hemos descubierto alguna nueva razón por la cual, esta vez, el poder no los corrompa como los ha corrompido anteriormente?

9

NO EXISTE UN «DERECHO A LA FELICIDAD»

«Después de todo, dijo Clara, tienen derecho a la felicidad».

DISCUTÍAMOS ALGO QUE ocurrió en cierta ocasión en nuestra vecindad. El señor A había abandonado a la señora A y se había divorciado de ella para casarse con la señora B. No había la menor duda de que el señor A y la señora B estaban muy enamorados el uno del otro. Si siguieran enamorados y su salud y sus ingresos marcharan bien, podría esperarse razonablemente que fueran muy felices.

Resultaba evidente que ninguno de ellos era feliz con su antiguo cónyuge. Al principio la señora B adoraba a su marido, que resultó destrozado algún tiempo después en la guerra. Se pensaba que había perdido la virilidad y todos sabíamos que se había quedado sin empleo. La vida a su lado dejó de ser lo que la señora B había soñado. A la pobre señora A tampoco le iban bien las cosas. Había perdido su antiguo aspecto y con él su viveza. Tal vez fuera verdad, como decían algunos, que se había consumido dando a luz y alimentado a sus hijos en medio de una larga enfermedad que ensombreció su antigua vida matrimonial.

No debemos imaginar que A fuera ese tipo de hombres que se desprende indiferentemente de una esposa como si se tratara de una cáscara de naranja de la que previamente se ha sorbido el zumo hasta secarla. El suicidio de la esposa fue un golpe terrible para él. Todos lo sabemos, pues nos lo dijo él mismo. «Pero qué puedo hacer —decía—, el hombre tiene derecho a la felicidad. Yo tenía que aprovechar la ocasión cuando se presentara». Me alejé pensando en el concepto «derecho a la felicidad».

De entrada, el concepto «derecho a la felicidad» me parece tan extraño como el derecho a tener buena suerte. Creo, digan lo que digan algunas escuelas morales, que buena parte de nuestra felicidad o nuestra miseria depende de circunstancias ajenas al control humano. El derecho a la felicidad no tiene, a mi juicio, más sentido que el derecho a medir 1'85, a ser hijo de un millonario o a que haga buen tiempo cuando queremos ir de excursión.

Yo entiendo los derechos como libertades garantizadas por las leyes de la sociedad en que vivimos. Tengo derecho a viajar por las carreteras públicas porque la sociedad me otorga la libertad para hacerlo. Eso es lo que queremos decir al llamarlas «públicas». También los entiendo como exigencias garantizadas por las leyes, correlativas con obligaciones de otras personas. Tener derecho a recibir cien dólares de ti significa tanto como decir que tú tienes la obligación de pagármelos. Si las leyes permiten al señor A abandonar a su esposa y seducir a la del vecino, el señor A tiene, por definición, derecho a hacerlo sin necesidad de que nos enredemos en una discusión sobre la «felicidad».

No era esto, naturalmente, lo que Clara quería decir. Clara quería decir que no solo tenía derecho legal, sino también moral, a obrar como lo hizo. En otras palabras, Clara es —o sería si pensara la cuestión a fondo— una moralista clásica al estilo de Tomás de Aquino, Grocio, Hooker y Locke. Cree que detrás de las leyes del Estado existe una Ley Natural.

Yo estoy de acuerdo con Clara. Considero que esta concepción es fundamental para la civilización. Sin ella las leyes del Estado se convierten, como en Hegel, en algo absoluto. Desde ese momento resulta imposible criticarlas, pues no existe ninguna norma que pueda juzgarlas.

El linaje de la máxima de Clara, «tienen derecho a la felicidad», es augusto. Con palabras estimadas por todos los hombres civilizados, pero especialmente por los estadounidenses, se ha afirmado que uno de los derechos del hombre es el derecho a «buscar la felicidad». Con ellas nos adentramos en el meollo de la cuestión.

¿Qué querían decir los redactores de esa solemne declaración? Está muy claro lo que no querían decir. No querían decir que el hombre tuviera derecho a buscar la felicidad por todos los medios, incluyendo, pongamos por caso, el asesinato, la violación, el robo, la traición o el fraude. Sobre una base así sería imposible construir una sociedad.

Los redactores de la declaración querían decir «buscar la felicidad por medios legales», es decir, por medios que la Ley Natural ha sancionado eternamente y las leyes de la nación sancionarán.

Indudablemente el cambio parece, en principio, reducir la máxima a la tautología de que, para buscar la felicidad, los hombres tienen derecho a hacer lo que tienen derecho a hacer. Pero las tautologías, consideradas en el contexto histórico adecuado, no son siempre estériles. La declaración es, ante todo, un rechazo de los principios políticos que gobernaban Europa desde hacía tiempo: un reto lanzado a los imperios austriaco y ruso, a Inglaterra antes del Proyecto de Ley de Reforma, a la Francia borbónica. Proclama que los medios de buscar la felicidad lícitos para algunos deben ser lícitos para todos, que «el hombre», no los hombres pertenecientes a una casta, clase, condición o religión determinadas, debería ser libre para usarlos. No llamemos a esto estéril tautología en una época en que está siendo negado por una nación tras otra, y por unos partidos sí y por otros también.

Pero sigue sin tocar el problema de qué medios son «lícitos», qué medios de buscar la felicidad están moralmente permitidos por la Ley Natural o deberían ser declarados legalmente permitidos por el poder legislativo de una nación particular. Y en este asunto discrepo de Clara. A mí no me parece que la gente tenga el ilimitado «derecho a la felicidad» que ella sugiere.

En primer lugar, creo que cuando Clara dice «felicidad», quiere decir única y exclusivamente «felicidad sexual». En parte porque las mujeres como Clara no usan nunca la palabra «felicidad» en otro sentido. Pero también porque jamás he oído hablar a Clara de «derecho» a ninguna otra cosa. Clara era más bien izquierdista en política, y se hubiera escandalizado si alguien hubiera defendido las acciones de un magnate caníbal implacable aduciendo que su felicidad consistía en hacer dinero y que perseguía su felicidad. Clara era, además, una abstemia fanática. Jamás la oí que excusara a un alcohólico por ser feliz cuando estaba borracho.

Un buen número de amigos de Clara, especialmente las amistades femeninas, creía —yo se lo he oído decir— que su felicidad aumentaría considerablemente dándole una bofetada. Dudo mucho si esto habría puesto en juego su teoría del derecho a la felicidad.

Clara está haciendo, de hecho, lo que, en mi opinión, ha estado haciendo todo el mundo occidental durante los últimos cuarenta años y pico. Cuando yo era joven, la gente progresista decía: «¿Por qué tantos remilgos?, tratemos el sexo como tratamos los demás impulsos». En aquel momento yo era lo suficientemente cándido como para creer que querían decir lo que decían. Después he descubierto que querían decir exactamente lo contrario. Querían decir que el sexo debía ser tratado como ningún otro impulso había sido tratado jamás por gente civilizada. Admitimos que los demás impulsos deben ser refrenados. La obediencia absoluta al instinto de autoconservación es denominada cobardía. Secundar el impulso posesivo es avaricia. Incluso al sueño le hemos de ofrecer resistencia cuando estamos de centinela. Pero se ha de perdonar cualquier crueldad y abuso de confianza cuando el objeto perseguido son «cuatro piernas desnudas en una cama».

Esto es como una moral que considera un delito robar fruta (menos cuando se roban nectarinas). Y si alguien protesta contra esta idea, se tropezará por lo general con chácharas sobre la legitimidad y belleza y santidad del «sexo» y será acusado de encubrir algún prejuicio puritano contra él, de considerarlo deshonroso o vergonzoso. Yo niego esa acusación. Venus nacida de la espuma... áurea Afrodita... Nuestra Señora de Chipre. Jamás he sugerido una palabra contra ustedes. ¿Es legítimo suponer que desapruebo las nectarinas en general por reprender a los muchachos que roban las mías? ¿O que rechazo a los muchachos en general? Es robar, obviamente, lo que censuro.

La situación real se encubre hábilmente diciendo que el derecho del señor A de abandonar a su esposa es un problema de «moral sexual». Robar en un huerto no es un delito contra una moral especial llamada «moralidad frutal». Es una ofensa contra la honestidad. La acción del señor A es una ofensa contra la buena fe (en las promesas solemnes), contra la gratitud (hacia alguien con el que se estaba profundamente en deuda) y contra el común sentimiento de humanidad.

De ese modo nuestros impulsos sexuales se colocan en una situación de absurdo privilegio. Se considera que los motivos sexuales hacen tolerables conductas que serían condenadas como inhumanas, traicioneras e injustas si se hubieran producido con otro propósito.

Sin embargo, aunque yo no veo que haya buenas razones para otorgar al sexo este privilegio, creo percibir una causa poderosa. Me ocuparé de ella.

Forma parte de la naturaleza de cualquier pasión erótica fuerte, que es algo distinto del efímero capricho del apetito, hacer promesas más desmedidas que ninguna otra emoción. Todos nuestros deseos hacen, sin duda, promesas, pero no tan imponentes. Estar enamorado entraña la convicción casi irresistible de que se seguirá enamorado hasta la muerte, de que la posesión del amado no se limitará a proporcionar momentos de éxtasis, sino felicidad estable, fructífera, hondamente enraizada y duradera. Por eso parece estar en juego todo. Si perdemos la oportunidad, habremos vivido en vano. Al pensar un destino así, nos hundimos en las profundidades insondables de la autocompasión.

Por desgracia, es muy frecuente descubrir que estas premisas son completamente falsas. Cualquier adulto con experiencia sabe que así ocurre con todas las pasiones eróticas (excepto con la que esté sintiendo en el momento presente). Desestimamos con extremada facilidad las pretensiones ilimitadas de los amores de nuestros amigos. Sabemos que esas cosas duran unas veces y otras no. Y cuando duran, no es porque al principio prometieran hacerlo. Cuando dos personas logran felicidad duradera, no es solo porque se hayan amado mucho, sino también —lo diré crudamente— porque son dos buenas personas, porque son personas con capacidad de autocontrol, leales, imparciales, adaptables la una a la otra.

Si establecemos un «derecho a la felicidad (sexual)» que sustituya las reglas ordinarias de conducta, no lo hacemos por la naturaleza de nuestra pasión, tal como aparece en la experiencia, sino por lo que afirma ser cuando estamos dominados por ella. De ahí que mientras la mala conducta es real y produce miseria y degradación, la felicidad, que era el objeto de la conducta, resulta ser una y otra vez ilusoria. Todo el mundo sabe (menos el señor A y la señora B) que dentro de un año más o menos, el señor A tendrá las mismas razones para abandonar a su nueva esposa que las que le llevaron a dejar a la primera. Y sentirá de nuevo que *todo* está en juego. Se sentirá otra vez un gran amante y la autocompasión eliminará todo vestigio de compasión por su esposa.

Aún quedan dos cuestiones más. Empezaré por la primera. Una sociedad que tolere la infidelidad conyugal es, a la larga, una sociedad adversa a las mujeres. Las mujeres, digan lo que digan en contra algunas canciones y sátiras masculinas, son por naturaleza más monógamas que los hombres. Se trata de una necesidad biológica. Donde impera la promiscuidad, son más a menudo víctimas que reas. La felicidad del hogar es también más necesaria para ellas que para nosotros. La cualidad por la que más fácilmente retienen al hombre, la belleza, disminuye año tras año cuando han llegado a la madurez. Pero no ocurre lo mismo con las cualidades de la personalidad —a las mujeres les importa un comino nuestro *aspecto*— por las que nosotros retenemos a las mujeres. En la implacable guerra de la promiscuidad las mujeres tienen, pues, una doble desventaja. Las mujeres juegan más fuerte y también tienen más posibilidades de perder. No siento la menor simpatía por los moralistas que miran con ceño la creciente grosería de la provocación femenina. Estos signos de competición desesperada me llenan de compasión.

En segundo lugar, aunque el «derecho a la felicidad» se afirma sobre todo del impulso sexual, me parece imposible que se pueda quedar en él. Una vez tolerado en ese campo, el principio fatal se filtrará antes o después por toda nuestra vida. Así avanzamos hacia un estado de la sociedad en el que no solo cada hombre, sino todos los impulsos de cada hombre piden *carte blanche*. Y después, aunque nuestra habilidad tecnológica pueda ayudarnos a sobrevivir algún tiempo más, la civilización habrá muerto en el fondo —uno no se atreve ni siquiera a añadir «desgraciadamente»— y será aniquilada.

parte IV

CARTAS

Aunque aquí se reproducen solo cartas del propio Lewis, he intentado situarlas en su contexto, citando las cartas de las personas a las que Lewis respondía, o que le respondían a él. Esa es la razón de las subdivisiones (a), (b), (c), etc.

1. Las condiciones para una guerra justa

a) E. L. Mascall, «Los cristianos y la guerra inmediata». *Theology*, Vol. XXXVIII (enero 1939), pp. 53-58.

b) C. S. Lewis, «Condiciones para una guerra justa», Ibíd. (mayo 1939), pp. 373-4.

Señor:

En el número de enero, el señor Mascall menciona seis condiciones para una guerra justa, que han sido formuladas por los «teólogos». Tengo una pregunta que hacer, y un conjunto de problemas que plantear, acerca de estas reglas. La pregunta es meramente histórica. ¿Quiénes son esos teólogos, y qué clase o grado de autoridad pueden alegar sobre los miembros de la Iglesia de Inglaterra? Los problemas son más difíciles. La condición 4 establece que «debe ser moralmente seguro que los daños para los beligerantes, el mundo y la religión no superarán las ventajas del triunfo», y la 6 que «tiene que haber una alta posibilidad de vencer».

Es evidente que personas igualmente sinceras pueden disentir hasta cierto punto —y razonar eternamente— acerca de si una guerra declarada cumple estas condiciones o no. Por tanto, la cuestión práctica con la que nos enfrentamos es una cuestión de autoridad. ¿Quién tiene el deber de decidir cuándo se cumplen las condiciones, y el derecho de hacer cumplir su decisión? La explicación actual se inclina a dar por sentado, sin presentar argumentos, que la respuesta es esta: «la conciencia privada de los individuos», y cualquier otra respuesta es inmoral y totalitaria. En cierto sentido es verdad que «no hay deber de obediencia que pueda justificar un pecado», como dice el señor Mascall. Supuesto que la pena capital sea compatible con el cristianismo, un cristiano podría legalmente ser verdugo, pero no podría ahorcar a un hombre del que supiera que es inocente. Pero ¿hay alguien capaz de interpretar la afirmación anterior en el sentido de que el verdugo tiene el *mismo* deber que el juez de investigar la culpabilidad de un prisionero? Si así fuera, ningún poder ejecutivo podría trabajar y ningún estado cristiano sería posible, lo cual es absurdo. De aquí infiero que el verdugo cumple con su deber si realiza la cuota que le corresponde del deber general (deber que descansa por igual sobre todos los ciudadanos), con el fin de asegurar, en la medida en que dependa de él, que tenemos un sistema judicial justo. Si a pesar de todo esto, y sin él saberlo, ahorca a un inocente, es verdad que se ha cometido un pecado, pero no ha sido él quien lo ha cometido.

Esta analogía me sugiere la idea de que tiene que ser absurdo dar a los ciudadanos privados el *mismo* derecho —y exigir el mismo deber— que a los gobiernos para decidir si una guerra es justa, y supongo que las reglas para determinar qué guerras eran justas fueron originariamente reglas para asesorar a los príncipes, no a los súbditos. Esto no significa que las personas tengan que obedecer sin más a los gobiernos que les ordena hacer algo que ellas consideran que es pecado. Pero tal vez sí signifique (lo escribo con cierto disgusto) que la decisión última respecto a cuál es la situación en un momento dado en el muy complejo terreno de los asuntos internacionales debe ser delegada.

Es indudable que debemos hacer todos los esfuerzos que permita la constitución para garantizar un buen gobierno, e influir en la opinión pública, pero, a la larga, la nación como tal tiene que actuar, y solo puede hacerlo por medio de su gobierno. (Es preciso recordar que existen riesgos en ambas direcciones: si la guerra es legítima siempre, la paz es pecaminosa algunas veces). ¿Cuál es la alternativa? ¿Deben unos individuos ignorantes en historia y en estrategia decidir por sí mismos si la condición 6 («una alta posibilidad de victoria») se cumple o no? ¿Deben todos los ciudadanos, dejando al margen su vocación y sin tener en cuenta su capacidad, convertirse en expertos en todos los problemas relevantes, que a menudo son problemas técnicos?

El que la conciencia privada de los cristianos decidiera, a la luz de las seis reglas del señor Mascall, dividiría a los cristianos, y no daría al mundo pagano que nos rodea un claro testimonio cristiano. No obstante, se puede dar un testimonio cristiano claro de otra forma. Si todos los cristianos consintieran en servir como soldados al mando del presidente de la nación, y si todos, después de eso, se negaran a obedecer órdenes anticristianas, ¿no obtendríamos un buen resultado? Un hombre está mucho más seguro de que no debe asesinar a los prisioneros, ni arrojar bombas sobre la población civil, de lo que pueda estarlo jamás acerca de si una guerra es justa o no. Tal vez sea aquí donde «la objeción de conciencia» deba comenzar. Estoy seguro de que un soldado cristiano de la Fuerza Aérea, fusilado por negarse a bombardear a civiles del bando enemigo, sería un mártir mucho más efectivo (en el sentido etimológico de la palabra) que cientos de cristianos en prisión por negarse a alistarse en el ejército.

El cristianismo ha hecho un doble esfuerzo para tratar con el mal de la guerra: la caballerosidad y el pacifismo. Ninguno ha tenido éxito. Pero dudo que la caballerosidad iguale el récord de fracasos —no superado— del pacifismo. La cuestión es muy oscura, y recibiría con igual satisfacción una refutación, o un desarrollo, de lo que he dicho.

2. El conflicto de la teología anglicana

a)   Oliver C. Quick, «El conflicto de la teología anglicana», *Theology*, Vol. LXI (octubre 1949), pp. 234-7.

b)   C. S. Lewis, Ibíd. (noviembre 1940), p. 304.

Señor:

En una carta admirable, aparecida en el número de octubre, Canon Quick observa: «Los modernos, de cualquier clase, tienen una característica en común: odian el liberalismo». ¿No sería igualmente cierto —y más breve— decir que «los modernos tienen una característica en común: *odian*»? El asunto merece seguramente más atención de la que ha recibido.

3. Milagros

a)   Peter May, «Milagros», *The Guardian* (9 octubre 1942), p. 323.
b)   C. S. Lewis, Ibíd. (16 octubre 1942), p. 331.

Señor:

En respuesta a la pregunta del señor May, contesto que tanto si el nacimiento de san Juan Bautista fue un milagro como si no lo fue, en todo caso no fue la misma clase de milagro que el nacimiento de nuestro Señor.[1] Lo anómalo en el embarazo de santa Isabel consiste en que era una mujer (casada) de edad avanzada y hasta entonces estéril. Que Zacarías fue el padre de san Juan está indicado en el texto evangélico («tu mujer Elisabet *te* engendrará un hijo», Lc 1:13).

Lo que dije acerca de la conversión natural del agua en vino fue lo siguiente: «Dios crea la vid y le enseña a aspirar agua por las raíces y a convertir, *con ayuda del sol*, el agua en un jugo *que fermentará* y adquirirá ciertas cualidades».[2] Para completar la idea, tendría que haber añadido, sin duda, «con la ayuda de la tierra», y tal vez otras cosas. Pero, desde mi punto de vista, esto no habría alterado sustancialmente lo que dije. Mi respuesta a la pregunta del señor May —de dónde venían las demás materias primas— sería la misma, tanto si la lista correspondiente se redujera a la planta y a la luz del sol que mencioné como si se ampliara hasta incluir todo lo que un experto botánico podría añadir. Yo creo que en Caná procedían de la misma fuente de la que llegan a la naturaleza. Por supuesto, estoy de acuerdo con el señor May en que —en la hipótesis de que la historia entera fuera una ficción— podríamos atribuirle, como nuestros antepasados hicieron con los milagros que aparecen en Ovidio, un buen número de *moralitates* edificantes. Lo que yo estaba haciendo era combatir esa hipótesis por su falsedad, que descansa en la idea de que, si ocurriera un acontecimiento así, sería arbitrario y sin sentido.

---

1. P. May criticaba el ensayo de Lewis «Milagros», de su libro *Dios en el banquillo*.
2. *Dios en el banquillo*, p. 32.

4. El señor C. S. Lewis acerca
del cristianismo

a) W. R. Childe, «El señor Lewis acerca del cristianismo», *The Listener*, Vol. XXXI (2 marzo 1944), p. 245.

b) C. S. Lewis, Ibíd. (9 marzo 1944), p. 273.

Señor:

Estoy de acuerdo con el señor W. R. Childe en que es inútil decir «Señor, Señor» si no hacemos lo que Cristo nos dice; esa es una de las razones por las que creo que una religión meramente estética de «flores y música» es insuficiente.[3] La razón que tengo para creer que la mera afirmación de los principios éticos, incluso de los más altos, no basta es precisamente que no es necesario conocerlos para ponerlos en práctica, y que si el cristianismo no proporciona ninguna clase de curación a nuestra débil voluntad, la enseñanza de Cristo no nos ayudará. No puedo culpar al señor Childe por haberme entendido mal, pues, como es natural, yo no soy juez de mi propia lucidez, pero considero que es muy duro que alguien completamente desconocido, al que jamás he hecho daño ni he ofendido a sabiendas, me acuse públicamente —nada más descubrir una diferencia de opinión teológica entre nosotros— de ser un torturador, un asesino y un tirano potencial, que es lo que significa, si significa algo, la referencia del señor Childe a los homosexuales. En una carta mía reciente, aparecida en el *Spectator*, y en la que protestaba contra la intolerable tiranía de que las procesiones de la Iglesia sean obligatorias para la Guardia Real, se puede apreciar lo poco que apruebo la coacción en cuestiones de religión. Si el señor Childe puede encontrar un pasaje en mis obras que favorezca la coacción religiosa o antirreligiosa, daré cinco libras a cualquier institución caritativa (que no

---

3. W. R. Childe estaba en desacuerdo con un pasaje del programa de la BBC, «The Map and the Ocean», en el que Lewis, hablando de una «religión vaga», decía que «no alcanzaremos la vida eterna si no es sintiendo la presencia de Dios en las flores o en la música». *The Listener*, Vol, XXXI (24 febrero 1944), p. 216. El programa de radio se convirtió después en un capítulo del libro *Mere Christianity* (Londres, 1952), lib. IV, cap. i., p. 122. [En español, *Mero cristianismo* (Nueva York: Rayo, 2006), integrada también en *Clásicos Selectos de C. S. Lewis* (Nashville: Grupo Nelson, 2022)].

sea militantemente anticristiana) que él quiera. Si no puede, le pido, por justicia y por caridad, que retire su acusación.

c)   W. R. Childe, Ibíd. (16 marzo 1944), p. 301.

5. Experiencia de aldea

C. S. Lewis, «Experiencia de aldea», *The Guardian* (31 agosto 1945), p. 335.

Señor:

Creo que a sus lectores podría interesarles el siguiente resumen de una carta que acabo de recibir. La escribe una señora inválida que vive en una aldea:

«Este pueblo solía ser temeroso de Dios, y tenía un párroco temeroso de Dios que visitaba, y dirigía a los Scouts («ejército amable» le llamaba. *Y* debería haber oído nuestro coro un domingo, dice mi capataz). Los jóvenes eran educados y asistían a la escuela dominical, sus padres llenaban la iglesia a rebosar. *Ahora* tienen a un octogenario. ¡Ningún mal hay en ello! Mi difunto tío, a esa edad, estaba tan fuerte como un niño de dos años. Pero este —lo observé por mí misma viéndole andar— está muerto desde hace años... No visita a los enfermos, ni aunque se lo pidan. Y —escuchen— puso en la iglesia esta nota: *No se admite a los niños sin la compañía de los padres o de un adulto.* El pueblo... se hizo súbitamente pagano. Tengo que irme de aquí. Nunca antes, salvo en las mezquinas y paganas Indias occidentales, he vivido sin el Santísimo, que ahora se me ha arrebatado (¿Se *puede* prohibir a un niño —legalmente, me refiero— entrar en la iglesia? Llévenme ante el Obispo)».

6. Correspondencia con un anglicano al que no le gustan los himnos[4]

a)   Resumen de una carta de Erik Routley a Lewis (13 julio 1946), p. 15: «... La Sociedad del Himno de Gran Bretaña e Irlanda está elaborando un fichero de nuevos himnos, para lo cual han solicitado su colaboración a los actuales escritores de himnos. Me han pedido que le escriba y le pregunte si quiere ser miembro del jurado ante el que serán presentados los nuevos himnos para que se evalúen sus méritos...».

b)   C. S. Lewis a Erik Routley (16 julio 1946), p. 15.

Querido señor Routley:

La verdad es que no siento suficiente simpatía por el proyecto como para ayudarle. Sé que a muchas congregaciones les gusta cantar himnos, pero no estoy convencido de que el gozo que eso les causa sea de carácter espiritual. Quizá sí; no lo sé. Para una minoría, a la que yo pertenezco, los himnos son la madera seca del servicio religioso. Recientemente, en una reunión de seis personas, descubrí que a todos, sin excepción, les gustaría que hubiera *menos* himnos. Alguien que tiene esta opinión no puede, como es lógico, ayudarle.

c)   Erik Routley a Lewis (18 septiembre 1946), pp. 15-20.

d)   C. S. Lewis a Erik Routley (21 septiembre 1946), p. 20.

No puedo recordar lo que le decía en mi última carta, pero estaba equivocado si le dije —o le di a entender— que a) las variables, b) la participación activa de la gente, o c) los himnos, son malos por principio. Estoy de acuerdo en que todo lo que la congregación *pueda* hacer es posible ofrecerlo decorosa y provechosamente a Dios en el culto público. Si uno tuviera una congregación (por ejemplo, en África) con una larga tradición en danzas sagradas, y pudiera hacerlo auténticamente bien, yo estaría totalmente a favor de convertir la danza en una parte del servicio religioso.

---

4. La «correspondencia» consta de dos cartas de Erik Routley a Lewis y dos de Lewis. Todas se publicaron juntas en *The Presbyter*, Vol. VI, núm. 2 (1948), pp. 15-20. Las cartas de Lewis fueron publicadas en *The Presbyter* con las iniciales «A. B.».

Pero no podría trasladar esa práctica a una congregación de Willesden, cuya danza mejor ha sido un chancleteo de salón. En la Inglaterra moderna no podemos cantar como pueden hacerlo los galeses y los alemanes. Asimismo (es una pena, pero es verdad), el arte de la poesía, durante dos siglos, ha seguido una dirección privada y subjetiva. Esa es la razón por la que considero que los himnos son «madera seca». Pero hablaba exclusivamente en mi nombre y en el de algún otro. Si los himnos perfeccionados —o, incluso, los actuales himnos— pueden edificar a otras personas, por supuesto que es un elemental deber de caridad y humildad para mí admitirlos. Nunca he hablado en público *en contra* del uso de los himnos. Al contrario, con frecuencia he dicho a convertidos «arrogantes» que la sumisión humilde, en cualquier cuestión que pueda edificar a los hermanos no cultivados (por espantoso que pueda parecer al «hombre culto») es la primera lección que deben aprender. La puerta es *baja*, y uno tiene que agacharse para entrar.

7. La liturgia de la Iglesia, la invocación y la invocación a los santos

a)   E. L. Mascall, «Quadringentesimo Anno», *Church Times*, Vol. CXXXII (6 mayo 1949), p. 282.

b)   C. S. Lewis, «La liturgia de la Iglesia», Ibíd. (20 mayo 1949), p. 319.

Señor:

Si no es volver al punto de partida desde muy atrás, me gustaría hacer dos comentarios, como seglar, acerca de los artículos litúrgicos del número del 6 de mayo. En primer lugar, quisiera subrayar la necesidad de uniformidad, si no en todo, al menos en la duración de la ceremonia. Tal vez los seglares no estemos más ocupados que el clero, sin embargo por lo general tenemos muchas menos alternativas en nuestras horas de trabajo. El celebrante que alarga el servicio religioso diez minutos puede hacer que el día entero sea para nosotros apresuramiento y confusión. Es difícil apartar esto de nuestras mentes, y hasta puede ser difícil evitar cierta sensación de resentimiento. Tal vez esas tentaciones puedan ser buenas para nosotros, pero no es misión del celebrante procurárnoslas. El permiso de Dios y la diligencia de Satanás velarán por esa parte de nuestra educación sin su asistencia.

En segundo lugar, pediría al clero que creyera que estamos más interesados de lo que puedan imaginar en la ortodoxia, y menos de lo que suponen en la liturgología como tal. El doctor Mascall dice con razón que las variaciones son aceptables cuando no alteren la doctrina. Pero, dicho esto, continúa, de forma casi casual, mencionando «la devoción a la Madre de Dios y a las multitudes del cielo» como una posible variante litúrgica. El doctor Mascall sabe muy bien que la introducción de semejante devoción en una parroquia no habituada a ella podría dividir a la congregación. Pero si cree que ese es un problema litúrgico, me permito decir que está equivocado. Es un problema doctrinal. Ningún seglar preguntaría si esa devoción empeora o mejora la belleza de la ceremonia, sino si es lícita o condenable. No me propongo ahora discutir ese asunto aquí, sino tan solo indicar que esa es la cuestión.

Lo que los seglares tememos es que los problemas doctrinales más profundos sean resueltos tácita e implícitamente mediante lo que parecen ser —o se reconoce que son— meros cambios litúrgicos. Al hombre que se le pregunta si el plato que tiene delante es comida o veneno, no lo tranquilizamos diciéndole que el plato vuelve a ocupar nuevamente su tradicional lugar en el menú, o que la sopera es del modelo Sarum. Los seglares somos ignorantes y tímidos. Nuestras vidas están siempre en sus manos, el vengador de la sangre nos pisa los talones y a cada uno de nosotros nos pueden pedir el alma esta noche. ¿Pueden censurarnos porque la reducción de graves problemas doctrinales a asuntos meramente litúrgicos nos llene de algo bastante parecido al terror?

c)   W. W. D. F. Hughes, Ibíd. (24 junio 1949), p. 409.
d)   C. S. Lewis. Ibíd. (1 julio 1949), p. 247.

Señor:
Estoy de acuerdo con el deán Hughes acerca de que la conexión entre la fe y la liturgia es estrecha, pero dudo de que sea «inextricable». Creo que es saludable cuando la liturgia expresa la fe de la Iglesia, y mórbida

cuando la liturgia genera en las personas, mediante insinuación, creencias que la Iglesia no ha profesado, ni enseñado, ni defendido públicamente. Si la Iglesia estima, por ejemplo, que nuestros padres se equivocaron al abandonar las invocaciones romanas a los santos y los ángeles, empleemos todos los medios para que salga a la luz nuestra retractación colectiva, sus fundamentos en las Sagradas Escrituras, la razón y la tradición, para que hagamos un acto solemne de penitencia, para que los seglares sean reeducados y se introduzcan los cambios adecuados en la liturgia.

Lo que me horroriza es que algunos sacerdotes se sientan alentados a proceder como si todo esto ya se hubiera hecho, cuando no se ha hecho. Una persona que me escribió comparaba esos cambios con los cambios igualmente clandestinos e irresistibles (según dice) del lenguaje. Es justamente ese paralelismo el que me aterra, pues hasta el psicólogo más superficial sabe que el proceso lingüístico inconsciente degrada continuamente palabras buenas y embota distinciones útiles. *Absit omen*. El que sea admisible un «enriquecimiento» de la liturgia, que entrañe un cambio de la doctrina, dependerá seguramente de que la doctrina pase del error a la verdad o de la verdad al error. ¿Es el sacerdote el juez de eso?

e)   Edward Every, «Doctrina y Liturgia», Ibíd. (8 julio 1949), pp. 445-46.

f)   C. S. Lewis, «Invocación», Ibíd. (15 julio 1949), pp. 463-44.

Señor:
El señor Every, de forma enteramente legítima, da a la palabra *invocación* un sentido más amplio del que yo le doy. La cuestión se transforma entonces en determinar hasta qué punto podemos inferir que es correcta la *devoción* del hecho de que sea correcta la *invocación*. Yo acepto la autoridad del *Benedicite*[5] sobre la corrección de *invocar* (en el sentido del señor Every) a los santos. Pero si, por esta razón, él concluye que es correcta la *devoción* a los santos, ¿no me obligaría su argumento a aprobar la devoción a las estrellas, la escarcha y las ballenas?

---

5. Se halla en el Libro de Oraciones, en las Oraciones de la Mañana, cuya fuente original es *Cántico de los tres jóvenes* (vv. 35-36), de los apócrifos del Antiguo Testamento.

Estoy dispuesto a admitir, sin reservas, que he pasado por alto alguna distinción. Nuestros padres podrían haber rechazado una determinada doctrina medieval y, sin embargo, no haber rechazado otra que los laicos confundimos fácilmente con la anterior. Pero si el problema es más sutil de lo que yo pensaba, mi inquietud y mi creencia de que la cuestión debería ser definida pública y autorizadamente no hace sino redoblarse.

Si temiera que las indicaciones de la liturgia pudieran engañarnos a los seglares en un asunto sencillo, no me confortaría descubrir que se trata de un asunto sutil. Si hay un tipo de devoción a los seres creados que agrada a Dios y otro que le desagrada, ¿cuándo va la Iglesia, como Iglesia, a instruirnos sobre esta distinción?

Entretanto, ¿qué mejor ocasión desearía nuestro espectral enemigo para insinuar furtivamente la devoción equivocada que la práctica esporádica y no autorizada de la devoción a criaturas ante congregaciones no instruidas? Creo que la mayoría de los seglares no tenemos ningún *parti pris* en el asunto. Lo seglares deseamos creer lo que cree la Iglesia.

g)   Edward Every, «La invocación a los santos», Ibíd. (22 julio 1949), pp. 481-82.

h)   C. S. Lewis, Ibíd. (5 agosto 1949), p. 513.

Señor:

Espero que el señor Every no me haya malinterpretado. Creo que hay un caso *prima facie* para considerar la devoción a los santos en la Iglesia de Inglaterra como una cuestión controvertida (cp. Jewel,[6] *Apología Ecclesiae Anglicanae*, Pt. II, cap. xxviii, *Homilies*, L. II, *Peril of Idolatry*, Pt. III; Laud,[7] *Conference with Fischer*, Sec. XXIII; Taylor,[8] *Dissuasive from Popery*, Pt. I, cap. ii, sec. 8). Yo solo afirmo que la controversia existe; y comparto con el señor Every el deseo de que debería terminar. Pero hay dos modos de lograr que una controversia termine: clarificándola o introduciendo cambios graduales e imperceptibles en las costumbres. Yo no deseo que ninguna controversia acabe de la segunda forma.

---

6. John Jewel (1522–71).
7. William Laud (1573–1645).
8. Jeremy Taylor (1613–67).

Ruego a los sacerdotes que recuerden lo que Aristóteles nos dice acerca de la revolución inconsciente: «Los cambios en las costumbres a menudo pasan inadvertidos»[9] (*Política*, 1303 a 22). Cuando una revolución inconsciente produce un resultado que nos gusta, sentimos la tentación de darle la bienvenida. Y, así, yo estoy tentado de darle la bienvenida cuando enseña a orar por los difuntos. Pero luego veo que el mismo proceso se puede usar, y se usa, para introducir adulteraciones modernistas de la fe, de las que, no me cabe la menor duda, el señor Every y yo abominamos por igual. Mi conclusión es que un camino tan peligroso no se debería andar nunca, tanto si el destino al que parece apuntar es bueno en sí mismo como si es malo. Mi único propósito es escribir en ese camino: «Prohibido el paso».

8. El Nombre Santo

a)   Leslie E. T. Bradbury, «El Nombre Santo», *Church Times*, Vol. CXXXIV (3 agosto 1951), p. 525.

b)   C. S. Lewis, Ibíd. (10 agosto 1951), p. 541.

Señor:

Tras leer la carta del señor Bradbury sobre el Nombre Santo, tengo algunos comentarios que hacer. Yo no creo que estemos autorizados a dar por sentado que todos los que usan este Nombre sin prefijos de reverencia hagan un uso «descuidado» de él. De ser así, tendríamos que decir que los evangelistas fueron descuidados a menudo. No creo que estemos autorizados a dar por sentado que sea necesario usar la palabra *santísima* cuando hablamos de la virgen María. De ser así, deberíamos condenar al Credo Niceno y al Credo Apostólico por omitirlo.

¿No deberíamos admitir, más bien, que la presencia o ausencia de tales prefijos de reverencia constituye, no una diferencia de fe o de moral, sino simplemente de estilo? Sé que tan «irritante» como pueda ser para algunos el que no aparezcan lo es para otros el que se repitan constantemente. ¿No

---

9. Πολλάκις λανθάνει μεγάλη γινομένη μετάβασις τῶν νομίμων (citado en griego por Lewis).

es cada una de las partes inocente de sus preferencias temperamentales, pero claramente culpable si permite que algo tan subjetivo, contingente y superable con poco esfuerzo, como una preferencia temperamental, se convierta en causa de división entre hermanos?

Si no podemos abandonar nuestros gustos, junto con los demás equipajes carnales, en la puerta de la iglesia, ¿no deberíamos al menos introducirlos en ella para que sean humillados, y, si es preciso, modificados, en vez de para darles rienda suelta?

9. Meros cristianos

a)   R. D. Daunton-Fear, «La condición de miembro de la Iglesia Evangélica», *Church Times*, Vol. CXXXV (1 febrero 1952), p. 77.

b)   C. S. Lewis, «Meros cristianos», Ibíd. (8 febrero 1952), p. 95.

Señor:

Doy la bienvenida a la carta del deán rural de Gravesend, aunque lamento que algunos la hagan necesaria por describir al obispo de Birmingham como evangélico. A un laico le parece obvio que lo que une a evangélicos y anglocatólicos, frente al «liberal» o el «modernista», es algo muy claro e importante, a saber, el hecho de que ambos creen completamente en lo sobrenatural, en la creación, la caída, la encarnación, la resurrección, la segunda venida y en la escatología. Esto los une, no solo entre sí, sino con la religión cristiana tal como es entendida *ubique et ab omnibus*.[10]

La opinión según la cual el acuerdo parece menos importante que la división, o que el abismo que separa a los dos de ciertas versiones del cristianismo que excluyen los milagros, a mí me resulta ininteligible. La dificultad está en que, como creyentes en lo sobrenatural, tanto de la Iglesia «Baja» como de la «Alta», reunidos todos juntos, carecemos de nombre. ¿Puedo sugerir el de «Iglesia Profunda», o, si este no es adecuado, el propuesto por Baxter, o sea, «meros cristianos»?

---

10. «En todas partes y por todos». Cp. san Vicente de Lérins: *Commonitorium*, ii.

10. Canonización

a)   Eric Pitt, «Canonización», *Church Times*, Vol. CXXXV (17 octubre 1952), p. 743.

b)   C. S. Lewis, Ibíd. (24 octubre 1952), p. 763.

Señor:

Soy, como el señor Eric Pitt, un seglar, y me gustaría recibir instrucción sobre algunos puntos antes de que se discuta la propuesta de instituir un «sistema» de canonización anglicana. Según la *Catholic Encyclopaedia*, «santos» son aquellas personas difuntas cuyas virtudes las han hecho «merecedoras» de un amor «especial» por parte de Dios. La canonización hace «universal y obligatorio» el culto de dulía, y, aparte de cualquier otra cosa que afirme, afirma que la persona en cuestión «está en el cielo».

Al menos que la palabra «canonización» se use en un sentido distinto al romano (en cuyo caso sería conveniente emplear otra palabra), la propuesta de instituir un «sistema» de canonización significa que alguien (por ejemplo, el arzobispo) será nombrado:

a)   Para decirnos que ciertas personas señaladas están (i) «en el cielo», y (ii) que son «merecedoras» de un amor «especial» por parte de Dios.

b)   Para imponernos (¿bajo pena de excomunión?) el deber del culto de dulía hacia las personas señaladas.

Es muy claro que nadie debe decirnos lo que no crea que es verdad. ¿Se sostiene, entonces, que Dios ha prometido a la iglesia universal (si es así, ¿cuándo y dónde?) un conocimiento de la situación de ciertas personas difuntas? De ser así, ¿está claro que este conocimiento distinguirá grados variables de tipos de salvación, como aparece implícito, a mi entender, en la palabra «especial»? Y si los distingue, ¿ayudará la promulgación de tal conocimiento a salvar almas ahora *in via*? También podría conducir a una consideración de «exigencias opuestas», tal como leemos en la *Imitación de Cristo* (lib. III, cap. 58), donde se nos advierte: «No preguntes qué es más grande en el Reino de los Cielos [...], investigar esas cosas no acarrea ningún provecho, sino que, más bien, ofende a los santos».

Por último, hay un problema práctico, y no me refiero a la breve y clara explicación que la *Catholic Encyclopaedia* da de «los costos reales ordinarios de la canonización» (aunque también esto se puede leer con provecho), sino al peligro de cisma. Miles de miembros de la Iglesia de Inglaterra dudan que el culto de dulía sea legítimo. ¿Dice alguien que es necesario para la salvación? Si no lo es, ¿por qué la obligación de correr tan terribles riesgos?

11. Pittenger-Lewis y la versión vernácula

a)   W. Norman Pittenger, «Pittenger-Lewis», *The Christian Century*, Vol. LXXV (24 diciembre 1958), pp. 1485-56.

b)   C. S. Lewis, «La versión vernácula», Ibíd. (31 diciembre 1958), p. 515.

Señor:

Gracias por publicar mi «Réplica al doctor Pittenger» (26 de noviembre). ¿Podría completar su amabilidad, por favor, publicando la declaración de que «populam», que aparece por «populum», es o bien un error de mi mecanógrafo, o bien un error de su impresor?

Sin duda hace falta un artículo sobre «traducción», como el doctor Pittenger sugiere en su carta aparecida en el número de 24 de diciembre, pero yo no podría hacerlo provechosamente para los estadounidenses. La lengua vernácula a la que ellos deberían traducir no es exactamente la misma que esta a la que yo he traducido; y pequeñas diferencias, cuando se dirige la palabra a proletarios, pueden ser de extraordinaria importancia. En ambos países, una parte esencial del examen de ordenación debería ser la traducción al inglés vulgar de un pasaje de alguna obra teológica reconocida, tal como se hace con la prosa latina. Suspender este ejercicio tendría que significar suspender todo el examen. Es completamente oprobioso esperar que los misioneros en la región de los bantús tengan que aprender bantú, y, en cambio, no nos preguntemos nunca si los misioneros que están con los americanos o los ingleses tienen que aprender a hablar inglés americano o inglés británico. Cualquier estúpido puede escribir un inglés erudito. La verdadera prueba es el inglés vulgar. Si uno no puede traducir su fe, o bien no la entiende o bien no cree en ella.

12. Pena capital y pena de muerte

a)   C. S. Lewis, «Pena capital», *Church Times*, Vol. CXLIV (1 diciembre 1961), p. 7.

Señor:

No sé si la pena capital debería o no debería ser abolida, pues ni la luz natural, ni las Sagradas Escrituras ni la autoridad eclesiástica parecen decírmelo. Sin embargo, me interesan las razones que se aducen para exigir su abolición.

Me permito decir que la afirmación según la cual al ahorcar a un hombre juzgamos presuntuosamente que es irredimible es sencillamente falsa. Mi libro de oraciones incluye una exhortación a los que se hallan bajo sentencia de muerte que implica, desde el principio hasta el fin, exactamente lo contrario. El verdadero problema es determinar si es más probable que un asesino se arrepienta y tenga un buen fin dentro de tres semanas en la sala de ejecución o, digamos, treinta años más tarde en la enfermería de la prisión. Ningún mortal puede saberlo. Pero los que tienen más derecho a opinar son los que mejor conocen por experiencia los efectos de vivir durante mucho tiempo en una prisión. Me gustaría que capellanes, gobernadores y guardias de prisiones contribuyeran a la discusión.

La sugerencia de compensación a los parientes del asesinado es en sí misma razonable, pero no se debe conectar, ni remotamente siquiera, con la causa, a favor o en contra, de la pena capital. Si lo hacemos, daremos apoyo a la opinión arcaica, y seguramente errónea, de que el crimen es ante todo no una ofensa contra la sociedad, sino contra los individuos.

La muerte en la horca no es un acto más irrevocable que otros. No podemos devolver la vida a un hombre inocente, pero tampoco podemos devolverle los años que injustamente ha comido en prisión.

Algunas de las personas que me escriben observan que una teoría del castigo puramente ejemplar, o que se proponga exclusivamente reformar, es horriblemente inmoral. Únicamente el concepto de mérito conecta el castigo con la moralidad. Si lo único que importa es la disuasión, la ejecución de un inocente, siempre que la opinión pública pensara que es culpable, estaría plenamente justificada. Si el único problema es el de reformar al asesino, entonces no hay nada que objetar a la corrección dolorosa y coactiva de nuestros defectos, y un gobierno que crea que el cristianismo es una neurosis tendrá perfecto derecho a entregarnos a todos a los que han de ponernos en orden para que nos «curen».

b)   Claude Davis, *Ibíd.* (8 diciembre 1961), p. 14.
c)   C. S. Lewis, «Pena de muerte», Ibíd. (15 diciembre 1961), p. 12.

Señor:

El señor Davis me recrimina con razón por haber usado la palabra *sociedad* como lo hice. Esta abstracción hipostasiada ha hecho ya demasiado daño. Sin embargo, yo quería decir solamente «todos nosotros». Lo absurdo de la opinión que considera el asesinato como una ofensa contra una familia particular está perfectamente ilustrado en el ejemplo de los discursos privados de Demóstenes (en este momento no puedo traducirlo, pero sus lectores más doctos podrán, sin duda, hacerlo).[11]

Un hombre, A, pone en libertad a una mujer esclava, B, su antigua niñera. B se casa, y su marido muere sin descendencia. Luego alguien mata a B, pero, según la ley ateniense, nadie puede querellarse, pues no hay ninguna parte ofendida. A no puede actuar, pues, cuando B fue asesinada, ya no era de su propiedad. No hay viudo, y no hay huérfanos.

No estoy en ninguno de los lados de la actual controversia. Pero sigo pensando que los abolicionistas defienden su causa muy mal. Parece que son incapaces de exponerla sin imputar motivos viles a sus oponentes. Me temo que, si los no creyentes miran a menudo la columna de correspondencia, se llevarán una mala impresión de nuestra lógica, nuestros modales y nuestra caridad.

---

11. Discursos de Demóstenes, «Discurso contra Euergos y Mnesibulos», secciones 1155-62.

ANEXO
a la página de derechos.

Relación alfabética de los capítulos por traductor